Wissenschaft im Exil

Die Geschichte der Vertreibung durch den Nationalsozialismus ist in vielen Bereichen noch unerforscht. Das gilt insbesondere für die Wissenschaft. Am Beispiel einer Gruppe von Ökonomen und Sozialwissenschaftlern, die an der New School for Social Research in New York eine eigene Emigranten-Universität gründen konnten, wird gezeigt, welche kritischen Forschungstraditionen in Deutschland zerstört wurden.

Neben dem ehemaligen Frankfurter Institut für Sozialforschung zählte diese Emigranten-Universität zum zahlenmäßigen größten und intellektuell anregendsten Zentrum der vertriebenen Sozialwissenschaften. Dieses Buch beschreibt, welchen intellektuellen Zuwachs die USA mit diesen Wissenschaftlern erhielten, zu denen Emil Lederer, Adolph Lowe, Gerhard Colm, Hans Neisser, Jakob Marschak, Arnold Brecht und Hans Speier zählten. Sie brachten Forschungskonzepte aus Deutschland mit, die in der Aufbruchsphase des Rooseveltschen New Deal dringend gefragt waren und auch heute noch – etwa zu den Themen »technischer Fortschritt«, Wachstumskontrolle und Finanzplanungstheorie – relevant sind.

Neben dem wissenschaftlichen Integrationsprozeß werden die existentiellen und persönlichen Probleme behandelt, die diese Emigranten-Gruppe bei ihrer Aufnahme in den USA erlebte, und wie sie das Nachkriegs-Deutschland als neue amerikanische Staatsbürger bewerteten.

Claus-Dieter-Krohn lehrt Neuere Geschichte als Professor an der Hochschule Lüneburg.

Claus-Dieter Krohn

Wissenschaft im Exil

Deutsche Sozial- und Wirtschaftswissenschaftler
in den USA und die New School for Social Research

Campus Verlag
Frankfurt/New York

CIP-Kurztitelaufnahme der Deutschen Bibliothek

Krohn, Claus-Dieter:
Wissenschaft im Exil : dt. Sozial- u. Wirtschafts=
wissenschaftler in d. USA u.d. New School for
Social Research / Claus-Dieter Krohn. – Frankfurt/
Main ; New York : Campus Verlag, 1987.
  ISBN 3-593-33820-3

Das Werk einschließlich aller seiner Teile ist urheberrechtlich geschützt. Jede Verwertung ist ohne Zustimmung des Verlags unzulässig. Das gilt insbesondere für Vervielfältigungen, Übersetzungen, Mikroverfilmungen und die Einspeicherung und Verarbeitung in elektronischen Systemen.
Copyright © 1987 Campus Verlag GmbH, Frankfurt/Main
Umschlaggestaltung: Atelier Warminski, Büdingen
Satz: L. Huhn, Maintal
Druck und Bindung: Weihert-Druck GmbH, Darmstadt
Printed in Germany

Die Emigranten-Universität beginnt mit dem ersten Semester in New York.

Entlassene und beurlaubte deutsche Professoren bilden die Fakultät der New School for Social Research. Sitzend von links nach rechts: Emil Lederer, Alvin Johnson (Direktor der New School for Research), Frieda Wunderlich und Karl Brandt. Stehend von links nach rechts: Hans Speier, Max Wertheimer, Arthur Feiler, Eduard Heimann, Gerhard Colm und E. von Hornbostel. (»New York Times« v. 4.10.1933).

Inhaltsverzeichnis

I. Einleitung 7

II. Die Vertreibung der deutschen Wissenschaft 18

III. Amerika und die deutschen Intellektuellen 28
    1. Xenophobie der Universitäten 28
    2. Hilfskomitees für die exilierten Wissenschaftler 32
    3. Die Rockefeller Foundation 37

IV. Was brachten die Exil-Ökonomen mit in die USA? – Tendenzen der Wirtschaftstheorie um 1933 48
    1. Die amerikanische Wirtschaftswissenschaft und der New Deal 48
    2. Die österreichische Neoklassik 55
    3. Die deutschen Reformökonomen 62

V. Die New School for Social Research 70
    1. Gründung der »University in Exil« 70
    2. Zentrum für Flüchtlingsprobleme 85
    3. Die Rettungsaktion 1940/41 91
    4. Widerstände des State Department 99

VI. Beiträge und Leistungen der Exil-Ökonomen an der
New School 105

    1. Wachstumsdynamik und die Theorie des »Technischen
Fortschritts« 114
    2. Die Planungsdebatte und das keynesianische Modell . 124
    3. Finanzpolitik als aktive Wirtschaftspolitik 134
    4. Forschungen über den Nationalsozialismus 145
    5. Peace Research und das Institute of World Affairs . . . 156
    6. Versuche zu einer theoretischen Synthese 167

VII. Einflüsse der emigrierten Sozialwissenschaftler in den USA   177

    1. Das überlieferte Bild von der New School 177
    2. Wirkungen der New School als Institution 182
    3. Individuelle Wirkungen von Fakultätsmitgliedern . . . 189

VIII. Probleme der Integration 201

    1. Individuelle Exil-Erfahrungen 201
    2. Die Graduate Faculty und der Horkheimer-Kreis des
Institute of Social Research 213

IX. Epilog: Die New School und das neue Deutschland nach 1945   221

Anhang: Liste der europäischen Wissenschaftler und Künstler,
denen die New School for Social Research zwischen
1933 und 1945 geholfen hat 227

Abkürzungen 233

Anmerkungen 234

Quellen- und Literaturverzeichnis 266

Register 282

I. Einleitung

Obwohl die nationalsozialistische Herrschaft eine der größten Massenvertreibungen von Bevölkerungsteilen in der neueren Geschichte eingeleitet hat, ist das Wissen darüber noch relativ beschränkt. Die politischen Umstände dieses Exodus und die Stationen der Wanderung sind zwar bekannt, ebenso weiß man einiges über die soziale Struktur der Vertriebenen sowie über die kulturellen Konsequenzen der Vertreibung, doch ist das alles recht allgemein und oberflächlich. Das gilt für die Forschung und das öffentliche Bewußtsein gleichermaßen in Deutschland wie in den Vereinigten Staaten von Amerika, obwohl letztere von jeher Zuflucht für Emigranten waren und auch den größten Teil der Flüchtlinge aus Nazi-Deutschland aufnahmen. Diese beiden Ländern gemeinsame Erscheinung ist jedoch auf jeweils andere Ursachen zurückzuführen.

Die im klassischen Einwanderungsland Amerika schon immer intensiv betriebene historiographische und sozialwissenschaftliche Immigrationsforschung war lange Zeit von der alten *melting pot*-Theorie beherrscht worden, d.h. sie hatte sich lediglich für die Assimilation der jeweiligen Einwanderer an die Standards der amerikanischen Gesellschaft interessiert. Entwickelt an den früheren Einwanderungswellen des 19. Jahrhunderts mit ihren meistens verarmten und nur wenig gebildeten Gruppen aus rückständigen europäischen Randgebieten, konnte sie mit solchen Kategorien die Besonderheiten der Flüchtlinge aus Deutschland nach 1933 kaum hinreichend begreifen. Denn die Geflohenen, Juden und politische Gegner des Nationalsozialismus, kamen sozial größtenteils aus den höheren Mittelschichten und vor allem aus intellektuellen Milieus, sie kamen größtenteils mit festgefügten Weltbildern, so daß sich die Probleme ihrer Integration in die neue soziale Welt Amerikas nur unzulänglich mit dem Assimilations-Kriterium einfangen ließen.

Zwar wurde bereits Anfang der fünfziger Jahre vereinzelt Kritik an jener analytisch beschränkten Forschung geübt, die – zumal in ihrer quantitativ-behavioristischen Ausprägung – dazu neigte, über profillose Millionen anstatt über Individuen zu urteilen. Auch die neuen intellektuellen Immigranten selbst meldeten sich zu Wort und wiesen nachdrücklich den Provinzialismus der Assimilations-Theorie zurück,[1] doch die frühen Arbeiten nach dem Zweiten Weltkrieg standen noch ganz in jenen Traditionen. Selbst eine Studie aus jenen Jahren über den aus Deutschland gekommenen »Refugee Intellectual« interessierte sich ausschließlich, wie schon der Untertitel nahelegte, für die Amerikanisierung des Immigranten nach 1933, wobei aber nicht etwa nach den Wandlungen seines geistig-politischen Profils oder gar nach seiner Wirkung in Amerika, sondern ausschließlich nach seiner Anpassungsfähigkeit im Alltagsverhalten gefragt wurde.[2]

Erst in den sechziger Jahren sollten sich diese überkommenen Sichtweisen ändern. Die Renaissance der sogenannten »intellectual history«, die auf dem Hintergrund der öffentlichen Bewußtseinskrise durch den Vietnam-Krieg die herrschenden Ideen und Werte der amerikanischen Gesellschaft und ihrer Politik zu erforschen suchte, veränderte auch die theoretischen Prämissen der Immigrationsforschung, wobei die amerikanische Bürgerrechtsbewegung unübersehbare Impulse gegeben hatte. An die Stelle der alten melting pot-Theorie war ein neues pluralistisches Verständnis getreten, das nicht mehr von der passiven Anpassung machtloser Emigrantengruppen ausging, sondern die aktive Bereicherung der amerikanischen Gesellschaft durch unterschiedliche ethnische, kulturelle und soziale Gruppen in den Vordergrund rückte; an die Stelle der alten Einbahnstraßen-Begriffe wie Assimilation, Adaption oder Adjustierung war der neue Terminus »Akkulturation« getreten, der auf den dynamischen Prozeß gegenseitiger Bereicherung und Veränderung verwies.

Damit erlebte auch die Geschichte der Einwanderung zwischen 1933 und 1945 eine Neubewertung. Zunehmend begann man sich jetzt für die Details des intellektuellen Transfers von Europa nach Amerika in den dreißiger Jahren zu interessieren und nach dessen Wirkungen und Anregungen auf das amerikanische Geistesleben zu fragen. Doch die amerikanischen Wissenschaftler stießen dabei recht bald auf einige Schwierigkeiten. In einer frühen Untersuchung, die erstmalig einen systematischen Überblick über die Integration der aus Deutschland geflohenen Wissenschaftler in die USA zu geben versucht hatte, mußte der Autor bald eingestehen, daß seine Arbeit nur von begrenzter Reichweite sein konnte, da ihm die Kenntnisse des europäischen Hintergrundes fehlten, ohne die aber die von den Flüchtlingen mitgebrachten intellektuellen Vorstellungen und Traditionen kaum verständlich werden würden.[3]

Die seitdem darüber entstandenen Publikationen kamen daher mit nur wenigen Ausnahmen von den Exilanten selbst oder ihren unmittelbaren Angehörigen. Sie bereiteten das Feld und lüfteten, wie H. Stuart Hughes schrieb, das Geheimnis; von ihnen selbst sollten die Amerikaner einen Eindruck über den Umfang der intellektuellen Emigration und ihrer Bedeutung für die amerikanische Kultur vermittelt bekommen.[4] Zur typischen Publikationsform der Immigrationsgeschichte der deutschen und europäischen Intellektuellen gehörte so auch nicht von ungefähr die von Amerikanern in Sammelbänden edierte Selbstdarstellung der Betroffenen.[5] Beispielhaft dürfte auch die 1968 erschienene große Studie Laura Fermis sein, die mit ihrem Mann, dem Physiker und Nobelpreisträger Enrico Fermi, aus dem faschistischen Italien geflohen war. Ihr Ehrgeiz, eine Gesamtdarstellung der wissenschaftlichen Emigration, ihrer Rahmenbedingungen und Wirkungen zu geben, führte notwendigerweise zu einem mehr summarischen Überblick, zumal ein einzelner kaum die Besonderheiten des gesamten Spektrums der Wissenschaft übersehen kann.[6] In jüngster Zeit sind die vorhandenen Lücken von Heilbut und Coser, dieser in jungen Jahren selbst Emigrant, jener Kind aus Berlin vertriebener Eltern, weiter geschlossen worden. Ihre exzellenten, material- und detailreichen Arbeiten veranschaulichen aber zugleich, welche weißen Flecken die Erforschung der aus Deutschland und Europa vertriebenen Wissenschaft immer noch zeigt.[7]

Wie unzureichend und starr sich die konventionelle amerikanische Immigrationsforschung noch viele Jahre nach dem Kriege auch präsentierte, so war dank der Emigranten selbst, die vielfach einflußreiche multiplikative Positionen in unterschiedlichen Institutionen eingenommen hatten, jener Teil der jüngsten Geschichte dennoch nie aus dem öffentlichen Gedächtnis Amerikas geraten. Ganz anders war dagegen die Situation in Deutschland. Die angesichts der personellen Kontinuitäten nach 1945 in der frühen Bundesrepublik geübte kollektive Verdrängung der Barbarei betraf auch den Exodus nach 1933. Im Zeichen des während der Ära Adenauer zu einer Art Staatsdoktrin erhobenen Antikommunismus wurden die Wortführer des ehemaligen »anderen Deutschland«, die überwiegend dem linken politischen und intellektuellen Spektrum angehört hatten, in der öffentlichen und veröffentlichten Meinung häufig gar mit landesverräterischem Verhalten oder mit feiger Flucht vor den Geschicken des eigenen Volkes in Verbindung gebracht.[8] Andererseits wurde in der DDR, in die der zahlenmäßig größte Teil der Remigranten nach 1945 ging, das Exil lediglich unter der weiteren Chiffre des Antifaschismus behandelt, so daß auch dort spezifischere Forschungen über den Gesamtkomplex der Emigration, vor allem über die vielen Nicht-Zurückgekehrten, nicht gefragt waren.

Wie in den USA begann in der Bundesrepublik ebenfalls in den sechziger Jahren ein Bewußtseinswandel, der entscheidende Impulse für die Exilforschung gab. Der Generationswechsel an den Universitäten vollzog jetzt das, was eigentlich beim Neuaufbau des demokratischen Deutschland hätte geschehen müssen. Die Vorherrschaft des wirtschaftlichen Gründergeistes und der Mentalität des Kalten Krieges wurde mehr und mehr von der Frage nach den kulturellen, intellektuellen oder politischen Traditionen abgelöst, an die die Bundesrepublik würde anknüpfen können. Hierbei trat dann auch die Emigration des anderen Deutschland allmählich immer konturenreicher in den Blick. Zunächst standen die Erforschung des literarischen Exils sowie das der organisierten politischen Gruppen im Vordergrund, wohingegen die Aspekte der wissenschaftlichen Emigration aus dem Dritten Reich nur marginal behandelt wurden, wie noch Anfang der achtziger Jahre beklagt wurde.[9] An diesem Eindruck können auch vereinzelte Arbeiten wie etwa die frühe Studie von Helge Pross oder danach erschienene Aufsätze nichts ändern, denn sie stellten nur erste Bestandsaufnahmen dar, ihre Anregungen zur Weiterarbeit wurden jedoch für lange Zeit nicht aufgenommen.[10] Ausführlicher allerdings wurden die frühen Schriften des 1932/33 emigrierten Frankfurter Instituts für Sozialforschung seit Ende der sechziger Jahre von der jüngeren kritischen Intelligenz an den Universitäten für die öffentliche Diskussion rezipiert, doch diese Fixierung führte wiederum mit zu dem verkürzten Verständnis, als ob Max Horkheimer und sein Kreis die einzigen Repräsentanten der emigrierten Sozialwissenschaft gewesen seien.

Einen Durchbruch signalisierte die Herausgabe des »Biographischen Handbuchs der deutschsprachigen Emigration« seit 1980,[11] und auch das von der deutschen Forschungsgemeinschaft eingerichtete Schwerpunktprojekt Exilforschung, in dessen Rahmen auch diese Studie mit entstanden ist, zeigt nach zehnjähriger Laufzeit allmählich die ersten Ergebnisse.[12] Welche Unsicherheiten im Kenntnisstand und in Bewertungsfragen immer noch herrschen, belegt beispielsweise eine kürzlich erschienene Zusammenstellung der Gesellschaft für Wissenschaftsgeschichte, die nach den Druckfahnen des zweiten, u.a. den Wissenschaftlern gewidmeten Bandes des »Handbuchs« erstellt wurde und in die nicht einmal die Namen der im ersten Band erschienenen Wissenschaftler, die in der Emigration eine anderweitige Karriere gemacht hatten, aufgenommen wurden.[13] So ist auch nicht überraschend, wenn ein so großer Kenner der Geschichte der Sozialwissenschaften wie Rainer Lepsius jüngst die Auffassung vertreten hat, daß etwa die in die USA emigrierten deutschen Ökonomen kaum Einfluß auf die dortige wissenschaftliche Diskussion hätten gewinnen können, wohingegen beispielsweise Coser zu ganz anderen Feststellungen kommt.[14]

In der vorliegenden Untersuchung über emigrierte Ökonomen an der New School for Social Research in New York soll ein kleiner Ausschnitt des wissenschaftlichen Transfers nach 1933 von Deutschland in die USA, seiner Rahmenbedingungen und seiner Wirkung vorgestellt werden. Aus mehreren Gründen empfahl es sich, diese Institution und jene dort versammelte Gruppe als Fokus zu nehmen.

Einmal entwickelte sich die New School nach 1933 zum zahlenmäßig umfangreichsten Zentrum des intellektuellen Exils, das durch die gezielte Berufung von Sozialwissenschaftlern darüber hinaus sehr schnell ein ganz spezifisches Profil bekam. Trotz vielfacher Erwähnung in der Literatur fehlt gleichwohl eine genauere historische Analyse dieses wohl einmaligen Ortes. Zwar nahmen auch andere Einrichtungen wie etwa das Institute for Advanced Study in Princeton, das Blackmountain College in North Carolina oder das Roosevelt-College in Chicago eine größere Anzahl emigrierter Intellektueller auf, die dort großen Einfluß gewannen und stilprägend waren. Nirgendwo bestimmten die deutschen Wissenschaftler jedoch so ausschließlich die akademische Struktur, den Lehrbetrieb, die Forschung sowie die Außenwirkung wie an der New School, die überhaupt erst durch die von den Emigranten aufgebaute »University in Exile« und die daraus hervorgegangene Graduate Faculty zu einer Einrichtung der universitären Bildung geworden war. Institutionell und personell läßt sich die New School daher eher mit dem früheren Institut für Sozialforschung in Frankfurt vergleichen, das als geschlossene Einrichtung räumlich an der Columbia Universität untergekommen war. Zwischen beiden Emigrantenzentren bestanden auch zahlreiche persönliche Beziehungen und wissenschaftstheoretische Querverbindungen. Während jedoch das

Institut durch eigene Vermögensbestände autonom war, was unübersehbar seinen Stil sowie das Wissenschaftsverständnis und die Forschungen seiner Mitglieder prägte, war und blieb die Graduate Faculty auf fremde Geldquellen angewiesen.

Nach den Improvisationen der von der New School eingeleiteten spontanen Rettungsaktion verweisen ihre Finanzierungsprobleme auf einen zweiten Aspekt bei der Erforschung des wissenschaftlichen Exils, der am Beispiel dieser Institution hervorragend thematisiert werden kann: Im Unterschied zu Horkheimers Gruppe hing die New School von einer hilfsbereiten Öffentlichkeit ab. Die Geschichte der University in Exile reflektiert so einzigartig die Umstände der Integration in den Aufnahmeländern. Vor dem Hintergrund der Weltwirtschaftskrise verlief die Eingliederung der deutschen Exilanten in den USA ebenso wie in Europa nämlich alles andere als geräuschlos. Zahlreiche von engagierten Kollegen gegründete nationale und internationale Hilfskomitees suchten zwar sogleich die nötigen Gelder aufzubringen, um den Universitäten finanzielle Anreize für die Aufnahme der vertriebenen Wissenschaftler zu geben, doch dieser solidarische und humane Akt wäre sicher nur von kurzer Dauer gewesen, wenn die Neuankömmlinge nichts mitgebracht hätten, was auf Interesse gestoßen wäre. Auf der Makroebene sind die Aktivitäten jener akademischen Hilfskomitees – meistens von den Initiatoren selbst – dargestellt worden, und deren Erfolgsgeschichte ist zu einem guten Teil auch schon die Wirkungsgeschichte der Immigranten.[15] Die Details über die Mikroebene, die finanziellen Engagements der großen amerikanischen Stiftungen und anderer privater Geldgeber sowie deren Motive, einzelne Wissenschaftler oder ganze Gruppen zeitlich befristet oder über Jahre hinweg zu fördern, sind noch weitgehend unbekannt. Die Geschichte der New School ist so exemplarisch etwa mit den Aktivitäten der Rockefeller Foundation verbunden, deren weltweite Wissenschaftsförderung schon in den zwanziger Jahren auch einen Teil der später aus Deutschland emigrierten Hochschullehrer umfaßt hatte. So wird zu prüfen sein, ob die von der Stiftung für die New School nach 1933 bereitgestellten erheblichen Mittel eher in die Kontinuität ihrer Förderung für ehemalige deutsche Wissenschaftler und deren Arbeit fielen oder mehr ihrem neuen Engagement für die Flüchtlinge zu verdanken waren. Die umfangreiche Monographie des langjährigen Präsidenten über die Arbeit der Rockefeller Foundation erwähnt diese Aspekte mit keinem Wort,[16] obwohl die Stiftungsakten, wie das seit einiger Zeit geöffnete Rockefeller Archiv zeigt, darüber eine Unmenge von Informationen enthalten.

Ein dritter Grund, die New School als einen Fixpunkt des wissenschaftlichen Exils zu nehmen, ist, daß sie in allen einschlägigen Arbeiten erwähnt und gewürdigt wird, jedoch bezieht sich das vor allem auf den persönlichen Einsatz Alvin Johnsons, ihres Gründers und Leiters bei der Formierung der Exil-Universität sowie auf den institutionellen Rahmen, der den exilierten Wissenschaftlern die Fortsetzung ihrer Arbeit in vertrautem akademischen Milieu erlaubte.[17] Für die Qualität dieser Arbeit aber, die spezifischen wissenschaftstheoretischen Anschauungen, die die dort versammelten Wissenschaftler aus Deutschland mitgebracht hatten, einschließlich deren innovativer Substanz für den amerikanischen Wissenschaftsbetrieb, interessierte man sich demgegenüber weniger.

Zu den auffallenden Erscheinungen der Literatur gehört daher, daß über dieses Emigrantenzentrum von Veröffentlichung zu Veröffentlichung das gleiche Bild transportiert wurde: Registriert wurde der Sonderfall einer interessanten »Sozialform« (Lepsius) oder eines »gilded ghetto« (Coser), dessen Bedeutung primär in seiner Funktion als Auffang- und Hilfsinstitution für Hunderte von Emigranten gelegen habe und weniger in den Impulsen, die von dieser Institution auf die amerikanischen Sozialwissenschaften ausgegangen seien. In jenem spezifischen Milieu sei die deutsche akademische Tradition kultiviert worden, so daß sich die dort versammelten Wissenschaftler zunehmend von der Entwicklung ihrer Disziplinen in den USA abgekoppelt hätten. Gegenüber den führenden Universitäten sei die New School darüber hinaus unterlegen gewesen und habe so auch nur wenige amerikanische Nachwuchswissenschaftler ausbilden können.[18]

Zweifellos ist einiges von diesen Urteilen nicht von der Hand zu weisen. Von der Vielzahl der an die New School gekommenen Wissenschaftler haben einige den Schock der Vertreibung nicht überwinden können, sie blieben entwurzelt und gerieten zunehmend ins isolierte Abseits. Fraglich ist jedoch, ob diese individuellen Erscheinungen das Gesamtbild der New School als Institution prägen konnten.

Es scheint, daß der stereotyp wiederholte Eindruck mehr ein generelles Dilemma der Forschung zum wissenschaftlichen Exil widerspiegelt. Auffallend ist, wie wenig sie bisher zu einer detaillierteren, die überlieferten Quellen berücksichtigenden Darstellung vorgedrungen ist. Aus der vorhandenen Literatur und den erwähnten Selbstdarstellungen der Emigranten lassen sich zwar viele Einsichten gewinnen, die wirkungsgeschichtlichen Zusammenhänge können daraus – trotz des etwa in den USA geführten Zitations-Indexes – allerdings nur unzulänglich erhellt werden. Standen beispielsweise Charles Wetzel in den sechziger Jahren für seine Untersuchung über die Integration der deutschen Wissenschaftler in den USA die Archive der Stiftungen und Hilfsorganisationen noch nicht zur Verfügung, so sind diese Materialien, die eine Fülle von Gutachten und anderen Unterlagen über die Bewertung der *refugee intellectuals* und das Umfeld ihrer Akkulturation enthalten, inzwischen weitgehend zugänglich. Für die Erforschung der Exil-Universität an der New School stellt sich zwar das Problem, daß die meisten Dokumente über ihre Geschichte in den folgenden Jahrzehnten der Nachlässigkeit des administrativen Personals zum Opfer gefallen sind, das New School-Archiv also nur wenig ergiebig ist. Eine Fülle von privaten Materialsammlungen und Nachlässen der dort einstmals Tätigen wiegen diesen Mangel jedoch mehr als auf, zumal die Unterlagen meistens auch viele Anhaltspunkte über die weiteren wissenschaftlichen Verbindungen enthalten.

Unklar blieb ferner, welche Auswahlkriterien zu dem gleichbleibenden Bild in der Literatur geführt haben. Sicher ist der Einfluß von Wissenschaft nur informell und kann nicht exakt gemessen werden. Aber auch keine der mehr äußerlichen Beurteilungsraster, die etwas über Erfolg oder Mißerfolg der New School-Wissenschaftler bei ihrer Akkulturation in den USA sagen könnten, wie beispielsweise der Aufbau und die Intensität eines Kommunikationsnetzes in der amerikanischen Wissenschaftsgemeinschaft, der Gewinn einer Gemeinde von Zuhörern, die Wegberufung an andere Universitäten und Institutionen, die Art und Verbreitung von Publikationen, um nur einige Beispiele zu nennen, bestätigen die Vermutung, daß die New School wissenschaftlich eine marginale Außenseiterposition eingenommen hatte. Im Gegenteil, viele der mitgebrachten theoretischen Positonen und wissenschaftspraktischen Erfahrungen machten die dort versammelten deutschen Gelehrten recht bald zu geschätzten und gefragten Ansprechpartnern.

Das ganze Spektrum des sozialwissenschaftlichen Transfers aus Deutschland kann in einer einzelnen Monographie kaum adäquat vorgestellt werden und würde auch die Kompetenz eines einzelnen überfordern. Daher ist hier die Entscheidung getroffen worden, nur eine spezifische Wissenschaftlergruppe herauszugreifen, die von ihrer Anzahl sowie von ihrem Forschungsansatz her den stärksten Einfluß auf das Gruppenprofil der New School ausgeübt sowie die größte Außenwirkung erzielt hatte.

Ökonomen stellten nicht nur im Bereich des sozialwissenschaftlichen Exils den größten Anteil, auch im Kreis der Emigranten an der New School waren sie zahlenmäßig am stärksten vertreten. Auf charakteristische Weise zeichneten sich die dort Versammelten durch ein besonderes Wissenschaftsverständnis aus, das sie von den Denkgewohnheiten der übrigen Zunft erheblich unterschied. Der Kern dieser Gruppe hatte die wirtschaftswissenschaftliche Diskussion schon in den Jahren der Weimarer Republik um einige interessante neue Fragestellungen bereichert, die es erlauben, sie schon in jenen Jahren als relativ homogene Gruppe vom normalen Wissenschaftsbetrieb abzuheben.[19] Und nicht von ungefähr hatte es Johnson bei seiner Idee, eine Exil-Universität zu gründen, genau auf diese Wissenschaftler abgesehen, von denen er sich vor dem Hintergrund der damaligen Weltwirtschaftskrise wichtige theoretische und praktisch-politische Anregungen in der Aufbruchphase des Rooseveltschen New Deal versprach. Ihr kritischer reformtheoretischer Ansatz jenseits der in der Ökonomie verbreiteten deduktiven Modellvorstellungen, der offen für neue Erfahrungen und Anregungen war, mag auch einen ersten Hinweis auf ihre Akkulturationsfähigkeit in den USA geben.

Daß die Arbeiten dieses Kreises mit ihren innovativen Ansätzen bisher nur wenig Beachtung gefunden haben, ist nicht nur ein Problem der Exilforschung, sondern verweist vielleicht noch mehr auf den Stand der allgemeinen Wissenschaftsgeschichte und das Selbstverständnis der modernen professionellen Ökonomie, die ihre dogmengeschichtlichen Traditionen, wenn überhaupt, nur als lineare, abstrakte Anhäufung des Wissens reflektiert. Sicher fügten sich die Forschungsansätze der New School-Ökonomen nicht ohne weiteres in die herrschenden »Paradigmen«, d.h. die konventionelle Modellwelt der Zunft. Dieser Außenseiter-Status spricht aber nicht gegen ihre Bedeutung. Die Analyse ihrer Arbeiten kann daher nicht nur ein Stück der Geschichte des wissenschaftlichen Exils zeigen, sondern auch die Gründe erhellen, warum sie in der Geschichte ihrer Disziplin nur geringe Aufmerksamkeit gefunden haben. Schließlich kann die Kollektivbiographie dieser Gruppe einen Eindruck davon vermitteln, welch intellektuelles Milieu in Deutschland durch die Vertreibung abrupt zerstört wurde.

Um die weitreichende Dimension dieser Arbeiten zu veranschaulichen, die quer zu dem üblichen Verständnis der professionellen Ökonomie lagen, soll auch die generellere zeitgenössische Debatte mit den ihr zugrundeliegenden Normen, Präferenzen und theoretischen Prämissen in knappen Strichen skizziert werden. Hierbei soll die Aufgabe der Wissenschaftsgeschichte nicht darin gesehen werden, die abstrakte Entwicklung des Wissens vorzuführen, sondern es soll der diskursive Prozeß der Diskussion inklusive aller Irrtümer, Fehlschlüsse und Verhärtungen zu fixen Ideen transparent gemacht werden. Bei Erfahrungswissenschaften wie der Ökonomie und den ihr benachbarten gesellschaftswissenschaftlichen Disziplinen ist das aber nur im Kontext der konkreten historischen und sozialen Umstände zu leisten. Auf solcher Folie läßt sich dann ausmachen, wie einzigartig und mit welcher Problemsensitivität die realen Erfahrungen von dieser Ökonomen-Gruppe theoretisch sowie auch für eine zukunftsweisende Wirtschaftspraxis verarbeitet wurden.

Ihre Geschichte wird daher unter zwei unterschiedlichen, wenn auch ineinander greifenden Gesichtspunkten gesehen. Kontrastierend zu den verbreiteten Annahmen in der bisherigen Literatur lassen sich einerseits genügend Anhaltspunkte finden, die zeigen, mit welchen Perspektiven und Impulsen die Gruppe bald nach ihrer Emigration über unterschiedliche Einflußkanäle während der New Deal-Ära der dreißiger und vierziger Jahre nachhaltig zur Diskussion der amerikanischen Wissenschaft beigetragen hat und ihre theoretischen Einsichten teilweise sogar in der wirtschaftspolitischen Praxis konkret umsetzen konnte. Zum anderen verdienen die wissenschaftlichen Anregungen der Gruppe über den exilgeschichtlichen Horizont hinaus besonderes Interesse, weil sie auf dem Hintergrund der Weltwirtschaftskrise nach 1929 Einsichten und Konzepte formuliert hatte, die nicht nur damals bahnbrechend waren, sondern die auch angesichts der heutigen weltweiten Krisenprobleme nichts von ihrer Aktualität verloren haben. Ja, man wird sagen können, daß beispielsweise die Arbeiten der sogenannten »Kieler Schule« etwa zum Technischen Wandel erst heute in ihrer vollen Bedeutung erkannt worden sind.

Es geht also um die Theorieproduktion dieses Kreises als reflektierte Verarbeitung von historischer Erfahrung in Deutschland vor 1933 und um deren Modifikation und Diffusion in der neuen Lebenswelt der Emigration. Für das methodische Verfahren in dieser Untersuchung haben daher wissenssoziologische Kategorien den Hintergrund abgesteckt. In der klassischen Form Karl Mannheims stellten sie die Beziehung zwischen kognitiven Strukturen und deren sozialen Substraten her. In der hier beobachteten Methodik werden dagegen nur diejenigen sozialen Strukturen thematisiert, die jene Wissenschaftler für ihre kognitive Erfahrung selbst als konstitutiv abgesteckt haben. Gegenüber dem Mannheimschen Ansatz bedeutet das zwar eine Verengung, dafür liegt der Vorteil aber auf der Hand: Im Bereich professioneller Forschergemeinschaften, zumal in solchen ideologieverdächtigen wie der Ökonomie, deren Mitglieder sich meist als absolute Subjekte definieren und die als institutioneller Stand nur selten über die sozialen Determinanten der eigenen Arbeit nachdenken, sind solche selbstreflexiven Wissenschaftlertypen die große Ausnahme. Nur am Rande sei bemerkt, daß einige Mitglieder der Ökonomen-Gruppe enge wissenschaftliche und persönliche Kontakte zu Mannheim unterhielten. Schon diese Kooperation deutet an, von welchem Verständnis theoretischer Arbeit sie geprägt waren.

Mochte es ein Zeichen der Marginalität oder der Krise herrschender wissenschaftlicher Paradigmen im Kuhnschen Sinne gewesen sein, das Faszinierende an jener Ökonomen-Gruppe ist, daß sie nicht nur das historisch-politische Umfeld zum Orientierungsrahmen ihrer theoretischen Arbeit machte, sondern diesen zugleich auch noch der ständigen kritischen Reflexion aussetzte. Ihr wissenschaftliches Werk veranschaulicht so den Prozeß theoretischer und politischer Selbstverständigung im historischen Kontext der Weimarer Republik und der ganz anderen sozialen Welt Amerikas.

II. Die Vertreibung der deutschen Wissenschaft

Exakte Angaben über das Ausmaß der Migration nach 1933 werden sich einstweilen kaum machen lassen. Das gilt sowohl für die Gesamtzahl der Flüchtlinge, die das Völkerbundskommissariat bis zum Zusammenbruch des Nazi-Reichs auf annähernd fünfhunderttausend geschätzt hat, als auch für scheinbar genauer zu fassende Gruppen wie etwa das akademische Exil. Nach den Daten, die die verschiedenen noch 1933 konstituierten nationalen und internationalen Hilfskomitees zur Rettung der deutschen Intellektuellen gesammelt haben, verloren 1933 etwa 1.200 Wissenschaftler ihre Stellung in Deutschland. Diese Zahl stieg bis Ende der dreißiger Jahre auf etwa 1.700 an, zu denen nach der Eroberung Österreichs weitere 400 Hochschullehrer kamen. Mit den verschiedenen akademischen Berufen, Ärzten, Rechtsanwälten etc. sowie den relegierten Studenten addiert sich die Gesamtzahl auf etwa 7.500. Zusammen mit den Angehörigen der freien Berufe, Schriftstellern und Künstlern, wird man so von etwa 12.000 Intellektuellen – ohne Familienangehörige – ausgehen können, die nach 1933 ihre berufliche Existenz verloren und aus dem sozialen und kulturellen Leben Deutschlands ausgegrenzt wurden.[1]

Offenkundig war das Erstaunen, ja die Sprachlosigkeit der einheimischen Intellektuellen in den Zufluchtsländern über die Vertreibung der deutschen geistigen Elite. In zahlreichen Studien zu diesem Thema wird immer wieder ein Vergleich mit dem Exodus der griechischen Führungsschicht nach der Eroberung von Byzanz durch die Osmanen im 15. Jahrhundert gezogen. Dieser wiederkehrende Topos wollte nicht allein die quantitativen Größen umschreiben, sondern vor allem auf den qualitativen Gewinn für die Aufnahmeländer hinweisen. Ähnlich wie in jener griechischen Flucht nach Westen der Ursprung von Renaissance und Humanismus gesehen wurde,[2] so erschien die Vertreibung der deutschen Intellektuellen nach 1933 als Transfer einer ganzen Kultur namentlich in die USA.

Anschaulicher noch als die absoluten Zahlen sind die relativen Größen der Vertreibung und ihre fächerspezifische Aufteilung. Bereits unmittelbar nach dem sog. »Gesetz zur Wiederherstellung des Berufsbeamtentums« vom April 1933 waren mehr als 16 % des universitären Lehrkörpers entlassen worden; in den folgenden Jahren, insbesondere nach den Nürnberger »Rassegesetzen« erhöhte sich die Entlassungsquote auf mehr als ein Drittel aller Lehrkräfte.[3] Insgesamt ist später der »Verlust« der deutschen Hochschulangehörigen bis 1938 gar auf insgesamt 39 % angesetzt worden, wobei die Wirtschafts- und Sozialwissenschaftler mit 47 % weit über dem Durchschnitt lagen.[4] Bestätigt werden diese Relationen von den zeitgenössischen Erhebungen. Nach der wohl umfangreichsten, von der Notgemeinschaft deutscher Wissenschaftler im Ausland im Herbst 1936 zusammen mit dem Londoner Academic Assistance Council aufgestellten *List of Displaced German Scholars* verteilten sich die dort aufgeführten 1.639 seit 1933 in Deutschland entlassenen Wissenschaftler auf folgende Fachgebiete:[5]

Naturwissenschaften		497
davon Chemie	165	
Physik	124	
Medizin		459
Sozialwissenschaften		392
davon Ökonomie	148	
Rechtswiss.	112	
Geschichte	53	
Soziologie	40	
Psychologie	27	
Pädagogik	12	
Geisteswissenschaften		291
davon Philologie	101	
Kunstgeschichte	62	
Philosophie	55	

Berücksichtigt man, daß von den Naturwissenschaftlern und Medizinern viele in außeruniversitären Forschungsinstitutionen – wie z.B. der Kaiser-

Wilhelm-Gesellschaft – gearbeitet hatten und die absolute Zahl der Beschäftigten auch weit größer gewesen war, so rangierten die Sozial- und Wirtschaftswissenschaftler in relativen Zahlen mit Abstand an der Spitze des aus den Universitäten vertriebenen Lehrpersonals. Eine weitere Auffälligkeit bei diesen Größen ist, daß der Zeitpunkt der Entlassungen in den verschiedenen Disziplinen offenbar stark differierte und daß die Hochschulen davon unterschiedlich betroffen waren. Während bis zum Wintersemester 1934/35 im Durchschnitt aller Fächer jene genannten 16 % ihre Stellung verloren hatten, betrug die Quote bei den Ökonomen zu dieser Zeit schon fast 25 %, an einigen Hochschulen wie der Reformuniversität Frankfurt sogar 40 %. Eine ähnliche Schere läßt sich auch für viele andere Universitäten feststellen:

Entlassungen aus politischen oder rassischen Gründen zwischen Wintersemester 1932/33 und Wintersemester 1934/35 (in %):[6]

Universitäten (in Auswahl)	insgesamt	Ökonomen
Berlin	32,4	25 %
Frankfurt	32,3	40 %
Heidelberg	24,3	36 %
Breslau	21,9	25 %
Göttingen	18,9	0 %
Freiburg	18,8	11 %
Hamburg	18,5	25 %
Köln	17,4	21 %
Kiel	12,1	20 %
Halle	10,0	29 %
München	8,3	0 %
Bonn	7,8	20 %
Rostock	4,2	17 %
Gesamt	16,6 %	24 %

Die Zahl der entlassenen Ökonomen und Sozialwissenschaftler umfaßte nicht allein einzelne Personen, sondern ganze Schulen. Anders als bei den Medizinern oder Naturwissenschaftlern bedeutete die Vertreibung in diesen Disziplinen zumeist die Zerstörung einer ganzen Forschungstradition mit ihrer kritischen Substanz gegenüber den überkommenen Denkrichtungen in Deutschland, Historismus und Idealismus. Die Beiträge dieses breiten sozialwissenschaftlichen Spektrums zu einer realistischen gesellschaftswissenschaftlichen Analyse und für praxisverändernde Handlungsstrategien, in den zwanziger Jahren konkret besetzt mit der Hoffnung auf demokratischere Strukturen und ein funktionsfähigeres parlamentarisches System, reflektierten in einzigartiger Weise den intellektuellen und sozialen Hintergrund, dem die meisten Repräsentanten dieser Wissenschaften entstammten.

An erster Stelle dürfte wohl das besondere Kulturmilieu des mitteleuropäischen Judentums zu nennen sein, das nach der brüchigen Emanzipation im 19. Jahrhundert die so charakteristische Assimilation vollzogen hatte. Zur Dialektik dieser Entwicklung hatte jedoch gehört, daß die Assimilation und die Verpflichtung der jüdischen Minderheit auf die Ideale der Aufklärung, d.h. Glaube an die Vernunft, Humanität, Kosmopolitismus oder Fortschrittsdenken, nicht zur Integration in die Gesellschaft geführt hatten, sondern eher zur Isolation. Denn die Aufklärung hatte Anhänger nur in kleinen bildungsbürgerlichen Zirkeln gewonnen und war auf die urbanen Zentren beschränkt geblieben, während die große Masse der Gesellschaft von ihr kaum beeinflußt worden war. In dieser Welt der traditionellen Werte und Vorurteile konnte der Außenseiterstatus so trotz Emanzipation und Assimilation nicht überwunden werden. Und das wiederum hatte bei jüdischen Intellektuellen den Blick gerade für die nicht realisierten Entwicklungen im historischen Prozeß sensibilisiert und das kritische Denken in praktischer Absicht beflügelt. Weitere Schubkraft erhielt diese Tendenz durch den seit der Großen Depression in den siebziger Jahren des 19. Jahrhunderts latent herrschenden und in Krisensituationen jederzeit offen hervorbrechenden modernen Rassenantisemitismus, der mit dazu führte, daß man den gesellschaftskritischen soziologischen Blick sozusagen von Haus aus mitbekam. Daher ist auch nicht erstaunlich, daß viele jüdische Intellektuelle theoretisch und praktisch Anschluß an die ebenfalls um ihre gleichberechtigte Existenz kämpfende Arbeiterbewegung fanden, wie ihre Weltsicht andererseits vom wissenschaftlichen Sozialismus mit seiner makrogesellschaftlichen Analyse und geschichtsphilosophischen Verheißung beeinflußt worden war.[7]

Zum Beispiel erklärt das auch den hohen Entlassungsgrad an der Universität Frankfurt sogleich im Jahre 1933. Sie zählte zu den wenigen Reformuniversitäten und war erst kurz vor Ausbruch des Ersten Weltkrieges durch Stiftungen jüdischer Bürger gegründet worden. Hier war auch die erste sozial- und wirtschaftswissenschaftliche Fakultät einer deutschen Universität entstanden, deren in der Namensgebung deutlich werdendes Programm schon äußerlich einen auffallenden Kontrast zu den üblichen, den juristischen Fakultäten zugehörenden alten Staatswissenschaftlichen Instituten der anderen Hochschulen zeigte.

Die bei zahlreichen Sozialwissenschaftlern anzutreffende doppelte Außenseiterposition als Juden und als Sozialisten machte viele zu besonders sensiblen politischen Seismographen. Die wenigen persönlichen Überlieferungen über ihre Stimmungslage gegen Ende der Weimarer Republik zeigen, daß sie das Ende ihrer beruflichen Existenz bei einem Sieg des Nationalsozialismus zwangsläufig erwarteten. Seit dieser Zeit herrschte bei vielen von ihnen, besonders den jüngeren, eine ungewisse Spannung. Der ein Jahr zuvor von der Kieler Universität nach Frankfurt berufene Wirtschaftswissenschaftler Adolf Löwe etwa hatte seit 1932 ständig einige Koffer für den Notfall gepackt, ebenso lernten die beiden profilierten Rechtsanwälte und späteren Mitarbeiter des emigrierten Instituts für Sozialforschung, Otto Kirchheimer und Franz Neumann, seit 1932 eifrig die englische Sprache, um sich auf eine absehbare Emigration vorzubereiten.[8] Die von einigen Flüchtlingen wie etwa dem späteren Politologen an der Columbia Universität, Henry Pachter im Nachhinein angestellte Vermutung, daß für die Intellektuellen der Übergang ins Exil psychologisch vorbereitet und relativ geräuschlos gewesen sei, weil sie schon in der Weimarer Republik Außenseiter gewesen waren und sich mit ihr nie hatten anfreunden können, beschreibt allerdings nur die Disposition einer kleinen Gruppe jüngerer extremer Linker.[9] Wie die Beispiele der Rechtstheoretiker Neumann und Kirchheimer zeigen, die im übrigen lange als juristische Vertreter der Gewerkschaften tätig waren, und wie auch noch bei Adolf Löwe und der Kieler Schule dargestellt werden soll, waren es gerade die praktischen, jedoch letztlich vergeblichen Engagements für die Republik gewesen, die sie zu jenen Reaktionen seit 1932 getrieben hatten. Diese Intellektuellen waren dann auch die ersten, die in realer Voraussicht des Kommenden teilweise schon vor der offiziellen Entlassung fluchtartig seit März 1933 den Hitler-Staat verließen.

Die Zahl der aus ihren Stellungen vertriebenen Wissenschaftler ist allerdings nicht identisch mit der der Emigranten. Von der ersten Welle der rund 1.200 Entlassenen gingen nur rund 650 ins Exil. Auch in den folgenden Jahren verschoben sich diese Relationen nur unwesentlich. Von der in der List of Displaced German Scholars und ihrem Nachtrag aufgezählten rund 1.800 Wissenschaftlern hatten knapp 1.000 Deutschland verlassen, so daß man während der dreißiger Jahre von einer Emigrationsquote von etwa 60 % der Entlassenen ausgehen kann.

Obwohl die Vereinigten Staaten bis 1945 den Hauptanteil der emigrierten Intellektuellen aufnehmen sollten, gehörten sie unmittelbar nach 1933 nicht zu den bevorzugten Einreiseländern. Viele Wissenschaftler blieben zunächst in Europa und hier insbesondere in Großbritannien oder gingen nach Palästina sowie in die Türkei, wo die Modernisierungsdiktatur Kemal Atatürks deutschen Wissenschaftlern aller Richtungen günstige Offerten gemacht hatte:

Plazierungen bis 1. Februar 1935[10]

	Dauerstellung	Befristet
Großbritannien	49	172
Frankreich	3	40
Holland	1	24
Palästina	24	1
Türkei	37	1
USA	29	66

Bei der im Vergleich zu Großbritannien ohnehin schon kleinen Zahl von Dauerstellungen in den USA ist außerdem auffallend, daß von diesen mehr als die Hälfte allein an der New School für Social Research eingerichtet worden waren. Erst im weiteren Verlauf der dreißiger Jahre und besonders nach Kriegsausbruch verschoben sich allmählich Zahlenverhältnisse. Von den insgesamt während der NS-Zeit aus Deutschland emigrierten Wissenschaftlern sind schätzungsweise knapp die Hälfte in die USA gekommen, von denen rund ein Viertel, etwa 180 Personen, allein von der New School gerettet wurden.[11]

Die Gründe für die anfängliche Zurückhaltung waren einmal in den USA zu suchen, dem dort herrschenden Isolationismus und dem lastenden Druck der Wirtschaftskrise auf den Universitäten. Das Bild sollte sich erst ändern, als man dort gewahrte, welche wissenschaftlichen Potentiale aus Deutschland vertrieben worden waren, und die großen wissenschaftlichen Stiftungen, allen voran die Rockefeller Foundation, Milionenbeträge bereitstellten, um die deutschen Wissenschaftler an die amerikanischen Universitäten zu holen. Zum anderen standen die Vereinigten Staaten aber auch bei den vertriebenen Wissenschaftlern zunächst nicht an der Spitze ihrer Prioritätenskala. Unmittelbar nach 1933 glaubten einige zunächst noch, daß die NS-Herrschaft nur ein vorübergehender Spuk sei und eine Rückkehr in absehbarer Zeit möglich wäre. Viele verstanden sich noch nicht als Emigranten, die auf Dauer Deutschland verlassen hatten, sondern als Exilanten, die sich nur partiell in ihrer neuen Umgebung akkulturieren wollten und die Hoffnung auf eine Rückkehr nicht aufgaben; das entfernte Amerika aber wurde als »point of no return« begriffen.[12]

Ein weiteres, tiefer sitzendes Motiv, das zahlreiche Intellektuelle gegen die USA einnahm und das auch etwas von der überkommenen kollektiven Mentalität der deutschen geistigen Elite verriet, leitete sich von der negativen Faszination her, die das Amerika-Bild des deutschen Bildungsbürgers von jeher geprägt hatte. Auf der einen Seite hegte man tiefe Skepsis gegen jene dort vermutete Vorherrschaft der materiellen Kultur ohne weitergehende geistige Bedürfnisse, andererseits bewunderten aber gerade auch kritische Intellektuelle jene offene Gesellschaft ohne ausgrenzende Klassenschranken sowie das Realitätsbewußtsein und den Optimismus der Amerikaner, aktiv gestaltend auf die gesellschaftliche Dynamik einwirken zu können. Und als man erst Erfahrungen in den europäischen Exilländern gesammelt und festgestellt hatte, daß man dort nur sehr schwer, zuweilen gar nicht, den Status des Fremden ablegen konnte, erschien das klassische Einwanderungsland USA mit seinen weniger deutlichen ethnischen Sperren auch bei bisherigen Kritikern als das »unpathetische Kind« im Vergleich zu dem »hartherzigen vergreisten Europa«. Ja, man bemerkte sogar bald das seltsame Paradox, dort ein besserer Europäer sein zu können als in Europa selbst.[13]

Unübersehbar ist hierbei auch der tiefe Eindruck, den der gerade neu gewählte amerikanische Präsident Franklin D. Roosevelt und die Aufbruchseuphorie des New Deal auf die Emigranten ausübte. Bewundernd sahen die kritischen Intellektuellen, wie trotz der in den USA herrschenden pragmatischen Traditionen mit realen Utopien experimentiert werden konnte. Zudem lieferte die Roosevelt-Administration den Beweis dafür, daß die Wirtschaftskrise im Gegensatz zu den Entwicklungen in Deutschland auch als wichtiges Vehikel für eine weitere Demokratisierung der Gesellschaft funktionalisiert werden konnte. Viele aus Deutschland kommende Intellektuelle und Wissenschaftler glaubten so, unter dem New

Deal ein Stück von dem Wirklichkeit werden zu sehen, für das sie sich in der Weimarer Republik vergeblich engagiert hatten. Selbst ein so vehementer Kritiker des Kapitalismus wie Max Horkheimer, dessen Frankfurter Institut für Sozialforschung in der Literatur häufig mit den schärfsten Urteilen über Amerika und seine »Kulturindustrie« identifiziert wird, konnte auf den ersten Sondierungsbesuchen in New York seine Faszination kaum verbergen. Nicht nur empfand er die ganze ihn umgebende Athmosphäre »äußerst erfreulich«, auch glaubte er, nur »gute Erfahrungen« mit dem Interesse der Amerikaner an der Förderung unorthodoxer wissenschaftlicher Arbeit gemacht zu haben.[14]

In ihrem Buch über die Immigration der europäischen Intellektuellen in die USA hat Laura Fermi den kostenlosen Gewinn kalkuliert, den die geflohenen Wissenschaftler für das amerikanische Bildungssystem gebracht hätten.[15] Nach diesem Ansatz, der Ausbildungskosten eines Wissenschaftlers in den Vereinigten Staaten bis zum Beginn seiner professionellen Karriere von etwa $ 45.000 zu Grunde legt, würde sich die Ersparnis bei den mehr als 700 eingewanderten Universitätslehrern auf rund 32 Millionen Dollar belaufen haben, nicht eingerechnet die vielen anderen wissenschaftlichen Berufe und die zahlreichen jüngeren Akademiker, die ihre Studien erst in den USA abschlossen und dort ihre Karriere begannen.

Wohl sind solche, scheinbar Exaktheit suggerierenden bildungsökonomischen Quantifizierungen fragwürdig und stellen im übrigen wohl nur einen untergeordneten Aspekt im Vergleich zu den immateriellen Anregungen dar, die die deutschen und europäischen Wissenschaftler etwa in der Physik, in den modernen Sozialwissenschaften, den Humanwissenschaften oder in der Architektur mit in ihre Aufnahmeländer brachten. In den USA wurden sie zu den Begründern ganz neuer Wissenschaftstraditionen, denkt man beispielsweise an die moderne Planungsökonomie, die noch genauer zu betrachten sein wird, an das Forschungsfeld der internationalen Politik oder an die von Erwin Panofsky eingeführte Kunstgeschichte. Dennoch können jene Schätzungen einen knappen, allgemeinen Anhaltspunkt bieten, welchen wirtschaftlichen Gewinn die Aufnahme der Wissenschaftler für die USA bedeuteten, vor dessen Hintergrund dann auch die Proportionen der von den Hilfsorganisationen und Stiftungen aufgebrachten finanziellen Mittel zu bewerten sind. Und vice versa veranschaulichen solche Zahlen ebenso die von den Nationalsozialisten erzwungenen Emigrationsverluste für Deutschland.

Da genauere Forschungen über die Wissenschaftspolitik des NS-Systems derzeit noch fehlen, ist man vielfach auf Spekulationen angewiesen. Die Vertreibung der kritischen Sozialwissenschaftler paßt sicher noch am ehesten in das ideologische Programm der Nazis, und nicht von ungefähr ist die in dieser Arbeit im Mittelpunkt stehende Gruppe von Wissenschaftlern im April 1933 auch aus politischen Gründen und nicht primär wegen ihrer jüdischen Abkunft entlassen worden. Problematischer war es aber bereits bei den Naturwissenschaftlern oder Medizinern. Ein wichtiges Kalkül dürfte gewesen sein, daß die Weltwirtschaftskrise zeitlich auch mit einer zyklischen Akademiker-Schwemme zusammenfiel – zwischen 1929 und 1933 hatten rund die Hälfte aller Universitätsabsolventen keine adäquate Beschäftigung gefunden – und sich die Nationalsozialisten mit der Entleerung der deutschen Universitäten und anderer Bereiche des akademischen Lebens die Akklamation der hier Arbeitslosen wie auch der reaktionären, antidemokratischen Lehrkörpermehrheit an den Unviersitäten sichern wollten.[16] Wie man weiß, hatten sie damit einen beachtlichen Erfolg.

Die peinlichen Bekenntnisse deutscher Professoren zu Hitler unmittelbar nach der NS-Machtergreifung legen Zeugnis darüber ab, wie die vermeintlichen Repräsentanten der universitas literarum selbst den kritischen Geist ausgegrenzt hatten,[17] eine nachdrückliche Solidarität mit den entlassenen und vertriebenen Kollegen ist auch nicht bekannt.

Dennoch ist fraglich, ob die pathetischen Aufrufe etwa des neuen Erziehungsministers Bernhard Rust über den künftigen Hochschulunterricht, der nicht mehr intellektuelle Ziele zu verfolgen habe, sondern intuitiv erfaßt werden müsse, oder ob Goebbels Häme, mit der er den vertriebenen Wissenschaftlern hinterherrief, daß die militärische Ohnmacht Deutschlands viel gefährlicher und schwerwiegender sei als die Schwächung, die durch die Emigration einiger Professoren entstehe, schon alles der neuen Wissenschaftspolitik umschrieb.[18] Auffallend ist nämlich auch, daß von den emigrierten Professoren nur ein verschwindend geringer Teil ausgebürgert wurde, wobei die politische Profilierung, wie etwa im Falle Albert Einsteins oder Emil Julius Gumbels, der entscheidende Grund gewesen war. Wenn man sieht, wie sehr sich etwa das Auswärtige Amt mit Rücksicht auf das internationale Ansehen des Deutschen Reiches der Ausbürgerung Einsteins widersetzt hatte, sich jedoch gegen das Reichs-Innenministerium sowie gegen die Gestapo nicht durchsetzen konnte,[19] dann springen die im übrigen nicht ausgesprochenen Ausbürgerungen bei den anderen Wissenschaftlern – in dem hier vorzustellenden sample wurde die Staatsbürgerschaft nur in Ausnahmen nach der Reichskristallnacht aberkannt – um so deutlicher ins Auge. Zu beachten ist auch, daß zahlreiche Wissenschaftler unmittelbar nach 1933 noch von Deutschland aus mit Hilfe der internationalen Komitees ihre Anstellung an einer ausländischen Universität sichern konnten und dann mit den meist zeitlich befristeten Zusagen die Genehmigung für eine legale, vorübergehende Ausreise erhielten.[20] Ohne weitere Kenntnis der Hintergründe für diese Praxis läßt sich daraus vielleicht der Schluß ziehen, daß zumindest Teilen der Bürokratie im NS-Staat der unersätzliche Verlust durch die Emigration der Wissenschaftler bzw. die intellektuelle Provinzialisierung der deutschen Universitäten bewußt war. Ob womöglich in den dreißiger Jahren hier und da in der Verwaltung noch Erwartungen herrschten, die vertriebenen Wissenschaftler einmal zurückgewinnen zu können, kann beim derzeitigen Forschungsstand einstweilen noch nicht geklärt werden.

III. Amerika und die deutschen Intellektuellen

1. Xenophobie der Universitäten

Im Herbst 1933 berichtete der Columbia-Pädagoge und Vorsitzende der *American University Union* nach einem Europa-Besuch, welche einmaligen Chancen sich für die amerikanische Wissenschaft durch die Vertreibung der deutschen Professoren bieten würden.[1] Auffallend war der dringende Unterton seiner Meldungen, die Befürchtung, womöglich bei der Verteilung der hochqualifizierten Personen zu spät zu kommen, denn inzwischen hatte in London der im Juni 1933 zur Rettung der deutschen Wissenschaftler gegründete *Academic Assistance Council* große Aktivitäten entfaltet und erfolgreich zahlreiche Wissenschaftler an englische Universitäten verteilt können. Aus einer ersten Übersicht aus diesen Tagen ging hervor, daß bereits rund 250 Personen international verteilt worden waren, von denen nur 43 in den USA – davon allein 14 an der New School – plaziert wurden, wohingegen von dem Council allein 140 in England untergebracht werden konnten.[2] Weitere 800 Personen standen noch zur Verfügung. Außerdem hatten von der deutschen Selbsthilfeorganisation im Exil, der in Zürich begründeten *Notgemeinschaft deutscher Wissenschaftler im Ausland*, allein 30 Kollegen an die Universität Istanbul vermittelt werden können.

Zwar waren inzwischen auch einige weiterblickende Wissenschaftler in den USA aktiv geworden und hatten bereits ein Hilfskomitee, das *Emergency Committee in Aid of Displaced German Scholars* gegründet; nennenswerten Erfolg hatte bis dahin allerdings nur Alvin Johnson gehabt, der Präsident der New School, der an seiner neu gegründeten University in Exile jene 14 Wissenschaftler unterbringen konnte, die auch bereits im Herbst 1933 mit ihren Lehrveranstaltungen begannen.

Dieser augenscheinliche ›lag‹ kennzeichnete ein wenig die widerstreitenden Tendenzen in der amerikanischen Wissenschaft dem Flüchtlingsproblem gegenüber. Auf der einen Seite hatte das deutsche Erziehungs- und Universitätssystem traditionell sehr hohes Prestige in Amerika gehabt, viele Wissenschaftler hatten in Deutschland studiert und einige Universitäten, wie z.B. Johns Hopkins, waren nach deutschem Vorbild gegründet worden. Die in Deutschland ausgebildeten amerikanischen Wissenschaftler sollten dann auch zum Motor des künftigen Engagements werden, wobei auf dem Hintergrund der intellektuellen Aufbruchstimmung des New Deal besonderes Interesse an den modernen, in der Weimarer Republik von jüngeren Wissenschaftlern diskutierten sozialwissenschaftlichen Theorien bestand.[3] Auf der anderen Seite hatte der amerikanische Rückzug in den Isolationismus nach dem Ersten Weltkrieg die öffentliche Meinung bestimmt und war im akademischen Milieu ebenfalls nicht ohne Spuren geblieben. Auch wenn Wissenschaftler mit nachgewiesener mehrjähriger Lehrpraxis nicht darunter fielen, so hatte das traditionelle Einwanderungsland USA mit den Anfang der zwanziger Jahre eingeführten rigiden Quotenregeln die Weichen für die künftige restriktive Immigrationspolitik gestellt. Die dahinterstehenden, teilweise hysterischen Ängste vor subversiver Unterwanderung aus Europa, für die der Sacco- und Vanzetti-Fall nur als Beispiel stehen mag, hatten sich ebenso an den Universitäten ausgebreitet. Nach 1933 sollten vor allem deutschstämmige Wissenschaftler, insbesondere Germanisten an den kleinen Universitäten des mittleren Westens zu einer wichtigen Lobby gegen die von den Nationalsozialisten vertriebenen Hochschullehrer werden, die als »fünfte Kolonne« des Sozialismus und als Störenfriede der internationalen Verständigung denunziert wurden.[4] Verstärkt wurde die Xenophobie von den Folgen der Weltwirtschaftskrise, an den Universitäten verloren in diesen Jahren mehr als 2.000 Akademiker, fast 10 % des gesamten Personals, ihren Job. Sogar da, wo Entlassungen und Gehaltskürzungen vermieden werden konnten, wurde der Zustrom deutscher Konkurrenten gerade unter jüngeren Dozenten als Bedrohung der eigenen Aufstiegschancen angesehen.[5] In diesen Kreisen sollten sich dann soziale Ängste, jener traditionelle Isolationismus mit seinen ideologischen Versatzstücken sowie die Unkenntnis über die Vorgänge in Deutschland zu diffusen Ressentiments amalgamieren, die ihren Ausdruck vor allem auch in antisemitischen Tendenzen fanden. Als Alvin Johnson verschiedenen Kollegen die Absicht einer ›University in Exile‹ für die vertriebenen Wissenschaftler vortrug, gaben viele der Idee, Juden im amerikanischen Lehrbetrieb unterzubringen, nicht die geringste Chance, und andere mokierten sich, daß die Erwartung, unter den Deutschen »erstklassige« Wissenschaftler zu finden, wohl fehlgehe, da die meisten »nur« Juden oder Sozialdemokraten seien.[6] Daher ist auch nicht erstaunlich, daß 1938 nach dem Überfall Hitlers auf Österreich, als die inzwischen fest aufgebauten und fieberhaft arbeitenden Hilfsorganisationen der zweiten großen Flüchtlingswelle zu begegnen suchten, viele Universitäten solche Bemühungen gezielt unterliefen. Ein an die Hochschulen versandter Fragebogen, an welchen der zur Verfügung stehenden Wissenschaftler man womöglich interessiert sei, wurde in überraschend großer Zahl mit der knappen Bemerkung zurückgegeben, man kenne keine und brauche sie auch nicht.[7]

Die antisemitischen Tendenzen nicht nur in Teilen der öffentlichen Meinung während der Krisenjahre, sondern auch an den Universitäten schienen so auffallend gewesen zu sein, daß sie eine erhebliche Verunsicherung für die Neuankömmlinge darstellten. Sehr schnell gewahrte man etwa das »doppelte Handicap«, als Jude und Immigrant stigmatisiert zu sein. Während man in Europa mit primitiver Vulgarität physisch bedroht worden war, sah man in den USA subtilere Formen der Ablehnung, die die Selbstachtung zu treffen suchten. Der Politologe Franz Neumann hielt gar Deutschland für weniger antisemitisch als die USA.[8] Welche Dimensionen diese Haltungen hatten, zeigten auch die taktischen Rücksichten, die die verschiedenen Hilfsorganisationen nehmen mußten. Man war sich sehr schnell darüber klar, daß die Aufnahme der Wissenschaftler weniger ein finanzielles Problem als eins der »wachsenden antijüdischen Stimmungen« war und suchte daher die Engagements in Amerika durch internationale Kooperation und übernationale Abmachungen mit ähnlich arbeitenden Organisationen in anderen Ländern zu neutralisieren. Die Rücksichten gingen sogar so weit, daß man, wie etwa im Fall des Wirtschaftsjuristen Arthur Nussbaum, glaubte, mögliche Institutionen, die an ihm Interesse haben könnten, vorsichtig auf dessen »sehr jüdisches Erscheinungsbild« hinweisen zu müssen.[9] Auch der schon im Jahr zuvor an die Harvard Universität berufene Ökonom Joseph A. Schumpeter, der nach dem 30. Januar 1933 vorübergehend ein Hilfskomitee für seine gefährdeten früheren deutschen Kollegen einzurichten suchte, wollte dafür mit Rücksicht auf die Stimmung an den Universitäten »so wenig Juden wie möglich« gewinnen.[10]

Daß die engagierten Organisationen zuweilen selbst nicht frei von antisemitischen Strömungen waren, zeigte etwa die Rockefeller Foundation, die zum größten Geldgeber für die zahlreichen Hilfskomitees werden sollte. Obwohl sie seit den zwanziger Jahren in ihrem Pariser Büro detaillierte Informationen über die wissenschaftliche Entwicklung und die politischen Verhältnisse in Deutschland sowie den anderen europäischen Ländern gesammelt hatte, kamen von ihr in der ersten Phase nach 1933 recht kalmierende Berichte Deutschland betreffend. Zwar, so erklärte etwa der dortige Vertreter im März und April 1933, sei die Lage an den deutschen Universitäten außerordentlich dramatisch, man dürfe jedoch nicht vergessen, »daß während der letzten 15 Jahre das jüdisch-liberale Element in Deutschland in starkem Maße begünstigt worden sei.« Besonders in den Sozialwissenschaften seien viele Wissenschaftler entlassen worden, doch sei das auf die Tatsache zurückzuführen, daß »die Wortführer in diesem Bereich Juden und Sozialdemokraten seien, oder noch schlimmer«. Insgesamt würden die Vorgänge in Deutschland von der ausländischen Presse ungeheuer übertrieben, jedoch gingen die Nationalsozialisten schon wegen der internationalen Wirkungen sicher nicht allzu weit; insgesamt werde ihre Unterdrückungspolitik wohl nur eine Geste von kurzer Dauer sein.[11]

So ist vielfach schwer zu entscheiden, ob reales Engagement oder eher der internationale Konkurrenzdruck, die besten Leute zu gewinnen, die finanziellen Hilfen bestimmte. Auf jeden Fall mußten die amerikanischen Hilfsorganisationen auf einem schmalen Pfad agieren, wenn sie nicht fremdenfeindliche oder antisemitische Ressentiments an den Universitäten provozieren wollten. Immer wieder tauchte daher auch in den internen Korrespondenzen der Organisationen die ängstliche Frage auf, ob nicht schon der »saturation point« gekommen sei.[12]

Nur allmählich sollten die isolationistischen Reserven der Hochschulen aufgebrochen werden, nachdem sich herumgesprochen hatte, welchen Qualitätszuwachs die deutschen Intellektuellen häufig bedeuteten, und außerdem bekannt geworden war, daß die Hilfskomitees 50 % der Gehälter für eingestellte Flüchtlinge übernahmen. Erst aus dieser Phase stammten die zahlreichen Anekdoten und Zitate von Universitätspräsidenten, die Hitler ein Denkmal setzen wollten für die Verdienste, die er sich um die Förderung der amerikanischen Wissenschaft erworben habe.[13]

2. Hilfskomitees für die exilierten Wissenschaftler

Vor dem Zweiten Weltkrieg gab es keine völkerrechtlich verbindliche Asylpraxis oder gar ein international kodifiziertes Asylrecht. Die Asylgewährung für politisch, religiös, rassisch oder aus sonstigen Gründen Verfolgte stellte keinen Rechtsanspruch dar, sondern war ein Gnadenakt, der von jedem Staat unterschiedlich gehandhabt wurde. Auch in den Flüchtlingskonventionen des Völkerbunds von 1936 und 1938 sowie auf den internationalen Flüchtlingskonferenzen wie der von Evian 1938 wurde das staatliche Souveränitätsprinzip nicht in Frage gestellt; die Staaten, die Verfolgte aufnahmen, gewährten keine Zuflucht, sondern erlaubten lediglich nach den jeweils herrschenden Landesgesetzen die vorübergehende Niederlassung oder dauerhafte Einwanderung. Nicht erstaunlich ist daher, daß beispielsweise niemand genau sagen konnte, wieviele Flüchtlinge nach 1933 in die USA kamen, da die amerikanischen Statistiken nur die »normale« Immigration kannten.

Mit Ausnahme weniger Länder wie etwa der Tschechoslowakei oder des klassischen Asyllandes Frankreich, dort aber auch nur eingeschränkt, wurden die Flüchtlinge aus Hitler-Deutschland nirgendwo mit offenen Armen aufgenommen. Für die Vereinigten Staaten ist die »gouvernementale Apathie« gegenüber den Vertriebenen charakteristisch;[14] gemessen an der Bevölkerungsdichte und dem nationalwirtschaftlichen Wohlstand nahmen sie im Vergleich zu den europäischen Staaten noch die wenigsten Flüchtlinge auf. Trotz großen Einsatzes des amerikanischen Präsidenten und seiner in Flüchtlingsfragen besonders engagierten Frau Eleonor Roosevelt, waren die Spielräume des Weißen Hauses relativ gering. Unter dem Druck der isolationistischen öffentlichen Meinung – bei Meinungsumfragen erklärten sich konstant mehr als zwei Drittel gegen eine Lockerung der Einwanderungsbestimmungen – sowie unter massiver Pression des Südstaatenflügels seiner eigenen demokratischen Partei hatte Roosevelt nur wenige Chancen. Hinzu kam allerdings die auch in anderen Ländern auszumachende Furcht, durch stärkeren Einsatz für die Flüchtlinge den Nazi-Staat zu noch härterer Gangart gegen Juden und politisch Andersdenkende zu ermuntern oder andere Länder zu ähnlichen Schritten zu motivieren. Mag dieses Kalkül in den dreißiger Jahren auch verständlich gewesen sein, so ist auffallend, daß die amerikanischen Quotenbestimmungen nicht einmal gelockert wurden, als nach der Niederlage Frankreichs im Juni 1940 Tausende von Flüchtlingen in den Vereinigten Staaten die letzte Chance sahen, ihr Leben zu retten.

Die prekären internationalen Bedingungen für die Flüchtlinge aus Deutschland illustrieren auch die Aktivitäten des Völkerbundes, der sich noch ein Jahrzehnt zuvor mit dem zahlenmäßig viel größeren Problem der weißrussischen und armenischen Flüchtlinge beschäftigt und mit der Organisation des Polarforschers und Nobelpreisträgers Fridtjof Nansen wirksame Hilfe geleistet hatte. Jetzt dagegen wurde das Flüchtlingsproblem bestenfalls dilatorisch behandelt. Der im Oktober 1933 ernannte Hochkommissar für die Flüchtlinge gehörte – auf deutschen Druck – juristisch und institutionell nicht zum Völkerbund. Seine Berichte durften nicht vor dem Völkerbundsrat erfolgen, und die Errichtung seines Büros in Lausanne statt in Genf sollte schon räumlich unterstreichen, daß seine Aktivitäten vollständig autonom waren. Ohne jeglichen Rückhalt verfügte er so kaum über Einflußmöglichkeiten. Direkte Hilfen waren ohnehin nicht vorgesehen, vielmehr sollte er die Initiativen der zahlreichen privaten Organisationen ermutigen und unterstützen, deren Arbeiten koordinieren und sich in Verhandlungen mit den verschiedenen Regierungen um Lösungen der Flüchtlingsfrage kümmern. Doch allein mit der zugestandenen moralischen Autorität ließ sich nicht viel bewegen. Mangelnde Kooperationsbereitschaft der Völkerbunds-Mitglieder konterkarierten die Arbeit des Kommissars; er wurde behandelt wie das »ausgestoßene Kind« der Vereinten Nationen und trat nach knapp 2 Jahren frustrierender Tätigkeit resigniert zurück.[15]

Angesichts der staatlichen Passivität und Indifferenz lag die Flüchtlingshilfe in allen Ländern ausschließlich bei privaten Organisationen. Für die jüdischen Flüchtlinge bestand bereits ein voll entwickelter Wohlfahrtsapparat, der wie etwa das Joint Distribution Committe, die Hicem oder die Jewish Agency for Palestine teilweise schon vor Jahrzehnten zur Unterstützung des bedrohten osteuropäischen Judentums gegründet worden war. Daneben gab es zahlreiche Einrichtungen der christlichen Kirchen, der Quäker oder anderer Organisationen, die ebenfalls auf eine längere Tradition internationaler Hilfe in unterschiedlichen sozialen Bereichen zurückblicken konnten. Auf die neue Qualität des Flüchtlingsstroms aus Deutschland verweisen hingegen die Gründungen zahlreicher berufsspezifischer Hilfskomitees für Ärzte, Rechtsanwälte, Lehrer, Schriftsteller etc. seit Sommer 1933. Während sie auf bestimmte Berufe orientiert in den verschiedenen Ländern die Integration des besonderen Adressatenkreises zu erleichtern suchten, hatten sich für die Rettung der Wissenschaft in den verschiedenen Ländern Selbsthilfe-Apparate gebildet, die jeweils auch nationale Ziele verfolgten, jedoch im Daten- und Informationsaustausch sowie im finanziellen Bereich durchaus international kooperierten. Zu den wichtigsten Organisationen wurden das *Emergency Committee in Aid of Displaced German Scholars* in den USA und der *Academic Assistance Council* in Großbritannien, die seit Frühsommer 1933 jeweils von engagierten Kollegen gegründet worden waren. Hinzu kamen in den USA noch verschiedene Einzelinitiativen, neben dem einmaligen Experiment Alvin Johnsons, eine ganze Exil-Universität einzurichten, etwa das von Abraham Flexner in Princeton gegründete Institute for Advanced Study, an dem einige hervorragende Wissenschaftler wie Albert Einstein ohne Lehrverpflichtungen und damit außerhalb der universitären Konkurrenz ihre Forschungen fortsetzen konnten. Ergänzt wurden diese Schritte schließlich noch von der durch exilierte deutsche Professoren im April 1933 in Zürich gebildeten *Notgemeinschaft deutscher Wissenschaftler im Ausland*.[16]

Zwischen diesen drei großen Selbsthilfe-Organisationen entwickelte sich sehr bald eine enge Absprache und Arbeitsteilung. Das Emergency Committee beobachtete und vermittelte in den USA, der Academic Assistance Council in England und den Empire-Staaten und die Notgemeinschaft, die gerade ihren großen Erfolg mit der Vermittlung deutscher Wissenschaftler in die Türkei gehabt hatte, wurde zuständig für den Orient, die Sowjetunion und Südamerika. Auch der Hochkommissar für das Flüchtlingswesen suchte daran mitzuwirken, denn das von ihm eigens eingerichtete Büro für akademische Flüchtlinge verstand sich als Dachorganisation jener Komitees. Einmal mehr spiegelten diese Versuche allerdings dessen Einflußlosigkeit wider. Schon tragisch mutet es an, mit welcher Vehemenz er in seinen Berichten den Eindruck zu erwecken suchte, als ob jene Organisationen nur als von ihm abhängige Agenturen tätig und die erfolgreichen Vermittlungen vor allem seiner Initiative zuzuschreiben waren.[17] Tatsächlich sah das Bild jedoch anders aus. Nicht einmal als Clearing-Zentrale der nationalen und internationalen Komitees wirkte das Hochkommissariat, sondern diese Aufgabe hatte der Council übernommen. Dieser sammelte die Daten der vertriebenen Wissenschaftler und gab sie an andere Organisationen und interessierte Hochschulen weiter. Unter seinem Dach in London residierte ab 1935 auch die Notgemeinschaft, die mit ihren verschiedenen Landesgruppen nach dem Rücktritt des Flüchtlingskommissars formell die einzige internationale Organisation zur Rettung und zur Vermittlung der Wissenschaftler darstellte.

Doch infolge ihrer Abhängigkeit, finanziell vor allem von amerikanischen Quellen und institutionell vom Apparat des Council, lagen die Entscheidungsmöglichkeiten gleichfalls nicht bei ihr.

Auf charakteristische Weise wurde die unterschiedliche Lage der Hilfskomitees in England und den USA von der Plazierungspolitik des Council und des Emergency Committee reflektiert. Der Council definierte sich als eine Art Arbeitsmarkt-Organisation, d.h. er wählte die Wissenschaftler zur Vermittlung an die Universitäten selbst aus und übernahm dafür auch Teile der Gehälter bei einer erfolgreichen Anstellung, wobei die Mittel in der ersten Phase zum großen Teil durch eine Art Selbstbesteuerung der englischen Wissenschaftler aufgebracht wurden, die sich so ungleich engagierter und solidarischer als ihre amerikanischen Kollegen zeigten. Demgegenüber basierte die Geschäftspolitik des Emergency Committee von vornherein auf anderer Grundlage. Angesichts der finanziellen Probleme der Universitäten während der Krise und des dortigen isolationistischen Meinungsklimas erklärte es sich bereit, über längstens 2 Jahre die Hälfte der Gehälter, maximal $ 2.000 jährlich, für eingestellte Wissenschaftler zu übernehmen, die von den einzelnen Hochschulen selbst ausgewählt worden waren. Da beabsichtigt war, einen größeren Teil der zur Verfügung stehenden deutschen Gelehrten nach Amerika zu bringen, plante der Initiator und spätere Sekretär des Emergency Committee, Stephen Duggan vom Institute of International Education in New York, der während der zwanziger Jahre auch schon zahlreichen weißrussischen Wissenschaftlern geholfen hatte, die neue Organisation wegen der zu erwartenden finanziellen Verpflichtungen eng mit den vorhandenen amerikanischen Fördererinstitutionen zu verzahnen.[18] Auf diese Weise konnten auch erhebliche Gelder, die zahlreiche philantropische, meist jüdische Stiftungen bereitstellten, zum Emergency Committee gelenkt werden. Die andere Hälfte der Gehälter übernahmen in der Regel diejenigen Stiftungen, die von jeher mit eigenen Apparaten die Wissenschaft förderten, so daß die Einstellung der deutschen Professoren für die Universitäten – mindestens in den ersten Jahren – kostenneutral war.

Bis 1945 wurden so etwa folgende Mittel bereitgestellt: $ 800.000 vom Emergency Committee für 335 Wissenschaftler, von dieser Summe kamen allein $ 317.000 von der New York Foundation, fast 1,4 Millionen Dollar von der Rockefeller Foundation für 303 Wissenschaftler und $ 317.000 für mehr als 300 Wissenschaftler vom Oberlaender Trust. Eine andere große Wissenschaftsstiftung, die Carnegie-Foundation, gab hingegen nur indirekte Unterstützung in Form von Spenden an andere Organisationen, insgesamt rund $ 110.000.[19]

Obwohl die Widerstände der Universitäten gegen die deutschen Wissenschaftler angesichts solcher Hilfen recht bald dahinschmolzen, ja bald hatte sich eine Warteliste einiger Universitäten von bemerkenswerter Länge gebildet,[20] taten das Emergency Committee und die Rockefeller Foundation alles, um Mißverständnisse ihrer Flüchtlingspolitik in Richtung etwaiger Philantropie von vornherein auszuschließen. Oberster Grundsatz aller Maßnahmen war die »Rettung der Wissenschaft und nicht die persönliche Hilfe für einzelne Wissenschaftler«. Daher sollten nur erstklassige Wissenschaftler gefördert werden, bei deren Anstellung man zusätzlich auf eine so breite Verteilung an den Universitäten achtete, daß eine Zusammenballung in wenigen Zentren und damit mögliche Animositäten ausgeschlossen blieben.

Ein großes Problem hierbei bildeten die jüngeren Wissenschaftler. Da den Amerikanern in dieser Altersklasse die Berufschancen nicht verbaut werden sollten, wurden – trotz großer Zweifel an dieser Entscheidung – auch nur immigrierte Wissenschaftler gefördert, die älter als 30 Jahre waren. Durchbrochen wurden die Bestimmungen allerdings vom Oberlaender Trust. Ein Vergleich der von ihm bereitgestellten Mittel zeigt, daß er zahlreiche jüngere Wissenschaftler mit kleinen Stipendien versorgt hat, denn die Anzahl der von ihm geförderten Wissenschaftler war ebenso groß wie die der Rockefeller Foundation, die von ihm aufgebrachte Summe erreichte jedoch nur knapp 20 % der dort bereitgestellten Mittel. Ab Anfang der vierziger Jahre engagierte sich ferner auch noch der Hilfsfonds der Rosenwald Familie, Erben des Sears, Roebuck-Kaufhaus-Konzerns, mit einem speziellen Fellowship-Programm, das vom Emergency Committee für die jüngeren Wissenschaftler abgewickelt wurde.[21]

Anfangs hatten die Initiatoren des Emergency Committee erwartet, die Arbeit nach 2 Jahren beenden zu können, da man annahm, daß der Strom der vertriebenen Wissenschaftler dann längst versiegt sei und auch die Wirtschaftskrise in den USA ihr Ende gefunden haben würde. Das erwies sich jedoch bald als Fehlschluß. Trotz wachsender Zuwendungen und Spenden war das Committee immer weniger in der Lage, dem Ansturm hilfesuchender Wissenschaftler aus Deutschland, ab 1937/38 dann auch aus der Tschechoslowakei, aus Österreich und Italien zu begegnen. Hinzu kam, daß wider Erwarten verschiedene der ursprünglich Vermittelten nach Ablauf ihrer Verträge inzwischen wieder arbeitslos geworden waren. Wegen der finanziellen Engpässe konnten ab Anfang 1937 statt der bisherigen Zwei-Jahres-Finanzierungen nur noch einjährige Engagements eingegangen werden. 1938 wurde die Bestimmung eingeführt, daß die Universitäten nur ›grants‹ für einzustellende Wissenschaftler erhalten sollten, wenn dort begründete Aussicht auf spätere permanente Anstellung bestand, denn von den seit 1933 mit Hilfe des Emergency Committee untergebrachten 125 Wissenschaftlern hatten bis dahin nur 55 eine Dauerstellung bekommen.[22] Und insgesamt mußten die übernommenen Gehaltsanteile drastisch reduziert werden. Waren 1933 maximal $ 2.000 gezahlt worden, so daß das Gehalt eines untergebrachten Wissenschaftlers mit Einschluß der von weiterer Seite übernommenen anderen Hälfte $ 4.000 betrug – ein amerikanischer Spitzenwissenschaftler konnte in jener Zeit ein Jahresgehalt von $ 12–15.000 bekommen –, so reduzierten sich die Anteile des Emergency Committee in den folgenden Jahren sukzessive: 1937/38 wurden durchschnittlich nur noch knapp $ 1.400 gezahlt, ein Jahr später nur noch $ 1.000, um schließlich nach der Niederlage Frankreichs und dem Ansturm nunmehr der Wissenschaftler aus dem gesamten Europa bis auf weniger als $ 650 abzusinken, wobei jedoch ein Teil der Einbußen durch entsprechende Mehrzahlungen von anderer Seite für die Betroffenen wieder ausgeglichen werden konnte.[23]

3. Die Rockefeller Foundation

Mit der Bewilligung von 1,4 Millionen Dollar für die Rettung der vertriebenen Wissenschaftler stellte die Rockefeller Foundation allein mehr als die Hälfte der in den USA für diese Zwecke aufgebrachten Mittel zur Verfügung. Mit Abstand übertraf sie die Spenden der beiden anderen großen Wissenschaftsstiftungen, der Carnegie Foundation sowie des noch jungen, erst 1931 gegründeten Oberlaender Trust. Die Gesamtbilanz ihrer von 1933 bis zum Ende des Zweiten Weltkriegs bewilligten Personalmittel gibt ein anschauliches Bild über die unterschiedlichen Flüchtlingswellen, ihre Strukturen sowie über die Schwerpunkte der Förderung, sowohl räumlich als auch thematisch. Mit rund einem Drittel der Summen aus dem Hilfsprogramm wurden beispielsweise auch Wissenschaftler außerhalb der USA, besonders in England und Südamerika, über den Academic Assistance Council und die Notgemeinschaft finanziert. Während bei den vom Emergency Committee geförderten 335 Wissenschaftlern die Geisteswissenschaften (Humanities) an der Spitze standen (137), gefolgt von den Sozialwissenschaftlern (110), Naturwissenschaftlern (81) und Medizinern (7)[24] – für letztere gab es noch ein eigenes Spezialprogramm –, lag der Förderungsschwerpunkt der Rockefeller Foundation bei den Sozialwissenschaften:

Hilfsprogramm der Rockefeller Foundation für vertriebene Wissenschaftler 1933–1945

Finanzierung von 303 Wissenschaftlern   = $ 1.410.778

Fachgebiet:	113 Sozialwissenschaftler	37 %
	73 Naturwissenschaftler	24 %
	59 Geisteswissenschaftler	19 %
	58 Mediziner	19 %
Nationalität:	191 Deutsche	63 %
	36 Franzosen	
	30 Österreicher	
	12 Italiener	
	11 Polen	
	6 Ungarn	
	6 Spanier	
	5 Tschechen	
	je 2 Skandinavier, Holländer und Belgier	

Hilfsprogramme:

1. Special Research Fund for Deposed Scholars 1933–1939

192 Wissenschaftler   = $ 743.257
    davon   122 in den USA an 65 Universitäten
             70 in Europa
    Fachgebiet: 74 Sozialwissenschaftler
               45 Naturwissenschaftler
               35 Geisteswissenschaftler
               38 Mediziner

2. Aid for Deposed Scholars 1940–1945

Fortsetzung des früheren Programms, finanziert jedoch nicht mehr aus dem Special Research Fund für Flüchtlinge, sondern aus dem regulären Forschungsprogramm

    59 Wissenschaftler   = $229.862
        davon   19 in Großbritannien und Südamerika
        Fachgebiet: 22 Sozialwissenschaftler
                           16 Naturwissenschaftler
                           10 Geisteswissenschaftler
                           11 Mediziner

3. Emergency Program for European Scholars 1940–1945

Rettungsaktion für europäische Wissenschaftler nach der Niederlage Frankreichs in Zusammenarbeit mit der New School for Social Research. Von den 89 eingeladenen erreichten die USA jedoch nur

    52 Wissenschaftler   = $437.659
        davon gingen 34 an die New School
        Fachgebiet: 17 Sozialwissenschaftler
                              14 Geisteswissenschaftler
                              12 Naturwissenschaftler
                               9 Mediziner
        Nationalität: 24 Franzosen
                             14 Deutsche
                              4 Österreicher
                              4 Polen
                              2 Spanier
                    je 1 Italiener, Ungar, Belgier und Holländer

(Zusammengestellt aus den Akten der Rockefeller Foundation,
Record Group 1.1 – Projekte)

Jene Millionen waren nur für Personalkosten bewilligt worden, darüber hinaus wurden auch noch große Summen für Sachausgaben verschiedener Forschungsprojekte der immigrierten Wissenschaftler bereitgestellt. So wurden beispielsweise allein für die University in Exile an der New School, die aus den Rockefeller Funds insgesamt den größten Anteil der ›refugee aid‹ erhielt, folgende Gelder gegeben:

$ 301.486   Personalmittel aus dem 1,4 Millionen Dollar-Programm
$ 173.210   Wissenschaftliche Projekte
$ 65.539   Verwaltungskosten
─────────
$ 540.235

Nicht allein solche Summen und ihre Verteilung legen nahe, welche Bedeutung die Rockefeller Foundation bei der Integration der vertriebenen Wissenschaftler in den USA und in Europa hatte, worauf etwa auch der in den ersten Jahren nach 1933 auffallende Kontrast zwischen den aufgebrachten großen Mitteln und der im Vergleich zu England relativ geringen Plazierung in Amerika verweist. Schon von Anfang an, so mußten Vertreter des Emergency Committee einräumen, liefen bei der Stiftung die Fäden zusammen, und tatsächlich hatte sie, noch ehe das Komitee gegründet worden war, ein eigenes Programm aufgelegt und dafür die ersten 140.000 Dollar bereitgestellt. Sie hatte dabei auch jene Vergabebedingungen in den USA definiert, die das Emergency Committee später dann nur noch übernehmen konnte. Als schließlich der Vertreter des Komitees im Herbst 1933 nach Europa reiste um zu sondieren, wer bei der Verteilung für Amerika gewonnen werden könne, mußte er etwas kleinlaut nach New York berichten, daß er kaum wisse, was er dort eigentlich solle, denn das Pariser Büro der Rockefeller Stiftung habe in diesen Fragen »die Zügel fest in der Hand, d.h. es entscheide längst, ob und an wen ein Stipendium gezahlt werden solle.«[25]

Die Ausgangsbedingungen der Stiftung waren in der Tat ganz andere gewesen als die des Emergency Committee. Im Gegensatz zu allen im Frühsommer 1933 spontan gegründeten Hilfsorganisationen, die mehr oder weniger improvisierend ihre Arbeit in diesem unbekannten Terrain aufgenommen hatten, waren die Schritte der Stiftung im Grunde nur Fortschreibungen ihrer älteren seit den zwanziger Jahren laufenden Forschungsprogramme. Wie keine andere Organisation verfügte sie daher sowohl über genaueste Kenntnisse der europäischen und insbesondere der deutschen Wissenschaften einschließlich des individuellen Personals als auch mit ihrem Pariser Büro über den organisatorischen Apparat. So war es ihr etwa möglich, wenige Tage, nachdem bekannt geworden war, daß William Beveridge, der Direktor der London School of Economics, ein Hilfskomitee für die deutschen Wissenschaftler, den späteren Academic Assistance Council, zu initiieren begann, etwas Ähnliches sogleich in die Tat umzusetzen.[26]

Über viele Jahre nach ihrer Gründung zu Beginn des Jahrhunderts hatte die Rockefeller Foundation fast ausschließlich die medizinische Forschung, besonders die Tropenmedizin, gefördert. Seit Mitte der zwanziger Jahre war jedoch auch das Interesse an den modernen Sozialwissenschaften erwacht. Mit Geldern der Stiftung wurden so etwa der Social Science Research Council in den USA gegründet sowie in Europa, und dort vor allem auch in Deutschland, zahlreiche Forschungsprojekte finanziert. Der Etat-Ansatz von 1,8 Millionen Dollar für die europäische Forschungsförderung im Jahre 1933 hatte sich so beispielsweise auf folgende Disziplinen verteilt:[27]

Medizin	$ 786.860
Sozialwissenschaften	$ 850.000
Geisteswissenschaften	$ 74.000
Naturwissenschaften	$ 37.300
Verwaltung Paris	$ 92.300
	$1.840.460

In den Ausgaben für die Sozialwissenschaften waren knapp $ 75.000 für Projekte in Deutschland enthalten, die vor allem für ökonomische Forschungen in Kiel und Heidelberg, für anthropologische Studien in Berlin und psychiatrische Untersuchungen in München bewilligt worden waren. Schwerpunktmäßig wurden daneben die Wirtschaftswissenschaften auch an der London School of Economics, in Rotterdam und Stockholm gefördert. Die für europäische Verhältnisse gewaltigen Summen stellten für die Stiftung allerdings nur kleinere Beträge dar, denn bei einem Aktienvermögen von fast 250 Millionen Dollar aus dem prosperierenden Standard Oil-Besitz der Rockefeller-Dynastie konnten allein aus den Zinsen jährliche Bewilligungen von 8 und mehr Millionen ausgesprochen werden.[28]

Seit Beginn des Programms im Jahre 1929 hatte man für die Sozialwissenschaften bis 1933 insgesamt rund 17,8 Millionen Dollar bewilligt – die größte Summe nach den Ausgaben für die medizinische Forschung –, von denen etwa $ 830.000 für folgende Zwecke nach Deutschland geflossen waren:[29]

1. Bibliotheksfinanzierungen in Berlin, Kiel Heidelberg und München		$ 137.500
2. Forschungsmittel für Institute, u.a.		
$ 20.000	an das Institut für Völkerrecht in Hamburg	
$ 60.000	für das Institut für Staatswissenschaften in Heidelberg	
$ 30.000	an das Weltwirtschaftsinstitut in Kiel	
$ 110.000	für die Hochschule für Politik in Berlin	$ 239.000
3. Interuniversitäre Forschungsstipendien		
$ 125.000	für anthropologische Forschungen	
$ 25.000	für Untersuchungen über Internationale Beziehungen	$ 150.000
4. Stipendien		$ 4.150
5. Fellowships 56 Stipendien für zweijährige Auslandsaufenthalte		$ 300.000
		$ 830.650

Obgleich sich vor solchen Summen die für die Flüchtlingshilfe nach 1933 von der Rockefeller Stiftung bereitgestellten Mittel eher bescheiden ausnehmen, wurden mit ihnen angesichts der sonst gegebenen Möglichkeiten und wegen der bei ihr seit langem vorhandenen Infrastruktur die schnellsten und wirksamsten Maßnahmen eingeleitet. Gerade die in Deutschland entlassenen Sozialwissenschaftler, die ja relativ die größte Gruppe der Exilanten stellten, konnten von jenem neuen und expandierenden sozialwissenschaftlichen Forschungsprogramm der Stiftung aufgefangen und so für sie der Start in die neue ungewisse Zukunft gemildert werden. Erleichtert wurde dieser fast geräuschlose Übergang noch dadurch, daß zu den ersten Vertriebenen vielfach jene gehörten, deren Forschungen vor 1933 von der Stiftung gefördert worden waren, und so häufig schon persönliche Kontakte zu den Rockefeller-Leuten in Paris bestanden, die selbst auf regelmäßigen Rundreisen in Deutschland genau beobachtet hatten, was an den Universitäten geleistet wurde.[30]

Die zahlreichen Berichte von diesen Informationsreisen geben nicht nur einen hervorragenden Einblick in das intellektuelle und politische

Klima an den deutschen Hochschulen im Vorfeld des Nationalsozialismus, sie zeigen auch, was und nach welchen Kriterien die Stiftung und ihre Pariser Vertreter, die alle vom Fach waren und teilweise selbst in Deutschland und Europa studiert hatten, zu fördern gesucht hatten. Zum Beispiel war das interuniversitäre Anthropologie-Projekt finanziert worden, um den Nachweis zu führen, wie unsinnig die von den Nationalsozialisten propagierte und ihren intellektuellen Helfershelfern wissenschaftlich legitimierte Rassenkunde sei. Auffallend ist weiter die wiederholte Kritik an der gerontokratischen Honoratiorengesellschaft der deutschen Professoren, die nur einem stromlinienförmig angepaßten konservativen Nachwuchs nach eigener Willkür eine Chance gab. Von den alten Ordinarien seien so etwa in den Gesellschaftswissenschaften die ideengeschichtlichen Traditionen der borussischen Mandarine fortgesetzt worden, Wissenschaft sei von diesen mit philosophischer Spekulation oder, wie in der Ökonomie und der dort noch immer einflußreichen Historischen Schule, mit bloßer Deskription ohne theoretisches Fundament verwechselt worden.[31]

Um so positiver wurden dagegen die von jüngeren Außenseitern aufgeworfenen Fragen und neuen Forschungsansätze aufgenommen. Das Weltwirtschaftsinstitut in Kiel beispielsweise wurde wegen seiner Konjunkturanalysen und international orientierten Forschungen als »Mekka« der modernen deutschen Ökonomie angesehen. Ähnlich bewertete man die Arbeiten Alfred Webers und Emil Lederers in Heidelberg oder die des Kölner Instituts für Völkerrecht unter Hans Kelsen und seinem Assistenten Erich Hula. Am stärksten beeindruckt aber war man von der Breite der kritischen Ansätze an der Universität Frankfurt, namentlich von dem Soziologen Karl Mannheim, dem Ökonomen Adolf Löwe, dem Arbeitsrechtler Hugo Sinzheimer und seinem Assistenten Hans Morgenthau oder dem Konjunkturstatistiker Eugen Altschul, die alle 1933 Deutschland verließen. Die Frankfurter Universität wurde mit ihrer offenen internationalen Atmosphäre als eines der »stärksten« Wissenschaftszentren gesehen. Deswegen hätte man sich dort auch gern finanziell stärker engagiert. Wegen der vielen dort tätigen Juden bekam man jedoch Bedenken, daß das in der öffentlichen Meinung Deutschlands negativ aufgenommen werden könnte.[32] Daher stand man in der Stiftung vor einem Dilemma: Die traditionelle und einflußreiche sozialwissenschaftliche Forschung in Deutschland hielt man für nicht bedeutend genug, um sie zu fördern, und die innovativen neueren Forschungsansätze scheute man, wegen des politischen Meinungsklimas intensiver zu unterstützen. Im Vergleich zu den Zahlungen an andere Länder waren die nach Deutschland geflossenen Summen trotz ihrer für deutsche Verhältnisse beachtlichen Höhe, so der Pariser Vertreter der Rockefeller Stiftung, daher insgesamt doch nur »relativ bescheiden«.[33]

Aus diesen Forschungsengagements ist nun allerdings nicht abzuleiten, daß die Rockefeller-Administration aus politischen Grundüberzeugungen die kritische Forschung in Deutschland finanzierte und damit den Außenseiterstatus von deren Repräsentanten zu überwinden suchte. Die in Deutschland von einer jüngeren Generation nach dem Ersten Weltkrieg und unter den gesellschaftpolitischen Extrembedingungen der Weimarer Republik entwickelten Forschungsparadigmen trafen vielmehr auf das spezifische nationale Interesse der Stiftung, die das sozialwissenschaftliche Programm im wesentlichen aufgelegt hatte, weil man sah, wie in den Vereinigten Staaten das Wissen über die Entwicklung der modernen Gesellschaften und die Techniken zur Steuerung des dynamischen industriellen Wachstums etwa im Vergleich zu den Erkenntnisfortschritten in den Naturwissenschaften recht weit hinterherhinkten. Es ging der Stiftung einmal darum, jenen Wissenszuwachs zu fördern, der in den Händen kompetenter Sozialtechniker zu einem Instrumentarium operationalisierbarer »sozialer Kontrollen« entwickelt werden könnte, zum anderen um neue heuristische Methoden für die »Vereinfachung und Lösung der modernen sozialen Probleme«.[34] Und nicht von ungefähr gehörte nach dem New Yorker Börsenkrach und dem Ausbruch der Weltwirtschaftskrise zu einem der Förderungsschwerpunkte dann auch die ökonomische Planung und Kontrolle. So waren gerade auf diesem Felde arbeitende Ökonomen gefördert worden, in Deutschland besonders in Kiel und Heidelberg, im Ausland die Stockholmer Schule um Bertil Ohlin und Gunnar Myrdal oder das holländische Wirtschaftsinstitut in Rotterdam mit Verrijn Stuart und Jan Tinbergen. Zur gleichen Zeit engagierte sich die Stiftung allerdings ebenso für die Arbeiten der österreichischen Ökonomen-Schule in Wien um Ludwig von Mises, die in Europa wohl das Zentrum der neoklassischen Markttheorie repräsentierte.

Nach dem 30. Januar 1933 stand die bisher praktizierte pragmatische und normativ ambivalente Forschungspolitik der Rockefeller Foundation in Deutschland vor der Frage, wie sie sich gegenüber den neuen Machthabern und ihrem Terror gegen die Intellektuellen verhalten sollte. In der Stiftung kam es darüber zu erheblichen Differenzen. Wie ihre taktischen

Verlautbarungen in der fremdenfeindlichen Stimmung der amerikanischen Universitäten bereits gezeigt hatten, waren insbesondere die Vertreter des Pariser Büros, vor allem die der medizinischen Sektion, ebenfalls nicht frei von antisemitischen Vorurteilen, und sie sollten trotz jahrelanger Beobachtungen der deutschen Situation auch das gleiche Unverständnis über die Entwicklung in Deutschland zeigen, wie es in anderen Bereichen der amerikanischen Politik und der öffentlichen Meinung auszumachen war.[35] Von ihnen kamen sehr bald die abwiegelnden Berichte über die Lage in Deutschland, und sie äußerten unverhohlenes Verständnis für die nationalsozialistischen Maßnahmen gegen jüdische Wissenschaftler und Intellektuelle. Denn, so hieß es etwa, man habe längst vergessen, daß 1918 die Radikalen in Deutschland, überwiegend Juden, zur Macht gekommen seien und den sozialen Umsturz gebracht hätten. Wenn die schlimmsten Auswüchse auch hätten beseitigt werden können, so sei doch an dem »ungerechten Zustand der Überrepräsentation der Juden« in zahlreichen öffentlichen Einrichtungen Deutschlands nichts geändert worden, so daß die »Gefahr einer Revolution in Deutschland real geblieben war«. Erst die Nazi-Partei habe sich gegen diese Bedrohung durchzusetzen vermocht; ihre Vertreibung »der Juden, Kommunisten und Ausländer« müsse als kurzfristige Maßnahme begriffen werden, so daß es sich empfehle, abzuwarten und die Programme in Deutschland unbeirrt fortzuführen.[36] Bei solchen Vorstellungen wurde von einem Teil der Rockefeller-Vertreter dann auch vorgeschlagen, entlassene Wissenschaftler nur zu unterstützen, wenn sie in Deutschland blieben. Um nicht das Gesicht zu verlieren, könnten die Nazis die entlassenen Wissenschaftler zwar nicht wieder einstellen, doch mit Rücksicht auf die Meinung des Auslands würden sie nichts weiter gegen sie unternehmen, ja gern sehen, wenn sie durch anderweitige private Mittel ihre Arbeit fortsetzen könnten. Auf keinen Fall dürfe man die Förderung der bisherigen Institutionen aufgeben oder auf die Flüchtlinge übertragen, um nicht den Eindruck zu erwecken, als ob man nur mit »jüdischen Wissenschaftlern« zusammenzuarbeiten bereit wäre.[37]

Offen soll hier bleiben, ob die Empfehlungen der eigenen Überzeugung entsprachen oder ob sie wiedergaben, was den Stiftungs-Vertretern auf ihren zahlreichen Deutschland-Besuchen von den offiziellen nationalsozialistischen Gesprächspartnern oder den kontaktierten, nicht entlassenen Wissenschaftlern erzählt worden war. Sowohl die Rockefeller-Berichte als auch die des Emergency Committee-Vertreters in Europa zeigen, mit welcher Gleichgültigkeit, ja teilweise Genugtuung an den deutschen Universitäten die Entlassungen aufgenommen wurden. Und offenbar hatte das auch auf die Berichterstatter abgefärbt. Zum Teil hatten sich die deutschen Wissenschaftler in Gesprächen noch darüber beschwert, welche schiefen Meinungen im Ausland über Hitler kursierten, wobei ganz übersehen werde, daß er vor allem gegen den Kommunismus kämpfe.[38] Mit Erstaunen wurde von den Stiftungs-Vertretern ebenfalls registriert, wie sehr die unterschiedlichen weltanschaulichen Lager, zum Beispiel der Direktor der Berliner Hochschule für Politik Ernst Jäckh, »ein Linksliberaler«, oder der Ökonom Arthur Spiethoff aus Bonn, »ein Rechtskonservativer«, in der Bewertung des Nationalsozialismus und dessen Fähigkeit, geordnete Verhältnisse in Deutschland herzustellen, übereinstimmten.[39]

Ambivalent blieben daher die Vorschläge des Pariser Büros, wie man die Forschungen in Deutschland weiter fördern solle. So schlug man etwa vor, das Kieler Weltwirtschaftsinstitut auch nach dem Weggang der kritischen Wissenschaftler weiter zu unterstützen, um es den staatlichen Einflüssen zu entziehen, gleichzeitig wußte man aber nicht so recht, ob dort künftig überhaupt noch relevante Forschungen durchgeführt werden könnten. Erst als die New Yorker Zentrale den schwedischen Ökonomen Gunnar Myrdal um einen Bericht gebeten hatte und der ein vernichtendes Urteil über die personelle Integrität und wissenschaftliche Substanz der neuen Führungsschicht des Kieler Instituts gegeben hatte, wurden die Forschungsmittel storniert.[40]

Ende 1933 begann der von der Zentrale in New York angeordnete systematische Rückzug aus der sozialwissenschaftlichen Forschung in Deutschland; Forschungs- und Bibliotheksmittel wurden nicht mehr verlängert und die bisherigen Fellowships auf das Rettungsprogramm für die vertriebenen Wissenschaftler übertragen. Zwar kamen aus dem Pariser Büro nach wie vor beruhigende Berichte über die Lage in Deutschland, aber in New York verfügte man jetzt über ungleich authentischere Informationen von den ersten dort aus Deutschland eingetroffenen Wissenschaftlern. Die »rosigen Bilder«, die Paris fortan noch lieferte, trafen auf immer weniger Gehör: man hatte eingesehen, daß man bei weiteren Engagements in Hitler-Deutschland das Geld nur noch sinnlos zum Fenster hinauswerfen würde.[41]

Aus dem 140-Millionen-Etat, der für das Flüchtlingsprogramm im Mai 1933 bewilligt worden war, wurden bereits im Sommer die Gehälter für die ersten sieben, größtenteils in England vermittelten Wissenschaftler finanziert, darunter die Ökonomen Adolf Löwe, das ehemalige Haupt der Kieler Schule, und Jakob Marschak aus Heidelberg, ferner der Soziologe Karl Mannheim, der Statistiker Eugen Altschul sowie der Kölner Staatsrechtler Hans Kelsen. Weitere Verträge standen bevor, und auch aus Frankreich waren die ersten Angebote und Finanzierungsgesuche bei der Rockefeller Foundation eingegangen.[42] Anfang 1935 waren bereits 135 vertriebene Wissenschaftler in der Förderung, davon 67 in den USA, 34 in England und 16 in Frankreich. Bis zum Kriegsausbruch sollte sich die Zahl dann auf 192 Wissenschaftler erhöhen, von denen 74 aus den Sozialwissenschaften kamen. Die Geförderten stellten zwar nur einen Bruchteil der insgesamt in Deutschland Entlassenen, ihre Namen lesen sich jedoch wie ein »Who's who« des kritischen deutschsprachigen Geistes. Nicht vergessen werden sollte auch, daß die Rockefeller Foundation zur Optimierung des Verteilungs-Verfahrens 1935/36 zusätzlich noch die berühmte unter Federführung der Notgemeinschaft hergestellte und an interessierte Universitäten verschickte *List of Displaced German Scholars* mit einigen tausend Dollar finanzierte.[43]

IV. Was brachten die Exil-Ökonomen mit in die USA? – Tendenzen der Wirtschaftstheorie um 1933

1. Die amerikanische Wirtschaftswissenschaft und der New Deal

Die Präferenzskala der Rockefeller Foundation verweist bereits auf die Gruppen, die nach 1933 in den USA Erfolg hatten, allerdings mit unterschiedlicher Reichweite. Zu nennen wären einmal die in der sozialistischen Tradition stehenden deutschen Reformökonomen, zum anderen die Neoklassiker, die weitgehend mit der sog. österreichischen Schule identisch sind, da die liberale Theorie in Deutschland kaum Anhänger hatte; die wenigen von dort kommenden Neoklassiker wie Georg Halm oder Melchior Palyi gehörten nicht zur ersten Garnitur. Fast alle der in die Vereinigten Staaten emigrierten Wirtschaftswissenschaftler lassen sich mit mehr oder weniger großer Nähe einer dieser Richtungen zuordnen. Während die Reformökonomen überwiegend an der New School unterkamen, war der Weg der Österreicher, wie jüngst von Coser dargestellt worden ist, eine einzigartige Erfolgsgeschichte,[1] denn sie erhielten Berufungen an die berühmtesten, meist konservativen Universitäten der Ostküste; mit Ausnahme des Eucken-Schülers Friedrich A. Lutz mußten demgegenüber die deutschen Neoklassiker mit weniger bedeutenden Institutionen vorlieb nehmen.

Paradoxerweise verdanken beide theoretische Richtungen ihre rasche und relativ geräuschlose Integration in Amerika dem neuen Wirtschaftsprogramm Roosevelts. Von den deutschen Reformökonomen versprach sich die kleine Schar der New Dealer wichtige Anregungen, wohingegen die neoklassischen Markttheoretiker die von der Mehrheit der amerikanischen Wirtschaftswissenschaft aufgebaute Abwehrfront gegen wirtschaftspolitische Neuerungen, seien es die Ideen von Keynes in England oder die »New Economics« in Amerika, verstärken sollten.

Die Rigorosität, mit der die amerikanischen Neoklassiker den New Deal ablehnten, ist auch auf dem Hintergrund der denkgeschichtlichen Tradition zu sehen, die viele Parallelen zur Entwicklung im deutschsprachigen Raum hat und zum Teil von dieser beeinflußt worden war. Bei Beginn des industriewirtschaftlichen Wachstums und dem raschen Stellenzuwachs für Ökonomen an den vielen neu gegründeten Universitäten hatte die amerikanische Wirtschaftswissenschaft Ende des 19. Jahrhunderts zunächst stark unter dem Einfluß der deutschen Historischen Schule der Nationalökonomie gestanden, da die meisten Wissenschaftler bei der traditionellen amerikanischen Wertschätzung für das Humboldtsche Erziehungssystem in Deutschland studiert hatten. Von symbolischer Bedeutung für diese Beziehungen mag etwa sein, daß der für das Universitätswesen zuständige Referent des preußischen Kultusministeriums, Friedrich Althoff, 1906 von der Harvard Universität die Ehrendoktorwürde erhalten hatte. Nach dem Durchbruch des Behaviorismus in den amerikanischen Sozialwissenschaften seit der Jahrhundertwende orientierte sich die jetzt entstandene psychologische Schule in der Wirtschaftswissenschaft zunehmend an der österreichischen Grenznutzenlehre. Hiergegen setzte wiederum wenige Jahre später der Gegenangriff des vor allem mit dem Namen Thorstein Veblen verbundenen Institutionalismus ein, der methodisch an Elemente der Historischen Schule anknüpfend die institutionellen Rahmenbedingungen des Wirtschaftens und die dadurch bewirkten Abweichungen des von den Grenznutzentheoretikern dogmatisierten Marktmechanismus untersuchte sowie auch neue wohlfahrtsstaatliche Forderungen an das Wirtschaftssystem stellte. Anfang der dreißiger Jahre standen sich die Neoklassiker und Institutionalisten relativ isoliert und unversöhnlich gegenüber. In der langen Prosperitätsphase der zwanziger Jahre waren die neoklassischen Theoretiker, angeführt etwa von John B. Clark oder Frank A. Fetter, nur wenig herausgefordert worden und hatten eine wachsende Zahl von Anhängern für ihre deduktive Modellwelt gefunden. Nach Ausbruch der Weltwirtschaftskrise fielen diese Ökonomen jedoch in immer größere Ratlosigkeit, die zu wachsenden dogmatischen Verhärtungen führte. So konnte beispielsweise Fetter von der Princeton Universität im Institutionalismus nur Destruktion und »quasi-sozialistische Feindseligkeit gegen alle kapitalistischen Institutionen« ausmachen.[2] Bis auf Veblen hatten die Vertreter des Institutionalismus von Karl Marx allerdings nie etwas gehört, vielmehr knüpften sie in ihren Arbeiten an die tradierten Werte der amerikanischen Gesellschaft an.

Während der zwanziger Jahre hatte sich die Schule in verschiedene Richtungen ausgefächert: Ein Flügel untersuchte, wie etwa das Standardwerk von Berle und Means zeigt, vor allem die monopolistischen Tendenzen des Industriekapitalismus, einen anderen stellten die reinen Empiriker, angeführt von dem Veblen-Schüler Wesley C. Mitchell, die ohne theoretisches System die Konjunkturverläufe statistisch zu beschreiben suchten. In gewisser weltanschaulicher Nähe zu den Institutionalisten standen schließlich die von den unterkonsumtionstheoretischen Arbeiten von Catchings und Foster beeinflußten Wohlfahrtstheoretiker.[3] Obwohl sie sich alle von dem gleichen ideengeschichtlichen Fundament her definierten, standen diese Strömungen jedoch relativ unverbunden nebeneinander. Einen sicher zutreffenden Eindruck von der wirtschaftswissenschaftlichen Diskussion um 1930 gab Wassily Leontief, der in jener Zeit am Kieler Weltwirtschaftsinstitut tätig war und kurz darauf in die USA eingeladen wurde. Auffallend war für ihn bei der Einarbeitung in die amerikanische Literatur, wie schwer es den Autoren dort offenbar fiel, theoretische Analyse mit soliden empirischen Erhebungen zu verknüpfen, »immer bleibt es eine Art Gesang mit separater Klavierbegleitung«. Diesen Eindruck hatten auch andere Ökonomen in Deutschland gehabt. Obgleich hier die empirische Konjunkturforschung im Vergleich zu den USA erst relativ spät, d.h. ab Mitte der zwanziger Jahre begonnen worden war, erkannte man, daß die Untersuchungen etwa in Harvard mit den dort entwickelten neuen Konjunktur-Barometern über Anfänge nicht hinausgekommen seien, fehle doch die nötige »Fragestellung«, für welche Zwecke und Ziele man die Statistiken anfertige.[4]

Erst der New Deal brachte einen qualitativen Schritt zur Überwindung dieser Defizite, wenngleich auch weiterhin unklar bleiben sollte, auf welcher theoretischen und analytischen Grundlage seine geistigen Väter ihre Aussagen trafen. Jenes neue gesellschaftspolitische Paradigma wurde nicht allein als Strategie der Krisenbekämpfung begriffen, das an jene in den zwanziger Jahren entwickelten institutionalistischen und unterkonsumtionstheoretischen Ansätze anknüpfend durch tiefgreifende Strukturreformen sowie durch öffentliche Ausgaben zur Ankurbelung der fehlenden Nachfrage einen neuen wirtschaftlichen Aufschwung einleiten wollte. Die New Dealer verstanden sich auch als Bahnbrecher einer neuen Kultur, die das herrschende gesellschaftspolitische Normensystem grundsätzlicher in Frage stellte. Schon nach dem Ersten Weltkrieg hatten Liberale wie der Philosoph und Pädagoge John Dewey oder der Historiker Charles

Beard noch unabhängig von aktuell zu lösenden Problemen eine neue Philosophie propagiert, die sich gegen den abstrakten, im 18. Jahrhundert formulierten liberalen Idealismus richtete, weil er in der modernen industriellen Massenkultur (pecuniary culture) längst zur platten Ideologie verkommen sei.

Die Koordinaten dieses Vorstoßes bestimmte vor allem Deweys erfahrungswissenschaftlich-experimenteller Zugriff, der unter dem Schlagwort »learning by doing« an die soziale Lernfähigkeit in kollektiver gesellschaftlicher Praxis appellierte. Für Dewey gab es nur die Wahl zwischen dem bisherigen anarchischen Kollektivismus der vom Big Business gesteuerten Profitwirtschaft und einem neuen geplanten Kollektivismus öffentlicher Kontrolle, zu dessen Durchführung eine bewußte, informierte und verantwortliche Gesellschaft erzogen werden müsse. Nur ein solcher demokratischer Kollektivismus könne die Bedingungen für eine neue authentische amerikanische Gesellschaft schaffen. Noch schärfer wurden diese Perspektiven aus historischer Sicht von Beard beschrieben, der die Entwicklung der amerikanischen Gesellschaft an einem Punkt angekommen sah, wo nur öffentliche Kontrolle noch fähig sei, die sichtbaren Fehlentwicklungen der Gesellschaft abzubauen.[5]

Die Defekte der Marktwirtschaft bzw. der neoklassischen Theorie thematisierte schließlich der Wirtschaftswissenschaftler Rexford Tugwell, wie die meisten anderen der Genannten ebenfalls an der Columbia Universität tätig. Hatten Adolf Berle und Gardiner Means vor allem den Widerspruch zwischen der neoklassischen Wirtschaftstheorie und der Realität monopolistischer Marktorganisationen mit ihrem fixen Preissystem herausgestellt, so ging Tugwell vor allem mit den inhärenten Defiziten der Theorie ins Gericht. Spätestens die Krise habe gezeigt, daß man nicht nur keine Instrumente zu deren Bekämpfung habe, sondern auch nicht einmal gedanklich in der Lage sei, aus dem »laissez-faire-milieu« herauszutreten. Die Wirtschaftswissenschaft sei in ihren Prämissen und der Forschungspraxis noch tief im 19. Jahrhundert befangen. Einerseits werde der institutionelle Rahmen des Wirtschaftens angesehen, als ob er immerwährend und unwandelbar sei, andererseits aus dem Menschen ein homo oeconomicus konstruiert, dessen Verhaltensweisen durch ein angebliches Rationalprinzip auf den Märkten determiniert werde. Dieses deduktive »a priori system« habe zunehmend die ökonomische Theorie als Erfahrungswissenschaft diskreditiert, weil es immer weniger in der Lage gewesen sei, die komplexen Phänomene des Wirtschaftslebens zu erkennen. Vehement plädierte Tugwell daher für eine neue Wissenschaft, die ihr ganzes Kategoriensystem ändere, d.h. weniger deduktiv Soll-Zustände beschreibt, sondern klare soziale Ziele und realistische Lösungsangebote zum Erreichen dieser Ziele formuliert sowie ihre Aussagen in ständigem induktiven Testverfahren zu prüfen und zu verändern bereit ist.[6]

Diese Liberalen gehörten dann auch zu den intellektuellen Führern des New Deal; Beard, Tugwell und Berle wurden von Roosevelt in seinen ›Brain Trust‹ berufen, der zunächst nur für die Abfassung von Wahlreden gedacht war, sich aber schon kurz darauf immer mehr in eine Planungsagentur zur Krisenbekämpfung entwickelte.[7] Auch wenn dieser Beraterkreis zunächst mehr Zukunftshoffnungen umschrieb als operationalisierbare Programme aufstellte, so sollte er jedoch als wichtiger Fokus der intellektuellen Aufbruchstimmung zu Beginn der Rooseveltschen Präsidentschaft wirken. Seine Faszination gerade für viele jüngere Wissenschaftler lag darin, daß von nun an mit neuen und ungewöhnlichen Ideen experimentiert und die erstarrte »country club conformity« der republikanischen Herrschaft seit Ende des Krieges mit ihrer brüchig gewordenen Regierungsdevise »It's a business country« aufgebrochen werden konnte.[8] In der Tat verlagerte sich unter Roosevelt die Regierungspolitik von der Wall Street nach Washington und wurde in den folgenden Jahren überhaupt erst das, was einen solchen Namen verdiente. Innerhalb weniger Jahre sollte die Roosevelt-Administration das traditionelle amerikanische Politikverständnis umkrempeln und ganz neue, bis dahin unbekannte Akzente für das Sozialleben setzen.[9]

Eine konsistente, geschlossene New Deal-Ideologie fehlte allerdings und sollte es auch in den folgenden Jahren nie geben. Die meist jüngeren New Dealer in der neuen Administration praktizierten vielmehr eine heterogene Mischung von einzelnen sozialreformerischen, populistischen und kriegswirtschaftlichen Elementen, theoretisch überhöht durch unterkonsumtionstheoretische Ansätze, die auch Roosevelt, durch Tugwell vermittelt, übernommen hatte. Schon seinen Wahlkampf 1932 hatte er ganz auf diesen krisentheoretischen Erklärungsansatz abgestellt. Immer wieder hob er hervor, wie sehr der Konsument bisher vernachlässigt worden sei, so daß eine der dringlichsten Aufgaben künftiger Politik die Steigerung der Verbrauchernachfrage sein müsse.[10] Woher diese Impulse aber kommen sollten, blieb weitgehend offen, denn zur gleichen Zeit versprach Roosevelt einen strengen Ausgleich des verschuldeten Haushalts sowie eine Budgetkürzung um 25 %. Die Hoffnungen auf eine Belebung von privater Seite durch Lohnerhöhungen, Preissenkungen oder Kreditoperationen erwiesen sich jedoch als Illusion. Eine Änderung der prozyklischen Finanzpolitik begann zögernd erst nach einem weiteren Kriseneinbruch 1937.

Zur Klärung solcher Unklarheiten und Widersprüche konnten die aus Deutschland kommenden exilierten Ökonomen einiges beitragen. Sie kamen zu einer Zeit, als in Amerika von einer neuen Generation von Sozialwissenschaftlern und politisch engagierten Intellektuellen die gleichen Fragen gestellt, aber noch nicht die entsprechenden Antworten gefunden worden waren. Beeindruckt sahen die Neuankömmlinge, daß die Krise nicht wie in Deutschland das politische System zersprengt, sondern im Gegenteil bis dahin in Amerika unbekannte demokratische Impulse freigesetzt hatte. Hier lagen auch die Gründe für die von Anfang an vorhandene und bleibende Wertschätzung, die die deutschen Intellektuellen gerade aus dem linken politischen Lager für Roosevelt empfanden.[11] Für die kritischen jüngeren Ökonomen aus Deutschland wurde der Anschluß an die amerikanische Diskussion ferner dadurch erleichtert, daß sie Kenntnisse und Erfahrungen mitbrachten, die die Mängel des New Deal-Programms abbauen helfen konnten.

Insbesondere über die Unterkonsumtionslehre hatten die Reformökonomen, die an der New School Aufnahme finden sollten, einiges mitzuteilen, denn in den theoretischen Auseinandersetzungen in Deutschland nach dem Ersten Weltkrieg war es vor allem auch um die Defekte dieser einflußreichen Theorie gegangen. Unter Sozialisten hatte sie eine große Tradition gehabt, weil sie nicht nur das individuelle soziale Elend mit der Dürftigkeit der Löhne bzw. Massenkaufkraft erklären konnte, sondern auch die gesamtwirtschaftlichen Absatzprobleme und damit die immer schärferen ökonomischen und politischen Krisen des Gesamtsystems auf eine griffige Ursache zurückzuführen vermochte. Realwirtschaftlich war die Theorie allerdings kaum haltbar, denn sie stellte in wesentlichen Aspekten nur die Kehrseite der angebotsorientierten Neoklassik dar; beide zielten nur auf eine Richtungsänderung der Verteilung vorhandener Größen zur Anpassung von Produktion und Nachfrage. In der deutschen Reformdebatte der zwanziger Jahre war daher ein zweiter Ansatz der Krisenanalyse wiederbelebt worden, den ebenfalls schon die Klassiker und Marx definiert hatten und der vor allem die disproportionale Entwicklungsdynamik des modernen Industriesystems in den Vordergrund rückte. Im Gegensatz zur Unterkonsumtionslehre orientierte sich diese

Disproportionalitätstheorie weniger an den Verteilungs- und Zirkulationsbedingungen des Wirtschaftsprozesses, sondern analysierte mehr den komplizierten Produktionsaufbau und die in der Industriestruktur ursächlich vorhandenen Veränderungs- und die daraus resultierenden Krisenpotentiale.

Trotz der Faszination am Aufbruchsoptimismus des New Deal und der Hoffnung, einen aktiven Beitrag dazu leisten zu können, wurden die Flüchtlinge aus Europa allerdings auch nicht selten von Zweifeln befallen, ob der neue politische Aktivismus in Amerika von Dauer sein könne und nicht – wie sie es gerade in Europa erlebt hatten – baldige Reaktionen der konservativen Eliten herausfordern würde.[12] Tatsächlich waren solche Gegenangriffe unübersehbar. Schon im Wahlkampf war Roosevelt von seinem Vorgänger im Amt, Herbert Hoover, mit dem Vorwurf attackiert worden, er sei von europäischen Ideen vergiftet worden, und wiederholt wurde in den folgenden Jahren von rechten Organisationen der Vorwurf erhoben, der neue Präsident sei verkappter Kommunist oder gar Sowjetagent. In ähnlicher Weise wurde der New Deal, insbesondere wegen des Engagements der aus Europa geflohenen Intellektuellen, auch als »Jew Deal« denunziert und dessen Emblem, der blaue Adler, mit dem Hakenkreuz oder mit Hammer und Sichel verglichen. Diejenigen, die unterstellten, daß das neue Wirtschaftsprogramm nur eine Variante des sozialistischen Totalitarismus sei, hegten in eigenartiger politischer Dialektik nicht selten offene Sympathien für den Faschismus, der nicht nur als Bollwerk gegen den Bolschewismus, sondern auch als Alternative zu der neuen amerikanischen Gesellschaftspolitik begriffen wurde.[13]

Ähnliche Mentalitäten finden sich im vergleichsweise seriöseren akademischen Milieu. An der Harvard Universität suchte z.B. eine »Veritas Society«, Lehrveranstaltungen über New Deal-orientierte Planungsökonomie und auch über keynesianische Wirtschaftspolitik vom Lehrplan zu verbannen. Schon im September 1931 hatte der konservative Präsident der Columbia Universität Nicholas M. Butler, selbst ein gelernter Ökonom, die neuen Erstsemester mit der eigentümlichen Bemerkung empfangen, daß autoritäre Regimes »Menschen mit viel größerer Intelligenz, stärkerem Charakter und weit mehr Engagement hervorbringen würden als demokratische Wahlsysteme.«[14] Diese Kreise waren es dann auch, die in ihrer augenscheinlich tiefen Verunsicherung zur Formulierung ihrer Anti-Programme auf die Neoklassiker der österreichischen Schule setzten, die in international vergleichender Perspektive die fundierteste kon-

servative Position einnahmen. Mit Genugtuung war etwa zur Kenntnis
genommen worden, wie Schumpeter, der dieser Schule entstammte und
nicht von ungefähr 1932 nach Harvard berufen worden war, sich intern
mit der Bemerkung einführte, daß er eher Mussolini als Roosevelt seine
Stimme gegeben haben würde.[15]

2. Die österreichische Neoklassik

Die wirtschaftstheoretische Orthodoxie, die in der Dogmengeschichte
unter dem Namen der österreichischen Neoklassik geführt wird, verweist
in Deutschland auf ähnliche Lagerbildungen wie in den USA. Bei der
jahrzehntelangen Dominanz der Historischen Schule der Nationalökonomie hatte sich im deutschsprachigen Raum die Theorie vor allem an der
Peripherie in Österreich entwickelt. Trotz konträren Verständnisses von
Ökonomie waren sich Historiker und Theoretiker allerdings in der Ablehnung der englischen Klassik einig. Die Historische Schule hatte sich um
die Mitte des 19. Jahrhunderts als Oppositionswissenschaft entwickelt,
die nachzuweisen suchte, daß es keine generalisierbaren, zeitlosen und
übernationalen Entwicklungen oder gar Gesetzmäßigkeiten gäbe, wie die
Klassiker in der Tradition von Adam Smith meinten. Aus dem Versuch,
die Ökonomie durch exakte historische und statistische Forschungen von
»falschen Abstraktionen« zu befreien, so Gustav Schmoller, der wichtigste Repräsentant der jüngeren Historischen Schule, war wohl eine große
Wissenschaft hervorgegangen, doch war das weniger Ökonomie als beschreibende Wirtschaftsgeschichte gewesen. In Gestalt der sog. Staatswissenschaften – ein Begriff, der politisch schon ein ganzes Programm umschrieb – wollte sie darüber hinaus die mit dem industriellen Wachstum
dramatisch zugespitzte soziale Frage durch den preußisch-deutschen Ob-
rigkeitsstaat gelöst wissen.

Auch die österreichische Neoklassik, die als Ausgangspunkt und Zentrum der liberalen Theoriedebatte im deutschsprachigen Raum angesehen
werden kann, hatte sich seit den siebziger Jahren in Opposition zur englischen Klassik formiert. Der von der klassischen politischen Ökonomie
entwickelten objektiven Kostentheorie, die in der Arbeitswertlehre vom
Marxismus weiter vertieft und systematisiert worden war, hatte sie die
subjektive Nutzentheorie (Grenznutzenlehre) entgegengesetzt, die unübersehbar auf eine wissenschaftliche Erledigung der sozialistischen

Theorie zielte. Das erklärt auch, warum die österreichische Schule vor allem mit der Apologie des uneingeschränkten laissez faire-Kapitalismus identifiziert wird, wie sie etwa von Ludwig Mises, dem Haupt dieser Richtung in den zwanziger Jahren in nimmermüder Einseitigkeit wiederholt wurde.[16]

Ein weiterer Grund für die spezifische Dogmatik der Österreicher mag darin gesehen werden, daß ihre theoretischen Prämissen nur geringen Einfluß in der wissenschaftlichen Debatte in Deutschland gewonnen hatten. Trotz partieller Verständigung zwischen Historikern und Neoklassikern im Methodenstreit zu Beginn des Jahrhunderts hatten sich in den folgenden Jahren die universitären Rahmenbedingungen für sie dennoch nur wenig geändert. Auch in den zwanziger Jahren wurden die wirtschaftswissenschaftlichen Lehrstühle noch weitgehend von Vertretern der Historischen Schule beherrscht. Darüber hinaus wurden die Neoklassiker nach 1918 zusätzlich von der zur öffentlichen Gewalt gewordenen Arbeiterschaft bzw. der dadurch angeregten sozialistischen Theoriedebatte herausgefordert. So ist nicht erstaunlich, daß die meisten Schriften der neoklassischen Markttheoretiker zwischen 1918 und 1933 mit zunehmend apologetischem Tenor zum ordnungspolitischen Kampf gegen den »Interventionismus« bliesen, unter dem je länger je mehr alles subsumiert wurde, was nicht den eigenen marktgesetzlichen Deduktionen und dem ihnen zugrunde liegenden philosophischen Individualismus entsprach.

Impulse für die Bewältigung der realen ökonomischen Probleme, etwa der Kriegsfolgen in einem bis dahin unbekannten Ausmaß, der tiefgreifenden industriellen Strukturwandlungen Mitte der zwanziger Jahre (Rationalisierungen) oder der Weltwirtschaftskrise, gingen von diesen beiden tradierten ökonomischen Denkrichtungen kaum aus. Die gerontokratische Honoratiorengesellschaft der Historischen Schule, repräsentiert etwa von Werner Sombart, führte mit ihrem Rückzug auf konservative geistesgeschichtliche und autarke nationalwirtschaftliche Positionen lediglich Nachhutgefechte einer ehemals großen Tradition und erlebte nur noch eine kurze Renaissance unter dem Nationalsozialismus; von ihren Anhängern emigrierte auch kaum jemand. Und je ratloser auf der anderen Seite die liberalen Markttheoretiker vor den realen wirtschaftlichen Schwierigkeiten standen, desto schrillere Töne kamen von ihnen gegen den seit 1918 angeblich so unheilvoll gewachsenen Einfluß der »Massen«, die sich dann nach Ausbruch der Krise bei verschiedenen älteren Vertretern dieser Richtung in massiven autoritären, antidemokratischen Ordnungsvorstellungen niederschlagen.

Die Partizipationsansprüche in der modernen Industriegesellschaft und die notwendigen kollektiven Regulierungen der sozialen Konfliktpotentiale wurden offenbar als Bedrohung empfunden. Bereits 1927 hatte Mises im italienischen Faschismus ein begrüßenswertes Bollwerk gegen den vordringenden Kollektivismus ausgemacht, wobei diesen Erz-Liberalen wohl kaum die korporative Wirtschafts- und Arbeitsverfassung Mussolinis begeisterte: »Es kann nicht geleugnet werden, daß der Faszismus und alle ähnlichen Diktaturbestrebungen voll von den besten Absichten sind und daß ihr Eingreifen für den Augenblick die europäische Gesittung gerettet hat. Das Verdienst, das sich der Faszismus damit erworben hat, wird in der Geschichte ewig fortleben.«[17]

Sicher war Mises ein Extremfall; er und seine Mitstreiter aus der älteren Neoklassiker-Generation waren es auch nicht, die die Erfolgsgeschichte dieser Schule in den USA prägten. Von ihnen wanderten ohnehin nur wenige aus. Mises selbst, der an der Wiener Universität nur eine außerplanmäßige Professur inne hatte und hauptamtlich als Sekretär der Wiener Handelskammer tätig war, emigrierte nur auf Umwegen. Seit 1934 hatte er einen mehrjährigen Vertrag am Genfer Institut des Hautes Etudes Internationales gehabt, nach dessen Auslaufen 1940 ihm als Juden die Rückkehr nach Österreich versperrt war. Von einer Karriere in den USA, in die er 1940 einwanderte, wird man kaum sprechen können, denn er blieb bis 1969 lediglich visiting professor an der City Universität in New York. Zum einen mag das an seinem bereits fortgeschrittenen Alter gelegen haben, Mises war 1940 bereits 59 Jahre alt, mindestens ebenso entscheidend dürfte aber auch seine ätzende Polemik gegen alles gewesen sein, was nicht seinen manchester-liberalen Visionen entsprach. Selbst hartgesottene Anti-New Dealer wurden von der Tonart und Argumentation irritiert, und nicht von ungefähr wurde sein erstes größeres Werk, das bei der Yale University Press unter dem Titel »Nazi Challenge to Western Civilization« erscheinen sollte und das etwa vom Wilhelminischen Kaiserreich über die Sozialdemokratie bis hin zum modernen Sozialstaat pauschal alles unter Nationalsozialismus subsumierte, mit der Begründung abgelehnt, daß es von nicht gerechtfertigten Übertreibungen nur so strotze und zudem mit Behauptungen und Schlußfolgerungen gespickt sei, die kaum einer sachlichen Überprüfung standhalten würden.[18] Erst mit der neokonservativen Wende in den USA seit Beginn der siebziger

Jahre sollte Mises zur Kultfigur der neuen »Libertarians« werden und sollten seine alten politischen Kampfschriften sowie die seines Schülers Hayek, man denke nur an dessen »Road to Serfdom« von 1944, zum verpflichtenden Rüstzeug dieser neuen Orthodoxie gehören.[19]

Anders sah es dagegen bei den jüngeren Vertretern der österreichischen Schule aus. Trotz seiner verbalen Attacken gegen die herrschende Wirtschaftsordnung, die Mises' gesamte Schriften seit 1918 prägten, hatte er es in seinem berühmten Privatseminar seit Anfang der zwanziger Jahre verstanden, einen Schülerkreis zu versammeln, der später noch große Berühmtheit erlangen sollte. Die dortigen Diskussionen zusammen mit jüngeren Kollegen aus anderen Disziplinen, etwa Soziologen, Historikern oder den »logischen Positivisten« der Wiener Philosophen-Schule, hätten eigentlich, so wäre zu vermuten, die interdisziplinäre Arbeit fördern müssen. Um so erstaunlicher ist jedoch, daß solche Anregungen kaum das gesellschaftswissenschaftliche Denken dieser Gruppe in breiteren politischen Zusammenhängen prägt. Sogar die engsten Vertrauten von Mises mußten im Rückblick einräumen, daß in jenem Kreise Mises' Abneigung gegen jede Art von Interventionismus so beherrschend war, daß man solche Fragen »instinktiv mied«. Ebenso wenig wurden andere wichtige Fragen thematisiert; als Oskar Morgenstern beispielsweise seine 1928 erschienene Dissertation über »Wirtschaftsprognosen« zur Diskussion stellte, wurde nicht einmal über die Fruchtbarkeit exakter mathematischer Methoden für die Konjunkturforschung gesprochen. Diese Kenntnisse mußten sich die jüngeren Ökonomen woanders erwerben.[20]

Trotz der dort gepflegten orthodoxen marktwirtschaftlichen Ideologie sollten diese Ökonomen seit Ende der zwanziger Jahre die von ihrem Lehrer vermittelten Verkrustungen aufbrechen und die moderne Wirtschaftstheorie nennenswert bereichern. Wirksam wurde das jedoch erst in der Emigration in England oder Amerika, denkt man etwa an Friedrich August Hayek, der schon seit 1931 in England mit seinen konjunkturtheoretischen Analysen zum eigentlichen Gegenspieler von Keynes wurde, oder an die Arbeiten Gottfried Haberlers über den internationalen Handel, an Oskar Morgensterns zusammen mit dem Mathematiker John von Neumann entwickelte Spieltheorie sowie an Fritz Machlups Forschungen zur »Economics of the Knowledge Industry«. Diese jüngeren Vertreter waren es auch, deren fruchtbare Ansätze die Rockefeller Foundation schon seit den zwanziger Jahren für die amerikanische Wissenschaft zu nutzen suchte, versprach das zugrunde liegende konservative Weltbild, verbunden mit weitergehender theoretischer Reflexion in der Tradition Carl Mengers oder Eugen von Böhm-Bawerks – worüber an anderer Stelle zu berichten sein wird –, doch eine wirksame Unterstützung, um den neuen »linken« Gesellschaftstheorien offensiv begegnen zu können. Der Pariser Rockefeller-Vertreter John van Sickle hatte selbst bei Mises studiert und in dessen Privatseminar die dort vorhandenen Talente kennengelernt, die dann mit Fellowships der Stiftung zu mehrjährigen USA-Aufenthalten eingeladen wurden, so beispielsweise Morgenstern (1925–28), Haberler (1927–29), Paul Rosenstein-Rodan (1930–33), Herbert Fürth (1931–32), später gefolgt von Fritz Machlup (1933–36) oder Gerhard Tintner (1934–36). Das von ihnen mitgebrachte normative theoretische Fundament sowie das auf diesen Reisen geknüpfte Netz von Kontakten und Verbindungen schufen die Voraussetzungen für die zügige Integration an den bedeutendsten Hochschulen. Die meisten hatten auch bereits seit Mitte der dreißiger Jahre Wurzeln in den USA gefaßt, noch ehe der deutsche Überfall auf Österreich 1938 sie in die Notlage von Flüchtlingen versetzen sollte. So war Haberler, der seit 1934 beim Völkerbundssekretariat gearbeitet hatte, 1936 nach Harvard berufen worden; übrigens der einzige Emigrant, den die Fakultät aufnahm. Oskar Morgenstern, von 1929 bis 1938 als Nachfolger Hayeks Direktor des von der Wiener Handelskammer gegründeten österreichischen Instituts für Konjunkturforschung, ging 1938 nach Princeton, ebenso wie der aus Freiburg kommende Friedrich A. Lutz, in späteren Jahren gefolgt von Fritz Machlup, der schon unmittelbar im Anschluß an sein Rockefeller-Fellowship 1936 eine Professur in Buffalo erhalten hatte, dann an der Johns Hopkins Universität lehrte, ehe er 1960 in Princeton die Nachfolge Jacob Viners antrat. Rosenstein-Rodan arbeitete zuerst bei der Weltbank und dann als Professor am Massachusetts Institute of Technology. Eine vergleichsweise weniger zügige und auffallende Karriere machte demgegenüber der bedeutende Ökonometriker Gerhard Tintner, der ebenfalls im Anschluß an sein Fellowship 1936 in den USA blieb und die nächsten Jahrzehnte in diversen wissenschaftlichen und staatlichen Kommissionen oder mit Zeitverträgen an verschiedenen Universitäten beschäftigt war, desgleichen Herbert Fürth, der schon in Wien als Rechtsanwalt tätig gewesen war und auch in den USA nicht in die Wissenschaft ging.[21] Weitere Anhaltspunkte für die Stellung dieser Gruppe in der Wissenschaft mögen die prestigereichen Ämter liefern, in die einige ihrer Mitglieder in den USA gewählt worden waren, wie z.B. die Präsidentschaft der American Economic Association, die Haberler und Machlup 1962 bzw. 1966 übernommen hatten. Letzterer war zudem noch Präsident der International Economic Association 1971 bis 1974 sowie des amerikanischen Hochschullehrerverbandes 1962 bis 1964.

Erwähnt werden sollte hier auch Joseph A. Schumpeter, der allerdings nicht zu den Flüchtlingen zählte, sondern schon 1932 von der Universität Bonn nach Harvard berufen worden war. Von den älteren deutschsprachigen Ökonomen der zwanziger Jahre ist er wohl der brillanteste und anregendste Geist gewesen. Selbst der österreichischen Schule entstammend, ihr jedoch bei weitem nicht dogmatisch verpflichtet, hatte er bis zu seiner Berufung nach Harvard nicht nur eine beachtliche Karriere als Wissenschaftler, kurzfristiger Finanzminister im Kabinett des Austromarxisten Otto Bauer und als – in der Inflation gescheiterter – Bankier hinter sich, sondern auch ein wissenschaftliches Werk vorgelegt, das schon zu jener Zeit klassische Dimensionen hatte. Erwähnt seien hier nur sein Buch »Das Wesen und der Hauptinhalt der theoretischen Nationalökonomie« von 1908, das sich unter dem Eindruck des Methodenstreits gegen jede einseitige Dogmatik richtete, oder sein bedeutender Aufsatz »Das Sozialprodukt und die Rechenpfennige« von 1917, der einen bedeutenden Durchbruch in der geldtheoretischen Diskussion in Deutschland markierte. Ferner sei die nicht weniger wichtige soziologische Untersuchung über die »Krise des Steuerstaats« von 1918 genannt, die nach Lösungen für die Strukturprobleme im Übergang von der Kriegs- zur Friedenswirtschaft fragte, gefolgt schließlich von seiner zuerst 1912 und dann 1926 in veränderter Auflage erschienenen »Theorie der wirtschaftlichen Entwicklung«, mit der im deutschsprachigen Raum wohl die erste dynamische Kreislauftheorie vorgelegt wurde.

In seinem Plädoyer für einen Methoden-Pluralismus hatte Schumpeter historische Interpretationen mit theoretischer und quantitativer Analyse sowie umfassender Methodenreflexion zu verbinden gesucht. Wie kaum ein anderer seiner Generation verstand er es, brennende ökonomische Fragen zu erkennen und in großer anspruchsvoller Breite zu diskutieren, die von der Wirtschaftswissenschaft allerdings auch zu erwartende Reflexion handlungsrelevanter Instrumente – darin war er ganz der Österreicher – findet man bei ihm jedoch nicht. Dieser Abstinenz widersprachen keineswegs seine kurzfristigen Abstecher in die wirtschaftspolitische Praxis unmittelbar nach dem Kriege als Minister oder Bankier. Vielmehr wird hier ein anderer Grundzug seiner Persönlichkeit deutlich. In kurzer Zeit hatte er sich dort zwischen alle Stühle gesetzt und mit Kollegen und

Mitarbeitern überworfen. Schumpeter liebte die Rolle des unkonventionellen Einzelgängers und folgte schnell unterschiedlichen politischen oder weltanschaulichen Strömungen, von denen er sich alsbald ebenso wieder distanzierte. Schulebildend hat er daher, auch nach seinem Ruf an die Harvard Universität, an der er bis zu seinem Tode 1950 blieb, nicht gewirkt. Ein wenig von dieser theoretischen und politischen Ambivalenz verrät auch seine »Theorie der wirtschaftlichen Entwicklung«, mit der die wichtige Unterscheidung von Statik und Dynamik in die deutsche Wissenschaft eingeführt worden ist. Die Ursachen des dynamischen Fortschritts wurden dort nicht logisch-empirisch nachgewiesen, sondern subjektiv aus psychischen Motiven einiger weniger wagemutiger »genialer Unternehmer« abgeleitet, die den statischen Wirtschaftsablauf in spontanen Schüben zerstörten. So sehr zur Zeit der zweiten Auflage von einer jüngeren kritischen Generation die Probleme des dynamischen Wachstums diskutiert wurden, so wenig Einfluß hatte daher Schumpeters Entwicklungstheorie auf diese Diskussion gewinnen können.

Die gleichen Stukturen zeigten auch seine beiden großen, in Amerika geschriebenen Werke »Business Cycles« von 1939 und »Capitalism, Socialism, and Democracy« von 1942. Schumpeter hatte eine elegante Krisentheorie schreiben wollen, da er jedoch kein Empiriker war, sondern an Stelle der Analyse von Fakten es für wichtiger hielt, die großen Prinzipien und dahinter stehenden Ideen zu verstehen, stieß er bei der Abfassung seines Zyklen-Buches bald auf Schwierigkeiten und Grenzen, so daß er es selbst für das schwächste seiner Werke hielt. Seine letzte Studie schließlich reflektiert noch einmal die weltanschauliche Ambivalenz, die seine ganze Biographie prägt. Auf der einen Seite stand Schumpeter der sozialistischen Theorie mit wissenschaftlicher Vorurteilslosigkeit gegenüber, auf der anderen Seite verhinderten sein methodologischer Individualismus und die bewundernde Anerkennung des Monopolkapitalismus sowie seine Glorifizierung von Eliten als Träger des sozialen und kulturellen Fortschritts die entsprechenden wirtschaftspolitischen Schlußfolgerungen. Seine Faszination über den umfassenden Charakter des Marxschen Systems blieb eine gedankliche Abstraktion, er gehörte schon in Deutschland, erst recht aber in den USA, zu den schroffsten Gegnern jeder Art von wirtschaftspolitischen Interventionen, seien es der New Deal oder der Keynesianismus. Die Staatseingriffe, noch mehr aber Keynes' Angriff auf das private Sparen würden den letzten Pfeiler der bürgerlichen Ideologie unterminieren und damit das fortgeschrittene Zerstörungswerk des

Marxismus vollenden. Und so sang er in jenem Buch von 1942 noch einmal das Hohelied des Kapitalismus, allerdings in einer mehr resignativen Stimmung, denn zugleich sah er aus dessen »bröckelnden Mauern« den Sozialismus mit historischer Notwendigkeit heraufziehen.[22]

3. Die deutschen Reformökonomen

Blickt man auf England und die dortigen großen Namen der Wirtschaftswissenschaft wie Marshall, Pigou oder Keynes, so wird deutlich, daß dort die Theorie viel praktischer über konkrete wirtschafts- und sozialpolitische Fragen informieren und das existierende Wirtschaftssystem dynamisch weiter entwickeln wollte als in Deutschland oder in den USA. Jene praktischere Orientierung schloß auch alle dogmatischen Verhärtungen aus, wie sie für die Neoklassik in diesen Ländern typisch waren. Viele ihrer Vertreter hatten sich damit vor der Realität und den zahlreichen in den zwanziger Jahren neu diskutierten theoretischen Anregungen immunisiert; bei ihnen herrschte eine Art Lagermentalität, die die Aufgabe der Wissenschaft, Probleme zu erkennen, zu analysieren und Lösungsangebote zu entwickeln, aus den Augen verloren hatte. Gestritten wurde um Schlagworte, Mitte der zwanziger Jahre steckte die Wirtschaftswissenschaft in einer »chronischen Krise«.[23]

Wie in Amerika durch die Institutionalisten und künftigen New Dealer war diese Stagnation in Deutschland ab Mitte der zwanziger Jahre von einer jüngeren Gruppe von Wissenschaftlern aufgebrochen worden, deren offenere Debatte sich nicht nur gegen die deduktive Modellwelt der Neoklassik, sondern gleichermaßen gegen die zumeist analytisch brillanten, handlungspraktisch jedoch sterilen marxistischen Theorieentwürfe und schließlich auch gegen den nach 1918 häufig anzutreffenden theorielosen Praktizismus in Kreisen der zur politischen Macht gelangten Arbeiterschaft richtete. An das klassische Verständnis der politischen Ökonomie anknüpfend, die zugleich auch eine allgemeine Theorie der Gesellschaft beinhaltet hatte, bedeutete für diese Gruppe Wirtschaftstheorie immer auch Suche nach einer realistischen Praxis der Wirtschafts- und Gesellschaftspolitik. Wie ihre Arbeiten zeigen, waren die Grenzen zu soziologischen Fragestellungen daher auch weitgehend fließend. Obwohl die Gruppe mit ihren Arbeiten in jenen Jahren vordergründig einen Beitrag liefern wollte, der von Anfang an krisengeschüttelten neuen deutschen Republik ein stabileres, funktionsfähigeres ökonomisches und gesellschaftspolitisches Fundament zu geben, hat die von ihr damals eingeleitete reformtheoretische Debatte wichtige Probleme benannt, die in langer Sicht und nach weiterer Analyse im späteren amerikanischen Exil bis heute nichts von ihrer Aktualität und zukunftsweisenden Bedeutung verloren haben. Die Wiederbelebung der durch den Sieg der marginalistischen Schule verschütteten klassischen Ansätze bzw. die auf dem Hintergrund der hektischen Rationalisierungen in den zwanziger Jahren entstandenen Arbeiten zum technischen Wandel und der darin in den Vordergrund der Analyse gerückten alten klassischen Frage nach dem Verhältnis von Kapitalakkumulation, technischer Entwicklung und Beschäftigung sollten die bis heute bahnbrechende Leistung dieser Gruppe ausmachen. Nicht überwiegend Ordnungsfragen wie bei den damaligen Neoklassikern und orthodoxen Marxisten standen im Blickfeld des Interesses, sondern eine realitätsbezogene Prozeßtheorie zur Klärung der vorhandenen Instabilitäten, sowohl der kurzfristigen konjunkturellen Bewegungen einschließlich der ungelösten realen Nachkriegsprobleme, als auch der durch die Technik induzierten langfristigen Trends der Wachstumsdynamik.

Wegweisend hierbei waren vor allem die Angehörigen der jungen Kieler Schule mit Adolf Löwe, Gerhard Colm, Hans Neisser und Alfred Kähler, die später zu den ersten der von den Nationalsozialisten vertriebenen Wissenschaftler gehörten. So hatte Löwe wichtige Impulse für die Konjunkturforschung gegeben; ihn kann man überhaupt als den spiritus rector einer realistischen modernen Konjunkturforschung in Deutschland bezeichnen. Wohl hatten darüber auch die Neoklassiker, so besonders Hayek, gearbeitet, denn angesichts der hektischen Konjunkturverläufe in den zwanziger Jahren gehörte diese Thematik weltweit zu den wichtigsten Arbeitsgebieten fast aller Ökonomen und theoretischen Schulen. Während aber Löwe und seine Mitstreiter hierbei mit dem Technikproblem qualitativ neue Erklärungsansätze lieferten und zugleich auch entsprechende wirtschaftspolitische Handlungsinstrumente zu entwickeln suchten, hatten die Neoklassiker kaum die überkommenen Pfade der Modellabstraktionen verlassen. Die von ihnen präsentierten konjunkturtheoretischen Erklärungen änderten kaum etwas an ihren alten gleichgewichtstheoretischen Annahmen, das Neue war lediglich, daß diese jetzt um exogene Störungsfaktoren der alten Krisentheorie angereichert wurden, bei Mises und Hayek etwa um monetäre Variablen oder bei Schumpeter beispielsweise durch die Psychologie wagemutiger Unternehmer.

Auf Löwes Ansatz aufbauend hatte Gerhard Colm die Finanzwissenschaft durch eine neue Funktionsbestimmung der öffentlichen Haushalte zu einer wichtigen Steuerungs- und Planungstheorie weiter entwickelt. Der Löwe-Schüler Alfred Kähler hatte ferner mit dem frühen Ansatz eines Input-Output-Modells zentrale Vorarbeiten für solche Steuerungen wie generell für eine künftige Wachstumstheorie geleistet. Zu dieser Zeit wirkte auch noch der junge, Mitte der zwanziger Jahre nach Deutschland gekommene russische Menschewist Wassily Leontief in diesem Kieler Kreis. Auch wenn er in jenen Jahren andere Forschungsschwerpunkte hatte, so sollte er später in den USA jenen von Kähler in Kiel gesponnenen Faden über die Strukturbeziehungen des ökonomischen Systems aufnehmen und für diese Arbeiten 1973 einmal den Nobel-Preis erhalten.[24] Hans Neisser hatte schließlich eine fundamentale Untersuchung zur Kreislauftheorie des Geldes bzw. zur Neubestimmung der Quantitätstheorie vorgelegt, die sogar Keynes, der bekanntermaßen mit der deutschen Sprache nicht so vertraut war und daher das deutsche Schrifttum nur äußerst selektiv zur Kenntnis nahm, beeindruckte. Während der Weltwirtschaftskrise waren von dieser Reformgruppe – einzig in der deutschen Wirtschaftswissenschaft – auch zahlreiche unorthodoxe Vorschläge für eine realistische Krisentherapie gekommen, die sich erheblich von den später mit dem Namen Keynes verbundenen antizyklischen, defizitfinanzierten Maßnahmen zur Steigerung der gesamtwirtschaftlichen Nachfrage unterschieden.

Flankiert wurden die Arbeiten der Kieler Gruppe von Emil Lederer in Heidelberg, der neben Problemen des technischen Fortschritts vor allem die ökonomischen Effekte der Konzentrationsbewegung untersucht hatte. Sein Schüler Jakob Marschak, der zeitweise auch in Kiel gearbeitet hatte, gehörte in jenen Jahren bereits zu dem noch kleinen Kreis der sog. Ökonometriker; in den USA sollte er später mit zu den Wegbereitern der modernen mathematischen Ökonomie werden. Eduard Heimann von der Universität Hamburg schließlich hatte in seinem berühmten Buch über die »Soziale Theorie des Kapitalismus« von 1929 erstmalig eine konsistente Theorie der Sozialpolitik entwickelt, die nicht mehr wie bisher auf einen von der Wirtschaftsordnung losgelösten fürsorgerisch-versicherungsrechtlichen Schutz der sozial Schwachen orientiert war, sondern als mächtiges dynamisches Vehikel zur gesellschaftlichen Transformation begriffen wurde.

Geprägt worden war das spezifische intellektuelle Profil der Gruppe augenscheinlich von ihrem ungewöhnlichen Einstieg in die Wissenschaft. Bis auf wenige Ausnahmen waren ihre Repräsentanten nämlich fachfremd und über die Wirtschaftspraxis zur Theorie gekommen, so daß sie von vornherein aus den tradierten Bahnen des ökonomischen Denkens ausscherten. Fast alle hatten sich 1918/19 als junge Referenten in der Demobilmachungsbürokratie nach dem Ersten Weltkrieg oder als Mitarbeiter der damaligen Sozialisierungskommissionen kennengelernt. Bis auf Lederer und Heimann waren sie hier erstmalig mit ökonomischen Fragen in Berührung gekommen. Löwe und Neisser waren beispielsweise promovierte Juristen, Colm Soziologe, der 1921 mit einer noch von Max Weber angeregten Dissertation über den Ruhraufstand von 1920 promoviert hatte und der später auch noch etwa über Abrüstungsprobleme oder über die »Masse« im ersten großen in Deutschland erschienenen Soziologielexikon schreiben sollte.[25] Und der 1919 nach Deutschland gekommene russische Menschewist Jakob Marschak, der schon im Alter von knapp 20 Jahren Erfahrungen als Arbeitsminister während der kurzen Episode der sozialistischen Republik im nördlichen Kaukasus gesammelt hatte, war gelernter Ingenieur. Zu erwähnen wäre weiterhin noch Hans Staudinger, der sein Studium bei Alfred Weber ebenfalls als Soziologe abgeschlossen hatte. Als junger Referent im Reichsernährungsamt war er 1918 zunächst unter Einfluß von Lederer und dem sozialdemokratischen Parteitheoretiker Rudolf Hilferding zum Sozialisten geworden, kurz darauf aber von dem skeptischeren Adolf Löwe mehr für planwirtschaftliche Ideen gewonnen worden. Im Gegensatz zu seinen Freunden ging er während der zwanziger Jahre aber nicht in die Wissenschaft, sondern avancierte in der Bürokratie bis zum Staatssekretär im Preußischen Handelsministerium, wo er zum führenden Praktiker und Theoretiker der gemeinwirtschaftlichen Unternehmen wurde. Die Gründung eines einheitlichen Verbundsystems aller preußischen Energieerzeuger (Preußag) war vor allem von ihm initiiert worden. Erst im Exil sollte er wieder engeren Anschluß an die alten Mitstreiter finden, als auch er eine Professur für Wirtschaftspolitik an der New School erhalten hatte.

Die Erfahrungen des Krieges, das »Sozialisierungsdebakel« der Revolution von 1918 mit einer unvorbereitet in die Verantwortung gedrängten Sozialdemokratie und besonders die Demobilmachungsprobleme in einem bis dahin unbekannten Ausmaß sollten die spezifische Problemsicht und den Orientierungsrahmen für die künftige wissenschaftliche Arbeit der Gruppe abstecken. Diese Einflußfaktoren markierten auch einen auffallenden Kontrast zu den etwa gleichaltrigen jüngeren Kollegen der österreichischen Schule, die ebenfalls Erfahrungen in der Wirtschaftspraxis gesammelt hatten, ehe sie in der Wissenschaft aktiv wurden. Während die Österreicher aber ausschließlich in der Privatwirtschaft oder bei privaten Wirtschaftsverbänden tätig waren,[26] die unverkennbar ihren individualistischen, markttheoretischen Standpunkt formten, hatte die Arbeit der deutschen Reformtheoretiker in der Wirtschaftsbürokratie und die Konfrontation dort mit den makroökonomischen Problemen zu ihrer überindividuellen strukturanalytischen Perspektive geführt. Diese Einflüsse hatten die meisten von ihnen, die durchweg aus liberalen bürgerlichen Elternhäusern stammten, bald zur Sozialdemokratie geführt. Sogar der schon ältere Lederer, der im Kaiserreich noch eine Mitgliedschaft in der SPD abgelehnt hatte, weil er meinte, daß Parteien gegen die großen ökonomischen Einheiten und Interessenorganisationen kaum etwas ausrichten könnten, trat in der Umbruchssituation des Winter 1918/19 der USPD bei. Lediglich Eduard Heimann, dessen Vater, der Verlagsbuchhändler Hugo Heimann, langjähriger sozialdemokratischer Reichstagsabgeordneter und enger Freund des Parteivorsitzenden August Bebel gewesen war, hatte angesichts des im Elternhaus erlebten »fatalistischen Evolutionismus« ein unendlich »schwächeres Verhältnis« zur Wirklichkeit sozialdemokratischer Politikfähigkeit. Lange engagierte er sich daher lediglich in verschiedenen der Partei nur nahestehenden Organisationen, so etwa im Hofgeismarer Kreis der Jungsozialisten, der dem deterministischen Materialismus der Parteitheorie eine mehr auf den einzelnen Menschen und seine subjektiven Bedürfnisse ausgerichtete Philosophie entgegenzusetzen suchte. Erst 1926 trat er der Partei bei, doch seinen eigentlichen theoretischen Ort sollte Heimann auch weiterhin woanders, vor allem im Kreis der religiösen Sozialisten um den protestantischen Theologen Paul Tillich finden, von dem er sich noch 1944 in New York im Alter von 55 Jahren taufen ließ.[27]

Im Gegensatz zur universitären Tradition in Deutschland, die auf die Ausbildung autonomer Einzelpersönlichkeiten gerichtet war, welche den Ehrgeiz hatten, ganze geschlossene, philosophisch überhöhte Systeme zu entwickeln, hatten jene Tätigkeiten in der Nachkriegszeit die Gruppenmitglieder mehr zu kooperativem, interdisziplinärem Verständnis wissenschaftlichen Arbeitens geführt, noch ehe sie ab Mitte der zwanziger Jahre ihre universitäre Karriere begannen. Löwe hatte etwa zusammen mit

Colm Anfang der zwanziger Jahre im Statistischen Reichsamt die nationale und international vergleichende Konjunkturstatistik in einem jüngeren Expertenstab initiiert; ebenso gehörten beide zu den Sachverständigen, die die deutschen Delegierten auf den zahlreichen großen internationalen Wirtschafts- und Reparationskonferenzen bis zum Abschluß des Dawes-Plans begleiteten.

Mit dem Angebot auf eine Professur waren die beiden dann 1926 und 1927 von Bernhard Harms, dem Leiter des Weltwirtschaftsinstituts in Kiel, angeworben worden, wo sie die systematische, international ausgerichtete Wirtschaftsforschung überhaupt erst aufbauten, denn vorher hatte es in dem 1914 gegründeten Institut nur eine Bibliothek und ein Zeitungsarchiv gegeben. Die dort vorgelegten Forschungen, veröffentlicht zumeist in der hauseigenen Zeitschrift, dem »Weltwirtschaftlichen Archiv«, sollten bald über die Grenzen hinaus Beachtung finden, und nicht von ungefähr hielten etwa die Pariser Experten der Rockefeller Foundation das Institut für die bedeutendste Forschungsstätte für internationale Wirtschaftsfragen.[28]

Dort lag auch die Federführung für die seit 1926 von der Reichsregierung in Auftrag gegebene Wirtschaftsenquete, die bis Anfang der dreißiger Jahre auf mehr als 60 gedruckte Bände anwuchs und für lange Zeit die umfangreichste Arbeit auf dem Gebiet der exakten Wirtschaftsforschung in Deutschland darstellte. Als ein Sekretär dieser Enquete war Hans Neisser angeworben worden, dessen Aktivitäten bald so beeindruckten, daß ihn Harms schon wenige Monate später formell am WWI anstellte. Charakteristisch mag auch sein, wie diese Gruppe die Enquete-Arbeit veränderte. Zuerst waren nur Experten-Befragungen geplant worden, doch allmählich verlagerte sich das Gewicht zunehmend auch auf eigene Forschungen, wie etwa die von Colm und Neisser herausgegebenen Untersuchungen über den Außenhandel oder einige von Löwe und Marschak verantwortete Untersuchungen zur Kleinindustrie zeigen, für die letzterer einige Zeit in Kiel angestellt worden war. Die Herausgabe anderer Sammelwerke demonstriert ebenfalls etwas von dem kooperativen Ansatz der Gruppe.[29] Wegen dieser besonderen Erfahrungen im Wissenschaftsmanagement sowie vor allem wegen ihrer wohl einmaligen Kenntnisse in Fragen der deutschen Wirtschaftsstruktur sollte sie später in Amerika nach Ausbruch des Zweiten Weltkrieges zum gefragten und geschätzten Ansprechpartner der amerikanischen Administration werden.

Die praktischen Engagements der Gruppenmitglieder in den Gewerkschaften, ferner die aktive Rolle, die besonders Eduard Heimann und

Adolf Löwe im überkonfessionellen Kreis der religiösen Sozialisten spielten, zeigen gleichfalls, daß sie sich kaum als Anhänger enger Stubengelehrsamkeit definierten. Neben Wirtschaftskursen in Volkshochschulen, Arbeiterbildungsvereinen oder Studentenzirkeln gaben Marschak und Colm sogar auch dem Gewerkschaftsführer Fritz Tarnow Nachhilfeunterricht in der Kreislauftheorie des Geldes, ehe dieser Anfang 1932 zusammen mit Fritz Baade und Wladimir Woytinski das damals spektakuläre Arbeitsbeschaffungs- und Konjunkturprogramm der Gewerkschaften vorlegte. Die Gründung der »Neuen Blätter für den Sozialismus« 1930 durch diesen Kreis, mit der man die – illusionäre – Hoffnung verband, an die »antikapitalistischen Strömungen« in der Jugend des Bürgertums heranzukommen sowie mittelständische Wählerschichten gegen die Nationalsozialisten zu immunisieren und für die Republik zu gewinnen, verrät ebenso etwas von dem Selbstverständnis.

Immer ging es bei diesen allgemeinen gesellschaftspolitischen Aktivitäten darum, den Arbeitern operationalisierbare Ziele und Perspektiven für eine realistische Veränderung des Status quo zu vermitteln und die erstarrten Fronten des deterministischen Sozialismus zu überwinden, der seit Bebels Hoffnungen auf den unausweichlichen »Kladderadatsch« des Kapitalismus und erneut mit Hilferdings Theorie vom »Organisierten Kapitalismus«[30] seit Mitte der zwanziger Jahre das theoretische Universum der SPD prägte. Nicht also die große Systemanalyse, die auch noch das Sozialisierungskonzept nach 1918 bestimmt hatte, stand im Vordergrund der theoretischen Reflexion dieser Reformökonomen, da man meinte, daß ein solcher Zugriff Rahmenbedingungen absteckte, die zu erreichen erst das Ziel einer langwierigen Veränderung der Gesellschaft sein könne. Vielmehr suchten sie nach Wegen und praktizierbaren Schritten, um so auf die Wirklichkeit einzuwirken, daß sich die vorhandenen Institutionen und damit der soziale Kern des Systems in Richtung auf eine stabilere, krisenfreiere und gerechtere Zukunft hin veränderten.

Erweitert wurde der Kreis schließlich noch, als Löwe 1931 an die Universität Frankfurt ging, wo er den Lehrstuhl des zuvor verstorbenen Gründers und Leiters des Instituts für Sozialforschung Carl Grünberg übernahm. Insbesondere mit dem befreundeten Theologen Tillich sowie dem kurz zuvor ebenfalls dorthin auf den Lehrstuhl Franz Oppenheimers berufenen Wissenssoziologen Karl Mannheim entstand eine enge Zusammenarbeit, die auch später im Exil trotz großer Entfernungen nicht mehr abriß.[31] Auch zum Kreis um seinen früheren Schulfreund Max Horkheimer, der zur gleichen Zeit als Nachfolger Grünbergs in der Leitung des Instituts einen neuen Lehrstuhl an der philosophischen Fakultät erhalten hatte, bestanden Verbindungen, jedoch blieben diese Kontakte mehr auf der privaten Ebene, da Löwe die wachsende philosophische Ausrichtung des Instituts zu wenig politische Perspektiven bot. Gleichwohl hatte er aber nach der Übersiedlung der Institutsspitze in die Schweiz im Vorfeld des Nationalsozialismus von Herbst 1932 bis zu seiner eigenen Emigration am 2. April 1933 die Frankfurter Einrichtungen verwaltet. Jene unterschiedlichen Vorstellungen von den praktischen Aufgaben der Wissenschaft sollten auch die unterschiedliche Integrationsbereitschaft der Reformökonomen und der Institutsgruppe nach 1933 in der neuen sozialen Welt Amerikas bestimmen und zu erheblichen Gegensätzen und Spannungen zwischen diesen beiden relativ fest geformten intellektuellen Zirkeln führen.

V. Die New School for Social Research

1. Gründung der »University in Exil«

Fast alle Repräsentanten der von ihrem Forschungsverständnis wie von ihrer Themenstellung her eindeutig konturierbaren Gruppe der Reformökonomen kamen nach ihrer Vertreibung aus Deutschland an der New School for Social Research in New York unter. Die Bedeutung dieser Institution für das Exil der deutschen Wissenschaft liegt nicht allein darin, daß von ihr die zahlenmäßig größte Gruppe vertriebener Hochschullehrer aufgenommen wurde, sondern daß an ihr auch genuin die in Deutschland beseitigten Traditionen kritischer Sozialforschung fortgesetzt werden konnten. Die von den deutschen Wissenschaftlern dort konstituierte sozialwissenschaftliche Fakultät sollte im Laufe der folgenden Jahre zur größten ihrer Art in den Vereinigten Staaten werden, zudem mit einer internationalen Besetzung, die singular im amerikanischen Hochschulsystem war.

Noch ehe die verschiedenen Hilfskomitees aktiv geworden waren, hatte Alvin Johnson, der Direktor der New School, mit einzigartigem persönlichen Einsatz die Voraussetzungen dafür geschaffen, daß mehr als ein Dutzend Wissenschaftler nach New York eingeladen werden konnten. Gegen die Nazi-Barbarei wie auch gegen die Lethargie in den USA wollte sein »Protest in Taten« ein Zeichen setzen. Das war nicht allein als solidarischer Akt gedacht, sondern sein Engagement für die deutschen Wissenschaftler sollte der isolationistischen Öffentlichkeit auch vor Augen führen, daß solche Aktionen Amerika nicht zu einem Flüchtlingsland machten, sondern zu einem Zentrum internationaler Forschung mit höchsten Qualifikationsstandards.[1] Daneben gab es natürlich auch noch persönliche Interessen Johnsons, denn bis 1933 war die New School nur eine kleine experimentelle Einrichtung der Erwachsenenbildung gewesen.

Schon ihre Entstehung hatte allerdings etwas von den Motiven der Rettungsaktion von 1933 vorweggenommen. Sie war Anfang 1919 von einem Kreis von Liberalen und Radikaldemokraten gegründet worden, unter ihnen Thorstein Veblen, John Dewey, Charles Beard, Wesley C. Mitchell sowie ferner der englische Sozialist Harold Laski und der deutschstämmige Anthropologe von der Columbia Universität Franz Boas. Zu den Gründern gehörte schließlich Johnson selbst, der studierter Ökonom war und seit der Jahrhundertwende an diversen amerikanischen Universitäten, so in Columbia, Chicago, Stanford und Cornell, gelehrt hatte. Bereits 1914 hatte dieser Kreis die Zeitschrift »New Republic« als Sammlungsorgan der vielen verstreuten progressiven Zirkel in Amerika herausgebracht, und auf der gleichen Linie sollte auch die Einrichtung der New School liegen, die vor dem Hintergrund des Isolationismus und der Roten-Hetze nach dem Ersten Weltkrieg die internationale Verständigung und gesellschaftskritische Aufklärung zu den tragenden Prinzipien ihres Lehrprogramms machte. Ein weiterer Akzent, den die New School im Kampf für eine »neue soziale Ordnung« gesetzt hatte, lag auf der Erwachsenen- und Arbeiterbildung, denn Angebote dieser Art gab es bis dahin angesichts der verbreiteten Aufstiegserwartungen in der bis Anfang des Jahrhunderts offenen dynamischen Gesellschaft Amerikas kaum. Die New School wurde so zum Ausgangspunkt zahlreicher vergleichbarer Einrichtungen wie z.B. der Rand-School oder der Affiliated Workers School, die in den zwanziger Jahren in New York entstanden. Um frei und unabhängig zu bleiben, akzeptierte sie keine Fördermittel von interessierten Institutionen, sondern finanzierte sich allein durch Studiengebühren; lediglich Fehlbeträge am Jahresende wurden durch Spenden des Gründerkreises abgedeckt.[2]

Bereits in diesen Jahren waren die ersten Verbindungen zu Deutschland hergestellt worden, da sich die New School augenscheinlich an den dort nach 1918 entstandenen Volkshochschulen orientierte, deren pädagogische und politische Intention weitgehend als Orientierung genommen wurde. Eine weitere Ebene der Kontakte zu Deutschland ergab sich, als Johnson von seinem akademischen Lehrer, dem Columbia-Ökonomen Edwin R.A. Seligman Mitte der zwanziger Jahre zum Mitherausgeber eines von ihm geplanten Lexikons der Sozialwissenschaften gemacht worden war. Seligman hatte Ende des 19. Jahrhunderts wie viele Kollegen seiner Generation in Deutschland bei Carl Knies und Gustav Schmoller studiert und wollte nun nach dem Vorbild des deutschen Handwörterbuchs der Staatswissenschaften, das nach 1923 gerade in vierter Auflage erschienen war, ein vergleichbares Nachschlagewerk in englischer Sprache herausbringen. Bis Mitte der dreißiger Jahre entstand daraus die von der Rockefeller- und der Carnegie-Foundation mit insgesamt 1,25 Millionen Dollar finanzierte »Encyclopaedia of the Social Sciences«, die mit ihren 15 Bänden zum umfangreichsten und bis heute nicht übertroffenen Kompendium sogar auch der internationalen Sozialwissenschaften werden sollte. Über 600 Wissenschaftler aus aller Welt wurden dafür zur Mitarbeit herangezogen, die mit ihren Beiträgen sowie in zahlreichen persönlichen Kontakten Johnson auf seinen Europa-Reisen den detaillierten Einblick in den Stand der sozialwissenschaftlichen Diskussion auch in Deutschland vermittelten. Das Interesse an der dort geleisteten Arbeit war offenbar so stark, daß die von deutschen Wissenschaftlern erbetenen Artikel zahlenmäßig bald ausuferten und man Probleme mit der internationalen Ausgewogenheit bekam: Hatten die Herausgeber ursprünglich für das Register eine Gruppierung der Autoren nach der Nationalität erwogen, so rückte man nach Abschluß der Arbeiten schnell davon ab, um die große Zahl der deutschen Beiträge nicht allzu auffällig zu machen. Mit Gerhard Colm, Emil Lederer, Jakob Marschak, Fritz Lehmann und Hans Speier lieferten auch einige der 1933 von Johnson an die New School geholten Wissenschaftler zum Teil sogar mehrere umfangreiche Beiträge.[3]

Auf diese Weise kannte Johnson die Forschungsschwerpunkte in Deutschland und wußte daher 1933 ziemlich genau, wen er haben wollte. Darüber hinaus hatten ihn das deutsche Universitätssystem mit seinen akademischen Freiheiten sowie die Methodik und das Bildungsideal der deutschen Humanwissenschaften von jeher fasziniert. Als Sohn dänischer Einwanderer beherrschte er die deutsche Sprache, erzogen im institutionalistischen Milieu kannte er die deutschen Gesellschaftswissenschaften seit dem 19. Jahrhundert, und von seinen Reisen in den zwanziger Jahren nach Deutschland – zuletzt 1932 – datierten die persönlichen Kontakte zur jüngeren Generation der Reformökonomen. In der politischen, theoretischen und methodischen Grundhaltung ihrer wissenschaftlichen Arbeit sah er einen wichtigen Ansatz, um den herrschenden Pragmatismus und Empirismus der amerikanischen Wissenschaft aufzubrechen, und fortan gehörte zu einem seiner Glaubenssätze auch, daß ein akademischer Lehrer nur mit einer Botschaft ein guter Lehrer sei.[4] Darum wollte er auch nicht einzelne Wissenschaftler, sondern gleich eine größere Gruppe an der New School unterbringen, um den originalen Charakter des deutschen Universitätssystems auf amerikanischem Boden zu implantieren. Allerdings hieß das nicht die unkritische Hinnahme aller Interessen und Dispositionen der deutschen Kollegen. Immer wieder konnte er sich ebenso über die Auswüchse des deutschen Bildungswesens mokieren, über die Preziösität und elitäre Haltung des klassischen deutschen Professors und dessen Hang, sein Lebenswerk, egal in welcher Disziplin, mit einem »Traktat der Philosophie in mindestens sieben Bänden« zu krönen.[5] Hineingewachsen in die »Privilegien der anglo-amerikanischen Einfachheit« verachtete Johnson solche Züge durchaus, vielmehr suchte er nach gleichgesinnten »praktischen Idealisten«, die ihre wissenschaftlichen Einsichten auch in die Realität umzusetzen versucht hatten. Vor allem deshalb setzte er auf jene Gruppe von Sozialwissenschaftlern, die als Außenseiter in der deutschen Wissenschaftsgemeinschaft nicht nur mit ihren Forschungen, sondern auch durch ihre politischen Haltungen bewiesen hatten, daß sie nicht vom traditionellen Milieu der deutschen Universitäten deformiert worden waren.

Eine letzte Variable für Johnsons Auswahl war schließlich die Diskussion um eine realistische Strategie zur Bekämpfung der Weltwirtschaftskrise, an der er unter anderem durch Berufung in die vom Präsidenten der Columbia Universität Butler gebildete Commission on Economic Reconstruction selbst aktiv beteiligt war. Gemessen am Stand der Diskussion in Europa schien ihn die amerikanische Krisendebatte, die im wesentlichen nur um zögerliche kreditfinanzierte monetäre Impulse zur privaten Nachfragesteigerung ohne weitere flankierende Maßnahmen kreiste, mehr an die alten Keulenschläge der liberalen »Neandertaler« zu erinnern, die immer noch glaubten, auf dem alten individualistischen Pfad Sicherheit und Stabilität zu erreichen. Doch solche prähistorischen Requisiten würden nicht mehr reichen, der einzige Weg sei die soziale Aktion, »individuelle Sicherheit durch kollektive Planung«.[6]

Wie er schon 1919 bei der Gründung der New School Impulse für eine neue soziale Ordnung gegeben hatte, so wollte Johnson mit seiner Rettungsaktion von 1933 erneut unübersehbare Zeichen auf vernachlässigten Gebieten der amerikanischen Gesellschaftswissenschaften setzen. Die von ihm geplante Exil-Universität sollte auf sozialwissenschaftliche Forschungen beschränkt bleiben, weil diese vor dem Hintergrund der Krise für unabsehbare Zeit zum »center of the battle« kritischer Analysen geworden seien.⁷ Zu den ersten Namen seiner Wunschliste gehörten dann auch Adolf Löwe, Emil Lederer, Jakob Marschak, Hans Neisser und der Wissenssoziologe Karl Mannheim.

Diese Auswahl entsprach keineswegs den persönlichen Bewertungen Johnsons, denn diese Sozialwissenschaftler hatten, obwohl sie im allgemeinen noch recht jung waren, zum Teil auch woanders in Kreisen der amerikanischen Wissenschaft schon einen beachtlichen Ruf erworben. So wurde beispielsweise – noch bevor die Aktivitäten der New School an die Öffentlichkeit gedrungen waren – an der Universität Chicago eine Reihe von Namen gehandelt, an denen großes Interesse bestand, in den Sozialwissenschaften ebenfalls angeführt von Mannheim, Marschak, besonders aber Lederer als »one of the leading economists of the world«. Auch der New Dealer und spätere berühmte Keynes-Interpret Alvin Hansen erhoffte sich namentlich von jenen früheren Kieler Wissenschaftlern wegen ihres »special approach« eine nachdrückliche Wirkung auf die theoretische und wirtschaftspraktische Fundierung der New Deal-Politik. Sogar Schumpeter setzte sich nachdrücklich bei anderen amerikanischen Kollegen für diese Ökonomen ein, die er für die besten und innovativsten in Deutschland hielt, obwohl er aus seiner abweichenden politischen Überzeugung keinen Hehl machte.⁸

In auffallendem Gegensatz standen Johnsons Pläne zu den kurz darauf anlaufenden Aktionen des Emergency Committee wie auch denen der Rockefeller Foundation. Während dort die Hilfsmaßnahmen in Verkennung der nationalsozialistischen Machtergreifung zunächst nur für einen relativ kurzen Zeitraum gedacht waren und ihnen im übrigen ja nur durch breiteste Verteilung der deutschen Wissenschaftler an den amerikanischen Universitäten eine Chance eingeräumt wurde, hatte Johnson von vornherein keine Illusionen, daß die Rettung längerfristig sein, wenn nicht gar zu einer Integration für immer führen müsse. Der Name »University in Exile« für sein geplantes Werk wollte öffentlich demonstrieren, daß auf unabsehbare Dauer die in Deutschland geknebelte Universitätstradition bewahrt werden sollte.

Vor der Realisation des Projekts stand allerdings der mühselige Weg, die nötigen Finanzen zu beschaffen. Unmittelbar nach dem ersten Judenboykott in Deutschland am 1. April 1933 begann Johnson im Kreise der Kollegen für sein Programm zu werben. Aufgebracht werden sollten 120.000 Dollar, um zunächst die Gehälter von 15 Wissenschaftlern für zwei Jahre zu sichern. Doch obwohl er sich die Finger wund schrieb und die Hacken ablief, kamen Spendenbeträge nur tropfenweise ein. Ende Mai 1933 hatte er kaum 12.000 Dollar beisammen, so daß die ohnehin schon phantastische Idee in weite Ferne zu rücken drohte. Für europäische Maßstäbe mag das ganze Vorhaben schon unvorstellbar sein, noch mehr aber, mit welcher naiven Unbefangenheit Johnson von seiner Botschaft überzeugt blieb, »daß die Dinge dennoch in Gang kommen werden.« Nachdem er auch noch die New York Times animiert hatte, einen Bericht über die geplante Exil-Universität zu bringen, meldete sich tatsächlich nur wenige Tage später ein Kaufmann aus der Ölbranche, Hiram Halle, der auf einen Schlag die notwendigen Gelder zur Verfügung stellte.[9]

Anfang Juni konnten so Kontakte zu den deutschen Wissenschaftlern aufgenommen werden, doch sein zu Konsultationen nach Europa geschickter Abgesandter kam schon nach kurzer Zeit unverrichteter Dinge zurück, da er seine Ansprechpartner in Deutschland nicht mehr erreichte und sich Löwe, Marschak und Mannheim auch schon für England entschieden hatten. Erst nachdem er dem inzwischen nach London geflohenen Lederer telegraphiert hatte und der sogleich zu einer Kurzvisite nach New York gereist war, kamen im Juli die Berufungen in Gang.

Viele der in Rede stehenden Sozialwissenschaftler hatten zu dieser Zeit die dramatischste Phase bereits hinter sich. Noch bevor das NS-Gesetz über die Wiederherstellung des Berufsbeamtentums am 7. April 1933 erlassen worden war, hatten die ersten von ihnen Deutschland bereits verlassen, weil sie längst auf den schwarzen Listen der Nazi-Studenten gestanden hatten. So war Löwe mit seiner Familie schon am Tag nach dem Judenboykott in die Schweiz geflohen. Da er illusionärerweise mit einer nur begrenzten Dauer der NS-Herrschaft rechnete, hatte er sich schon für eine Anstellung an der Universität Manchester entschieden, ehe ihm die Einladung der New School übermittelt werden konnte. Das gleiche galt für Jakob Marschak, der ebenfalls schon im April nach Paris geflohen war, nachdem er vom Rektor der Heidelberger Universität ultimativ aufgefordert worden war, seine »arische Abstammung« nachzuweisen – und das, obwohl er nicht einmal Beamter war, sondern nur als Privatdozent wirkte und von einem Stipendium der Rockefeller Stiftung gelebt hatte. Nachdem er im Mai an der Internationalen Universität in Santander gelehrt hatte, erhielt er den Zuschlag für eine ebenfalls mit Rockefeller-Geldern finanzierte Stelle in Oxford, auf die ihn der norwegische Ökonom Ragnar Frisch empfohlen hatte, der diesen in jenen Jahren in Deutschland bedeutendsten Ökonometriker trotz seiner sozialistischen Überzeugung kurz zuvor auch schon als neues Mitglied in der internationalen Econometric Society gegen den Widerstand der meist konservativen Mitglieder durchgesetzt hatte. Erst einige Jahre später sollten Löwe und Marschak an die New School gehen.

Zu spät kam Johnson auch im Fall des wohl wichtigsten deutschen Soziologen nach dem Tod Max Webers, Karl Mannheim, der als gebürtiger ungarischer Jude ebenfalls schon im April 1933 überstürzt aus Deutschland geflohen war und durch Vermittlung Harold Laskis eine Anstellung an der Universität London erhalten hatte.

Vergleichsweise »legal« hatte demgegenüber Emil Lederer zu dieser Zeit Deutschland verlassen. Er hatte im Februar 1933 eine Einladung vom Direktor des Internationalen Arbeitsamts zur Teilnahme an einer Konferenz Anfang April in Paris erhalten. Ordnungsgemäß teilte er dem Preußischen Wissenschaftsminister die Reise mit, von der er dann nicht nach Deutschland zurückkehrte, zumal er sich gerade mit Albert Einstein, Heinrich Mann und anderen bei der Durchführung des antifaschistischen Kongresses »Das freie Wort« im Februar 1933 exponiert hatte.[10]

Mißverständlich wäre allerdings, entnähme man diesen exemplarischen biographischen Details einen zielgerichteten, problemlosen Übergang für die Betroffenen. Ihre Korrespondenzen zwischen April und Juli reflektieren eine verzweifelte Ratlosigkeit und Unsicherheit über die nächste Zukunft. Ehe sie die Bemühungen Alvin Johnsons oder anderer Einrichtungen erreichten, gab es kaum eine Perspektive für sie, denn im Gegensatz zu ihren Kollegen von der österreichischen Neoklassik verfügten sie kaum über gefestigte internationale wissenschaftliche Kontakte, und über die Tatsache, daß man auf sie im Kreise der amerikanischen New Dealer bereits aufmerksam geworden war, konnten sie natürlich nichts wissen. Das gilt sogar für den schon älteren und etablierteren Lederer, der Mitte der zwanziger Jahre bereits für längere Zeit in Japan gelehrt hatte. In der ungewissen Lage richteten sich die Hoffnungen vieler von ihnen – und auch zahlreicher anderer Kollegen in gleicher Situation – zunächst auf Schumpeter in Harvard, der in diesen dramatischen Wochen zum wichtigsten Ansprechpartner werden sollte und mit Anfragen eingedeckt wurde, welche Chancen sich in Amerika für Vortragsreisen, Gastsemester etc. böten.[11]

Andere Kollegen aus dem Kreise der Reformökonomen lebten zu dieser Zeit unter kaum noch erträglichen Umständen in Deutschland. Mit besonderer Brutalität waren beispielsweise in Kiel sogar eigene Schreibtisch-Nachbarn am Weltwirtschaftsinstitut, die nach der Machtergreifung sogleich SA-Mitglieder geworden waren, gegen Hans Neisser und Gerhard Colm vorgegangen, weil ihre Großeltern einmal Juden gewesen waren, wobei Colm schwer verletzt wurde.[12] Auf ihre Rettung richteten sich dann auch die gemeinsamen Versuche Johnsons und Lederers, der nach seinen Verhandlungen in New York eine Berufung nach Manchester absagte und sich in London niederließ, um von dort aus die Anstellungen für die New School voranzubringen.

Als Kurier nach Deutschland fungierte Hans Speier, Lederers früherer Assistent und Redaktionssekretär des von ihm herausgegebenen Archiv für Sozialwissenschaft und Sozialpolitik, der als Dozent an der Berliner Hochschule für Politik nach deren Schließung ebenfalls arbeitslos geworden war. Er hatte die Einladungen für die von Lederer und Johnson ausgewählten Wissenschaftler zu überbringen. Mit einer neuen Präferenzliste, zusätzlich gespickt mit den von Schumpeter weitergereichten Anfragen reiste Johnson im Juli selbst zu Lederer nach London, um dort die endgültigen Verträge zu schließen. In der Hektik und Dramatik dieser Wochen wuchs sich das auch für Johnson zu einem mühseligen Geschäft aus, denn verschiedene der gewünschten Personen hatten bereits abgesagt, einige konnten sich nicht entscheiden, weil sie woanders Verhandlungen führten und ihnen die New School als Institution nur wenig bekannt war, oder sie hatten überhaupt Angst vor dem entfernten Amerika. Erst Anfang August hatte er schließlich die endgültige Gruppe für die University in Exile beisammen, deren Kern die Ökonomen bildeten: Der Agrarexperte Karl Brandt von der Landwirtschaftlichen Hochschule Berlin, der Finanzwissenschaftler Gerhard Colm vom Weltwirtschaftsinstitut in Kiel, der ehemalige Handelsredakteur der Frankfurter Zeitung Arthur Feiler, der 1932 gerade Professor an der Universität Königsberg geworden war, dann Eduard Heimann von der Universität Hamburg, Emil Lederer, der erst 1932 von der Universität Heidelberg nach Berlin berufen worden war, und schließlich die Arbeitswissenschaftlerin Frieda Wunderlich vom Sozialpädagogischen Institut Berlin. Hinzu kamen Vertreter benachbarter Disziplinen, so der Jurist Hermann Kantorowicz, die Soziologen Hans Speier, Albert Salomon und Ernst von Hornbostel, schließlich der Gestaltpsychologe Max Wertheimer, der schon während des Nazi-Terrors unmittelbar nach dem Reichstagsbrand Anfang März panikartig in die Tschechoslowakei geflohen war, wo ihn die Einladung Johnsons erreichte.

Abgesagt hatten neben Löwe, Mannheim und Marschak der Theologe Paul Tillich, der jedoch nach Berufung an das Union Theological Seminary in New York mit der New School-Gruppe aufgrund der alten Freundschaften aus dem Kreis der religiösen Sozialisten im engen Kontakt blieb und auch ständiger Gast der dortigen Veranstaltungen wurde. Desgleichen kamen der Philosoph Ernst Cassirer und die Juristen Gustav Radbruch und Hermann Heller nicht. Bei Hans Neisser mußte Johnson zugunsten der Wharton School of Finance der University of Pennsylvania verzichten, die wegen ihrer Gewerkschaftsnähe ebenfalls einen der deutschen Reformökonomen haben wollte, so daß man sich durch Losentscheid über Lederer und Neisser einigte. Wie Löwe und Marschak sollte Neisser nach dem Tode Arthur Feilers 1943 dann aber ebenfalls noch an die New School kommen.

Aus dem homogenen Profil dieser Gruppe fielen lediglich der Liberale Feiler sowie Karl Brandt, der 1933 als einziger Agrarwissenschaftler wegen seiner offensiven Haltung gegen die ostelbischen Junkerinteressen entlassen worden war; in der Emigration sollte er sich dann aber immer mehr zu einem rabiaten Deutschnationalen entwickeln. Nach vielen Konflikten mit der eigenen Gruppe, die noch verstärkt wurden, weil er als Agrarexperte in der Metropole New York absolut fehl am Platz war, verließ er auch schon nach wenigen Jahren die New School und ging an das Food Research Institute nach Stanford. Ebensowenig konnte Feiler nennenswerte Akzente setzen; er starb bereits Anfang der vierziger Jahre, ohne das Profil der New School beeinflußt zu haben.

Nur kurze Gastspiele gaben von jener »Mayflower«-Gruppe auch Kantorowicz, der nach einem Jahr an die London School of Economics ging, sowie von Hornbostel, der schon Anfang 1934 seine Lehrverpflichtung aus Krankheitsgründen aufgeben mußte. Dafür kamen die höheren preußischen Beamten, der Sozialdemokrat Hans Staudinger und der ehemalige Demokrat Arnold Brecht, die schon nach dem Staatsstreich Papens im Juli 1932 zur Disposition gestellt worden waren. Von ihren praktischen Erfahrungen erhoffte sich Johnson ebenfalls einige Anregungen für die aktuelle Krisendiskussion sowie generell für die Fundierung der New Deal-Politik. Beide konnten darüber hinaus auch beachtliche wissenschaftliche Untersuchungen zu jenen Politikfeldern vorweisen, Staudinger als Theoretiker der Gemeinwirtschaft und Arnold Brecht, der frühere Leiter der Verfassungsabteilung im Reichsinnenministerium und dann preußische Vertreter im Reichsrat, als Verfassungs- und Verwaltungsexperte sowie als Fachmann für öffentliche Finanzen. Staudinger, der noch nach den Wahlen im November 1932 für die SPD in den Reichstag gezogen war, hatte Deutschland nach einer Verhaftung durch die Nationalsozialisten Hals über Kopf verlassen und stand schon im Begriff, eine Beratertätigkeit in der Türkei anzunehmen, als ihm Lederer die Einladung übermittelte. Demgegenüber war Brecht, der seine endgültige Entlassung aus dem Beamtenverhältnis am 30. August 1933 erhalten hatte, mit offizieller Erlaubnis der deutschen Behörden zunächst für eine zeitlich befristete Gastprofessur nach New York gereist. Die biographischen Details dieses Falles reflektieren ebenfalls etwas von den besonderen Opportunitäten und psychologischen Dispositionen eines deutschen Intellektuellen, der von den Nationalsozialisten nicht unmittelbar bedroht wurde, da er weder Jude war noch Sozialist, sich gleichwohl aber als Rechtsvertreter der preußischen Regierung vor dem Staatsgerichtshof nach der »Reichsexekution« von Papens demokratisch exponiert hatte. So wollte er zunächst seine Zelte in Deutschland auch nicht endgültig abbrechen und verlangte von Johnson jederzeitige Erlaubnis zur Rückkehr, wie er in den folgenden Jahren auch noch regelmäßig seine Sommerferien in Deutschland verlebte, woraus sich alsbald erhebliche Konflikte mit den anderen Kollegen ergaben.[13]

Als dritter höherer Verwaltungsbeamter kam schließlich Anfang 1935 noch Hans Simons, Sohn des früheren Reichsgerichtspräsidenten, der von 1925 bis 1929 Direktor der Berliner Hochschule für Politik und anschließend bis zum Staatsstreich Papens Oberpräsident der preußischen Provinz Niederschlesien gewesen war. Als langjähriges SPD-Mitglied sowie als Angehöriger der religiösen Sozialisten gehörte er zu den im August 1933 wegen »politischer Unzuverlässigkeit« aus dem Beamtenverhältnis entlassenen Personen. Nach vorübergehender Tätigkeit an der London School of Economics mit Unterstützung der Rockefeller Foundation erhielt er im September 1934 die Einladung nach New York. Wissenschaftlich trat er allerdings dort nicht hervor, sondern wirkte vor allem in der Administration der Hochschule, zunächst als Dekan der Graduate Faculty und ab 1950 bis zu seiner Emeritierung 1960 als Präsident der New School.[14]

Nachdem bis Ende September von der ersten Gruppe der größte Teil in New York angekommen war und die University in Exile bereits zum Oktober mit beachtlicher öffentlicher Aufmerksamkeit den Lehrbetrieb des Herbstsemesters aufgenommen hatte[15], konnte Johnson auch daran denken, die angebotenen Mittel des Emergency Committee und der Rockefeller Foundation für seine nunmehr volle akademische Institution zur Finanzierung weiterer Stellen abzurufen. Dadurch wurde es möglich, daß noch im Winter 1933 der italienische Politologe Max Ascoli, ein Schüler Gaetano Salveminis, an die New School kam. Er hatte nach der »Säuberung« der italienischen Universitäten Ende der zwanziger Jahre und nach mehreren Verhaftungen 1931 seine Professur an der Universität Cagliari verloren und sich seitdem in den USA als Stipendiat der Rockefeller Stiftung aufgehalten, die auch jetzt das Gehalt an der New School für die nächsten Jahre zahlte. Bis zur Berufung seines Landsmannes Nino Levi auf eine Professur für Soziologie Ende der dreißiger Jahre sollte er der einzige Italiener bleiben, für den es zum wachsenden Problem wurde, sich im Kreise seiner ausschließlich deutschen Kollegen zu behaupten.[16] Der Sozialphilosoph Horace M. Kallen von der Columbia Universität, der mit zu den Gründern der New School gehört hatte, war der einzige Amerikaner, der im Winter 1933/34 mit an die Graduate Faculty berufen wurde; auch er war in Deutschland geboren, jedoch mit seiner Familie schon als Kleinkind in die USA eingewandert.

Mittel der Rockefeller-Stiftung, des Emergency Committee und anderer Organisationen ermöglichten es, schließlich auch noch einige andere Wissenschaftler anzustellen: Einmal Alfred Kähler aus Kiel, der nach seinem Diplom als Volkswirt die Leitung einer Volkshochschule in Schleswig-Holstein übernommen hatte, die 1933 zu einem NS-Arbeitslager wurde. Nach seiner bedeutenden Dissertation 1932, der Löwe die Qualität einer Habilitationsschrift zusprach, hatte A.C. Pigou versucht, ihm ein Stipendium für Cambridge zu verschaffen, doch scheiterte das an Keynes. Als dieser nämlich von Kählers ursprünglich erlerntem Beruf als Schlosser hörte, meinte er, daß er dann auch anders sein Geld verdienen könne, worauf ihn Löwe nachdrücklich bei den Rockefeller-Leuten empfahl. Zum anderen kamen der Soziologe Carl Mayer, der bis zu ihrer Schließung durch die SA an der Frankfurter Akademie der Arbeit gelehrt hatte, sowie der Jurist und Betriebswirt Fritz Lehmann, der als Assistent des Begründers der deutschen Betriebswirtschaftslehre Eugen Schmalenbach an der Universität Köln ebenfalls sogleich seinen Job verloren hatte.[17] Durch ein Stipendium des Littauer Fund konnte im Winter 1933/34 schließlich auch noch der namensgleiche junge Jurist Rudolf Littauer von der Universität Leipzig aufgenommen werden, der jedoch bereits 1938 wieder ausschied, um Sekretär der New Yorker Filiale der Notgemeinschaft deutscher Wissenschaftler im Ausland zu werden.[18]

Schon mit Beginn des Lehrbetriebs am 1. Oktober 1933 wurde die University in Exile offiziell in *Graduate Faculty of Political and Social Science* umbenannt, denn einmal sperrten sich die deutschen Wissenschaftler gegen jenen mehr auf ein vorübergehendes Provisorium und ihren Außenseiter-Status im amerikanischen Hochschulsystem verweisenden Reklame-Begriff, zum anderen war die Benennung nur einer einzigen sozialwissenschaftlichen Fakultät als Universität auch mißverständlich. Obwohl die Fakultät unter dem Dach der New School ihre Arbeit aufnahm, wurde sie eine autonome Institution mit einer unabhängigen Verwaltung unter einem eigenen Dean und mit eigenem Budget sowie gesondertem Lehrplan, nicht zuletzt, weil anders die nötigen Mittel aus den verschiedenen Töpfen der Flüchtlingshilfe nicht zu erhalten gewesen wären. Ehe Anfang 1935 die neue Verfassung ihren Status auch juristisch festschrieb, wurden die Geschäfte von einem provisorischen Beratungskomitee geleitet, für das Johnson mit John Dewey, Edwin R.A. Seligman, Felix Frankfurter, Robert M. Hutchins, Präsident der Universität Chicago, einflußreiche und klingende Namen der New Dealer gewonnen hatte.

Wie Johnson schon zu Beginn seines Vorhabens deutlich gemacht hatte, daß das vorrangige Ziel der neuen Graduate Faculty die Internationalisierung der amerikanischen Wissenschaft durch europäische Gelehrte von Rang sein sollte, so reflektierte auch die Verfassung der Fakultät solchen Anspruch und Auftrag amerikanischen Hochschulsystem. Ausdrücklich wurde die Verpflichtung aufgenommen, daß ihre Politik nicht nach Kriterien von Rasse, Religion oder politischen Überzeugungen, sondern allein von wissenschaftlichen Maßstäben sowie der Kompetenz und Integrität ihrer Mitglieder bestimmt werde.[19] Einen Eindruck, wie wenig selbstverständlich diese elementaren Prinzipien für die amerikanische Hochschullandschaft in der damaligen Zeit waren, hatten die taktischen Rücksichten der großen Hilfsorganisationen bei ihrer Unterbringungspolitik bereits gezeigt, und gerade als die Graduate Faculty sich ihre Verfassung gab, wollte beispielsweise das renommierte Bryn Mawr College, das sich ebenfalls sehr stark für die Immigranten einsetzte, »ganz im Vertrauen« wissen, ob Eduard Heimann, der als Fürsprecher zahlreicher Kollegen aufgetreten war, Jude sei.[20] Nicht übertrieben erscheint daher, wenn die New School in jenen Jahren von sich behauptete, die einzige Institution der höheren Bildung in Amerika zu sein, in der es absolut keine rassische Diskriminierung gäbe.[21]

Im Unterschied zu den Wissenschaftlern, die vereinzelt an anderen Universitäten eine Anstellung fanden, hatte die Gruppe an der New School nicht nur das Privileg, in relativ großer Zahl und in einem recht homogenen Milieu zusammengeblieben zu sein, sie konnte auch bruchlos an ihre gewohnten Methoden im Lehrbetrieb anknüpfen. Denn während die anderen Wissenschaftler bei der traditionellen Trennung im amerikanischen Hochschulbetrieb zwischen College- und Graduate-Ebene in den meisten Fällen zunächst nur College-Kurse geben konnten oder durften, woraus die vielfach überlieferten Schocks über das Ausbildungsniveau der Studenten resultierten, setzten die New School-Leute an der Graduate Faculty ihre Lehre unter den gewohnten Bedingungen fort. Zwar waren sie von Johnson auch verpflichtet worden, je eine Veranstaltung im Bereich der Erwachsenenbildung zu geben, aber das bedeutete keine neue Erfahrung, da die meisten mit ähnlichen Zielgruppen bekanntlich auch schon in Deutschland gearbeitet hatten.

Es dauerte allerdings einige Jahre, bis die Fakultät juristisch einen vollen universitären Status bei den Studienabschlüssen erhielt, aber auch dann blieb sie immer noch eine wissenschaftliche Anomalie, da ihr der wissenschaftliche Unterbau eines Colleges mit seinem B.A.-Programm fehlte. Die fehlende Infrastruktur, etwa eine geeignete Bibliothek oder die gesetzlich vorgeschriebene Pensionskasse für Fakultätsmitglieder, führte dazu, daß das Erziehungsministerium des Staates New York der Fakultät 1934 zunächst nur eine Teilgenehmigung erteilte, nach der sie wohl Studenten ausbilden durfte, die Master- oder Doktorprüfungen mußten jedoch vor der New Yorker Staatsuniversität abgelegt werden. Gleichwohl wurde dieses freischwebende Unikum von amerikanischen Studenten, die anderswo das College abgeschlossen hatten, angenommen, denn in nur wenigen Jahren verfünffachte sich ihre Zahl. Hatte man im Herbst 1933 mit 92 Studenten begonnen, so war die Zahl bis Herbst 1940 bereits auf 520 angestiegen; zu dieser Zeit erhielt die Graduate Faculty auch die lange erwartete »permanency« mit vollem Prüfungsrecht.[22]

Dennoch blieb sie ein Provisorium, da ihre Finanzlage von Anfang an prekär war – und immer bleiben sollte. Die erhaltenen administrativen Unterlagen belegen über die Jahrzehnte hinweg, wie man buchstäblich von der Hand in den Mund zu leben lernte. Immer wieder schaffte es der von seiner Mission überzeugte Alvin Johnson, mit atemberaubendem Optimismus und der nötigen Selbstgewißheit meist im letzten Moment Geldgeber zu finden, die die finanziellen Lücken stopften. Wirksam unterstützt wurde er darin später von Hans Staudinger, der, zumal in seiner langjährigen Amtszeit als Dekan der Fakultät, mit großer Begabung und Ausdauer neue Geldquellen aufzutun verstand. In den ersten Jahrzehnten waren die Gehälter von der bald auf mehr als 30 Personen angewachsenen Gruppe nie länger als 1 bis 2 Jahre gesichert. Die zahlreichen üblichen Festbankette und fördernden Mitgliedschaften brachten, gemessen an den Aufwendungen, nur bescheidenere Summen, auch die seit 1935 gezielte Nominierung von einflußreichen und vermögenden Personen für den Board of Trustees bedeutete noch keine ökonomische Sicherheit. Ohne die finanziellen Versprechen von Stiftungen und Philantropen, die verschiedentlich gleich mehrere hunderttausend Dollar gaben, wäre die Graduate Faculty kaum existenzfähig gewesen und hätte ihre großen Forschungsprojekte, zumal in und nach dem Zweiten Weltkrieg, nicht durchführen können. Neben den bereits genannten Geldern von der Rockefeller Foundation, bis 1945 mehr als 540.000 Dollar für Personalkosten und Projekte, gab die Rosenwald-Familie, in die Max Ascoli einheiratete, in dieser Zeit etwa 100.000 Dollar und insgesamt bis in die sechziger Jahre fast 400.000 Dollar, von Doris Duke, Erbin eines Tabakimperiums, das auch die Duke University in North-Carolina sponserte, kamen 250.000 Dollar, der Lucius D. Littauer Fund überwies rund 100.000 Dollar und die New York Foundation mehr als 23.000 Dollar, um nur einige der repräsentativsten Beispiele zu nennen.[23]

Die Überredungskünste, die zur Beschaffung der Finanzen eingesetzt wurden, mag ein Brief Johnsons vom März 1935 illustrieren, mit dem er die Rockefeller Foundation zu mobilisieren suchte, nachdem die 1933 bereitgestellten Mittel verbraucht waren. Mit aller Eindringlichkeit suchte er die Stiftung davon zu überzeugen, etwa $ 50.000 zu den erforderlichen $ 375.000 beizutragen, um die Arbeit der Fakultät über die nächsten fünf Jahre fortsetzen zu können. Diese längerfristige Perspektive sei einmal nötig, um Studenten zu gewinnen, zum anderen sei ein solcher Zeitraum für den Fall zu planen, daß sich die feste Einrichtung der Fakultät als Illusion erweisen sollte und die gerade angeworbenen Mitglieder sich nach anderer Beschäftigung umzusehen hätten, was wiederum zu kaum erträglicher Konkurrenz mit den Klienten der anderen Hilfskomitees führen würde. Ein finanzielles Versprechen der Stiftung hätte nicht nur hierbei eine Pilotfunktion für andere potentielle Sponsoren der Fakultät, sondern es würde vor allem auch dem Eindruck entgegenwirken, dem sich die New School in zunehmenden Maße in der

Öffentlichkeit ausgesetzt sähe, daß an ihr Leute beschäftigt seien, die womöglich zu Recht von den Nazis entlassen worden waren. Eine Verweigerung der Stiftung, so Johnsons dramatischer Appell, werde nur als Bestätigung dieses ungerechtfertigten Verdachts aufgefaßt werden. Außerdem sei die Fakultät bisher überwiegend von jüdischen Zuwendungen finanziert worden und bleibe auf sie auch künftig angewiesen, was ebenfalls in der Öffentlichkeit nur mißverstanden werden könne. Abgesehen von der für die Fakultät irrelevanten Frage, daß von ihren 18 Mitgliedern überhaupt nur die Hälfte der jüdischen Glaubensgemeinschaft angehörten, sei nicht einzusehen, daß die Finanzierungskosten für sie allein jüdischer Hilfe aufgebürdet bleibe, da die akademische Freiheit kein jüdisches Problem allein sei.[24]

In der Tat zeigte die Struktur des Fakultätshaushalts für die ersten beiden Jahre, daß er ohne große Fremdmittel auch in Zukunft nicht zu bilanzieren sein würde. Von den jährlichen Gesamtausgaben von etwa $ 72.000 und $ 79.000 für 1933 und 1934 wurden allein mehr als 80 % von den Beiträgen Hiram Halles abgedeckt, wohingegen die studentischen Studiengebühren dazu nur mit knapp 7 % beitrugen. Signifikant ist auch die Ausgabenstruktur: Mit $ 55.000 und $ 62.750 wurden knapp 80 % des Haushalts für die Professorengehälter ausgegeben. Jeweils rund $ 4.000 gingen als Zuschuß an das neu geschaffene Publikationsorgan »Social Research«, jährlich wurden $ 3.000 für Sekretärinnen ausgegeben, für den Bibliotheksaufbau blieben hingegen nur bescheidene $ 37 bzw. $ 500 übrig.[25] Das heißt, die Lehrkörpermitglieder mußten fast ohne sekretarielle Hilfe und ohne Bibliothek ihre Aufgaben bestreiten. Daneben zeigen die Personalkosten, daß die Gehälter im Durchschnitt bei weniger als $ 3.500 im Jahr lagen. Zwar waren sie gestaffelt, die Spitzenverdiener wie Lederer oder Brecht erhielten jedoch nicht mehr als $ 5.000, was nicht einmal der Hälfte vergleichbarer Einkommen an den meisten großen Universitäten entsprach; ein Mann wie Schumpeter erhielt zu jener Zeit etwa $ 12.000.

Trotz der Eloquenz, mit der Johnson zu überzeugen suchte, lehnte die Rockefeller Stiftung die geforderten $ 50.000 ab, da sie grundsätzlich keine allgemeinen Bewilligungen für Institutionen aussprach.[26] In den folgenden Jahren verstand es Johnson aber dennoch, den größten Teil jener Ursprungssumme über spezielle Gehaltsanmeldungen zu bekommen. Obwohl die Stiftung in den jährlichen Verhandlungen immer wieder darauf hinwies, daß die Übernahme einer Gehaltshälfte definitiv nur für ein Jahr gelte und die Institutionen dann eigene Mittel für die Betroffenen einsetzen müßten, machte sie bei der finanzarmen New School immer wieder eine Ausnahme. So wurden Ascoli, Simons und Kähler von der ersten Gruppe, nach 1938 dann auch verschiedene Flüchtlinge aus Österreich bis in die vierziger Jahre hinein finanziell unterstützt, als die Stiftung nach der Niederlage Frankreichs und der neuen Welle in die USA strömender europäischer Wissenschaftler in einer gemeinsamen Aktion mit der New School ihre Bewilligungspolitik generell auf neue Grundlagen stellte.

2. Zentrum für Flüchtlingsprobleme

Trotz der permanenten finanziellen Engpässe wurden von der Graduate Faculty im weiteren Verlauf der dreißiger Jahre noch zahlreiche andere deutsche und europäische Flüchtlinge aufgenommen, und das nicht nur in zugespitzten Notsituationen wie etwa nach dem »Anschluß« Österreichs, als erneut eine konzentrische Welle von Wissenschaftlern in die USA kam. Bis zum Ausbruch des Krieges hatte sich die Zahl der Fakultätsangehörigen – von 18 im Frühjahr 1934 auf 33 im Sommer 1939 – fast verdoppelt, ehe die New School dann 1940/1941 nach der Niederlage Frankreichs zur letzten Zuflucht für mehr als 170 Gelehrte werden sollte. Im Unterschied zu dem relativ einheitlichen Profil der »Mayflower«-Gruppe aus den Tagen der University in Exile wurden ab Mitte der dreißiger Jahre auch Flüchtlinge mit ganz anderem politischen und weltanschaulichen Hintergrund als Notfälle aufgenommen, bei denen das Kriterium der Auswahl in der originellen Substanz ihrer Beiträge für die amerikanische Wissenschaft und weniger in ihren kritischen reformtheoretischen Ansätzen bestand. Das galt allerdings nicht so sehr für die Ökonomie, sondern mehr für die Außenbezirke der Sozialwissenschaften. Der bedeutendste Fall mag wohl der des konservativen Philosophen Leo Strauss sein, der als Forscher an der Berliner Akademie für die Wissenschaft des Judentums schon 1932 mit einem Rockefeller Fellowship nach England und Frankreich gegangen war und von dort Anfang 1938 an die Graduate Faculty kam. Doch sollte er in den zehn Jahren, die er dort tätig war, keinen nennenswerten Einfluß auf die Außenwirkung der Fakultät haben. Erst nach seinem Ruf an die Universität Chicago 1948 wurde er mit seiner antimodernistischen Geschichtsphilosophie, die alle aufklärerischen Traditionen als modernen Destruktionismus verwarf und sich raunend nur an eine kleine Elite Gleichgesinnter richten wollte, zum gefeierten Guru der amerikanischen Konservativen, der seiner wachsenden Schülerschar die antiegalitäre Botschaft von der Unmöglichkeit einer gerechten Gesellschaft einimpfte.[27]

Zu den Konservativen gehörte auch der Soziologe und Sozialphilosoph Ernst Karl Winter, ein Vertreter der romantischen katholischen Soziallehre aus Österreich, dem Ende der zwanziger Jahre die Karriere als Hochschullehrer von der überwiegend deutsch-national orientierten Fakultät der Wiener Universität versperrt worden war. Nach den Wiener Arbeiterunruhen 1934 war er als Vize-Bürgermeister Wiens von Reichskanzler Dollfuß beauftragt worden, Pläne für die Integration der Arbeiterschaft in den österreichischen Ständestaat zu entwerfen, wie er auch in den Jahren bis 1938 zum Propagandisten einer ständestaatlichen Monarchie in Österreich als Bollwerk gegen den Nationalsozialismus wurde.[28] Wie Strauss von der Rockefeller Foundation, so war Winter vom Emergency Committee empfohlen worden, von denen für beide auch die Gehälter kamen. Wegen seiner zweifelhaften politischen Positionen, die kaum in das antifaschistische Klima der Graduate Faculty paßten, wurde Winter jedoch wenig später wieder entlassen.

Ganz anderes gilt demgegenüber für den ehemaligen deutschen Berufsdiplomaten und späteren Kurator und Philosophieprofessor der Universität Frankfurt, Kurt Riezler, der 1933 von den Nationalsozialisten entlassen worden war, weil die dortige gezielte Personalpolitik, d.h. Berufungen der progressiven Gesellschaftswissenschaftler vor allem auf ihn zurückgingen. Wegen seiner Erfahrungen sowohl an der Frankfurter Hochschule als auch in der allgemeinen Reichsverwaltung, zeitweise war er Bürochef von Reichspräsident Ebert gewesen, war Riezler Anfang 1938 an die Fakultät berufen worden. Auf seinem Fachgebiet, der Philosophie, trat er daher künftig auch nur wenig hervor. Sein im übrigen allzu metaphysisch orientiertes Denken stand nicht nur im Gegensatz zu den theoretischen Grundhaltungen der meisten seiner New School-Kollegen, sein spekulativer Ansatz verhinderte auch eine breitere Wirkung in der amerikanischen Wissenschaft. So publizierte Riezler nach 1938 auch nur wenig, ein Buch und einige wenige Aufsätze. Als reinen Wissenschaftler hatte er sich allerdings auch nie verstanden, seine Fähigkeiten lagen mehr im Wissenschafts-Management, im Anregen, Bewegen und Beeinflussen.

Riezlers Bedeutung für die Graduate Faculty ist somit vor allem darin zu sehen, daß er als erfahrener und universal gebildeter homme de lettres die internen Auseinandersetzungen nachhaltig beeinflußte. Vor allem trug er dazu bei, mit provokativen Fragen die zuweilen in die Gefahr verengter Eindimensionalität geratende sozialwissenschaftliche Theoriedebatte seiner Kollegen immer wieder in die Bahnen der grundsätzlichen weltanschaulichen Reflexion zu zwingen.[28]

Aus Österreich kamen ferner noch der ehemalige Assistent des Staatsrechtlers Hans Kelsen, Erich Hula, und der Wissenschaftstheoretiker und Husserl-Schüler Felix Kaufmann, der ursprünglich auch einmal als Jurist der Kelsen-Schule begonnen hatte. In dieser Zeit wurden ferner auch noch der italienische Soziologe Nino Levi sowie der spanische Politologe Fernando de los Rios, in den kurzen Jahren der Republik Botschafter in Washington, berufen, um nur noch einige Beispiele für das Spektrum der Exil-Universität gegen Ende der dreißiger Jahre zu nennen. Bis auf Levi, der schon wenige Monate später starb, sollten sie im Unterschied zu Strauss und Winter auf Dauer an der Graduate Faculty bleiben und dort noch wichtige Akzente setzen. Hula war von Johnson schon im Winter 1933/34 an die New School eingeladen worden, nachdem er zusammen mit seinem Lehrer in Köln entlassen worden war. Er war jedoch zunächst zurück nach Österreich gegangen, um dort Sekretär der Arbeiterkammer in Graz zu werden (an seiner Stelle war dann Hans Simons berufen worden). Neben John Herz und Hans Morgenthau gehörte er zu den deutschen Juristen, die die USA mit Fragen des internationalen Rechts und der vergleichenden Regierungslehre bekannt machten. Kaufmann sollte mit seiner im Wiener Kreis der logischen Positivisten entwickelten Theorie des Wissens und den Untersuchungen zum tautologischen Charakter der Logik und der Mathematik wichtige methodologische Vorarbeiten leisten, auf denen aufbauend später auch Alfred Schütz die amerikanische Wissenschaft mit der Phänomenologie bekannt machte. Und der Spanier de lo Rios flankierte als intimer Kenner der Entwicklung Lateinamerikas in wichtigen Aspekten die während des Zweiten Weltkrieges begonnenen weltwirtschaftlichen Analysen der deutschen Gruppe, die nach 1945 auch zu zahlreichen Untersuchungen über die Unterentwicklung in den Ländern der Dritten Welt führten.

Bald nachdem sich Alvin Johnsons Engagement und der besondere Status der Graduate Faculty als Emigranten-Universität herumgesprochen hatte, wurde die New School zum wichtigsten Adressaten einer Flut von Hilfsgesuchen. Sie kamen auffallenderweise jedoch weniger von den vertriebenen Kollegen selbst als vor allem von amerikanischen Institutionen und Hochschullehrern. Während die großen Stiftungen und das Emergency Committee mit ihren Hilfen bekanntlich nur dann beginnen konnten, wenn die verschiedenen Universitäten und Colleges sich zuvor für die Aufnahme eines emigrierten Wissenschaftlers entschieden hatten, erlaubte ihnen die Verfassung der Graduate Faculty, wie die Fälle Strauss und Winter zeigen, auch von sich aus aktiv zu werden. Darüber hinaus wurde die New School zur zentralen Anlaufstelle amerikanischer Wissenschaftler und anderer Fürsprecher, die sich wohl für den einen oder anderen deutschen Kollegen einsetzten, ihn jedoch an der eigenen Hochschule nicht unterbringen konnten oder wollten.

Unübersehbar war hierbei die Alibifunktion der New School für die Passivität verschiedener Universitäten. Das gilt insbesondere für die Harvard Universität, von deren Lehrkörper zahlreiche der qualifiziertesten Wissenschaftler an die New School weiterempfohlen wurden, die selbst aber keinen Emigranten aufnahm.[29] Ja, es schien, daß gerade Schumpeter und Haberler Interesse daran gehabt hatten, »andere deutsche Herren von hier fernzuhalten«, wie der ebenfalls dort lehrende Politologe Carl J. Friedrich vermutete. Schon unmittelbar nach 1933, als er zu einem wichtigen Ansprechpartner der aus Deutschland vertriebenen Wissenschaftler geworden und auch von Johnson zur Mitarbeit an seiner geplanten Rettungsaktion gebeten worden war, hatte Schumpeter deutlich gemacht, daß er für sich zur Regel gemacht habe, an keinen Aktionen teilzunehmen, die nicht in die unmittelbaren professionellen Pflichten und Kompetenzen eines Ökonomen fielen. Um so mehr beharrte er darauf, als die Hilfsmaßnahmen auch als Affront gegen die Nazis verstanden werden könnten. Explizit erklärte Schumpeter gar, daß er nichts gegen die Hitler-Regierung einzuwenden habe, da er die Verhältnisse zuvor in Deutschland kennengelernt hätte. Augenscheinlich kamen hier alte tiefsitzende Ressentiments gegen die Sozialdemokratie hoch, der er auch unterstellte, daß sie 1932 seinen Ruf an die Berliner Universität hintertrieben habe. Tatsächlich hatte ihn die von konservativen Vertretern der Historischen Schule beherrschte Berliner Fakultät nicht haben wollen. Jenen falschen Verdacht streute er nicht allein immer wieder unter amerikanischen Kollegen, noch in seiner in den vierziger Jahren geschriebenen, posthum erschienenen »History of Economic Analysis« kritisierte er die angeblich seit 1918 in Deutschland verbreitete Tendenz, Berufungen nach den linken politischen

Neigungen der Kandidaten zu praktizieren, so daß unter diesen Umständen die Praxis des Nationalsozialismus »nicht einen so großen Bruch (bedeutete) und auch keinen so großen Schaden (verursachte), wie ein ausländischer Beobachter erwarten könnte.« Vergeblich waren Johnsons Proteste gegen solche Verdrehungen. Mit seiner so typischen normativen Ambivalenz blieb Schumpeter offen gegenüber der Entwicklung in Nazi-Deutschland: »Sie könne eine Katastrophe bedeuten, aber ebenso auch die Rettung bringen.«[30]

In anderer Form hatte die flüchtlingsfeindliche Attitüde der großen amerikanischen Universitäten auch Isaiah Bowman, Präsident der Johns Hopkins Universität, auf den Punkt gebracht: Da die Aufnahmekapazität der Hochschulen begrenzt wäre, sei die New School der einzige Ort in Amerika, wo das Flüchtlingsproblem in akzeptabler Weise gelöst werden könne.[31] Mit Empörung mußte man dort gar Anfragen aus England beantworten, da auch von dort einige Emigranten an die New School abgeschoben werden sollten. Einer dieser Vorstöße geschah etwa im Fall des renommierten Historikers Veit Valentin, der nach jahrelanger Tätigkeit an der Londoner Universität und längst im Besitz der britischen Staatsangehörigkeit angesichts der wachsenden Deutschenfeindlichkeit im Vorfeld des Zweiten Weltkrieges nachdrücklich an die New School »empfohlen« wurde.[32]

Eine Flut von Hilfsgesuchen zugunsten bedrohter Bekannter kam weiter von verschiedenen Mitemigranten, so etwa von Thomas Mann, der sich für Max Brod einsetzte, oder von dem ehemaligen preußischen Innenminister Grzesinski, der den Publizisten Georg Bernhard an der Graduate Faculty unterzubringen hoffte. Ab 1935/36 erhielt die New School rund 5.000 Anfragen dieser Art jährlich, die zu beantworten waren und über die Kontakte zu anderen Organisationen gesucht werden mußten. Ferner galten die Fakultätsmitglieder als wichtige Auskunftsquelle der Hilfskomitees, was ebenfalls neben der normalen Lehr- und Forschungstätigkeit erledigt werden mußte,[33] zumal Colm, Lederer und Wertheimer die amerikanische Außenstelle der Notgemeinschaft deutscher Wissenschaftler im Ausland repräsentierten.

Neben der quälenden Plazierungspolitik mußten sich die New School-Vertreter in dieser Eigenschaft schließlich mit zahlreichen Wissenschaftlern herumstreiten, die bereits eine Anstellung gefunden hatten und nur noch wenig Interesse an solidarischer Hilfe für die weniger Privilegierten zeigten. Einen kleinen Einblick in diese Bereiche der Emigranten-Psychologie veranschaulichen die ständigen Klagen in den Rundschreiben der Notgemeinschaft, daß die soziale Verantwortung, anderen Schicksalsgenossen zu helfen, nur von einer kleinen Gruppe von Kollegen ernst genommen werde, während die Mehrzahl derjenigen ohne eigene akute Sorgen immer gleichgültiger geworden sei.[34] Das betraf nicht nur die dringende Aufbringung von Geldern, sondern ebenso die Bereitschaft, an anderen Orten weitere Stützpunkte einzurichten und von dort aus einen Teil der Aktivitäten und Weiterempfehlungen zu übernehmen.

So kamen die meisten Initiativen, die die deutsche wissenschaftliche Emigration in den USA von sich aus entfaltete, von der kleinen Gruppe an der New School. Deutlich wird das etwa auch an den relativ unscheinbaren Beitragszahlungen für die Notgemeinschaft. Obwohl die Fakultätsmitglieder im Durchschnitt nur über ein Drittel vom Einkommen etwa eines Schumpeter verfügten, brachten sie pro Kopf die größten Jahresbeiträge auf.[35] Darüber hinaus hatten sie sich nach dem Vorbild der Professoren in Oxford zu einer dreiprozentigen Selbstbesteuerung verpflichtet (diesem Beispiel waren auch die Mitglieder des Institute for Advanced Study in Princeton gefolgt), die immerhin so viel einbrachte, daß davon allein 20 Stipendien an jüngere Wissenschaftler gegeben werden konnten. Neben der Beseitigung dringendster materieller Nöte war bei diesen Aktivitäten auch die moralische Werbekraft unübersehbar, denn in einigen Fällen gelang es dadurch, von den großen Stiftungen, die jüngere Wissenschaftler wegen der Konkurrenzängste amerikanischer Kollegen nicht förderten, finanzielle Unterstützungen zu bekommen und einige Personen zu plazieren.[36]

Auf ähnlichen Ideen beruhte eine weitere Initiative, die sich allerdings weniger auf die Hilfe für notleidende Wissenschaftler orientierte. Zusammen mit einigen anderen deutschen Kollegen vor allem aus New York, so der Journalistin Toni Stolper, dem Theologen Paul Tillich sowie dem Ökonomen Friedrich Pollock vom Institut für Sozialforschung, hatten verschiedene Mitglieder der New School im Herbst 1936 die sog. *Selfhelp for German Emigrés* gegründet, die im Wege der Selbstbesteuerung unter den Emigranten aus allen Lagern und Gruppen einen Fonds aufzubauen suchte, um in außergewöhnlichen Notlagen schnelle einmalige Hilfe zu leisten. In enger Zusammenarbeit mit den bestehenden Organisationen wollte man vor allem die vielen Fälle, insbesondere in Europa, unterstützen, die von keinem der konfessionellen und politischen Vereine erfaßt wurden. In wenigen Monaten hatte die Selfhelp einen Spenderkreis von fast 400 Personen beisammen, aus deren Beiträgen schon im ersten Jahr 500 Notfälle vor allem in Prag und Paris mit insgesamt rund $ 10.000 unterstützt werden konnten.[37]

Jenseits dieser sozialen Engagements wurde die New School ferner zu einem wichtigen Kommunikationszentrum der Emigration, wie sie sich von Anfang an auch an antifaschistischen Aktionen beteiligte. Alvin Johnson gehörte so nicht allein zu den Beiratsmitgliedern des Emergency Committee, des National Refugee Service und anderer Hilfsorganisationen, sondern war gleichfalls ein Mitglied der amerikanischen Sektion des von Willi Münzenberg in Frankreich organisierten Welthilfskomitees für die Opfer des Faschismus, des American Committee against Fascist Oppression in Germany oder auch des Solidaritätskomitees für die Verleihung des Friedensnobelpreises an Carl von Ossietzky. Obwohl sich die Mitglieder der Fakultät von vornherein als Emigranten verstanden und von allen Exilgruppen, deren Politik und vor allem deren Streitereien zurückhielten (lediglich Staudinger und Kähler hatten anfangs zu der von deutschen Sozialdemokraten gebildeten German Labor Delegation engere Verbindung), wurden die Räume der New School zum wichtigen Versammlungsort verschiedener politischer Exilorganisationen sowie zum kulturellen Zentrum, in dem zahlreiche Dichterlesungen oder Theateraufführungen stattfanden. Schon Mitte der dreißiger Jahre war beispielsweise auch der Komponist Hanns Eisler an die New School berufen worden. Einen festen institutionellen Rahmen bekam das, als Johnson 1940 Erwin Piscator, den ehemaligen Direktor der Berliner Volksbühne, eingeladen hatte, ein eigenes Department of Dramatic Art, den Dramatic Workshop, aufzubauen, dessen Studiobühne alsbald die interessanteste Entwicklung der New Yorker Theaterszene in den vierziger Jahren repräsentierte. Unter anderem sollten hier Tennessee Williams und Arthur Miller als Drehbuchautoren arbeiten und Marlon Brando, Harry Belafonte, Rod Steiger oder Shelley Winters ihre Schauspieler-Karriere beginnen.[38]

3. Die Rettungsaktion 1940/41

Mit dem deutschen Angriff auf Frankreich im Mai 1940 und der französischen Kapitulation nur wenige Wochen später spitzte sich das Flüchtlingsproblem auch im Bereich der Wissenschaft erneut in dramatischer Weise zu. Da sich in den USA die Voraussetzungen für die Unterbringung des zu erwartenden neuen Flüchtlingsstroms nicht geändert oder angesichts der tatsächlichen oder vermeintlichen Sättigung durch die vorangegangenen Emigrantenströme inzwischen sogar noch verschlechtert hatten, war es wieder die New School, die hier beispielgebend aktiv wurde und von der in wenigen Monaten allein mehr als 100 Wissenschaftler aufgenommen wurden. In einer gemeinsamen Rettungsaktion mit der Rockefeller Foundation wurden darüber hinaus weitere 50 Wissenschaftler nach Amerika geholt, von denen 34 ebenfalls bei ihr unterkamen.

Im Unterschied zu ihrer ambivalenten Haltung von 1933 hatte die Rockefeller Stiftung bereits unmittelbar nach Kriegsausbruch die Vermutung geäußert, daß die USA voraussichtlich in kurzem der einzige Zufluchtsort für die zahlreichen vor den Nazi-Truppen fliehenden europäischen Wissenschaftler sein würden, zumal kriegerische Verwicklungen selbst in den skandinavischen Ländern nicht ausgeschlossen werden konnten. Diese Befürchtungen wurden nur allzu schnell von den deutschen Überfällen auf Dänemark, Norwegen, Holland und Belgien seit April 1940 bestätigt. Bereits in dieser Zeit begann man in der Stiftung mit gezielten Planungen für neue Hilfsmaßnahmen, die sich dann im Mai zu einem konkreten Programm verdichteten.

Ausgegangen wurde vom Szenario eines totalen Nazi-Sieges über Europa, der die intellektuelle Arbeit und wissenschaftliche Forschung völlig lahm legen würde, so daß die Vereinigten Staaten für die nächsten fünf, zehn oder vielleicht sogar zwanzig Jahre das einzige Land seien, wo freies Denken und unabhängige Wissenschaft möglich bleibe. Noch bevor der Exodus nunmehr von Wissenschaftlern aus dem gesamten Europa zur Realität wurde, plante man, rund 100 Professoren aus England, 75 aus Frankreich und jeweils kleinere Gruppen aus den übrigen Ländern nach Amerika zu holen. Angesichts der zu erwartenden Kosten wurden diese Größen von den Direktoren allerdings schnell auf maximal 100 Personen insgesamt reduziert, da man zusätzlich auch noch für fast 60 andere Wissenschaftler im Rahmen des vorangegangenen Programms für die aus Deutschland Vertriebenen zu sorgen hatte.[39] Vor allem dachte man bei der neuen Aktion ebenfalls wieder an eine gezielte Rettung von Sozialwissenschaftlern, weil von ihnen gleiche positive Anregungen erwartet wurden wie von den Kollegen aus der ersten Immigranten-Generation von 1933. Im damaligen Kollaps der europäischen Zivilisation wurde von den Rockefeller-Planern eine neuerliche Chance für den Fortschritt der amerikanischen Kultur und Zivilisation gesehen.

Umgehend sollten stille Kontakte zu einigen wenigen einflußreichen amerikanischen Sozialwissenschaftlern geknüpft werden, um die Auswahl des Personenkreises und die konkrete Durchführung des Vorhabens zu besprechen; »auf diese Weise könnten wir fertig sein, wenn der letzte Akt der Tragödie beginnt«. Zwar war man sich in der Stiftung darüber im klaren, daß bei Bekanntwerden der Pläne sogleich wieder die »elbow out attitude« an den amerikanischen Universitäten einsetzen würde, man hoffte jedoch, daß sich die Wogen bald glätten würden, weil einmal das emotionale Klima nach einem vollständigen Nazi-Sieg in Europa anders als 1933 sein würde und zum anderen die westeuropäischen Wissenschaftler – die zum größten Teil auch keine Juden seien – viel besser in das akademische Milieu paßten als viele der deutschen Flüchtlinge. Gedacht wurde darüber hinaus auch weniger an feste Anstellungen bei den Universitäten, sondern mehr an den Aufbau eigenständiger großer Forschungszentren, in denen die neuen Flüchtlinge die jüngsten europäischen Ereignisse nicht zuletzt auch als dringende Entscheidungshilfe für die künftige amerikanische Politik »in stiller Abgeschiedenheit und ohne öffentliches Aufsehen« analysieren könnten.[40]

Mit diesen Vorstellungen hatte die Rockefeller Foundation ihre Flüchtlingspolitik vollständig revidiert. Wollte sie bisher nur subsidiär mit Gehaltshilfen tätig werden, wenn eine Universität oder ein College sich zur Anstellung eines Wissenschaftlers entschieden hatte, so wurde sie jetzt selbst aktiv. Bereits Anfang Juni 1940 hatte sie eine eigene erste Liste von europäischen Gelehrten zusammengestellt, die dringend nach Amerika geholt werden sollten, unter ihnen die international bekannten Ökonomen Ragnar Frisch aus Oslo, Jorgen Pedersen aus Aarhus oder Jan Tinbergen aus Den Haag. Doch beim zweiten Schritt der Initiative, deren Unterbringung, stieß sie alsbald an die gleichen Grenzen wie zuvor. Von Stephen Duggan, dem Vorsitzenden des Emergency Committee, mußte sie sich belehren lassen, daß die Universitäten ihre Haltung zu den Flüchtlingen nicht geändert hätten und kaum Bereitschaft bestand, in nennenswertem Umfang die Aktionen der Stiftung mitzutragen. Lediglich Alvin Johnson unterstützte das Programm, ja er war selbst schon in ähnlicher Richtung tätig geworden und hatte der Stiftung auch bereits vorgeschlagen, ohne Verzögerung »eine unbestimmte Zahl europäischer Sozialwissenschaftler, mindestens aber einhundert«, an die New School zu holen, sofern er die nötigen Mittel dafür auftreiben könne.[41]

Erneut suchte er in grenzenlosem Optimismus und mit sprachgewaltiger Überredungskunst die Rockefeller-Vertreter davon zu überzeugen – zu der Zeit waren ihm deren eigene Vorarbeiten nicht bekannt –, daß die USA, wenn sie nur wollten, erst am Anfang wirklicher Hilfe stünden. Bei 60.000 Universitäts- und College-Lehrern würden die bisher von den Organisationen plazierten vierhundert Wissenschaftler, zu denen noch maximal zweihundert kämen, die ohne institutionelle Hilfe untergekommen waren, gerade ein Prozent ausmachen, so daß trotz aller Unkenrufe über die Überschwemmung der Universitäten mit Immigranten mindestens noch einmal die doppelte Zahl verkraftet werden könnte.[42]

Angesichts des sonstigen Widerstandes wurde dieses Angebot von der Stiftung sogleich aufgegriffen. Johnson erschien dort plötzlich als der einzige Mensch, der wirklich in der Lage sei, mit der nötigen Aggressivität und Ingeniösität die Flüchtlingsprobleme aufzugreifen, »weitaus qualifizierter als Mr. Duggan vom Emergency Committee«. Niemand in den USA habe bisher so uneigennützig und effektiv gehandelt wie er, obwohl er, wie eigens hervorgehoben wurde, schon 66 Jahre alt sei. Noch im Juli gab der Präsident der Stiftung die Genehmigung zu diesem neuen Programmtyp und bereits Anfang August wurden von ihr die »grants« und die Reisekosten für die ersten 17 Wissenschaftler bewilligt, darunter nicht nur Franzosen, sondern mit Adolph Lowe und seinem Schüler Fritz Burchardt oder Wilhelm Röpke auch noch einige Repräsentanten der 1933 aus Deutschland Vertriebenen.[43] Daß von diesen bis auf Lowe später niemand kam, sondern Burchardt in England und Röpke in Genf bleiben konnten, mag noch ein Indiz dafür sein, daß in dieser ersten Phase des Hilfsprogramms an eine eher prophylaktische Bergung qualifizierter Personen gedacht war, bevor die deutschen Truppen ganz Europa überrannt und mögliche Fluchtwege versperrt hatten.

Der zügige und erfolgreiche Start des gemeinsamen Flüchtlingsprogramms wurde in der Stiftung allerdings auch von ernsthaften Bedenken über die Strategie Johnsons begleitet. Da zu den Abmachungen gehörte, daß die neuen Wissenschaftler nur maximal 2 Jahre beschäftigt werden sollten, um sich so weit zu akkulturieren, daß sie für sich selbst sorgen könnten, fürchtete man einmal, daß sich die New School mit einer so großen Anzahl von Wissenschaftlern übernehmen könnte, falls diese Erwartungen nicht aufgingen. Zum anderen ahnte man, daß Johnson in vielen Fällen überhaupt nicht an eine nur temporäre Anstellung des neuen Personals dachte, sondern zahlreiche Wissenschaftler, die in das Forschungsprogramm der Graduate Faculty paßten, auf Dauer behalten wollte.

Nach der bisherigen Geschichte der Fakultät war diese Vermutung nicht unbegründet, denn auch sie war ursprünglich für viele Wissenschaftler nur als vorübergehende Startrampe gedacht gewesen; von ihrem inzwischen auf 50 Mitglieder angewachsenen Lehrkörper hatte sie aber nur einer, Karl Brandt, verlassen. Verstärkt wurde der Verdacht noch, als Johnson seine Pläne offenlegte, die zu erwartenden Flüchtlinge an einem neuen Institute of World Economics unterzubringen, das nach dem Vorbild des Weltwirtschaftsinstituts in Kiel gegründet werden und dessen Arbeit aus den zwanziger Jahren fortsetzen sollte, zumal nach der Ankunft Lowes nunmehr auch die wichtigsten Persönlichkeiten von dort an der New School beisammen waren.[44]

So sah die Rockefeller Foundation schon die Gefahr am Horizont, daß sie nach 2 Jahren für die Graduate Faculty mit 50 festen und 100 befristeten Mitgliedern sowie einem jährlichen Schuldenberg von mehreren hunderttausend Dollar auf Dauer verantwortlich werden könnte. In den folgenden Monaten wurde das gemeinsame Notprogramm dann auch von ständigen Nachfragen der Stiftung begleitet, wieweit sich die neuen Wissenschaftler denn inzwischen von der New School emanzipiert hätten, bis Johnson schließlich unwillig erklärte, daß er nicht die Absicht habe, seine Exil-Universität den Rockefeller-Leuten zu Füßen zu legen.[45] Anschließend kam die Stiftung auf dieses Thema auch nicht mehr zurück, obwohl sie erwartungsgemäß für zahlreiche Fälle die Finanzierung auch nach Ablauf der Zweijahresfrist fortsetzen mußte. In mehreren Rundschreiben an die betroffenen Wissenschaftler hatte Johnson tatsächlich auch immer wieder auf die limitierten Möglichkeiten der New School hingewiesen,[46] jedoch war es ihm auch gelungen, mit Hilfe der für die Gründung des Institute of World Affairs von der Tabakerbin Doris Duke bereitgestellten $ 250.000 zahlreiche Gehälter aus der Rockefeller-Förderung herauszunehmen, wie auch einige der neuen französischen Wissenschaftler von der France Libre-Bewegung des Generals de Gaulle finanziert wurden.

Die Gesamtbilanz des Notprogramms konnte die Geldgeber in der Stiftung zweifellos zufriedenstellen, denn sie widerlegte ihren lange gehegten Verdacht gegen Johnsons Strategie. Von ursprünglich etwa 100 vorgesehenen Wissenschaftlern wurden tatsächlich 89 eingeladen, von denen 52 in die USA kamen. Beachtlich sind die Proportionen ihrer Verteilung, denn 34 kamen allein an der New School unter, 3 gingen an die Columbia Universität, 2 nach Yale, je einer an neun verschiedene Universitäten in den USA und in Brasilien und 4 fanden Unterkunft an verschiedenen Forschungseinrichtungen wie dem National Bureau of Economic Research oder der Brookings-Institution. Von den 34 Wissenschaftlern an der New School wurde dort nur einer, Adolph Lowe, schon nach kurzer Zeit mit einer vollen Professur angestellt. Johnson hatte Lowe schon vor Beginn des Notprogramms aus Manchester geholt und die Stiftung über seinen Wunsch, diesen Wissenschaftler auf jeden Fall zu behalten, auch nie im unklaren gelassen. Von den übrigen 33 Personen konnten 17 in den folgenden 2 Jahren auch an anderen Universitäten und Colleges untergebracht werden, 3 Franzosen verzichteten auf »grants«, weil sie von France Libre bezahlt wurden, so daß nach Ablauf der Zweijahresfrist noch 13 Wissenschaftler im Rahmen des Notprogramms von 1940 an der New School arbeiteten, deren Gehälter von der Stiftung mit sukzessiver Verlängerung auch bis zum definitiven Ende des Programms am 1. Juni 1945 weitergetragen wurden.[47] Die meisten von ihnen waren französische Wissenschaftler, die nach Kriegsende nach Frankreich zurückkehrten.

Gemessen an den mehr als 1.000 Hilfsgesuchen, die die New School zwischen August 1940 und März 1941 erhielt, und im Vergleich zu ihren eigenen Aktivitäten bedeutete das von der Rockefeller Foundation finanzierte Notprogramm nur einen kleinen Schritt. Denn parallel dazu hatte die Graduate Faculty ihre ursprünglichen Pläne realisiert und tatsächlich noch weitere 100 Wissenschaftler und andere bedrohte Intellektuelle aus Europa geholt. Eine wichtige Schiene hierbei sollte ein neues *Emergency Rescue Committee* für die politischen Flüchtlinge in Frankreich bilden, das im Juni 1940 von Vertretern der amerikanischen Sektion der unabhängigen sozialistischen Neu Beginnen-Gruppe um Paul Hagen gegründet worden war und in dessen Vorstand auch Johnson berufen wurde. Über Varian Fry, den nach Marseille geschickten Vertreter des Komitees, hatte die New School so auch einen direkten Draht nach Europa.[48]

Die Gelder für die eigenen Hilfsmaßnahmen hatte Johnson noch von anderen Stiftungen, etwa der Guggenheim- oder der New York-Foundation, sowie den Gewerkschaften aufgetrieben. Deutlich ist, daß einige Personalmittel auch noch aus gesonderten Forschungsgeldern genommen wurden, die von der Rockefeller Foundation in größerem Umfang für ein sogenanntes Peace Research Project kamen, das von den Mitgliedern der Fakultät nach Ausbruch des Krieges in Angriff genommen worden war.

Der größte Teil der nach 1940 Gekommenen wurde in der einen oder anderen Form in dieses Projekt eingebunden, aus dem 1943 das institutionell von der Graduate Faculty getrennte *Institute of World Affairs* hervorging. Wie schon nach 1933, so wurden auch jetzt in einigen ausgewählten Fällen Mitarbeiter beschäftigt, die nicht zur Gemeinschaft der Wissenschaftler im engeren Sinne gehörten. Sie waren auch nicht mit den für diese Gruppe geltenden Nonquota-Visen in die USA eingereist, sondern mit Ausnahmegenehmigungen, die Roosevelt seit Sommer 1940 für besonders gefährdete politische Flüchtlinge im unbesetzten Frankreich gegeben hatte. Dazu gehörten beispielsweise der ehemalige sozialdemokratische Fraktionschef im preußischen Landtag Ernst Hamburger oder der frühere Redakteur der Deutschland-Berichte der SOPADE in Prag Ernst Rinner, die zum Beispiel den Auftrag erhielten, spezielle Studien für eine größere Untersuchung über »Soziale und wirtschaftliche Kontrollen in Deutschland und der Sowjetunion« anzufertigen. Auch für die frühere Vorsitzende der KPD, Ruth Fischer, war ein Stipendium aus dem Rosenwald Fellowship-Programm des Emergency Committee besorgt worden, das ihr die Möglichkeit gab, eine Arbeit über die Entwicklung und Struktur der KPD vor 1933 anzufertigen.[49]

Die Integration einer so großen Gruppe und dann auch noch aus verschiedenen Nationen gestaltete sich, zumal unter den damaligen extremen Bedingungen für die Betroffenen, jedoch alles andere als geräuschlos. Die Franzosen, zahlenmäßig die größte Gruppe nach den deutschen Emigranten, weigerten sich, unter einem Dach mit ihren deutschen Kollegen zusammenzuarbeiten. Sicher waren die Empfindlichkeiten nicht von der Hand zu weisen, da die Deutschen während ihrer inzwischen achtjährigen Tätigkeit weitgehend den Stil und das intellektuelle Klima der Fakultät festgelegt hatten und auch künftig dominieren würden. Vielleicht noch wichtiger aber war, daß die französischen und belgischen Wissenschaftler sich nie anders als auf Rückkehr wartende Exilanten verstanden, während die länger anwesenden Deutschen fast alle schon amerikanische Staatsbürger geworden waren. Obwohl beide nationale Gruppen das gleiche Schicksal erlebt hatten, entwickelten sich bald schwere Gegensätze und Konflikte, die trotz aller Bemühungen Johnsons nicht zu glätten waren. Je mehr sich die Franzosen selbst ausgrenzten, um so schroffere nationalistische Töne kamen aus ihrem Lager. Sie verweigerten nicht nur die Zusammenarbeit in der Graduate Faculty wie bei dem anlaufenden Peace Project, sondern lehnten sogar auch ab, Englisch zu lernen und in dieser

Sprache zu unterrichten. Alle Geduld Johnsons half nicht, sie im Kursprogramm der Erwachsenenbildung an der New School unterzubringen, was bald wiederum zu Klagen von der deutschen Seite führte, daß die französischsprachigen Veranstaltungen kaum besucht würden.

Die Lage änderte sich erst, als die von General de Gaulle nach der französischen Niederlage im Londoner Exil gegründete Bewegung France Libre sowie auch die belgische Exilregierung der New School rund $ 75.000 jährlich zur Unterstützung dieser Wissenschaftler zur Verfügung stellten und damit ein eigener Apparat neben der Graduate Faculty aufgebaut werden konnte. Im Februar 1942 nahm die neu gegründete *Ecole Libre des Hautes Etudes* ihren französischsprachigen Lehrbetrieb auf und wurde sogleich von de Gaulle als französische Exil-Universität anerkannt, deren akademische Grade zum Zugang für die höchsten Ämter in einem künftigen befreiten Frankreich berechtigen sollten, worüber sich alsbald auch die französischen Wissenschaftler untereinander zerstritten. Die zunehmende Selbstdarstellung der Ecole Libre als intellektueller Arm des gaullistischen Flügels von France Libre durch die dort lehrende Kerngruppe um den Philosophen und direkten Vertreter de Gaulles, Alexander Koyré sowie den Anthropologen Claude Levi-Strauss oder den russischgebürtigen Politologen Boris Mirkine-Guetzévitch führte schnell zu Differenzen mit anderen Kollegen, die diese politische Ausrichtung nicht mittrugen. Außer den Gegensätzen zur deutschen Gruppe brachen hier zusätzliche interne Konfliktlinien auf, die zu ständigen Reibereien führten und die offenbar von Anfang an vorhandene chaotische Organisation der Ecole Libre noch weiter paralysierte. Bei einigen der gemäßigteren Wissenschaftler, wie dem Sozialhistoriker und ehemaligen Sozialisten Paul Vaucher, bewirkte das eine allmähliche Annäherung an ihre ähnlich denkenden deutschen Kollegen und führte zur partiellen Mitarbeit am Peace-Project. Der gaullistische Kern hingegen, dem offenbar die ganze intellektuelle Richtung der New School nicht paßte, kultivierte seinen nationalistischen Hermetismus mit häufigen verbalen Ausfällen gegen die Graduate Faculty,[51] bis er 1945 nach Frankreich zurückkehrte. Der noch verbliebene Torso der Ecole Libre löste sich ein Jahr später vollständig von der New School und lebte in bescheidenem Umfang als eine Art französisches Kulturinstitut in New York fort.[52]

4. Widerstände des State Department

Im Vergleich zu den Schwierigkeiten bei der ersten Immigrantenwelle von 1933 war das Notprogramm von 1940 zügig vorbereitet und in Angriff genommen worden, denn die beteiligten Organisationen verfügten inzwischen über einen eingespielten infrastrukturellen Apparat und die nötigen Erfahrungen, Gelder standen zur Verfügung und die New School garantierte die erste Aufnahme der Neuankommenden. Das harmonische Bild dieser vergleichsweise günstigen Voraussetzungen wurde jedoch nachhaltig durch eine veränderte Haltung des amerikanischen Außenministeriums in der Flüchtlingspolitik gestört. Obwohl Johnson vor Beginn der Rettungsaktion das State Department über die Pläne informiert und von dort auch die Zusage erhalten hatte, daß die Visa-Behörden und die Konsulate alles tun würden, ihn dabei zu unterstützen, ging die tatsächliche Immigrationspolitik seit Sommer 1940 in genau die entgegengesetzte Richtung.[53]

Gerade in diesen dramatischen Monaten, als spätestens deutlich geworden war, daß die politische und rassische Verfolgung in den von den Nationalsozialisten beherrschten Teilen Europas vielfach zu einer Frage von Leben und Tod geworden war und die Flüchtlingsströme aus der Menschenfalle des unbesetzten Frankreich in die USA drängten, begann eine kontinuierliche Verschärfung der amerikanischen Einreisebestimmungen. Betroffen wurden davon nicht allein die Tausende gewöhnlicher Flüchtlinge, die in Schlangen vor den Toren der amerikanischen Konsulate in Europa auf eine Einreise im Rahmen der regulären Quotenzuteilung warteten, sondern auch diejenigen, die wie die Wissenschaftler Anspruch auf Nonquota-Visen hatten.

Wie große Teile der fremdenfeindlichen amerikanischen Öffentlichkeit, so war auch die amerikanische Außenpolitik zu keiner Zeit nach 1933 den Flüchtlingen mit offenen Armen begegnet. Trotz großen Engagements hatte Präsident Roosevelt kaum zügige Hilfsmaßnahmen durchsetzen können. Einmal mußte er Rücksichten auf die Öffentlichkeit nehmen, zum anderen stand er unter dem massiven Druck der Südstaatler in der eigenen demokratischen Partei, die die entsprechenden Ausschüsse im Kongreß dominierten und ihren restriktionistischen Kurs um so mehr verschärften, je flüchtlingsfreundlichere Töne aus dem Weißen Haus kamen. Als beispielsweise 1938 von Roosevelt die internationale Flüchtlingskonferenz von Evian initiiert wurde, setzte das Repräsentantenhaus sogleich House Committee on Un-American Activities unter Vorsitz des texanischen Demokraten Martin Dies ein, das die möglichen Gefahren faschistischer und kommunistischer Unterwanderung durch die europäischen Flüchtlinge untersuchen sollte. Alsbald entwickelte sich dieser Ausschuß zu einem wichtigen, auf dem rechten Auge blinden Sprachrohr von Restriktionisten und Anti-New Dealern, der die verbreitete Sicherheits-Hysterie gegenüber den deutschen und europäischen Flüchtlingen lautstark anheizte.

Diese Fronten hatten sich im Sommer 1940 noch verhärtet. Auf Initiative Roosevelts wurde immerhin zur unbürokratischen Rettung besonders gefährdeter politischer Flüchtlinge aus Europa ein sog. Emergency Visitor's Visa Program geschaffen und einem ihm direkt unterstellten Advisory Committee on Political Refugees zur Durchführung übertragen, doch das State Department sorgte dafür, daß die Einreiseformalitäten für jene Personen der gleichen Prozedur wie bei allen anderen Antragstellern unterlagen. Verantwortlich dafür zeichnete eine im Januar 1940 eingerichtete Special War Problems Division im Außenministerium, der auch die Visa-Abteilung unterstellt wurde. Und sowohl dieser neue Apparat als auch die einzelnen Konsulate zeigten offen ihre Abneigung gegen die Einmischung des präsidialen Komitees und hintertrieben dessen Arbeit entsprechend. Zusätzlich verschärft wurde die Situation noch mit der Ernennung des Südstaatlers Breckinridge Long zum Leiter dieser neuen Administration, der gerade von seinem Botschafterposten in Italien zurückgekehrt war und aus seiner Faszination für autoritäre Ordnungsmodelle keinen Hehl machte. Überraschend ist daher nicht, daß ihm die Flüchtlinge aus den faschistischen Ländern von vornherein suspekt waren und sich bei ihm »Kommunisten, extremistische Radikale, professionelle jüdische Agitatoren und Flüchtlings-Enthusiasten« zu einem diffusen Feindbild amalgamierten.[54]

Neben der prozeduralen Verschärfung der Einreisepolitik etwa durch neue zeitaufwendige Überprüfungsverfahren zentral in Washington an Stelle der bisherigen Kontrollen auf Konsulatsebene, ferner durch die Forderung nach zwei an Stelle des bisher einen Affidavits, das heißt Bürgschaften amerikanischer Bürger, oder durch die starren monatsweisen Quotenzuteilungen für die einzelnen Konsulate, um nur ein paar Beispiele zu nennen, realisierte Long auch noch sein eigenes persönliches Abwehrprogramm, das unter dem Stichwort »Verzögerungstaktik« die Einreise von Flüchtlingen zu erschweren suchte. Nach der Devise, »daß niemand ein Recht darauf hat, in die USA einzureisen«, wies er die Konsulate vor Ort an, alle nur erdenklichen Schwierigkeiten zu machen, und dort trafen solche Vorstellungen augenscheinlich auf weitgehende Zustimmung.[55]

Vor diesem Hintergrund sind die zahllosen Schwierigkeiten zu sehen, die die New School bei der Durchführung ihres Rettungsprogramms hatte. Bereits im Dezember 1940 mußte sich Johnson das erste Mal bei Long darüber beschweren, daß plötzlich einige Konsulate die Berechtigung der New School, Nonquota-Personen aufzunehmen, in Frage stellten. Long versprach der Sache nachzugehen, obwohl er schon vier Wochen zuvor aus Marseille die Anfrage bekommen hatte, ob die New School Wissenschaftler aufnehmen dürfe und überhaupt in der Lage sei, die Gehälter zu zahlen. Und auch dieser Schriftwechsel war nicht ganz einsichtig, denn wiederum vier Wochen zuvor, Anfang Oktober 1940, war das Konsulat Lissabon bereits von dem dortigen Repräsentanten der Rockefeller Foundation über den Status der New School sowie über die anlaufende Rettungsaktion für die Wissenschaftler aufgeklärt worden und hatte diese Information telegraphisch an die US-Konsulate in Frankreich weitergegeben.[56] Diese Art Schwarzer Peter-Spiel mit zeitaufwendigen Nachfragen, die sich über Monate hinzogen, sollte sich noch des öfteren wiederholen, obwohl, wie Johnson ständig deutlich machte, Eile ein zentraler Faktor für den Erfolg der Rettungsaktion war.

Trotz der ursprünglich zugesagten Unterstützung mußte er fortan immer wieder nach Washington reisen und sich in der Visa-Abteilung für das Rettungsprogramm rechtfertigen. Mehrfach wurde dort über das Schicksal der Wissenschaftler auf der vagen Verdachtsebene entschieden, wenn nur geringste Anhaltspunkte für ihre politische Mißliebigkeit von den europäischen Vertretungen gemeldet wurden, wobei die französischen Konsulate vielfach auch unkritisch die Informationen des Petain-Regimes in Vichy übernahmen. Über den französischen Philosophen Louis Rougier wußte man beispielsweise nichts Genaues, hatte aber eine so »starke Vermutung«, er sei irgendwie mit der sozialistischen Partei verbunden, daß man ihm das Visum verweigern wollte. Jedoch auch Fälle, bei denen keinerlei politische Zweifel bestanden, wurden von der Visa-Abteilung alles andere als zügig behandelt, denn mehrfach wurde bei Johnson hier erst einmal nachgefragt, ob die Anstellung des betreffenden Wissenschaftlers so wichtig sei und warum er denn keine Amerikaner beschäftigen wolle. Auf diese Weise hatte das State Department eine Entscheidung erst einmal hinausschieben können und es verstrich einige Zeit, ehe der dafür vorgesehene und von der New School angerufene Board of Appeals, bei dem sich zunehmend Dringlichkeitsfälle dieser Art häuften, eine Entscheidung fällen konnte. Selbstherrlich, so Johnson, maßten sich Long und seine Beamten das Recht zu, über pädagogische und wissenschaftliche Fragen zu entscheiden, die sie nichts angingen und von denen sie keine Ahnung hätten.[57] Gleiche Klagen über die Arbeit der Konsulate kamen auch vom Rockefeller-Büro in Lissabon mit der nachdrücklichen Bitte an die Zentrale, sich für Abhilfe im State Department einzusetzen.[58]

In der New School ging so nichts mehr ohne Schwierigkeiten; bald gehörte es zum festen Ritual, daß die Visa-Abteilung jeden Einreiseantrag Johnsons ablehnte und dann die Widerspruchsverfahren eingeleitet werden mußten. Offenkundig war, daß die Administration an dieser Emigranten-Universität eine noch weitere Verstärkung und Massierung des europäischen Einflusses verhindern wollte. Als Johnsons beharrliches Engagement nicht nachließ und er zunehmend auch seine alten Beziehungen einsetzte und etwa über Felix Frankfurter, der inzwischen oberster Bundesrichter geworden war, oder über Adolf Berle, selbst Unterstaatssekretär im State Department, gegen die engstirnige Politik der Visa-Beamten quasi von oben außerhalb des Dienstwegs anzugehen suchte, konterten diese mit Verdächtigungen und Denunziationen der New School gegenüber den Neuankömmlingen. So wurden beispielsweise französische Wissenschaftler nach der Ankunft in New York bei den Vernehmungen durch Vertreter des State Department gefragt, ob sie wüßten, daß ihre künftige Wirkungsstätte von Kommunisten beherrscht werde. Erst als Johnson drohte, ein öffentliches Hearing über diese Machenschaften zu beantragen, wurde dieser Kleinkrieg zurückgenommen.[59]

Auf die Politik der Konsulate hatten Johnson und seine Vertrauten in der Administration allerdings keinen Einfluß. Dort kam es nach dem individuellen Geschmack der einzelnen Konsuln zu teilweise kleinlichen und schikanösen Prozeduren. Zu den harmloseren Formen gehörte noch die Behandlung des in Rußland geborenen, 1919 nach Berlin geflohenen und seit Mitte der zwanziger Jahre in Italien lebenden und in Rom als Rechtssoziologe lehrenden Alexander Pekelis, der bei den antisemitischen Maßnahmen in Italien 1938 seine neue italienische Staatsangehörigkeit und seine Professur verloren hatte. Auf dem Konsulat in Lissabon wurde ihm erklärt, daß seine in New York liegenden Bankguthaben aus Familienbesitz von mehr als $ 25.000 nicht ausreichend seien, um davon seine Frau und drei kleine Kinder zu unterhalten. Erst als er seine Stellung an der

New School und ein zusätzliches Affidavit Max Ascolis nachweisen konnte, erhielt er die Einreiseerlaubnis.[60]

Im Konsulat Rotterdam hielt man Hedwig Hintze, die Witwe des berühmten deutschen Historikers Otto Hintze und selbst ausgewiesene Wissenschaftlerin, die bis 1933 als Privatdozentin und Expertin für französische Geschichte in Berlin gelehrt hatte, ehe sie als Jüdin die venia legendi verlor, zunächst damit hin, daß man bei ihr die Berechtigung für ein Nonquota-Visum infrage stellte, weil sie mit ihren Papieren die frühere akademische Tätigkeit nicht nachweisen konnte. Nachdem die New School in den USA einen früheren Fakultäts-Kollegen aus Berlin aufgetrieben hatte und der diese Zweifel mit einer entsprechenden eidesstattlichen Erklärung ausräumen konnte, schob das Konsulat als weiteren Hinderungsgrund nach, daß erst einmal geprüft werden müsse, ob sie in Deutschland nicht straffällig geworden sei. Sie konnte ihre Stellung an der New School nie antreten; kurz darauf hat sie Selbstmord begangen, um dem Transport nach Auschwitz zu entgehen.[61]

Durch die Kleinlichkeit der amerikanischen Behörden konnte auch der französische Mediävist Marc Bloch nicht mehr gerettet werden. Wohl erhielt er ein Nonquota-Visum, aber fast ein Jahr lang bemühte er sich vergeblich, Einreiseerlaubnisse auch für seine halbwüchsigen Kinder zu bekommen, so daß er im Juli 1941 resigniert die Einladung an die New School zurückgab und bei seiner Familie in Frankreich blieb. Als Mitglied der Résistance wurde er drei Jahre später hingerichtet.[62] Dem gleichen Schicksal entging der Mathematiker und frühere Historiograph der deutschen Freikorps und rechten Verbände Emil Julius Gumbel offenbar nur, weil er ohne seine Familie Frankreich verließ. Während er schon Anfang Oktober 1940 in New York eintraf, dauerte es noch mehr als zehn Monate, ehe seine Familie, die Frau über Lissabon, der Sohn über Casablanca, nachkommen konnten. Zunächst hatte ihnen das erforderliche französische Ausreisevisum gefehlt, als sie das erhalten hatten, dauerten die Bewilligungen für die spanischen und portugiesischen Transitvisen, woraufhin wiederum das US-Einreisevisum abgelaufen war und – das ist hier der Punkt in diesem für so viele Schicksalsgenossen im unbesetzten Frankreich so typischen circulus vitiosus – nur nach völliger Wiederaufnahme des Verfahrens und nach ständigem Druck Gumbels auf die Visa-Abteilung in Washington neu bewilligt wurde.[63]

Ein zutreffendes Licht auf die amerikanische Einreisepolitik nach 1940 wirft ein letzter sarkastischer Appell Johnsons an den Präsidenten der

Carnegie Foundation, der auch Mitglied des Widerspruchsausschusses für verweigerte Einreisen war:

»Was mich zutiefst deprimiert, ist die Geschwindigkeit, mit der diese Dinge behandelt zu werden scheinen... Innerhalb der letzten 3 Wochen sind zwei der von uns Eingeladenen in Konzentrationslagern gestorben, während sie auf ihre Visen warteten. Im Augenblick kämpfen zwei andere, einer in Lissabon, der andere in Südfrankreich, buchstäblich mit dem Tode. Was nützt es den nationalen Interessen, die in Sektion IV (d) (für die Bewilligung von Nonquota-Visen, C.D.K.) umschrieben worden sind, wenn schließlich ein aufgeklärter Widerspruchsausschuß über Personen verhandeln muß, die bereits tot sind? ... Für mich sind das die erstaunlichsten Verfahren, die mir je untergekommen sind. Nach der herrschenden Praxis ist es möglich, jeden Fall zwischen den einzelnen Instanzen hin und herzuschieben, und das über Monate oder auf Dauer oder gar für immer. Ich spreche hierbei nicht einmal von der humanitären Seite. Die Welt ist so voller Schrecken, daß auch der größte denkbare Erfolg des New-School-Notprogramms kaum eine nennenswerte Wirkung auf die Verbesserung der menschlichen Verhältnisse haben kann. Wir begannen mit diesem Programm nicht primär um der individuellen europäischen Gelehrten willen, sondern gemeinsam mit anderen bildungspolitischen Institutionen aus Engagement für die amerikanische Wissenschaft und für die nationalen Ziele, denen sie dient. Es ist allein dieses Interesse, das durch jene Einreise-Verfahren geprellt wird. Natürlich muß das Land vor Spionen und anderen feindlichen Elementen geschützt werden. Aber inzwischen scheint nicht weniger wichtig geworden zu sein, das Land auch vor solchen Personen zu bewahren, die nicht das geringste Verständnis von den Aufgaben der Wissenschaft für die amerikanische Zivilisation im allgemeinen wie für die gegenwärtigen Kriegsanstrengungen im besonderen haben.«[64]

VI. Beiträge und Leistungen der Exil-Ökonomen an der New School

Erstaunlich ist, daß aus der Graduate Faculty trotz ihrer finanziellen Dauerprobleme und ihres provisorischen Rahmens dennoch beachtliche wissenschaftliche Leistungen kamen. Das relativ homogene Gruppenprofil des Mitgliederstamms und der experimentelle Charakter seines Forschungsverständnisses schienen sich offenbar mit dem institutionellen Chaos zu einer fruchtbaren Symbiose verbunden zu haben. Das von den dort versammelten Wissenschaftlern aus Europa mitgebrachte Spektrum von Denkweisen und Forschungstraditionen bedeutete in vielem auch Neuland für die amerikanische Wissenschaft, und auf diese Lücke wurde nachdrücklich aufmerksam gemacht. Vor allem gilt das für den Bereich der Wirtschaftstheorie, aber auch in anderen Disziplinen der Gesellschaftswissenschaften wurden durchaus originelle Beiträge geliefert, die mit unterschiedlicher Reichweite die amerikanische Diskussion beeinflußten.

Die Arbeiten und die Wirkung etwa von Leo Strauss wurden bereits genannt, ebenso die Erich Hulas und einiger anderer. Erwähnt sei noch Max Wertheimer, zusammen mit Wolfgang Köhler und Kurt Koffka Begründer der Gestaltpsychologie. Auch wenn diese Richtung, die die menschlichen Wahrnehmungsvorgänge untersucht, angesichts des in den USA so beherrschenden Behaviorismus lange Zeit im Schatten der Beachtung stand, wobei sicher auch der frühe Tod Wertheimers und Koffkas schon Anfang der vierziger Jahre eine Rolle gespielt haben mag, so sind in längerer Sicht ihre Wirkung etwa auf die moderne Sozialpsychologie, die Lern- und Motivationspsychologie und andere Bereiche kaum zu übersehen. Durch Wertheimer, den eigentlichen intellektuellen Vater dieser Richtung, wurde die New School zum ersten Zentrum der Gestaltpsychologie in den USA. Zwar publizierte er nach 1933 nicht mehr viel, doch mit seinen überquellenden Ideen fand er bald eine ansehnliche Gemeinde von Studenten, wie sein Charisma und seine bildungsbürgerliche Breite trotz offenbar augenfälliger Kauzigkeit in den wenigen Jahren bis zu seinem Tode auch das intellektuelle Klima der New School nachhaltig beeinflußte. Von der New School aus starteten später seine mit ihm emigrierten jüngeren Schüler Rudolf Arnheim und Georg Katona, als Kunstpsychologe der eine und als Werbepsychologe der andere, ihre akademische Karriere. Durch seine und Koffkas Schüler Salomon Asch und Mary Henle ist die New School auch selbst bis in die jüngste Gegenwart ein Mittelpunkt dieser Forschungstradition geblieben.[1]

Von den Nicht-Ökonomen wäre weiterhin Arnold Brecht zu nennen, dessen Arbeiten ebenfalls große Wirkung erzielten. Obwohl er bei seiner Ankunft in New York bereits älter als fünfzig Jahre war und schon ein langes Berufsleben in den Spitzen der deutschen Reichsverwaltung hinter sich hatte, schaffte er an der Graduate Faculty noch eine beachtliche neue Karriere als Politikwissenschaftler. Im Unterschied zu vielen seiner mitemigrierten Juristen-Kollegen, die häufig in dieser benachbarten Disziplin ein neues Betätigungsfeld fanden, war für Brecht der Übergang allerdings mehr fließend, da er bereits als langjähriger Leiter der Verfassungsabteilung im Reichsministerium des Innern und anschließend als preußischer Generalbevollmächtigter für den Reichshaushalt in der Länderkammer des Reichsrats zahlreiche wissenschaftliche Abhandlungen zu Fragen des Verwaltungs- und Verfassungsrechts sowie zu aktuellen politischen Problemen der Jahre nach 1918 vorgelegt hatte. Genannt seien nur einige Arbeiten über die deutschen Reichsfarben, über die Vorgeschichte des Waffenstillstandes, zum Wahlrecht, zu Problemen der Verfassungsreform, zum Föderalismus und vieles andere mehr. Außerdem war er der Vater der Geschäftsordnung für die Reichsministerien in den zwanziger Jahren.[2]

An diese praktischen und wissenschaftlichen Tätigkeiten anknüpfend legte Brecht in den Jahren und Jahrzehnten nach 1933 in den USA ein aus mehreren Büchern und zahllosen Aufsätzen bestehendes gewaltiges Werk vor, das, angereichert durch eine immense Belesenheit in der internationalen Literatur, von der Rechtsphilosophie bis hin zu unterschiedlichen Spezialproblemen des modernen Verfassungs- und Verwaltungsstaates reichte. Zusammengeflossen sind diese vielseitigen Studien in den fünfziger Jahren in seiner monumentalen »Politischen Theorie«, die eine erste systematische Gesamtdarstellung des Faches Politikwissenschaft sowie der historischen Genesis ihrer Denkweisen, Wertmaßstäbe und Methoden lieferte. Als bestes politikwissenschaftliches Buch war sie noch im Jahr ihres Erscheinens mit dem Woodrow Wilson Foundation Award ausgezeichnet worden, und inzwischen zählt sie längst zu den Standardwerken ihrer Disziplin.³

Brechts wissenschaftliche Kenntnisse und seine praktischen Erfahrungen machten ihn bald zum geschätzten und häufigeren Gastprofessor in Harvard, wie er auch in und nach dem Kriege zum wichtigen Ansprechpartner der Washingtoner Administration wurde und als Berater der amerikanischen Besatzungsbehörden in Deutschland tätig werden sollte, worüber an anderer Stelle noch zu sprechen sein wird. Den Ruf, den er sich recht bald auch in der amerikanischen Wissenschaft erwarb, mag etwa illustrieren, daß er schon 1942 zum Vorsitzenden eines Sonderausschusses für international vergleichende Verwaltung im Social Science Research Council und 1946 zum Vizepräsidenten der American Political Science Association gewählt wurde.

Hervorzuheben wären auch die Arbeiten des Soziologen Albert Salomon, der neben dem Mitemigranten Hans Gerth in zahlreichen Schriften mit zur Verbreitung der Soziologie Max Webers beigetragen hat, wenngleich er dabei allerdings aus dem Schatten Talcott Parsons, der Weber bereits während der zwanziger Jahre in den USA bekanntgemacht hatte, nicht heraustrat.⁴ Hatte Parsons, der von der Unwandelbarkeit des herrschenden Sozialsystems überzeugt war, das Webersche Werk fasziniert, weil es ähnlich wie die Marxsche Theorie historische und ökonomische Dimensionen in die soziologische Analyse einführte, jedoch dabei im Gegensatz zu Marx die Rahmenbedingungen des Kapitalismus nicht infrage stellte, so konnte Salomon dieses Verständnis kaum aufbrechen. Seine im wesentlichen rückwärts gewandte beschreibende Präsentation des Weberschen Denkens ist augenscheinlich von der tiefen Verunsicherung durch das Exilerlebnis mitgeprägt worden, die von seiner früheren Rolle als Aktivist in der sozialistischen Bewegung kaum noch etwas übriggelassen hatte: Neben seiner Tätigkeit als Professor der Hochschule für Politik in Berlin und ab 1931 als Direktor des berufspädagogischen Instituts in Köln hatte er zeitweise auch die führende theoretische Zeitschrift der Sozialdemokratie »Die Gesellschaft« während der Ministerzeit ihres Gründers und Herausgebers Rudolf Hilferding ediert, wie er zusammen mit Jakob Marschak auch noch Leiter der wirtschaftspolitischen Arbeitsgemeinschaft sozialdemokratischer Studenten gewesen war. Hatte in dieser Zeit die Dimension Zukunft und die Veränderung des status quo seine praktische und theoretische Arbeit bestimmt, so markierte das Jahr 1933 und seine Vertreibung einen nie mehr überwundenen Bruch in dieser Entwicklung. Dazu war wenige Monate zuvor eine langwierige Polio-Erkrankung gekommen, die eine bleibende schwere Körperbehinderung hinterlassen hatte und mit dazu führte, daß er der von seinem ehemaligen Doktor-Vater Emil Lederer im Sommer 1933 eingefädelten Einladung für die New School erst nach mehr als einjähriger Verzögerung im September 1934 folgen konnte.

Obwohl der so beeinträchtigte Salomon an der Graduate Faculty von seinen Kollegen weitgehend aufgefangen wurde, zu deren Mehrheit seit gemeinsamen Heidelberger Studentenjahren oder aus der früheren Tätigkeit an der Berliner Hochschule für Politik enge freundschaftliche Beziehungen bestanden, hatte sein persönliches Profil in den USA offenbar alle Dynamik und jedes Selbstvertrauen verloren. Seine wissenschaftliche Arbeit orientierte sich lange Zeit überwiegend auf die Darstellung der etwa von seinem geistigen Mentor Max Weber und seinen Freunden Karl Mannheim und Emil Lederer zuvor in Deutschland vertretenen neuen Denkweisen, so daß man Salomons Aufsätze weitgehend als Kommentierung der eigenen intellektuellen Biographie ansehen kann. Im Verlauf der Jahre entwickelten sich daraus zwar umfassendere Studien zur Geschichte der Soziologie, doch deren sozial- und kulturphilosophische Grundierung behinderte eine breitere Rezeption in der pragmatisch orientierten amerikanischen Soziologie.[5]

Mit der Berufung von Alfred Schütz 1943 zum Lehrbeauftragten sollte von der New School aus auch die Phänomenologie ihren Eingang in die amerikanische Philosophie und Soziologie finden. Schon seine Anstellung reflektiert einmal mehr den experimentellen und unorthodoxen Charakter der Graduate Faculty. In Wien hatte Schütz bei Kelsen und Ludwig von Mises internationales Recht sowie Wirtschaftswissenschaften studiert, nach der Promotion jedoch auf eine akademische Karriere verzichtet und als Rechtsberater und Sachverständiger für internationale Wirtschaftsfragen bei verschiedenen Privatbanken gearbeitet, eine Tätigkeit, die er seit 1939 hauptberuflich auch in New York bei einer der ebenfalls in die Emigration gegangenen Firmen ausübte. Dennoch war Schütz auch wissenschaftlich aktiv geblieben und hatte sich zunächst mit Max Weber, dann mit Henri Bergson und schließlich mit dem Begründer der Phänomenologie Edmund Husserl intensiver beschäftigt. In seiner Studie »Der sinnhafte Aufbau der sozialen Welt« von 1932 machte er zum ersten Mal den Versuch, die Systeme von Weber und Husserl theoretisch zu verbinden mit dem impliziten Appell an die Sozialwissenschaften, philosophische Methodologie und empirische Analyse nicht als Gegensätze zu begreifen. Die Husserlsche Philosophie, von der Schütz etwa den Begriff der »Lebenswelt« zur Umschreibung der ungeprüften Alltagspraxis in die Gesellschaftstheorie einführte, war für ihn ein wichtiges Vehikel, der verstehenden Soziologie Webers ein festeres erkenntnistheoretisches Fundament zu geben. Erforscht werden sollte das Alltagsleben der handelnden Menschen mit ihren kulturellen Normen und kognitiven Determinanten, die alle intersubjektiven Prozesse bestimmten. Die Menschen, lehrte Schütz, nähmen nicht eine objektive Wirklichkeit wahr, sondern sie konstruierten sich ihre eigenen Realitäten im Bewußtsein durch den Kommunikationsprozeß mit anderen. Während sich dieser integrative Ansatz in den Wiener Jahren gegen die reine Metaphysik der deutschen philosophischen Tradition gerichtet hatte, so bot er in den USA ebenfalls eine neue Perspektive, aus der sich die dortige Reduktion des Denkens auf Pragmatismus und behavioristische Psychologie kritisieren ließ.

Im Gegensatz zu den Philosophen des Wiener Kreises, deren logischer Positivismus besser in die pragmatische Tradition der amerikanischen Philosophie paßte und deren Vertreter ähnlich wie die österreichischen Neoklassiker beachtliche Karrieren machten, genannt sei nur die Rudolf Carnaps in Chicago und später in Princeton, hatte Schütz mit seiner phänomenologischen Soziologie allerdings zunächst kein größeres Echo in den USA gefunden. An der Graduate Faculty, an der er schließlich 1953 auch ordentlicher Professor geworden war, begann und beendete er seine akademische Karriere. Erst nach seinem Tode, als in den sechziger Jahren eine jüngere Generation der von Talcott Parsons oder Robert K. Merton beherrschten funktionalistischen Soziologie müde geworden war, gewann er posthum eine größere Anhängerschar. Während ein Teil der Jüngeren zur neomarxistischen Gesellschaftsanalyse überging, waren andere weniger an objektiven Strukturen als an den subjektiven menschlichen Befindlichkeiten interessiert. Für diese sollte Schütz zum Ahnherrn werden, und inzwischen sind auch zahlreiche Studien erschienen, die ausführlich die Anregungen seines Werks aufgenommen haben.[6]

So originell die meisten dieser unterschiedlichen Wissenschaftsvertreter auch waren und so sehr sie die Diskussion in den jeweiligen Fachgebieten auch anregen mochten, das spezifische Profil der Graduate Faculty und ihre Außenwirkung als Institution konnten sie nur wenig prägen. Die Ökonomen waren es vielmehr, die hier die entscheidenden Akzente setzten. Von Anfang an bildeten sie den intellektuellen Mittelpunkt der Fakultät, denn sie stellten nach 1933 nicht allein die zahlenmäßig größte Gruppe, sondern zeigten im Unterschied zu den Vertretern der anderen Disziplinen auch ein relativ homogenes Bild. Ihr dominierender Einfluß auf die innere Diskussion und die äußere Repräsentation der Fakultät wurde schließlich noch dadurch verstärkt, daß sie zu genau der richtigen Zeit kamen, als die von ihnen mitgebrachten Denkweisen und Forschungsansätze während des New Deal ein offenes Ohr in Teilen der amerikanischen Wissenschaft fanden.

Nicht erstaunlich ist daher, daß die ersten öffentlichen Symposien, zu denen Johnson die neuen Mitarbeiter nur wenige Wochen nach ihrer Ankunft im Dezember 1933 und Anfang Januar 1934 verpflichtete, zu den Themen »Laisser Faire – Interventionismus – geplante Wirtschaft« und »Hat der Kapitalismus versagt?« stattfanden.[7] Von Anfang an war Johnson bedacht darauf, die Botschaft der von ihm geholten Reformökonomen auch öffentlich bekannt zu machen. Vorrangig sollte das natürlich die Potenz seiner University in Exile demonstrieren, zugleich wollte er die Neuankömmlinge diskret zwingen, möglichst bald die englische Sprache zu beherrschen und sich vor der amerikanischen Wissenschaftsgemeinschaft zu behaupten. Denn die ausschließlich deutsche Fakultät barg die Gefahr, daß die Beteiligten solchen elementaren Akkulturations-Voraussetzungen keine Priorität einräumten, und das in der ersten Phase praktizierte Kauderwelsch des »New Schoolese« muß schon ein erhebliches Hindernis für die Verständigung mit der Außenwelt gewesen sein.

Ökonomische Fragen beherrschten in den ersten Jahren auch die Themen des einmal wöchentlich stattfindenden General Seminars, das bis nach 1945 zur festen Einrichtung der Fakultät gehörte. In ihm wurden nicht allein die aus Deutschland mitgebrachten interdisziplinären Methoden praktiziert; da die interessierte Öffentlichkeit zu diesen Diskussionen Zugang hatte, demonstrierte man dort auch nach außen etwas von der charakteristischen Arbeit der Exil-Universität.

Beachtliche multiplikative Wirkung konnten die deutschen Wissenschaftler schließlich mit der seit Anfang 1934 erscheinenden Zeitschrift *Social Research* erreichen. Wie schon die Entstehung der University in Exile, so reflektiert auch die schnelle Herausgabe dieses Periodikums etwas von dem atemberaubenden Elan und Optimismus ihres Gründers.

Während etwa Emil Lederer die schnelle Verwirklichung eines eigenen Zeitschriftenprojekts aufgrund seiner langen Redaktionserfahrungen in Deutschland für blanke Illusion hielt und in Zeiträumen von mehreren Jahren dachte, begann Johnson im November 1933 mit der Vorbereitung, um ein erstes Heft bereits im Januar 1934 herauszubringen. Nur mit einem eigenen Organ, so seine Devise, sei die Graduate Faculty zur angemessenen Selbstdarstellung in der Lage, denn auch erst mit dem Journal of Political Economy oder dem Quarterly Journal of Economics seien Chicago und Harvard von Colleges zu eigentlichen Universitäten geworden. Jeder der an der Fakultät Versammelten mußte sich deshalb verpflichten, jährlich einen Artikel zu schreiben, und tatsächlich konnte die Zeitschrift auch planmäßig seit Frühjahr 1934 erscheinen. Mit fast 800 subskribierten Exemplaren entwickelte sie sich bald zu einem passablen Sprachrohr der wissenschaftlichen Emigration.

Zentrale Aufgabe der Zeitschrift sollte die »cross-fertilization of cultures« sein, so Johnson in der Präambel der ersten Nummer, denn die um sie versammelten Wissenschaftler brächten die kritische Sozialwissenschaft und ungewohnte Arbeitsmethoden aus Deutschland mit, ihr künftiger Gegenstand aber seien die Probleme der modernen Welt im ganzen, jenseits nationaler Grenzen.[8] In vielem wird man *Social Research* als Fortsetzung des 1933 in Deutschland eingestellten »Archivs für Sozialwissenschaft und Sozialpolitik« sowie auch des »Weltwirtschaftlichen Archivs« in Kiel ansehen können, auf die dieser Kreis personell und intellektuell in den zwanziger Jahren großen Einfluß gehabt hatte. Und wie schon bei den ersten Symposien und im General Seminar der Fakultät beherrschten die Ökonomen mit ihren Fragen auch die Themen der ersten Jahrgänge der neuen Zeitschrift.

Was die an der Graduate Faculty versammelten Ökonomen aus Deutschland mitbrachten, hatte zahlreiche Berührungspunkte mit den Arbeiten ihrer amerikanischen Kollegen aus der institutionalistischen Schule. Gemeinsam zweifelten sie an der Funktionsfähigkeit eines unkontrollierten Marktsystems, gemeinsam sahen sie die ökonomische Realität im größeren gesamtgesellschaftlichen Zusammenhang, beide Richtungen orientierten sich auf den längerfristigen Prozeß an Stelle des statischen Denkens sowie der theoretischen Indifferenz der Neoklassik gegenüber konkreten historischen Entwicklungen und beide leiteten daraus wirtschaftspolitische Folgerungen ab, die später etwa unter Begriffen wie »indikative Planung« gefaßt worden sind. Daneben gab es jedoch auch einige ins Auge springende Unterschiede, die jeweils etwas von der Natur der zugrundeliegenden theoretischen Annahmen verraten.

Auf die stark unterkonsumtionstheoretisch begründete Strategie, die die Institutionalisten den New Dealern zur Bekämpfung der aktuellen Krise empfohlen hatten, und die mehr disproportionalitätstheoretische Krisenanalyse der deutschen Reformökonomen ist bereits hingewiesen worden. Diese verschiedenen Ansätze verweisen bereits auf tiefgreifende Unterschiede in der Bewertung der modernen kapitalistischen Krisen beziehungsweise über den Charakter des modernen Industrialisierungsprozesses. In der Vielzahl ihrer Untersuchungen hatten die Institutionalisten zwar immer wieder, wie auch die deutschen Reformökonomen in den zwanziger Jahren, deutlich gemacht, auf welche Weise die marktharmonischen Annahmen der Neoklassiker von der Entwicklungsdynamik des Industriekapitalismus überholt worden waren, doch Thorstein Veblen und seinen Nachfolgern war es nicht gelungen, die konstituierenden Faktoren für diesen Prozeß logisch und kausal zu definieren. Bei den Institutionalisten gab es keine konsistente Theorie, die das Funktionieren der gesellschaftlichen Mechanismen erklärte. Sie hatten nie klar Stellung bezogen, auf welchen analytischen Grundlagen sie ihre Aussagen trafen; Veblens Beschreibungen zielten auf einen nur vage angedeuteten Prozeß des »engineering«, während sich etwa John R. Commons nur mit den institutionellen Verbesserungen für solche Bereiche beschäftigte, in denen der Kapitalismus bisher ungenügende soziale Resultate gezeigt hatte.

Die moderne Technik wird von ihnen zwar generell als zentrale Antriebskraft für den kapitalistischen Prozeß gesehen, doch wird das nicht weiter entwickelt. Kritisch analysiert wurden von Veblen die privaten Unternehmer-Organisationen, jedoch nicht das System der modernen Technik und die durch sie induzierten dynamischen Wandlungsprozesse, die Zyklen und Krisen oder die Folgen für den Arbeitsmarkt. Noch weniger war davon bei seinen Nachfolgern geblieben. Hatte bei Veblen das Marxsche Erbe immerhin noch eine große Rolle gespielt, so war von Mitchell, Clark, Tugwell und den anderen Repräsentanten in den zwanziger Jahren Karl Marx längst aus dem erkenntnistheoretischen Grundlagen ihrer Lehrgebäude eliminiert und durch den Pragmatismus John Deweys ersetzt worden. Anstelle des dichotomischen klassenantagonistischen Produktionsmodells dominierte bei ihnen der optimistische und aktivistische Zugriff auf die Regelung der sozialen Prozesse durch wie immer geartete Planungsinitiativen. Das Technologieproblem spielte dabei nur insofern eine Rolle, als vorausgestzt wurde, daß der ökonomische Prozeß verschiedene Stadien der industriellen Technik quasi naturgegeben durchlaufe und Krisen, Friktionen oder andere Abweichungen von den vorgegebenen Wachstumspfaden nur aus fehlender Koordination des Güter- und Geldkreislaufs herrührten.

Ebenso hatten die Planungspostulate der Institutionalisten vor 1933 eine allgemeine Vorstellungsebene nicht durchbrochen, denn es blieb weitgehend unbestimmt, welche Instanzen und Instrumente dafür eingesetzt werden konnten. Bei den staatswirtschaftlichen Traditionen in Europa war es für die deutschen Reformökonomen etwa eine Selbstverständlichkeit, daß der Staat wichtige makroökonomische Steuerungsfunktionen zu übernehmen hatte, doch fehlten diese Voraussetzungen in den USA. Die wirtschaftspolitische Rolle des Staates war daher bei den Institutionalisten auch kaum thematisiert worden, vielmehr setzten sie mehr auf die großen Korporationen, die sie andererseits jedoch wegen ihrer unkontrollierten Machtentfaltung kritisierten. Die wie Pilze aus dem Boden schießenden Agenturen des New Deal und eine neue Wirtschafts-Administration in Washington nach 1933 änderten zwar diese Voraussetzungen, doch hat diese neue Realität nicht zur Formulierung eines umfassenderen wirtschaftspolitischen Planungsmodells beigetragen. Zum anderen blieben auch noch die instrumentalen Mängel. Es fehlte etwa an einer volkswirtschaftlichen Gesamtrechnung und an den nötigen Sozialproduktserhebungen, so daß die Institutionalisten beispielsweise auch keine Budgets aufstellen konnten, die Richtung und Ziele der geplanten Entwicklung indizierten.[9]

Angesichts dieser defizitären amerikanischen Debatte zu Beginn des New Deal konnten die deutschen Reformökonomen einige ergänzende oder korrigierende Perspektiven bieten, denn sie hatten sich bis dahin gerade mit solchen Problemen beschäftigt, bei denen die Institutionalisten aufgehört hatten. Mit ihren Forschungen etwa über die ungelösten Fragen des technischen Wandels und dessen Wirkungen auf die Wachstumsdynamik sowie mit ihrer Finanzplanungstheorie hatten sie auch an Instrumentarien gearbeitet, mit denen die Wirkungszusammenhänge der sozialen und ökonomischen Prozesse analysiert und daraus operationalisierbare Handlungsstrategien abgeleitet werden konnten. Diese in den zwanziger Jahren begonnenen und dann in den USA abgeschlossenen Arbeiten lieferten einige zentrale Anhaltspunkte zur Modifikation der bisherigen naiven öffentlichen Planungsdebatte in Amerika. Darüber hinaus konnten sie mit ihren in Deutschland gesammelten wirtschaftspraktischen Erfahrungen und Kenntnissen zugleich weitreichende Anregungen für die in den USA bis dahin kaum entwickelte internationale Wirtschaftsforschung geben. Ein großer Teil ihrer Analysen sollte hierbei während des Zweiten Weltkrieges auch wichtige Empfehlungen an die amerikanische Politik für die deutsche und europäische Nachkriegsordnung in der Nach-Hitler-Zeit beinhalten.

1. Wachstumsdynamik und die Theorie des »Technischen Fortschritts«

Grundlegend für diese Arbeiten war die frühere Kieler Schule gewesen, deren Mitglieder nach 1933 auch das öffentliche Bild der New School prägen sollten. Die entscheidenden Impulse hatten ihre Forschungen bekommen, als während der zwanziger Jahre in Deutschland darüber diskutiert worden war, welche ökonomischen und sozialen Wirkungen die hektischen, in ihrer Qualität neuen Rationalisierungen nach dem Ersten Weltkrieg und besonders seit 1924/25 begleiteten. Die Einführung des Fließbandes etwa hatte schon lange vor Ausbruch der Weltwirtschaftskrise in den kurzen goldenen Aufschwungsjahren der Weimarer Republik zu einer dauerhaften Sockelarbeitslosigkeit von mehr als einer Million Arbeitnehmern geführt.

Einen ersten Hinweis auf diese ursächlichen Zusammenhänge hatte Adolph Lowe schon 1926 in einem vielbeachteten Aufsatz über die Möglichkeiten der Konjunkturtheorie geliefert.[10] Die Ursachen der Zyklen und Krisen waren für ihn nicht im Prozeß, sondern in den Ausgangskonstellationen des Systems, der Produktionsstruktur mit ihrer »unabhängigen Variable« des technischen Fortschritts zu suchen. Aufgenommen wurden diese Anregungen von seinen Schülern und Kollegen, vor allem von Alfred Kähler und Fritz Burchardt, sowie von Hans Neisser und Emil Lederer. Der technische Fortschritt – heute spricht man vorsichtiger vom »technischen Wandel«, weil der Fortschritt der Technisierung keineswegs so sicher ist – und die dadurch bewirkten Arbeitsmarktprobleme und Instabilitäten der Entwicklungsdynamik sollten künftig das zentrale Arbeitsfeld ihrer Forschung werden, womit sie wichtige Anregungen für die Wachstumstheorie lieferten, die bis dahin weitgehend nur die quantitativen Aspekte der Sachkapitalbildung thematisiert hatte.

Die Neoklassik hatte zu diesen Problemen nichts zu sagen gewußt, da sie sich lediglich auf harmonische Gleichgewichtsbedingungen mit der stillschweigenden Voraussetzung perfekter Konkurrenz auf den Märkten konzentrierte. Bei ihr galt das alte walrasianische Schema von den Haushalten und Individuen, die sich bei umfassender Markttransparenz die Waren und Dienstleistungen gegenseitig verkauften und voneinander kauften, so daß am Ende einer fiktiven Produktionsperiode – der reale Zeitfaktor, das Auseinanderfallen von Produktion und Absatz spielte in diesem Modell keine Rolle – die Märkte geräumt waren und der Mechanismus von neuem beginnen konnte. Zyklen, Krisen, Arbeitslosigkeit und sonstige Störungen erschienen danach nur als kurzfristige friktionelle oder exogen bestimmte Abweichungen vom Gleichgewichtspfad. In den zwanziger Jahren wurden von den Neoklassikern beispielsweise die permanenten Krisen mit Hilfe der in England neu entwickelten »monetären Konjunkturtheorie« erklärt, nach der durch die Geldschöpfungspotentiale des Bankensystems über die Spareinlagen hinaus beziehungsweise im Unterschreiten des Gleichgewichtszinses durch »zusätzliche Kredite« das Marktgleichgewicht gestört wurde. Und nicht von ungefähr gehörten viele der österreichischen Neoklassiker ähnlich wie die heutigen Monetaristen auch zu den vehementen Verfechtern einer starren Goldwährung, die den Banken kaum Bewegungsspielraum bei der Geldmengenpolitik ließ, während immerhin der brillanteste der damaligen Wiener Ökonomen, Friedrich A. Hayek, die statischen Implikationen dieser Annahmen sah und den monetär induzierten Zyklus als notwendigen Preis des Fortschritts nahm.[11]

Den charakteristischen Unterschied zwischen den Reformökonomen der Kieler Schule und den Neoklassikern verdeutlichen etwa die Auseinandersetzungen zwischen Lowe und Hayek auf der Tagung der deutschen Ökonomen-Gesellschaft, des Vereins für Sozialpolitik, 1928 in Zürich, auf der überhaupt erstmalig öffentlich das Konjunkturproblem diskutiert wurde. Während die Neoklassiker die tradierten Annahmen der flexiblen Zinsbewegung als Regulator der Investitionen und damit der Beschäftigung wieder einmal variierten und Hayek die neue monetäre Konjunkturtheorie zum Ausgangspunkt seiner Zyklenanalyse machte, hatte Lowe dagegen gehalten, daß sich solche Ansätze nur in den »Außenbezirken« der theoretischen Reflexion bewegten und für die Ursachenforschung des Zyklus nur wenig ergiebig seien, wie auch der monetäre Ansatz bestenfalls ergänzende Bedeutung zur Erklärung von Teilerscheinungen der Bewegung haben könne.¹² Im Kern ging es bei diesen Auseinandersetzungen um die Frage von exogenen oder endogenen Einflußfaktoren auf den Zyklus und das Wachstum sowie um deren Beeinflußbarkeit.

Das neoklassische Marktmodell ließ die Tatsache unbeachtet, daß in der modernen Industriestruktur nicht unproblematische Verflechtungen zwischen den einzelnen Produktionssektoren existierten (horizontale Disaggregation), auf die erstmalig das Marxsche Reproduktionsschema anhand eines einfachen Zweisektoren-Modells bereits ein halbes Jahrhundert zuvor hingewiesen hatte. Damit war der Realitätsgehalt des walrasianischen Schemas weitgehend obsolet geworden. Diese Gefahr war auch von Eugen von Böhm-Bawerk, einem der geistigen Väter der österreichischen Schule, erkannt worden, und er hatte als Antwort auf das Marxsche Modell in seiner sog. »Theorie der Produktionsumwege« mit einer marginalistischen Begründung des Produktivitätsfortschritts durch die »Umweg«-Prozesse jene Vorstellungen starrer Strukturen zu widerlegen gesucht (vertikale bzw. zeitliche Disaggregation), wobei der Zins als Variable für die Wahl der Wirtschaftssubjekte zwischen Gegenwarts- und Zukunftsgütern fungierte. Probleme abgrenzbarer Produktionsstufen gab es dabei nicht, denn Kapitalgüter erschienen in diesem Modell nur als Umschlags-, nicht aber als fixe Bestandsgrößen, die in einem linearen Prozeß von einem weit entfernten Punkt, in dem ursprünglich einmal nur der Produktionsfaktor Arbeit (neben dem Boden) vorhanden war, auf das letzte Ziel, die Konsumtion hochwertiger Produkte zustrebten.¹³

Die reale Struktur der Wirtschaft war und ist jedoch alles andere als eine lineare Bewegung, wie auch die industriellen Beziehungen kaum als Prozeß vertikaler Abfolgen auszumachen sind. Hiergegen richteten sich vor allem die Arbeiten der Kieler Schule und Emil Lederers, der auch nicht zufällig mit einem Aufsatz zur Kritik an Böhm-Bawerk 1934 die New School-Zeitschrift *Social Research* einleiten sollte.¹⁴ Unter dem Stichwort »technischer Fortschritt und Arbeitslosigkeit« nahmen sie erstmalig nach mehr als fünfzig Jahren die von Ricardo, J.St. Mill und Marx gestellte, durch den Siegeszug der Neoklassik aber lange in den Hintergrund gedrängte alte klassische Frage nach den Beziehungen von Kapitalakkumulation, technischer Entwicklung und Beschäftigung wieder auf. In dieser theoretischen Neubesinnung und den daraus abgeleiteten wirtschaftspolitischen Strategien ist – sowohl in Deutschland als auch später im amerikanischen Exil – der entscheidende und damals einzigartige Beitrag der Reformökonomen zu sehen, die heute von ähnlich arbeitenden Wissenschaftlern deshalb auch als »Neu-Klassiker« bezeichnet werden.[15]

Für die Neoklassiker hatte es keine Probleme oder Negativwirkungen des technischen Fortschritts gegeben, weil sie annahmen, daß solche Änderungen mit der Lohn- und Zinshöhe variierten. Durch technische Innovationen könnten Arbeitskräfte auf Dauer nicht freigesetzt werden, da nach ihrem statisch-allokationstheoretischen Modell, das die Preisbildung der Produktionsfaktoren nicht anders als die der Güter auf den Märkten definierte, etwa durch Rationalisierung freigesetzte Arbeitskräfte woanders wieder kompensiert werden müßten. Denn einmal müßten jene Neuerungen produziert werden, zum anderen würde der technische Fortschritt zu Kosten- und Preissenkungen und damit zur Nachfrageerhöhung führen, die je nach der Einkommenselastizität im gleichen Sektor oder vermittelt über andere Branchen für die nötige Wiedereinstellung der Arbeitskräfte sorgen würden. Dauerarbeitslosigkeit erschien in der neoklassischen Theorie daher im wesentlichen nur als Folge monopolistischer Lohnerhöhungen der Gewerkschaften, wie ihre Anhänger nicht müde wurden – und werden – zu wiederholen.[16]

Gegen diesen kompensationstheoretischen Optimismus der Neoklassiker hatten die Reformökonomen geltend gemacht, daß die Marktwirtschaft nicht automatisch zum Ausgleich der Prozeßdaten führe und daß im Zeitalter der Massenproduktion die Preise nicht so flexibel reagierten wie das neoklassische Modell voraussetze. Die Aufgabe der Wissenschaft sei daher, einmal durch eine genaue Spezifikation der produktionstechnischen Struktur die sektoralen Beschäftigungswirkungen des technischen Wandels zu bestimmen und andererseits Planungsinstrumente zu finden, die zu einer »Stabilisierung der Konjunktur« führten, das hieß, die »Spannung« zu beseitigen, die sich »immer schärfer zwischen der technischen und der sozialen Ordnung herausbildet.«[17]

Das von den Neoklassikern seit Mitte der zwanziger Jahre stereotyp vorgetragene Lohnsenkungs-Argument zur Beseitigung der steigenden Arbeitslosigkeit wurde von Jakob Marschak schließlich »in das Gebiet geistiger Epidemien« eingeordnet, die die Wirtschaftstheorie und -praxis von Zeit zu Zeit befielen. Und auch Lederer meinte, »die primitive Vorstellung, man könne *immer,* wenn Arbeitslosigkeit herrscht, durch Herabsetzung der Löhne das Gleichgewicht wieder herstellen, gehört in die Rumpelkammer der Theorie.« Gleichzeitig kritisierten diese Ökonomen aber ebenso die von den Gewerkschaften vertretene Kaufkrafttheorie, weil auch die lohnpolitische Forderung lediglich auf eine bloße Kaufkraftverschiebung ziele. Lohnvariationen als Mittel zur Bekämpfung technologischer Arbeitslosigkeit lehnten sie daher ab, da sie diese nicht als Folge verzerrter Faktorpreisverhältnisse sahen.[18]

Wenn auch in der damaligen Diskussion letzte Antworten über die technologische Arbeitslosigkeit noch nicht gegeben worden waren, eine systematische Freisetzungstheorie noch nicht entwickelt wurde, so sind damals jedoch bereits die entscheidenden Fragen für dieses bis heute ungelöste Problem sowie wichtige Hinweise für mögliche Antworten gegeben worden. Im Unterschied zu den meisten zeitgenössischen, nachfragetheoretisch begründeten Modellen lieferten die Reformökonomen eine kapitaltheoretische Analyse der Arbeitsfreisetzungs- und Kompensationsprozesse. Sie knüpften damit an die von den Klassikern entwickelte Argumentationslinie an, die, wie Neisser schrieb, den kapitalistischen Prozeß als einen Wettlauf zwischen Arbeitsfreisetzung durch technischen Fortschritt und deren Resorption durch Kapital-Akkumulation definierten.[19]

Eine erste systematische Untersuchung brachte Emil Lederers Arbeit »Technischer Fortschritt und Arbeitslosigkeit« von 1931, die aus einem Projekt des Internationalen Arbeitsamtes in Genf über die Weltwirtschaftskrise hervorgegangen war, an dem Lederer als deutscher Sachverständiger mitgewirkt hatte. In Anlehnung an die Marxsche Akkumulationstheorie und an Schumpeters neoklassische Vorstellungen von den Investitionsimpulsen einzelner wagemutiger Unternehmer im langfristigen Wirtschaftsablauf suchte Lederer zu zeigen, unter welchen Bedingungen der technische Fortschritt Arbeitskräfte freisetzt bzw. die Vollbeschäftigung stört und damit zur Krise führt. Das von ihm entwickelte branchenspezifische Stagnationstheorem, dessen Verwandtschaft mit dem Marxschen Gesetz vom tendenziellen Fall der Profitrate unübersehbar ist, ging von unterschiedlichen Innovationsschüben, der Einführung neuer Maschinen in einzelnen dynamischen Branchen aus, die nicht nur hier Arbeitskräfte freisetzen würden, sondern auch in den veralteten statischen Betrieben, weil jene Innovationen zu einer Kapitalumlenkung in die dynamischen Bereiche reizten. Kapitalbildung bedeutete für Lederer nicht ohne weiteres Wachstum und Beschäftigung, vielmehr seien Tempo und Richtung der Investitionen entscheidend. Wenn trotz Kapitalakkumulation die Nachfrage nach Arbeitskräften dauernd hinter dem Angebot an Arbeitskräften zurückbleibe, d.h. etwa bei Rationalisierungen, so werde die Arbeitslosigkeit »strukturell«.[20]

Ergänzt und vertieft wurde die Arbeit Lederers kurz darauf durch die von Lowe angeregten Arbeiten seiner Schüler, einmal der Studie Fritz Burchardts über die Kreislaufschemata bei Böhm-Bawerk und Marx, zum anderen der Dissertation von Alfred Kähler.[21] Letztere kann aus heutiger Sicht als zentraler Meilenstein der Analyse gewertet werden, denn Kähler hatte nicht nur eine hervorragende Systematik der bis dahin geführten theoretischen Diskussion gegeben, sondern auch eine bahnbrechende Pionierarbeit bei der Entwicklung eines multisektoralen Modells zur Bestimmung von Wachstum, technischem Wandel und Beschäftigung geliefert. Lederers Stagnationstheorie teilte er dabei nicht ohne weiteres. Für ihn waren Freisetzungen von Arbeitskräften durch technische Innovationen ebensowenig strittig wie die Möglichkeit ihrer Wiedereingliederung, der theoretische Streit ging bei ihm allein um die Voraussetzungen und Begleitumstände der Kompensationen, die nur in einer Gesamtbeschreibung der wirtschaftlichen Abläufe sowie unter Berücksichtigung des Faktors Zeit ermittelt werden könnten.

Kählers spezifische Leistung war, in einem achtsektoralen Modell ein Gesamtumschlagsschema der Wirtschaftsabläufe entwickelt zu haben, das die interdependenten Produktionsbeziehungen der einzelnen Industriezweige erhellt sowie die Ursachen der zyklischen Veränderungen und der Beschäftigung wie auch die Bedingungen für eine Ökonomie im Gleichgewicht benennt.[22] Politische Bedeutung hatte die Untersuchung mit ihrem Nachweis, daß die Lohnbewegung nur eine passive Rolle beim technischen Wandel spielt und Lohnreduktionen keineswegs die von der neoklassischen Theorie erhofften Investitionsschübe und damit Aufschwungs- und Wachstumsimpulse geben könnten. Seine Darstellung der volkswirtschaftlichen Kreislaufbeziehungen kann als früher Entwurf eines allgemeinen Input-Output-Modells angesehen werden, für dessen analytische Weiterentwicklung und Anwendung auf die wirtschaftspolitische Planung Wassily Leontief, wie schon erwähnt, 1973 den Nobel-Preis erhalten sollte.

Wie sehr das Technologie- und Wachstumsproblem zum integrierten Forschungsansatz der Kieler Schule gehörte, zeigen auch die Forschungen Hans Neissers. Während Kählers Arbeit noch mit der vorsichtigen Frage schloß, daß man derzeit nicht sagen könne, ob der technische Fortschritt weiterhin von der Konkurrenzwirtschaft kontrollierbar sei oder ob er nicht »gesamtorganisatorische Wirtschaftseingriffe« erforderlich mache, zielten Neissers Analysen vor dem Hintergrund der Weltwirtschaftskrise bereits auf konkrete wirtschaftspolitische Therapien. Seit Mitte der zwanziger Jahre hatte er in einer kontroversen Auseinandersetzung mit der Unterkonsumtions- und Imperialismustheorie Fritz Sternbergs die strukturellen Probleme der modernen Industriewirtschaft und deren Gleichgewichtsbedingungen anhand des klassischen Reproduktionsschemas thematisiert. Nach seiner parallel dazu entstandenen Studie über den Tauschwert des Geldes von 1928 akzentuierte er dann gleichzeitig auch die einkommens- und kaufkrafttheoretischen Implikationen des freisetzungstheoretischen Ansatzes seiner Mitstreiter, woraus dann die Rahmenbedingungen für mögliche Planungsstrategien abgeleitet wurden. Da die Reformökonomen wie schon ihre klassischen Vorgänger eine erfolgreiche Wiederbeschäftigung freigesetzter Arbeitskräfte nur in einer langfristigen Kapitalbildung sahen, gleichzeitig aber die von Lederer beschriebenen Kapitalfehlleitungen zu vermeiden waren, galt es, die notwendigen Koordinierungspfade der technischen Innovationen zu finden und hierbei auch deren Sekundärwirkungen auf die anderen Wirtschaftssektoren im Auge zu behalten. Hierauf zielte Neissers erste multikausale Analyse, die davon ausging, daß einmal die Bewegung des Arbeitskräftevolumens und die Kapitalbildung zwei voneinander unabhängige Bewegungen darstellten, und daß zweitens die Nachfrage nach Arbeit weniger eine Funktion des Lohnniveaus als eine der Absatzerwartungen sei. Eine konkrete wirtschaftspolitische Strategie habe so monetäre Impulse, Nachfragestrukturen, Kapitalbestandsgrößen, die initiierten langfristigen Kapitalbildungsprozesse und deren multiplikative Sekundärwirkungen zu berücksichtigen.[23]

Die konkreteren Planungsinitiativen der Reformgruppe sollten unter dem Schlagwort »aktive Konjunkturpolitik« bekannt werden, das heute jedoch mehr mit dem Namen Keynes verbunden wird. Während die Neoklassiker den Kredit als exogene Störung des flexiblen, zur Selbstanpassung neigenden Industriesystems begriffen und daher monetäre Impulse zur Konjunkturankurbelung ablehnten, erschien er für die Reformökonomen als das genaue Gegenteil. Neissers Buch über den Tauschwert des Geldes hatte hierzu die nötigen Einsichten vermittelt. Dessen dogmenhistorische Bedeutung ist darin zu sehen, daß in ihm die jahrzehntelangen Defizite der Geldtheorie in Deutschland überwunden wurden. Bis weit in die zwanziger Jahre hatte die deutsche Geldlehre nämlich unter dem Einfluß der »staatlichen Theorie« Georg Friedrich Knapps oder unter der subjektiven Geldwertbegründung der Österreicher gestanden, d.h. sich mit Definitionsfragen entweder durch die staatliche Begültigung oder durch die besondere Warenart des Goldes aufgehalten. Während der Inflationsphase des Ersten Weltkrieges hatte zwar Schumpeter in seinem berühmten Aufsatz über das »Sozialprodukt und die Rechenpfennige« eine Neubestimmung der von jenen Richtungen abgelehnten alten Quantitätstheorie vorgenommen und eine konzise Kreislauftheorie des Geldes im modernen Wirtschaftsprozeß entwickelt, doch war das in jener Zeit weitgehend unbeachtet geblieben. Erst Neisser war diesen Spuren gefolgt und hatte mit seinem Werk einen schlüssigen Beitrag zur Anerkennung der Verkehrsgleichung geliefert, der die noch immer herrschende theoretische Trennung von Geld- und Güterkreislauf aufhob und die aktive Rolle des Geldes für den Wachstumsprozeß betonte. Hierbei rückte er auch die Kategorie der wirksamen Nachfrage stärker in den Vordergrund und lieferte von diesem Ansatz her zum ersten Mal in der deutschen Geldtheorie ein umfassendes Plädoyer gezielter Geldmengensteuerung.[24]

Auf diesem Hintergrund erschienen für die Reformökonomen Kreditfragen in ganz anderen Zusammenhängen als bei den Neoklassikern. Für sie waren die Kredite nur soziologisch aus der inneren Struktur der Produktion ableitbar; Kreditfragen erschienen bei ihnen als das Ergebnis, nicht als die Ursache der Dynamik. Sie konnten daher auch unbefangen ein antizyklisches staatliches deficit spending empfehlen. Das war nun noch nicht so originell, sondern wurde in jenen Jahren auch von Keynes und anderen diskutiert.[25] Die Reformökonomen gingen jedoch über das keynesianische Modell hinaus. Für sie meinte die aktive Konjunkturpolitik eine mit monetären Mitteln einzuleitende, auf bestimmte Ziele hin orientierte Ressourcenallokation bzw. die Steuerung von Konsum und Investitionen, den beiden wichtigsten Komponenten der gesamtwirtschaftlichen Nachfrage, zur Bändigung des »entscheidenden Unruhefaktors« im technischen Fortschritt, denn sie sahen nicht nur die konjunkturelle, sondern auch die strukturelle Arbeitslosigkeit.[26]

In einer Vielzahl von Arbeiten ist der neu-klassische Ansatz der Reformökonomen in den Emigrationsjahren weiterentwickelt worden. Mit ihren Fragen nach der technologischen Arbeitslosigkeit brachten sie ein qualitativ neues Paradigma mit in die USA, doch sollten sie damit noch für lange Zeit Außenseiter bleiben. Noch zehn Jahre später mußte Neisser feststellen, daß diese Art von Forschungen ein vernachlässigtes »Stiefkind« der amerikanischen Wirtschaftswissenschaft sei.[27] Ein Aufsatz von Alvin Hansen aus dem Jahre 1931, der nach einer Deutschland-Reise offenbar von der Diskussion in Kiel angeregt worden war, sollte über Jahre hinweg der einzige Beitrag von Amerikanern zu diesem Thema bleiben. Wohl hatten Hansen und einige seiner Kollegen auch die Freisetzungsproblematik des technischen Wandels gesehen, doch angesichts der rasanten Produktivitätsfortschritte und des expansiven Wachstums in der Prosperitätsphase der zwanziger Jahre untersuchten sie lediglich die kurzen Fristen bis zu einer Wiederbeschäftigung. So kam etwa David Weintraub zu dem optimistischen Ergebnis, daß in jenen Jahren rund 90 % der Arbeitslosen schon nach wenigen Monaten eine neue Beschäftigung gefunden hätten.[28]

An der New School nahmen nach 1933 zunächst Lederer und Kähler den Faden der früheren Diskussion wieder auf, nachdem schwere Angriffe gegen Lederers Buch von 1931 aus orthodox neoklassischer Perspektive von Nicholas Kaldor vorgebracht worden waren, der hierbei die Dauerarbeitslosigkeit wieder einmal auf die »Starrheit der Geldlöhne« zurückführte. Allerdings hatte dieser auch eingeräumt, daß Lederers Schlußfolgerungen, wenn sie richtig sein sollten, vom theoretischen wie vom wirtschaftspraktischen Standpunkt aus eine »fundamentale, fast revolutionäre Bedeutung« haben könnten.[29] Das bewog Lederer wiederum, seine bisherigen Vorstellungen zu präzisieren und durch zahlreiche konkrete Beispiele zu untermauern. Zunächst in verschiedenen Aufsätzen für die neue Zeitschrift *Social Research* und dann in einer wesentlich erweiterten zweiten Auflage von »Technischer Fortschritt und Arbeitslosigkeit«, die 1938 dreisprachig als Drucksache des Internationalen Arbeitsamtes publiziert wurde, entwickelte er seine Thesen aufs Neue und trug auch einige wichtige weitere begriffliche Klärungen vor. So erklärte er die ganze Technologiefrage für ein Problem des Wachstumsprozesses, das mit den herkömmlichen Vorstellungen nicht mehr zu begreifen sei. Denn diese gingen von der Statik als Normalfall aus und leiteten davon die Dynamik als Sonderbewegung ab, die im zyklischen Auf und Ab um jenen Fixpunkt oszillierte. In groben Zügen entwickelte Lederer dagegen das wachstumstheoretische System einer »harmonischen Dynamik«, wofür er etwa zwischen arbeitssparenden Erfindungen (improvements) und neuen Produktionsinnovationen (inventions) unterschied.

Augenscheinlich war Lederer hierbei von den neuen Erfahrungen in den USA und der dort erlebten hohen Technisierung sowie dem breiten Güterangebot angeregt worden. Neben seinem Stagnationstheorem, das als eine Art Freisetzungsmultiplikator die Bedingungen angab, unter denen schneller technischer Fortschritt durch branchenspezifische Rationalisierungen zu einem Hindernis des Wirtschaftswachstums werden könne, bot jene Unterscheidung zwischen technischen Veränderungen und Inventionen jetzt die nötigen Anhaltspunkte für mögliche Resorptionslinien zum Abbau der durch Rationalisierung freigesetzten Arbeitskräfte. Das rasante Tempo der organischen bzw. kapitalintensiven Zusammensetzung der Betriebe würde das Gefüge des Industriekörpers zersprengen, wenn keine Beschleunigung der Inventionen in Produktionserweiterungen stattfinde. Die kapitalistische Dynamik sei so nicht nur Entwicklung, sondern könne zugleich auch Zerstörung bedeuten.

Hierbei tauchte die Frage adäquater Eingriffe und Steuerungen auf. Zwar war Lederer überzeugt, daß Fehlentwicklungen von der privaten Wirtschaft beseitigt werden könnten, aber vieles spräche dafür, daß sie aus traditionellen Hemmungen gegen die Störungen und Krisen schwerer angehen könne als eine Planwirtschaft.[30] Offenbar zeigten sich hier die ersten Folgen der Anpassung an die neue soziale Welt, denn Lederer blieb jetzt viel zurückhaltender als noch 1931 bei seinen planwirtschaftlichen Präferenzen, die damals eine »gesellschaftliche Zügelung« der kapitalistischen Dynamik für eine Lebensfrage der europäischen Nationen gehalten hatten.

Auch Kähler setzte an der New School seine in der Dissertation begonnenen Forschungen fort und suchte jetzt das bisher nur theoretisch entwickelte Modell auch empirisch zu untermauern. In einem Debüt-Aufsatz für *Social Research* wies er am Beispiel der deutschen und amerikanischen Entwicklung nach, daß die Rationalisierungen nach dem Kriege keine lineare Fortsetzung des Vorkriegstrends beim technischen Wandel darstellten, sondern eine neue Qualität hinsichtlich Tiefe der Veränderungen und zeitlicher Kürze des Strukturwandels markierten und wesentlich zur Dauer und Schwere der Weltwirtschaftskrise beigetragen hätten. Den Optimismus etwa Weintraubs über die nur kurzfristigen Freisetzungseffekte des Produktivitätsanstiegs während der zwanziger Jahre konnte er dabei nicht teilen. Während die Produktionskapazitäten in diesem Zeitraum ständig zugenommen hätten, sei die Beschäftigtenzahl dauernd gesunken; die Produktivitätskurven seien schneller gestiegen als die Produktionskurven, womit er einen wichtigen Indikator – der beispielsweise auch heute vom Ifo-Institut in München angewendet wird – zur Messung der Freisetzung von Arbeitskräften durch den technischen Wandel lieferte. Daneben setzte er auch neue Akzente für die weitere Präzisierung der Wachstumstheorie, denn nach dem technischen Fortschritt wurden in den vierziger Jahren von ihm beispielsweise auch noch die Qualifikationsstruktur der Arbeitskräfte und damit die Wachstumspotentiale verbesserter Bildung thematisiert.[31]

Trotz ihres bahnbrechenden Ansatzes haben diese theoretischen Arbeiten der dreißiger Jahre jedoch kaum die verdiente Beachtung gefunden. Die Neoklassiker blieben von automatischen und harmonischen Anpassungsprozessen über den Markt überzeugt und die New Dealer aus dem institutionalistischen Lager interessierten sich wohl für die von den New School-Ökonomen entwickelten planungspraktischen Fragen, weniger jedoch für die dahinterstehenden detaillierteren theoretischen Reflexionen. Der entscheidende Grund für die fehlende Aufmerksamkeit dürfte aber im Siegeszug des Keynesianismus zu sehen sein, der viel verbindlicher als die Strukturpolitik der Reformökonomen scheinbar eine Strategie zur Bekämpfung der Arbeitslosigkeit bot, ohne jedoch das herrschende Ordnungssystem in Frage zu stellen. Schließlich mag auch eine Rolle gespielt haben, daß Lederer schon 1939 unerwartet gestorben war, während Lowe und Neisser sich zu dieser Zeit noch nicht an der New School befanden, so daß auch für Kähler die Anstöße fehlten, die Diskussion offensiver voranzutreiben.

Erst vor dem Hintergrund der heutigen weltweiten Krise, der Revolution der Mikroprozessoren und der erneuten strukturellen Dauerarbeitslosigkeit sind jene Forschungen in ihrer Bedeutung erkannt worden und haben wachsende Aufmerksamkeit gefunden. Unter jüngeren Wissenschaftlern in der Bundesrepublik und den USA, aber auch in anderen Ländern, wird man von einer Art Renaissance der Kieler Schule sprechen können bei den Versuchen, die kurzfristige keynesianische Theorie der effektiven Nachfrage mit der klassischen Theorie des langfristigen Akkumulationsprozesses und des dazu gehörenden strukturellen Wandels zu verbinden.[32]

2. Die Planungsdebatte und das keynesianische Modell

In all ihren Arbeiten hatten die Reformökonomen zweifelnd gefragt, ob die Steuerungsprobleme, die der technische Fortschritt in den entwickelten Industriegesellschaften aufwerfen würde, von der freien Wirtschaft noch gelöst werden könnten oder ob nicht dauerhafte Eingriffe nötig seien. Diese politische Frage beschäftigte sie seit Anfang der dreißiger Jahre mindestens ebenso wie die theoretische Analyse der wirtschaftlichen Dynamik, denn ihre Neubestimmung und Präzisierung der klassischen Theorie hatte – zumal vor dem Hintergrund der damaligen Krise – zugleich auch zu Überlegungen über die praktischen Konsequenzen ihrer theoretischen Einsichten geführt. Ausgangspunkt dafür waren die Konzentrations- und Monopolisierungstendenzen zu immer größeren Kapitaleinheiten gewesen, die für sie die von der Wissenschaft hypostasierte Regulierungsfunktion des Marktes längst obsolet gemacht hatten.

In der hitzig geführten Monopoldebatte um 1930 hatten die Reformtheoretiker darauf hingewiesen, daß der Fixkostendruck bei den großen Kapitaleinheiten zu Inflexibilitäten führe, die sie von den Preis-, Lohn- und Zinsbewegungen weitgehend abkoppelten. Emil Lederer hatte von einem »falschen Zirkel« der Produktion gesprochen, der einen inneren Ring marktunabhängiger Großbetriebe erzeugte und ein krisenverschärfendes Potential unabsehbaren Ausmaßes darstellte. In der Krise mußte dort wegen der Fixkosten bei sinkender Erzeugung an hohen Preisen festgehalten werden, damit verringerten sich einerseits die Nachfrage, andererseits blieben die festen Kapitalkosten, so daß ein kumulativer Prozeß der Krisenverschärfung von diesen Wirtschaftseinheiten ausging.[33] Bei den hektischen Rationalisierungen seit Mitte der zwanziger Jahre sah dann Lowe vor allem die gigantischen Fehlinvestitionen und Kapitalvernichtungen, da die Früchte des Produktivitätsfortschritts von einer monopolistischen Preispolitik vergeudet worden seien. Die Segnungen des technischen Fortschritts hätten sich nicht in Preisverbilligungen und stärkerer Massennachfrage niedergeschlagen, sondern bei dem herrschenden Kartellsystem der Rohstoffproduzenten, immerhin rund ein Viertel der deutschen Produktion, in Monopolrenten umgesetzt. Damit sei es im kartellierten Bereich nicht zur Bereinigung, d.h. zum Ausscheiden der unproduktiven Grenzbetriebe gekommen, während andererseits die fallende Nachfrage zur Aushöhlung des Konsumgütermarktes geführt habe und infolge der unterbliebenen Preissenkungen der nötige Kompensationsprozeß ausgeblieben sei.[34]

In der Debatte um die Überwindung der Krise präferierten die Reformtheoretiker wohl die »aktive Konjunkturpolitik«, mit der vom Staat Nachfrageimpulse eingeleitet werden sollten. Insgesamt bleiben sie gegenüber diesem, später vor allem von Keynes empfohlenen fiskalpolitischen

Heilmittel aber eher skeptisch, weil es nur für kurzfristige Interventionen geeignet war und die vorhandenen Strukturprobleme nicht berücksichtigte. Das Politikmodell des staatlichen deficit spendings zielte nämlich lediglich auf eine effektive Nachfrageerhöhung in der Krise, wobei ein funktionsfähiges Marktsystem vorausgesetzt wurde. Unberücksichtigt blieben ferner die nicht deckungsgleichen Ebenen von privater Produktion und den staatlichen Entscheidungen.

Viel schärfer wurden diese Probleme demgegenüber von den Reformökonomen gesehen. Ihre stärkere Orientierung auf die strukturellen und institutionellen Rahmenbedingungen führte sie zwangsläufig auch zu weitergehenden politischen Folgerungen. Anstelle einer lediglich konjunkturbeeinflussenden Intervention forderten sie eine umfassendere zielfixierte Politisierung bzw. Steuerung der Produktionsentscheidungen. Für Lowe bedeutete damals die antizyklische Politik »den Mond anbellen und die wechselseitige Strukturverbundenheit der kapitalistischen Wirtschaft und des kapitalistischen Staates verkennen, wenn man ohne Wandlung der ökonomischen Struktur die politische Sphäre emanzipieren will«. Für bedenklich hielt er die »Mißgeburt« einer Interventionstheorie, die ohne gezieltere Eingriffe die Gefahr einer weiteren Machtverstärkung der großen Wirtschaftseinheiten und -interessen bringe, denen man damit auch noch die Bürokratie ausliefere. Sein letztes Plädoyer noch in Deutschland war daher gewesen, »grundsätzlich am Stellwerk eines neuen Wirtschaftssystems« zu arbeiten.[35]

Konkret wurden die unterschiedlichen Perspektiven der Reformtheoretiker erst in den USA nach dem Erscheinen von Keynes' Standardwerk, der *General Theory* von 1936 abgesteckt.[38] Schon im Herbst des gleichen Jahres publizierten Lederer und Neisser zwei erste Kritiken in *Social Research*, gefolgt von zahlreichen Aufsätzen Gerhard Colms.

Tenor dieser Artikel war, daß Keynes überhaupt keine allgemeine Theorie entwickelt habe. Die Oszillation seiner Gedanken um die effektive Nachfrage zur Ursachenerklärung von Krisen und Konjunkturen sei genauso monistisch und damit fragwürdig wie die neoklassische Sichtweise. Betont wurde zwar, daß Keynes' makroökonomischer Ansatz ein bedeutender Schritt auf dem Wege zu einer Theorie der Dynamik sei, Gemeinsamkeiten sahen sie auch in der Annahme, daß die Lohnhöhe keine Steuerungsfunktion für die Investitionen habe, wie die Neoklassik behauptete, und daher für den Beschäftigungsgrad nur sekundär sei, doch hielten sie sonst nichts bei ihm für inkompatibel mit der orthodoxen Doktrin. Die zentralen Unterschiede zwischen Keynes und der Neoklassik lägen lediglich in einer unterschiedlichen Bewertung der Bedingungen für die Investitionen. Seine Hoffnungen auf den Staat zur Stimulierung der fehlenden Nachfrage und damit eines günstigen Investitionsklimas mit folgender Mehrbeschäftigung könne wohl, müsse aber nicht erfolgreich sein. Wichtig seien nicht nur die kurzfristigen primären Beschäftigungseffekte, sondern auch die längerfristige Sicht, welche Investitionen damit angeregt werden würden und welche sektoralen Auswirkungen das habe. Werde das nicht beachtet, bestehe die Gefahr, daß die ersten Aufschwungsimpulse zur Bekämpfung der konjunkturellen Arbeitslosigkeit zugleich die strukturelle Arbeitslosigkeit erhöhe.

Kritisiert wurde weiter Keynes' optimistische Vision einer kontinuierlichen Wirtschaftsentwicklung, die nur von kurzen temporären und leicht korrigierbaren Einbrüchen unterbrochen werde. Dazu könne er nur kommen, weil er kaum die sektorale und branchenspezifische Verknüpfung der Produktion beachte. Wohl unterschied Keynes zwischen der Konsum- und der Produktionsgüternachfrage, die nicht gleichgerichtet verliefen, doch findet man bei ihm weder eine Differenzierung der stofflichen Zusammensetzung des Gesamtangebots noch eine der Gesamtnachfrage. Die für die Konsumnachfrage entscheidende Bezugsgröße, das Volkseinkommen, wird nicht weiter spezifiziert; verschiedene individuelle Einkommen werden zu einem volkswirtschaftlichen Gesamthaushalt aggregiert, der die unterschiedliche Qualität der Einkommensteile – Löhne, Renten, Gewinne – und die damit verbundene gesellschaftliche Rollenverteilung unberücksichtigt läßt, so daß die Verwendung der Einkommen als prinzipiell undeterminiert erscheint.

Die damalige Keynes-Kritik der New School-Ökonomen antizipierte einige wichtige Fragen, deren Tragweite erst in der heutigen wirtschaftspolitischen Diskussion in vollem Ausmaß übersehen wird, nachdem der Optimismus der keynesianischen Politik aus den sechziger Jahren verraucht ist. Die damaligen Kritiker hatten ins Bewußtsein gehoben, daß es nicht allein auf quantitative Nachfrageimpulse ankomme, die dann nach dem Multiplikatorprinzip allgemein anregend auf die Gesamtwirtschaft wirken sollten, vielmehr seien die qualitativen Probleme des disproportionalen Wachstums, des nicht in allen Branchen parallel laufenden Strukturwandels, die technischen Immobilitäten und damals auch noch die Autarkiebestrebungen in verschiedenen Industrieländern (Zoll- und Währungspolitik) sowie der Mangel an Absatzmärkten für die Produkte der alten

Industrieländer zu berücksichtigen. Diese realwirtschaftlichen Erscheinungen und ihre langfristigen Auswirkungen würden von Keynes jedoch nicht thematisiert, so daß seine Theorie für die Beeinflussung eines längerfristigen Wachstumspfades von vornherein ungeeignet sein dürfte. Trotz Anerkennung der großen intellektuellen Leistung des britischen Ökonomen sollte Lederer dann auch summieren: »Keynes versäumt es, gerade diejenigen Veränderungen der Tatsachen zu betrachten, die zu den ökonomischen Verwirrungen geführt haben und die er beabsichtigte zu diskutieren.«[36]

Hinter dieser mehr technischen Kritik standen auch weitgehende weltanschauliche und sozialisationsspezifische Gegensätze, die ein Schlaglicht auf die unterschiedlichen Ausgangsbedingungen der theoretischen Ansätze werfen. Während Keynes, so Lederer, auf eine Stabilisierung des marktwirtschaftlichen Systems zielen und dabei in der Tradition der liberalen Utopie des 18. Jahrhunderts stehen würde, hatten seine deutschen Kritiker die konkreten Umstände für das Scheitern der Weimarer Republik im Auge. Sie teilten nicht den keynesianischen Optimismus über die Rationalität der Wirtschaftssubjekte, die ihr Verhalten den staatlichen Initiativen adäquat koordinieren würden. Daher war es auch mehr als eine ökonomische Frage, wenn etwa Gerhard Colm meinte, daß der Staat nicht nur reaktiv bei der Krisenüberwindung gefordert sei, sondern aktiv für anhaltende Vollbeschäftigung zu sorgen habe.[37]

Zweifellos ist jene Keynes-Interpretation der deutschen Reformökonomen etwas überspitzt. Keynes selbst hatte nämlich, wenn auch abstrakt, weitergehende Eingriffe im Sinne seiner Kritiker nicht ausgeschlossen. Schon Mitte der zwanziger Jahre hatte er sich beispielsweise unter der selbst gestellten Frage »Bin ich ein Liberaler?« vehement mit der Entwicklung des modernen Kapitalismus und den zunehmend verkrusteten Dogmen der neoklassischen Denktraditionen auseinandergesetzt und dazu aufgerufen, eine neue Ordnung zu schaffen, »die bewußt auf eine Überwachung und Lenkung der wirtschaftlichen Kräfte im Sinne gesellschaftlicher Gerechtigkeit und gesellschaftlichen Gleichgewichts abzielt«. Und für diesen »Neuen Liberalismus« forderte er, neue Weisheiten zu erdenken, die »störend, gefährlich und ungehorsam gegenüber denen (sind)«, die die bisherigen Schulbuchweisheiten prägten.[38] Vor diesem Selbstbekenntnis sind auch die Ziele seiner General Theory nicht so eindeutig festlegbar, wie es bei den Kritikern von der New School geschah. Zwar betonte Keynes die »konservative« Natur seiner Reformideen, die die institutionellen Hindernisse beseitigen wollten, um das Zinsniveau, die Investitionsrate, den Massenverbrauch und die Vollbeschäftigung in Einklang zu bringen. Doch sah er durchaus, daß große Schwankungen der Beschäftigung eventuell dazu zwingen könnten, die Investitionen »nicht ohne Gefahr in privaten Händen« zu lassen. Deren »umfassende Sozialisierung« könne sich als das einzige Mittel zur Erreichung von Vollbeschäftigung erweisen.[39]

Mit solchen Aussagen sollten dennoch die Unterschiede zwischen ihm und den deutschen Reformökonomen nicht verwischt werden. Keynes selbst hatte keinen Zweifel an dem kurzfristigen Charakter seiner Analyse gelassen, da die Technik, die Quantitäten und Qualitäten der verschiedenen Arbeitsarten und die Zusammensetzung des Realkapitals von ihm explizit als gegeben hingenommen worden waren. Der Anwendungsbereich seiner Theorie ist daher auch nur die kurzfristige Krise, während sich langfristig die von der traditionellen Theorie analysierten, im Marktmodell gefaßten Kräfte durchsetzen sollten. Zutreffend schrieb Lowe daher später auch: »Trotz der Verwerfung wichtiger traditioneller Lehrsätze, wie z.B. des Sayschen Theorems... ist die Allgemeine Theorie in logischer Hinsicht ein Produkt des neoklassischen Denkens. Was sie von der orthodoxen Version trennt, sind ihre Prämissen und nicht eine neue Methode der Ableitung«.[40]

Die strukturanalytischen Forschungen der deutschen Reformökonomen hatten dagegen gerade den langfristigen Wachstumsprozeß im Blick. Krisen und Beschäftigungsprobleme waren für sie keine kurzfristigen Abirrungen, sondern dauernde Begleiterscheinungen des technischen Wandels und der von ihm hervorgerufenen strukturellen Umwälzungen mit weitgehenden Folgen für das gesamte Sozialsystem. Ihre Planungspräferenzen richteten sich daher nicht allein auf die Steuerung jenes Kernbereichs der langfristigen ökonomischen Abläufe. Sie forderten vielmehr zu jener Zeit umfangreichere Planungen und Eingriffe, wie sie in Deutschland vor 1933 im weitesten Sinne unter dem Stichwort »Wirtschaftsdemokratie« diskutiert worden waren. Keynes General Theory formulierte im übrigen ja auch keine antizyklische Wirtschaftspolitik, d.h. eine konsistente Politik der Verstetigung des Wirtschaftsablaufs, sondern sie empfahl die Schaffung günstigerer Bedingungen vor allem für die Investitionsnachfrage in Krisensituationen. Den Planungskonzepten der Reformökonomen ging es dagegen um ein geschlossenes Instrumentarium zur effektiven Steuerung der ökonomischen Disproportionalitäten, d.h. zur Beseitigung der Entkoppelungsprozesse von Produktion, Beschäftigung und Preisen. Ihre Krisenvermeidungsstrategie zielte dabei auch auf eine Stabilisierung des politischen Systems, das von den deutschen Ökonomen viel labiler genommen wurde als etwa von Keynes.

Dahinter standen natürlich die negativen Erfahrungen aus der Weimarer Republik, die erstmals in Deutschland demokratische Partizipationschancen eröffnet hatte und damit sogleich den Widerstand der aus dem früheren Kaiserreich herrschaftsgewohnten alten Eliten geweckt hatte. Planung bedeutete in diesem Kontext auch gesellschaftspolitische Machtbegrenzung. Wie dringend die damaligen Planungskonzepte und die dabei definierten sozialen Ziele waren, zeigte die Endphase der Republik, als jene republikfeindlichen Gruppen die ökonomische Krise als Vehikel zur Aushebelung des politischen Systems gezielt zu nutzen vermochten.

Keynes dagegen hatte bei der so anderen sozialen Struktur der britischen Gesellschaft solche politischen Konsequenzen nicht weiter reflektieren müssen. Die nicht deckungsgleichen Ebenen seines Modells von privater Produktion und fiskalpolitischen Entscheidungen stellten für ihn kein Problem dar, weil die britische Gesellschaft über eine ganz andere demokratische Zivilität und Kompromißstruktur verfügte. Auf diesen Aspekt war in den dreißiger Jahren vor allem Adolph Lowe in England gestoßen. Seine temporäre Isolierung von der früheren Mitarbeitergruppe und das anders geartete gesellschaftliche Umfeld prägten in Manchester auch seine Arbeitsperspektiven. Lowes bereits vor 1933 geäußerte Skepsis zur Rolle des Staates im Interventionsprozeß fand hier neue Anregungen. In der von Deutschland nicht so sehr unterschiedenen englischen Klassengesellschaft fand er damals, begünstigt etwa durch demokratischere Bildungschancen und durchlässigere Klassenschranken, eine weitgehende soziale Konformität und Kompromißfähigkeit, die die Stabilität Englands ohne tiefgreifende staatliche Konfliktregulierung ausmachten.[41] Diese Anregungen beeinflußten fortan auch seine weiteren ökonomischen Forschungen, die dann in der während der fünfziger und sechziger Jahre an der New School entwickelten Instrumentalanalyse zu einer wichtigen Modifikation der alten planungstheoretischen Vorstellungen seiner Gruppe führten.

Auf diesem Hintergrund bedeutete das keynesianische Politikmodell für Lowe nur eine Variante der sozialen Konformität. Es führte den Staat, der in der liberalen Theorie als Nachtwächter außerhalb der wirtschaftlichen Transaktionen stand, nun in den Wirtschaftsprozeß ein, wo er zwar als wichtiger Intervent, jedoch nur subsidiär korrigierend wirken konnte, ohne die privaten Entscheidungsstrukturen einzuschränken. Vom Funktionieren des kapitalistischen Systems überzeugt, hatte sich auch Keynes auf die Effizienzsteigerung der von den Neoklassikern ins Zentrum der Analyse gerückten Marktabläufe konzentriert, wohingegen die deutschen Reformtheoretiker die wirtschaftlichen Abläufe vor allem durch Veränderungen des ordnungspolitischen Rahmens langfristig reguliert oder beeinflußt sehen wollten.

Die Planungs- und Ordnungsfragen standen auch im Mittelpunkt der New School-Arbeiten in den ersten Jahren und Dekaden, wobei das General Seminar, an dem ja alle Mitglieder der Graduate Faculty teilnahmen und das den Nucleus ihres akademischen Lebens bildete, für eine noch umfassendere, fächerübergreifende sozialwissenschaftliche Diskussion gerade dieses Themas sorgte. Hatte vor 1933 die Kritik an den Monopolen in starkem Maße die Diskussion bestimmt, so wurde jetzt vor allem danach gefragt, wie der »chained capitalism« auch in einen »balanced capitalism« transformiert werden könne. Ordnungspolitisch gehörte dazu insbesondere die Klärung des Verhältnisses von ökonomischer und politischer Demokratie. Die deutschen Erfahrungen mit dem Konzept der Wirtschaftsdemokratie waren dafür nicht hinreichend; einmal hatte es so etwas wie eine demokratische Partizipation im Wirtschaftsprozeß nie gegeben, zum anderen hatten sich die zahlreichen staatlichen Maßnahmen der Weimarer Republik wie Arbeitszeitfixierung, Zwangsschlichtung etc. nur auf sozialpolitische Verbesserungen, nicht aber auf ein funktionierendes Wirtschaftssystem orientiert.

Die Arbeiten der New School-Ökonomen zielten daher auf eine Erweiterung der wirtschaftsdemokratischen Überlegungen, die nicht nur sozialpolitische Maßnahmen oder einzelbetriebliche Mitbestimmungsrechte umschrieben, sondern sich in erster Linie auf eine, wie Alfred Kähler ausführte, »positive Regulierung von Produktion und Verteilung richteten, um die Wirtschaft im dynamischen Gleichgewicht zu halten.« Und das meinte mehr als einen »liberal gemanagten Kapitalismus« nach dem keynesianischen Konzept, sondern weitergehende öffentliche Investitionslenkung und Wachstumskontrolle.[42] Bemerkenswert ist, daß für solche Planungspräferenzen bereits Mitte der dreißiger Jahre auch ökologische Gründe angeführt wurden.[43]

Die philosophischen und demokratietheoretischen Aspekte der Planung thematisierte vor allem Eduard Heimann in seiner Auseinandersetzung mit dem Marxismus. Schon in den zwanziger Jahren hatte er zunehmend die Marxsche Vision bezweifelt, daß die Arbeiterklasse als historisches Subjekt den Sozialismus, das hieß für ihn die soziale Freiheit in einer gerechten, nicht herrschaftsbestimmten Gesellschaft, bringen könne. In seinem Buch »Soziale Theorie des Kapitalismus« von 1929 hatte er deutlich gemacht, daß nicht eine bestimmte ökonomische Klassenlage und eine verdinglichte Zukunftsperspektive Antriebskräfte gesellschaftlicher Transformationen seien, sondern ebenso individuelle Verantwortungsbereitschaft und kollektive Aufbaufähigkeit. Die Emanzipationsbewegungen und ihre Zukunftsziele müßten Angelegenheit einer aufgeklärten und informierten großen Mehrheit sein, sonst bestehe die Gefahr, daß nicht Freiheit und Sicherheit verwirklicht, sondern nur die Herrschaft gewechselt werde.[44]

Diesen Faden nahm Heimann auch in den USA wieder auf. Gleichfalls auf der Folie des Historischen Materialismus zeigte er, wie sich in den sozialistischen Bewegungen Europas ein wachsender Widerspruch zwischen der tradierten marxistischen Sozialanalyse und den aktuellen politischen Strategien aufgetan hatte, der wiederum zu einem Gegensatz zwischen der ursprünglichen sozialistischen Verheißung und den realen Zielen geführt habe. Das bisherige sozialistische Beispiel der Sowjetunion ließ ihn zweifeln, ob Demokratie und Sozialismus in den alten Denkkategorien vereinbar seien. Die Kollektivierung der Bauern sei zwar ein moralisch und ökonomisch gerechtfertigtes Ziel gewesen, die Durchführung aber sei über die Köpfe und gegen die Identität der Betroffenen geschehen. Planung könne so auch als Despotie erscheinen. Für Heimann folgte daraus, daß wirtschaftliche Eingriffe nicht als verselbständigte politische Prinzipien, sondern nur funktional zum Erreichen konsensfähiger Ziele akzeptiert werden dürften. Hatte die kollektive Planung in der Sowjetunion, aber auch in Italien, weitgehend totalitäre Züge angenommen, so wurde sie bei Heimann gerade als antitotalitäres Instrument beschrieben. Sie bedeutete für ihn nicht Kontrolle und Formierung der Gesellschaft von oben, sondern sollte als demokratische Lenkung der Wachstumsdynamik gerade die dezentrale Produktion und eine vielfältig gegliederte gesellschaftliche Infrastruktur aufrechterhalten.[45]

In zahlreichen Seminaren und Artikeln wurde diese Thematik nach 1933 immer wieder angesprochen. Bereits wenige Wochen nach Beginn des Lehrbetriebs fand an der Graduate Faculty ein erstes Symposium zum Thema »Geplante Wirtschaft« statt, und von den 157 Artikeln, die in den folgenden Jahren bis zum Kriegsausbruch in *Social Research* erschienen, behandelten mehr als die Hälfte ökonomische Fragen, von denen die meisten auch Planungsprobleme diskutierten. Darüber hinaus erschienen noch verschiedene Sonderveröffentlichungen, so etwa die Studie über »Political and Economic Democracy« von 1937 und der gleichfalls diesen Fragen gewidmete Sammelband »War in Our Time« von 1939. Weitere Tagungen etwa über den »Kampf für ökonomische Sicherheit in der Demokratie« oder über »Funktionale Finanzpolitik« markieren ebenfalls, wie sehr dieser Gegenstand zum Dauerthema der New School gehörte.[46]

Die Kontinuität dieser Aktivitäten und Arbeitsschwerpunkte reflektierte keineswegs eine intellektuelle und rückwärtsgewandte Nabelschau dieser Immigranten-Gruppe, wie verschiedentlich behauptet wurde.[47] Im Unterschied zu den theoretischen Analysen über das Technologie-Problem stießen diese Arbeiten der New School-Ökonomen auf beachtliches Interesse. Wie noch zu zeigen sein wird, fanden sie damit aufmerksame Zuhörer auf den Tagungen der Fachorganisationen, und auch die Symposien in der Graduate Faculty wurden von vielen amerikanischen Kollegen besucht. Ebenso hatte Eduard Heimann 1937 eine Veranstaltung in New York mit vorbereitet, die die bis dahin in den USA umfassendste Bestandsaufnahme zu Planungsfragen präsentierte und die dazu erschienene Literatur zusammenstellte. Von den 40 Beiträgen kamen allein drei von Heimann selbst. Auch die dort verzeichnete umfangreiche internationale Bibliographie zeigt, daß die Forschungen der New School unübersehbar waren; in dem Verzeichnis der amerikanischen Zeitschriftenaufsätze tauchten häufiger Aufsätze aus *Social Research* auf, als jedes andere wissenschaftliche Periodikum zu bieten hatte.[48]

Diese Tatsachen mögen einen ersten Hinweis auf die offenbar recht rasch erworbene Position der New School-Ökonomen in der für sie neuen Umwelt geben. Sicher herrschte in den ersten Jahren des New Deal auch ein ausgesprochener Planungsoptimismus, der den wissenschaftlichen Adjustierungsprozeß der deutschen Ökonomen erleichterte. Welche Unsicherheiten bei amerikanischen Wissenschaftlern in diesen Fragen herrschten, mag beispielsweise W.C. Mitchell illustrieren, der in der Bismarckschen Sozial- und Wirtschaftspolitik den bisher gelungensten Versuch einer konstruktiven Planung ausmachen wollte.[49]

Nicht unerwähnt sollte allerdings bleiben, daß die aus der New School kommenden planungstheoretischen Arbeiten der dreißiger Jahre nicht in toto eine aufmerksame Gemeinde in den USA gefunden haben. Trotz seiner Rührigkeit trafen gerade Heimanns zahlreiche Bücher und Aufsätze auf einige Verständnisschwierigkeiten. Der in den Schriften vorgetragene philosophische und geistesgeschichtliche europäische Hintergrund jener Fragen überlagerte weitgehend die nötigen praktischen Empfehlungen. In der internen Diskussion des General Seminars mochte Heimann anregend wirken, nach außen jedoch wurde er immer mehr zum Einzelgänger, der »nur sehr wenig Fühlung« zu seiner neuen Umwelt bekommen konnte.[50]

Die Aufbruchstimmung und Suche nach neuen Wegen reflektierte nicht nur John Deweys zu jener Zeit geprägtes Schlagwort »learning by doing«, auch zahlreiche neue Organisationen und Zeitschriften wurden gegründet, die sich speziell mit Planungsfragen beschäftigten und das New Deal-Experiment kritisch beobachteten. So war beispielsweise 1934 die National Planning Association gebildet worden und von einer National Economic and Social Planning Association wurde die Zeitschrift »Plan Age« herausgegeben. Aber auch die etablierteren Forschungseinrichtungen wie das National Bureau of Economic Research oder die Brookings Institution arbeiteten über diese Dinge. Ebenso hatte die Rockefeller Foundation im Rahmen ihres sozialwissenschaftlichen Programms einen speziellen Forschungsschwerpunkt über »Economic Planning and Control« eingerichtet und dafür fast 2,4 Millionen Dollar zur Verfügung gestellt.[51] Allerdings sei noch einmal darauf hingewiesen, daß der Optimismus der New Dealer nur von einer Minderheit getragen wurde und daß das konziliantere keynesianische Modell jene planungstheoretischen Ansätze in den Hintergrund drängen konnte.

3. Finanzpolitik als aktive Wirtschaftspolitik

So war die planungstheoretische Diskussion der New School-Ökonomen weitgehend platonisch geblieben. Auf einem Gebiet jedoch sollten ihre Planungsansätze während der dreißiger und vierziger Jahre eine nachhaltige Wirkung zeigen. Denn mit Gerhard Colm war einer der interessantesten jüngeren Experten aus Deutschland gekommen, der nicht nur die zeitgenössische Finanztheorie mit wichtigen Erkenntnissen bereichert, ja man wird sagen können, revolutioniert hatte, sondern der auch nach 1939 durch seine Berufung in die höchsten Etagen der Washingtoner Verwaltung zeitweise erheblichen Einfluß auf die Gestaltung der amerikanischen

Finanzpolitik nehmen sollte. Colms fiskalpolitisches Konzept unterschied sich in den entscheidenden Punkten vom keynesianischen Modell, denn es zielte weniger auf eine reaktive staatliche Korrektur der kurzfristigen Oszillationen, sondern auf langfristige planerische Gestaltung der Wirtschaft mit Hilfe des Nationalbudgets. Und zu einem gewissen Teil konnte er diesen Ansatz auch als Finanzexperte des amerikanischen Budget-Büros und als Präsidentenberater während der vierziger Jahre in die Praxis umsetzen.

Schon in den zwanziger Jahren hatte Colm mit seiner Habilitationsschrift über die »Volkswirtschaftliche Theorie der Staatsausgaben« der traditionellen Finanzwissenschaft Teile ihres Fundaments entzogen,[52] die in Deutschland mit seinen staatswirtschaftlichen Traditionen im internationalen Vergleich ohnehin recht weit entwickelt gewesen war. Eine wie größere Bedeutung mußten seine Arbeiten erst in den USA haben, wo sich die Finanzwissenschaft nach einhelligem Urteil nicht nur der deutschen Experten, sondern auch amerikanischer Beobachter selbst in einem archaischen Zustand befand.[53] Das amerikanische Steuersystem zu Beginn des New Deal widerspiegelte noch weitgehend die Ideologie des alten liberalen Nachtwächterstaats aus dem 19. Jahrhundert, die Steuererhebungen kurzerhand als Entzug von produktiver Verwendung aus der Wirtschaft definierte und in den ersten Jahren des New Deal eine schwere Hypothek für ein realistisches Programm zur Bekämpfung der Krise bilden sollte.[54] Zahlreiche von der amerikanischen Regierung und dem Kongreß seit 1933 eingesetzte Forschungskommissionen wie auch private Initiativen zeigen, wie defizitär die zeitgenössischen Kenntnisse in den USA empfunden wurden, und die alten Lehrbücher schweigen über diese Probleme.[55]

Die ersten finanzwissenschaftlichen Beiträge Colms in *Social Research* hatten angesichts dieses desolaten Zustands offenbar große Aufmerksamkeit gefunden, denn sehr schnell gehörte er zu denjenigen Wissenschaftlern der New School, die zu Beiträgen für diverse andere Publikationen und Periodika eingeladen wurden,[56] und seine erste selbständige Studie in den USA über die Steuerpolitik unter dem New Deal fand sogleich große Beachtung.[57]

Gegen die konventionelle Finanztheorie, die überwiegend nur auf die Einnahmeseite des Haushalts orientiert war und Steuern im wesentlichen nur unter dem Aspekt der störungsfreien Erhältlichkeit behandelt hatte, waren von Colm schon in den zwanziger Jahren – wie bereits der Titel seines Buches erkennen läßt – mehr die staatliche Ausgabenpolitik und ihre wirtschaftlichen Auswirkungen in den Blick genommen worden. Schon vor Ausbruch der Krise hatte er angesichts der in allen Industrieländern praktizierten prozyklischen Finanzpolitik die Theorie, daß die Haushaltspolitik den marktwirtschaftlichen Gesetzmäßigkeiten und damit auch einem strengen Budget-Ausgleich unterliegen müsse, in Zweifel gezogen. Vielmehr suchte er den Nachweis zu führen, daß der Staat als »dritte Säule« einerseits einen integralen Bestandteil des Wirtschaftsprozesses neben den Produzenten und privaten Haushaltungen bilde, andererseits aber auch Träger eines eigenen Wirtschaftssystems sei, das anders als die am einzelwirtschaftlichen Erfolg orientierten Privaten mehrdimensionale Funktionen zur Stabilisierung der Konjunktur und des Sozialsystems zu erfüllen habe. Entgegen der herrschenden ökonomischen Lehre sei das keineswegs a-rational, sondern es bestehe nur eine »andere Rationalität der Zweckauslese«, ohne die die modernen Märkte überhaupt nicht mehr funktionieren würden. Damit wies Colm nicht nur die neoklassischen Annahmen zurück, sondern lieferte zugleich eine konsistente Theorie des Zweck-Mittel-orientierten Interventionismus. Zum einen zeigte er, daß die Staaten seit dem 19. Jahrhundert ökonomisch immer interventioniert hätten, das Neue also nur darin zu sehen sei, daß die gesamtwirtschaftlichen Auswirkungen seiner Aktionen genauer analysiert und definiert werden würden. Zum anderen richtete sich sein Ansatz gegen den konservativen Etatismus vom »braven Hausvater«. Nach Colm sollte der Staatshaushalt vielmehr als Instrument der Konjunktur- und Strukturpolitik eingesetzt und damit zum Motor des gesamtwirtschaftlichen Geschehens werden.[58]

In einer Vielzahl von Beiträgen konkretisierte Colm, hierbei zuweilen unterstützt von Fritz Lehmann, diese Neudefinition der Staatsaufgaben in den USA. Noch mehr als zuvor in Deutschland mußten hierbei die falschen Vorstellungen beiseite geräumt werden, die eine wachsende Staatsquote bereits als abschüssige Bahn auf dem Weg zum Sozialismus oder als unpatriotische Schwächung des Landes sahen, nicht aber nach der Herkunft der Einnahmen und nach der Verwendung der Staatsausgaben fragten.[59] Dazu gehörte ebenso die Korrektur des verbreiteten Vorurteils, das in der Erhöhung der Staatsausgaben lediglich eine unproduktive Konsumpolitik ausmachen wollte. Die überkommenen Produktivitätsvorstellungen bzw. der Begriff des »Sozialprodukts« waren für ihn in diesem Zusammenhang ebenso durch »größte Konfusion« verschleiert, denn vom ökonomischen Standpunkt sei nicht erwiesen, ob die private Produktion etwa von Likör den öffentlichen Verbesserungen des Bildungssystems vorzuziehen sei. Das Dilemma der herkömmlichen Statistik sei, daß in die Sozialproduktionsberechnungen alles gleichwertig einginge, was nur einen Preis habe. In dieser, heute wieder aktuellen Perspektive plädierte er statt dessen für eine Justierung des Sozialproduktbegriffs für makroökonomische Entscheidungen, der nach ökonomischen, sozialen oder infrastrukturellen Komponenten zu differenzieren vermochte.[60]

Um seine Kritik deutlich zu machen, unterschied Colm verschiedene historische Staatstypen. Nach dem liberalen Nachtwächterstaat habe ein zweiter Staatstyp im Kapitalismus, der Sozialstaat, aus Gründen sozialer Gerechtigkeit die Einkommensverteilung über das Steuersystem auszugleichen und durch andere Maßnahmen den sozial Benachteiligten zu helfen gesucht. Seit dem Ersten Weltkrieg sei ein dritter Typ zu erkennen, der zunehmend aktive Funktionen im Wirtschaftsprozeß ausgeübt habe (Kriegssozialismus) und den er für die USA etwas euphemistisch mit dem Begriff des »Partnerstaats« umschreiben wollte. Der neuerliche Aufgabenzuwachs in der Krise nach 1929 schließlich, hervorgerufen nicht zuletzt durch die Forderung diverser organisierter Gruppen nach öffentlichem Schutz ihrer jeweiligen Interessen, habe den jüngsten Typ entstehen lassen, den »Kontrollstaat«, der bereits an die Grenze der kapitalistischen Epoche stoße.[61]

Ein Problem sah Colm darin, daß die Öffentlichkeit, die Politiker, aber auch die wissenschaftlichen Experten noch auf die bereits überwundenen historischen Staatstypen fixiert seien, während etwa im Bereich der großen Kapitalgesellschaften umfassende und langfristige Planungen längst zu einer Strategie des Überlebens geworden waren. Hier die nötigen Bewußtseinsveränderungen anzubahnen, war der weitere Sinn seiner zahlreichen Veröffentlichungen. Konkret ging es darum, wie der öffentliche Haushalt so gestaltet werden könne, daß er als »built-in-stabilizer« einer gleichgewichtigen Wirtschaftsentwicklung mit stetiger Vollbeschäftigung wirken könne. Diese auch von Keynes propagierte Idee wurde von Colm allerdings anders definiert.[62] Im Gegensatz zu jenem lehnte er ab, daß der Staat allgemeine Nachfrageimpulse in der Krise gäbe, für wichtiger hielt er eine genaue Zieldefinition, wohin und mit welchen Mitteln die künftige Entwicklung gehen solle. Den Verzicht auf solche Vorgaben warf er gerade der New Deal-Politik vor, die »ohne klare Idee« gerade erst wieder in der jüngsten Krise von 1937 die Steuern für die Unternehmen gesenkt habe, obwohl seit der Weltwirtschaftskrise bekannt sei, daß solche Kostensenkungen kaum eine Lösung brächten, da vielmehr die Zukunftserwartungen die Produktionsentscheidungen bestimmten. Auf der anderen Seite werde ein diffuses »pump priming« praktiziert, anstelle aktiv eine Politik zu definieren, die eine langfristige Wachstumsstrategie mit kurzfristig handhabbarer reaktionsschneller Flexibilität verbinde. Hierbei empfahl Colm erstmals auch konkret, was er nach dem Krieg im Büro der Präsidenten-Berater dann in offizielle Politik umzusetzen versuchte: Die Regierung sollte nicht nur ihre jährlichen Budgets vorlegen, sondern auch einige »wirtschaftliche Projektionen« für längere, etwa fünfjährige Zeiträume veröffentlichen, die erkennen ließen, welchen Kurs sie mit welchen Prioritäten und Mitteln einzuschlagen beabsichtige.[63]

Die Zukunftsperspektiven dürften nicht allein den am eigenen Profit orientierten Privatunternehmen überlassen bleiben, zumal Fehlkalkulationen der großen Kapitaleinheiten nicht mehr über den Markt zu bereinigen seien, sondern die Öffentlichkeit mit den sozialen Folgekosten belasteten. Darüber hinaus würde es ganze Bereiche der Infrastruktur geben, die von der Profitwirtschaft überhaupt nicht erreicht werden und die bislang auch nicht – im Gegensatz damals zu Deutschland – zum Aufgabenkatalog staatlicher Maßnahmen zählten. Gedacht war hier nicht allein an Straßenbau und andere Verbesserungen der Kommunikationsstrukturen, sondern – das muß hier fast visionär genannt werden – an Maßnahmen etwa zum Schutz der Umwelt, der sparsamen Energieverwendung etc.[64] Auf diesen Gebieten hatte Deutschland in den zwanziger Jahren etwa beim Ausbau städtischer Fernwärmenetze, mit freundlicherer Gestaltung von Wohngebieten durch Parks und Freizeitangebote etc. nicht nur aus sozialpolitischen Gründen wichtige Zeichen gesetzt, sondern diese Maßnahmen hatten erklärtermaßen auch der Beschäftigungspolitik gedient.

In diesem Zusammenhang ging Colm auch mit den orthodoxen Vorstellungen der Finanzwirtschaft von der Notwendigkeit eines ausgeglichenen Budgets ins Gericht, die in den ersten Jahren des New Deal auch von der Roosevelt-Administration nicht infrage gestellt worden waren. Die Balance der Wirtschaft hielt er für wichtiger als einen ausgeglichenen Haushalt, der in jeder Phase der Konjunktur nur negative prozyklische Effekte haben würde. Nötiger als der Ausgleich von Einnahmen und Ausgaben sei, daß die beiden Seiten des Haushalts auf den gleichen wirtschaftlichen Projektionen aufgebaut sein müßten und eine zielorientierte Finanzpolitik sorgfältig zwischen den kurzfristigen »Ausgabeneffekten«

und den langfristigen »wirtschaftlichen Programmeffekten« des Budgets zu unterscheiden bzw. diese in Einklang zu bringen habe.[65]

Neben der Funktionsbestimmung des öffentlichen Haushalts im Wirtschaftsprozeß suchte Colm weiterhin nach einer normativen Fixierung der Bestimmungsgründe für die Höhe der öffentlichen Ausgaben. In Deutschland hatte diese Debatte eine lange Tradition und war erst Anfang der dreißiger Jahre insbesondere von Colms Kollegen an der New School Arnold Brecht neu belebt worden. Nach dem alten, Ende des 19. Jahrhunderts von Adolph Wagner formulierten »Gesetz von der wachsenden Ausdehnung der Staatstätigkeiten mit dem Fortschritt der Volkswirtschaft und Kultur« hatte Brecht 1932 ein weiteres, inzwischen klassisches »Gesetz der progressiven Parallelität zwischen Ausgaben und Bevölkerungsmassierung« aufgestellt, das eine partielle Präzisierung des Wagnerschen Gesetzes bot. Aus den Beobachtungen, die Brecht in den zwanziger Jahren als Berichterstatter der preußischen Regierung für den Reichshaushalt im Reichsrat gewann, hatte er bei einem internationalen Steuervergleich sein Gesetz formuliert, um die etwa im Vergleich zum dünner besiedelten und weniger verstädterten Frankreich höheren Staatsausgaben in Deutschland sachlich zu rechtfertigen – nicht zuletzt auch im Hinblick auf die Kritik der alliierten Reparationsgläubiger, die die angeblich verschwenderische deutsche Ausgabenquote kritisierten.[66]

Solche Überlegungen, die die deutschen Finanzexperten mit in die USA brachten, waren der amerikanischen Wissenschaft um einige Jahrzehnte voraus; dort erschien erst Anfang der fünfziger Jahre unter ausdrücklicher Berufung auf Colm und Brecht die erste empirische Studie über die Bestimmungsgrößen der öffentlichen Ausgaben in Amerika, die in gewisser Weise auch eine Re-Analyse der Arbeiten der New School-Ökonomen darstellte.[67] Denn nach ihrer Emigration hatten Brecht und Colm den bisher in Deutschland zu beobachtenden Trend nun an amerikanischen Verhältnissen zu überprüfen gesucht. Während Brecht als entscheidende Determinante für sein Gesetz die Bevölkerungsdichte setzte, die in Deutschland gegeben war, in den USA jedoch nicht, legte Colm die schon bei Wagner angedeuteten Komponenten Industrialisierungsgrad und Einkommenshöhe für den Umfang der Staatsausgaben zugrunde, mit deren Anwendung sich ein realistischeres Bild der amerikanischen Strukturmerkmale gewinnen ließ.[68]

Sinn der Suche nach solchen Indikatoren waren nicht allein ökonomische und fiskalpolitische Interessen, vielmehr sah Colm darin auch eminente soziologische Fragen eingeschlossen, denn mit steigender Industrialisierung und damit wachsendem Lebensstandard stieg auch das Anspruchsverhalten an die öffentliche Hand, dessen Nichterfüllung zu Loyalitätsverlusten und womöglich zur Paralysierung des politischen Systems führen konnte, wie er und seine Kollegen gerade persönlich erlebt hatten. So betonte er die für die damalige Zeit noch überraschende Tatsache, daß die Sozialausgaben – im weitesten Sinne – in reichen Ländern mit geringeren objektiven Nöten höher seien als in armen Regionen. Das kulturelle Paradox in Amerika sei hingegen, daß der gewaltige Überfluß in der materiellen Güterproduktion mit einer wachsenden Verschlechterung der Lebensqualität einhergehe. Die private Wirtschaftsverfassung beanspruche den größten Teil der nationalen Ressourcen, so daß für die öffentliche Infrastruktur, Schulen, Krankenhäuser, Straßen usw. kaum die nötigen Mittel blieben. Die soziologische Konsequenz dieser Entwicklung sei darüber hinaus, daß sich die Menschen immer mehr jenen Konsumangeboten anpaßten, da die institutionellen Voraussetzungen im Bildungs- oder Freizeitangebot für eine kreative Lebensgestaltung fehlten.[69]

Bald war man auf Colms Bedeutung auch in der Washingtoner Administration aufmerksam geworden. Zunächst war er nur zu einer Expertengruppe hinzugezogen worden, die Kriterien und Maßnahmen für eine fundiertere Finanz- und Wirtschaftspolitik entwickeln sollte, doch seine überquellenden Kenntnisse und Visionen bewirkten, daß er bereits kurz darauf das Angebot für eine Festanstellung als Finanzreferent in das Budget-Büro erhielt.[70] Hier bot sich für ihn ein fast unerschöpfliches Aktionsfeld, denn nicht nur die amerikanische Finanzwissenschaft, sondern auch eine geordnete Haushaltspraxis steckte noch ziemlich in den Anfängen. Mit dem Haushalts- und Finanz-Gesetz von 1921 war überhaupt erstmals so etwas wie ein geschlossenes Staatsbudget gesetzlich vorgeschrieben worden. Das dafür eingerichtete Budget-Büro verfügte jedoch in den folgenden Jahren kaum über nennenswerte Kompetenzen oder wie Colm kritisierte:[71] Das Gesetz von 1921 hatte wohl einen Apparat eingerichtet, allerdings nicht gesagt, wie er zu funktionieren habe. Das änderte sich erst mit dem Reorganization Act von 1939, durch den das Büro direkt dem Präsidenten unterstellt und fortan auch das Budget als einheitliches Regierungsprogramm mit genauer Zielfixierung aufgestellt wurde. Diese Reorganisation bildete eine wichtige Zäsur, denn damit begann die ökonomische Orientierung des Budgetdenkens in der amerikanischen Regierung.

Erste nachhaltige Akzente konnte Colm bei der Ausgestaltung des außerordentlichen Haushalts setzen. Während ein solcher Etat, der im wesentlichen die Einnahmen und Ausgaben für einmalige kreditfinanzierte und sich selbst amortisierende Anlagen enthält, in Deutschland seit Ende der achtziger Jahre des 19. Jahrhunderts gesondert neben dem ordentlichen Haushalt der wiederkehrenden Budgetpositionen aufgestellt worden war, hatte es in den USA ein vergleichbares Verfahren erst seit 1933 gegeben. Da Roosevelt zu Beginn des New Deal eine Ausgabensenkung versprochen hatte, das aber mit den gleichzeitig erklärten Zielen des umfassenden Wiederaufbauprogramms nicht zu vereinbaren war, mußte ein Emergency Budget aufgestellt werden, das die neuen, mit öffentlichen Anleihen finanzierten staatlichen Initiativen enthielt. Bei diesem als vorübergehendes Provisorium gedachten Spezialhaushalt war es geblieben, der in der Öffentlichkeit als Verletzung des klassischen Etatgrundsatzes der Einheitlichkeit kritisiert wurde.

Hier nun konnte Colm die nötige theoretische Klärung bieten. Einmal machte er deutlich, daß die Ansätze des Emergency Budgets viel unsicherer seien als die der laufenden Positionen, so daß eine Trennung keine Verletzung von Haushaltsprinzipien sei, sondern gerade deren Präzisierung im Hinblick auf die ebenfalls zu fordernde Spezialisierung der Etatposten. Noch wichtiger aber war ihm, am Beispiel solcher Differenzierung die Möglichkeiten aktiver staatlicher Wirtschaftspolitik deutlich zu machen. Zu einer Zeit, in der alle Regierungen immer mehr in den Wirtschaftsprozeß einzugreifen gezwungen waren, mußten auch neue Formen des staatlichen Managements gefunden werden. Die außerordentlichen Budgets boten ihm einen wirksamen Ansatz, diese Initiativen transparent zu machen, und ferner bot sich die Chance, sie auch für seine empfohlenen längerfristigen Projektionen einzusetzen. Denn gegenüber den ordentlichen Etats, die nur die laufenden Posten für jeweils ein Jahr enthalten durften, konnten die außerordentlichen Einnahmen und Ausgaben wegen der jahresweisen Übertragbarkeit der meist größeren Summen bereits auf längerfristige Steuerungen verweisen. Bei der Umwandlung des Emergency Budgets in einen regulären außerordentlichen Haushalt gehörte Colm daher auch zu den Initiatoren dort zu kodifizierender und später dann auch praktizierter »no year-appropriations«, die bestimmte flexible Handlungsspielräume boten, auch wenn Arnold Brecht, der frühere preußische Haushaltsexperte, davor warnte, daß es solche Ermächtigungen in einer geordneten Haushaltspolitik nicht geben sollte. Im deutschen Haushaltsrecht durften beispielsweise bei größeren einmaligen Ausgaben, die sich über mehrere Jahre hinzogen, nur spezifizierte jahresweise Teilbeträge in den Haushalt eingestellt werden, wenngleich besondere Übertragungsvermerke für eine gewisse Flexibilität sorgten.[72]

Daneben machte sich Colm weiter für die Einrichtung eines interministeriellen Finanz-Komitees stark, das für den Präsidenten die nötigen wirtschaftspolitischen Handlungsstrategien entwerfen sollte. Ein solches Komitee wurde zwar erst mit dem Full Employment Act von 1946 geschaffen, doch wird man die Einrichtung des Office of Economic Stabilization 1941 bereits als eine Vorstufe dafür ansehen können.[73] Ferner arbeitete er in dieser günstigen, weil immer noch relativ offenen Phase der Umstrukturierung der Haushaltspolitik beim Aufbau einer volkswirtschaftlichen Gesamtrechnung mit, die umfassende wirtschaftspolitische Markierungen für die neuen staatlichen Aktivitäten setzen sollte, denn aus diesem Nationalbudget konnten die Pfade der staatlichen Initiativen und deren Netto-Beiträge für die Konjunktur ermittelt werden. Erstmalig wurden dem Kongreß 1944 statt der bisher üblichen Haushaltsberichte die neuen, von Colm schon seit längerem geforderten wirtschaftlichen Projektionen vorgelegt, die das Regierungsprogramm für die weitere Zukunft auch außerhalb des Rechnungsjahres anzeigen. Im Rahmen dieser Arbeiten leistete er im Expertenteam des Büros schließlich einen guten Teil der Arbeit zur Beseitigung der Mängel in der bisherigen Volkseinkommensstatistik, für die Simon Kuznets Anfang der 30er Jahre den Grundstein gelegt hatte.[74]

Politisch bedeuteten diese Arbeiten eine ständige Gratwanderung, die immer wieder von der Befürchtung begleitet wurde, ob man sich in der Öffentlichkeit nicht dem »Verdacht der Demokratiefeindlichkeit« aussetze. Vom Direktor des Budget-Büros wurde daher Colm und den anderen Finanzexperten wiederholt aufgetragen, nur die handlungsrelevanten Aspekte der künftigen Haushaltsplanung zu thematisieren und jede ideologische Aussage zu vermeiden. Eine nachdrückliche Unterstützung fanden sie allerdings in den zur gleichen Zeit von der konservativen Regierung in England veranlaßten Plänen für eine umfassende Vollbeschäftigungspolitik nach dem Kriege, die in ähnlicher Weise eine aktive Fiskalpolitik ankündigten. Dennoch blieb man vorsichtig und achtete sorgsam darauf, daß die Arbeiten nur mit äußerster Diskretion in die Öffentlichkeit gelangten, wobei man auch immer wieder darauf hinwies, daß Planung keine Subversion bedeute, sondern immer notwendiger für die Aufrechterhaltung und das Funktionieren einer freien Gesellschaft unter den modernen technologischen Bedingungen werde.[75]

Einen Abschluß fanden diese Arbeiten mit dem Full Employment Act von 1946, an dessen Gestaltung Colm wesentlich mitbeteiligt war und der wichtige Gedanken seiner vorangegangenen finanzwirtschaftlichen Überlegungen enthielt, auch wenn er das neue Gesetz noch lange nicht für hinreichend in Bezug auf eine künftige zielorientierte Wirtschaftspolitik hielt. Einer seiner damaligen Kollegen hatte Colm noch Jahre später wegen seiner gewaltigen politischen Effektivität bewundert und ihm die uneingeschränkte Führungsposition bei der Entstehung jener »magna charta ökonomischer Planung« zugesprochen.[76] Das Gesetz wollte neue Planungsprinzipien und neue prozedurale Verfahrensweisen in die Wirtschaftspolitik einführen. Dafür wurde ein Council of Economic Advisers im Büro des Präsidenten geschaffen, der die der Legislative mindestens einmal jährlich vorzulegenden Botschaften über die längerfristigen wirtschaftspolitischen Ziele erarbeitete. Unter anderem mußten diese Berichte darüber Auskunft geben, welche Größe der Produktion und welches Kaufkraftvolumen nötig seien, um in den kommenden Jahren Vollbeschäftigung zu gewährleisten, ob Änderungen der Regierungspolitik zwingend würden und welche konkreten Schritte eingeleitet werden sollten. Das hieß nun noch keine Garantie von Vollbeschäftigung und Stabilität, sondern es sollten die adäquaten Instrumente genannt werden, um dieses Ziel zu erreichen.[77]

Ein neugegründeter Wirtschaftsausschuß beider Häuser des Kongresses sollte diese Berichte adoptieren und der Legislative weitergeben. Nicht zu unterschätzen ist ferner, daß die neuen Wirtschaftsberichte des Präsidenten ein weitreichendes Zeichen für die ökonomische Erziehung der Öffentlichkeit setzen wollten. Denn hier wurden finanzpolitische Perspektiven vorgestellt, die in den vorhandenen Lehrbüchern der Zeit noch nicht vorkamen, und in hoher Auflage wurden die Berichte daher auch gezielt in der Öffentlichkeit, insbesondere an Universitäten und Colleges, verbreitet.

Wegen der großen Unsicherheiten bei der Durchführung technischer Einzelheiten war vieles recht allgemein gehalten, und es wurde deshalb auch auf eine genauere Definition von bestimmten konkreten Verfahrensweisen verzichtet. Dennoch ist erkennbar, daß mit den wirtschaftlichen Projektionen eins der wichtigen von Colm in den dreißiger Jahren formulierten mittelfristigen strategischen Ziele realisiert worden war. Den

Orientierungsrahmen der künftigen haushaltspolitischen Entscheidungen sollten nicht mehr die Entwicklungen in der Vergangenheit bilden, sondern der Blick war auf die Zukunft gerichtet, auf politisch definierte Makro-Ziele, die die Budgetpolitik anzustreben hatte.

Die Projektionen über die gesamtwirtschaftliche Entwicklung sollten nach Colm einen »Ankündigungseffekt« haben, an dem sich die private Wirtschaft orientieren konnte. Da diese wohl ihre eigene Geschäftspolitik plane, jedoch nicht zuzugeben bereit sei, daß so etwas auch in größeren gesamtgesellschaftlichen Zusammenhängen sinnvoll sei, sah er in den Projektionen auch die Grundlage für eine künftige »konzertierte Ökonomie«, die den einzelnen Interessengruppen erlaubte, untereinander gemeinsame Langzeitabstimmungen zu treffen.[78]

Der Full Employment Act, der erstmals unter dem New Deal eine perspektivenreichere Wirtschaftspolitik zu versprechen schien, blieb jedoch ein totgeborenes Kind, denn mit dem Tode Roosevelts änderte sich auch die bisherige Offenheit der Politik. Das in dem Gesetz erteilte »Mandat für die Planung« (Colm) wurde von dem neuen Präsidenten Truman abgelehnt. Wohl legte der präsidiale Council, zu dessen Stab ja auch Colm gehörte, in den folgenden Jahren die ersten längerfristigen Projektionen und Schätzungen vor, jedoch machte die neue Administraton davon keinen Gebrauch. Im Gegenteil, alsbald wurden sogar die noch bestehenden kriegswirtschaftlichen Kontrollen abgebaut und ein liberaler Kurs eingeleitet. Zwar ermahnte man Unternehmen und Gewerkschaften zur Zurückhaltung in der Preis- und Lohnpolitik, doch der erwartete marktwirtschaftliche Erfolg bei der Reintegration der zurückkehrenden Soldaten in den Arbeitsprozeß und der Vermeidung inflationärer Entwicklungen blieb aus. Bis Ende der vierziger Jahre stiegen die Preise um ein Drittel und die Investitionsquote stieg erheblich schneller als der private Konsum, so daß es bereits 1949 zur ersten schweren Nachkriegsrezession kam. Wohl legte der Council 1949 noch ein erstes Fünfjahres-Budget für den Zeitraum 1950 bis 1954 vor, doch darauf reagierten Weißes Haus und Kongreß schon nicht mehr, zumal man dort mit dem gerade beginnenden Korea-Krieg andere wirtschaftspolitische Prioritäten setzte.

Mit dem Regierungswechsel 1952 zu Eisenhower und den Republikanern wurde auch das Personal des Council ausgewechselt. Bestimmend wurden dort jetzt keynesianische Ökonomen, die kein Interesse an jenen längerfristigen Planungsperspektiven hatten und daher auch keine gesamtwirtschaftlichen Budgets mehr entwickelten. In dem Moment, als unter dem New Deal erstmals eine zielklare politische Strategie entwickelt worden war, wurde sie auch schon wieder zurückgenommen. Resigniert verließ 1952 auch Colm den Beraterstab des Präsidenten und wirkte fortan als chief analyst in der National Planning Association, mit der er bereits seit 1945 eng zusammengearbeitet hatte. Mit einer Vielzahl von Publikationen setzte er hier seine Analysen zur aktiven gesamtwirtschaftlichen Planung auch weiterhin fort und warb ferner in einer Unzahl von öffentlichen Vorträgen sowohl in den USA als auch in Deutschland und West-Europa für diese Ideen.[79]

4. Forschungen über den Nationalsozialismus

Die Reformökonomen entwickelten und komplettierten an der New School aber nicht nur ihre bereits in den zwanziger Jahren begonnenen ökonomischen Forschungen, wie viele andere der emigrierten Sozialwissenschaftler begannen auch sie recht bald mit der Aufarbeitung der Entwicklungen, die zum Sieg des Nationalsozialismus[80] geführt hatten. Noch einmal mag das auf ihre theoretische Breite verweisen, denn die hierbei ins Zentrum der Analyse rückenden Probleme hatten ja schon einen Teil ihrer früheren Forschungen geprägt, denkt man nur an die soziologischen Arbeiten Emil Lederers über den Mittelstand oder Gerhard Colms Untersuchung über die »Masse«. Ferner bedeutete jene Faschismus-Analysen natürlich auch die Verarbeitung der eigenen schockierenden Erfahrungen. Die Irritation der Intellektuellen über den Sieg und die Erscheinungen des Faschismus hatte Giuseppe Antonio Borgese, ein Schüler Benedetto Croces und späterer Schwiegersohn Thomas Manns, gleich in einem der ersten Hefte der New School-Zeitschrift zum Ausdruck gebracht: »Er kam als Überraschung für alle.«[81] Ein weiterer und für die New School-Ökonomen wohl der wichtigste Grund für ihre zahlreichen nach 1933 entstandenen Faschismus-Studien ist schließlich darin zu suchen, daß sie auf die faschistische Bedrohung hinweisen wollten, die in der amerikanischen Öffentlichkeit zunächst kaum gesehen oder gleichgültig übergangen wurde. Auch wenn viele dieser Arbeiten tagespolitischen Ursprungs sind, so bilden sie, ebenso wie die des ehemaligen Frankfurter Instituts für Sozialforschung, die bis heute wichtigsten Versuche der Verarbeitung des Faschismus aus zeitgenössischer sozialwissenschaftlicher Sicht.

In einem programmatischen Artikel Paul Tillichs, der die Diskussionsgrundlage für ein erstes General Seminar zu diesem Thema bildete, war der Rahmen für die künftigen Analysen abgesteckt worden. Auf dem Hintergrund der Erfahrungen in den USA, wo die nicht weniger tiefgreifende Krise nicht zu autoritären Tendenzen geführt hatte, entwickelte er ein breiteres Spektrum für mögliche Forschungen als die bisherigen sozialistischen Faschismustheorien vorgegeben hatten. Neben den wachsenden sozialen Spannungen im Spätkapitalismus, dem Zerfall der bürgerlich-liberalen Identität und der zunehmenden Anfälligkeit der modernen desintegrierten Massen für alle möglichen Ideologien sah er weiterhin die besonderen historischen Entwicklungen in Mittel- und Osteuropa, die zu spät gekommene Nationalstaatsbildung, die mythologisierende Verabsolutierung des Staates, dessen Träger glaubten, nur mit autoritären Herrschaftstechniken Erfolg und Anschluß an die westeuropäischen Nachbarn zu finden.[82]

Der von Tillich umschriebene antidemokratische Typ des »totalitären Staates« antizipierte allerdings noch nicht die ab Mitte der dreißiger Jahre nach den Stalinschen Schauprozessen beginnende und dann in der Phase des Kalten Krieges nach 1945 weiterentwickelte Totalitarismusanalyse mit ihrer Ineinssetzung von Bolschewismus und Nationalsozialismus/Faschismus. Der größere Teil der Emigranten an der New School lehnte diese Identifikation ab. Sicher repräsentativ hatte Jakob Marschak die Annahme, daß diese beiden Herrschaftstypen dasselbe seien, als »elende Platitüde« zurückgewiesen und in ihnen nur »formale Ähnlichkeiten« ausgemacht.[83] Dieses Meinungsbild mag ebenso von der Tatsache beleuchtet werden, daß etwa Colm oder Lowe nach ihrer Flucht aus Deutschland für sich nicht ausgeschlossen hatten, womöglich auch in der Sowjetunion tätig zu werden.[84]

Mit Arthur Feiler und Max Ascoli gab es wohl einige Vertreter der späteren orthodoxen Totalitarismustheorie, doch ihre Arbeiten, die sich ausschließlich an den institutionellen Formen der politischen Herrschaft in Deutschland, Italien und der Sowjetunion orientierten, waren nicht prägend für die Gruppe. Als Mitte der dreißiger Jahre ein gemeinsames, später allerdings nur partiell realisiertes Forschungsprojekt über den Aufstieg des Faschismus begonnen wurde, blieben sie isoliert und mußten ihre Arbeiten separat publizieren.[85]

Repräsentativer für das gemeinsame Verständnis sollten demgegenüber die Arbeiten Eduard Heimanns werden, die aus seiner in früheren

Jahren begonnenen Kritik an den historischen Defekten der sozialistischen Bewegung hervorgingen. In mehreren Aufsätzen in den USA und dann in seiner großen Studie »Communism, Fascism or Democracy« von 1938 hatte er diese alten Grundideen wieder aufgenommen. Für ihn stimmten Adam Smith und Karl Marx, der klassische Liberalismus und Sozialismus in ihrer Gesellschaftsanalyse und in ihrem Menschenbild weitgehend überein. Die weltanschaulichen Brüche und die daraus folgenden verfehlten politischen Strategien begannen erst, als man sich in der europäischen Welt weigerte, die Markt- und Machtverschiebungen durch die moderne Großindustrie einerseits und die subjektiv-individuellen Bedürfnisse der Menschen andererseits genauer zu analysieren. Während der Liberalismus den homo oeconomicus mit einem unwandelbaren, materiell bestimmten Maximierungstrieb konstruierte, hätten sich, zumal in Deutschland, die sozialdemokratischen Funktionäre auf dem »Faulbett des Wahns« in der Hoffnung ausgestreckt, die Dinge würden materiell schon in die richtige Richtung laufen, bis in Rußland der Bolschewismus die Dialektik auf den Kehrichthaufen der Geschichte geworfen und dann unter Ausnutzung der revolutionären Situation im Kriege die Diktatur aufgebaut habe. Auf den »Verrat« an den Idealen der menschlichen Spontaneität und an der demokratischen Grundidee von Ordnung und Freiheit durch den passiv-zahmen deutschen Sozialismus und den berufsrevolutionären Kader-Bolschewismus sei schließlich der Faschismus als Strafgericht über Europa hereingebrochen. Ähnlich wie zur gleichen Zeit Ernst Bloch sah auch Heimann im Faschismus die Rache dafür, daß der europäische Sozialismus das Pathos des alten Freiheitskampfes fallengelassen und sich auf die »formale Rationalität« einer naturgesetzlichen Entwicklung zurückgezogen habe, wobei die menschliche Subjektivität aus den »rationalen demokratischen Formen« verbannt worden sei.

Der Faschismus war für Heimann daher weniger eine Entwicklungsstufe des Kapitalismus, sondern irrationales Aufbegehren gegen jene Verkürzungen des Menschenbildes, getragen durch die von der sozialistischen Bewegung sträflich vernachlässigten Mittelschichten. Während er ebenso wie auch Tillich dem Bolschewismus eine historische Berechtigung als Erziehungsdiktatur in der vorindustriellen Gesellschaft Rußlands einräumte und in seiner Herrschaft auch ein legitimes Bollwerk gegen das dortige Eindringen des Kapitalismus sah, hielt er die faschistische Diktatur des Mittelstands für die Inkarnation der Inhumanität. Da sie sich in ihren Wertentscheidungen nicht von denen der kapitalistischen

Großwirtschaft unterschied, die die soziale Stellung des Mittelstandes jedoch objektiv bedrohte, hatte sie die ökonomischen Ängste wie auch die irrationalen Bedürfnisse in gezielte politische Abwehrstrategien und Sündenbockphilosophien gegen den Rationalismus und seine Träger, die sozialistische Arbeiterbewegung, gegen Intellektuelle oder gegen willkürlich ausgewählte Minderheiten kanalisiert. Die hierbei übernommenen bolschewistischen Herrschaftstechniken seien nur ein akzidentielles Phänomen, was aber immerhin eine Erklärung mit dafür liefere, daß die europäische Arbeiterbewegung keine realistische Abwehrstrategie gegen den Faschismus entwickeln oder gar praktizieren konnte.[86]

Zweifellos war sich Heimann der Implikationen und möglichen Fehldeutungen seiner Bewertung bewußt, die der sozialistischen Bewegung ein erhebliches Maß an Mitverantwortung für den Sieg des Faschismus gab, denn immer wieder betonte er, daß sie vielfach nur frühere Gedanken aus den zwanziger Jahren variierte. Mit wiederholten Hinweisen auf sein nach 1918 immer zweifelnder gewordenes Verhältnis zum Sozialismus suchte er zugleich den Verdacht auszuräumen, als ob sein »gegenwärtiger Mangel an Gefühl für die sozialistische Bewegung etwa auf seine amerikanische Umgebung zurückgeführt werden kann«.[87]

Die große, erst 1940 posthum veröffentlichte Faschismusstudie »State of the Masses« von Emil Lederer, der von allen Angehörigen der New School-Gruppe wohl den längsten und engsten Kontakt zur deutschen Arbeiterbewegung gehabt hatte, markiert hingegen prägnant die mit der geräuschlosen Machtübernahme der Nationalsozialisten direkt enttäuschten sozialistischen Hoffnungen. Hatte er noch 1918 in seinen »Gedanken zur Soziologie der Revolutionen« ein überaus optimistisches Bild wohl organisierter, politisch bewußter »Massen« und ihrer zielgerichteten kollektiven Aktionen als realistischen Weg für tiefgreifende gesellschaftliche Änderungen gezeichnet[88], so war davon nach 1933 nichts mehr übriggeblieben. Soziale Spannungen produzierten für Lederer nun nicht mehr Klassenkampf und revolutionäre Subjekte, sondern nur wachsende, an sich richtungslose Radikalisierung, deren revolutionärer Umschlag, das war für ihn die Lehre des Faschismus, zu ganz anderen Ergebnissen führen könne, als er bisher angenommen hatte oder die marxistische Utopie verhieß. Während in den früheren historischen Revolutionen die Massen den entscheidenden Antrieb gegeben und sich nach dem Erreichen oder dem Fehlschlag ihrer Ziele wieder aufgelöst hätten, habe der Faschismus die Massenbewegung auf Dauer institutionalisiert. Im totalitären Staat wurde die Masse (crowd) zur amorphen Zusammenballung unterschiedlicher Gruppen, zusammengehalten allein durch permanente Aktionen und den Appell an die primitivsten irrationalen Gemeinschaftsinstinkte.

Mehr als Heimann beharrte Lederer zwar weiterhin auf dem rationalen Weltbild seiner Vergangenheit, wie jener zielte er aber ebenso auf eine Kritik an den Fundamenten des Marxismus, der mit seinem Primat der Ökonomie die individuellen Dispositionen der Menschen zu sehr ausgeblendet hatte und so die Utopie einer klassenlosen Gesellschaft konstruieren konnte, die rational aber nicht mehr nachzuvollziehen sei. Für Lederer bedeutete das allerdings keine Verabschiedung von den Ideen des Sozialismus, sondern er suchte nach Wegen für dessen Neubestimmung. Da es eine volonté générale oder ein bewußtes homogenes und zielorientiertes Proletariat nicht gäbe, sei die sozialistische Annahme, daß die Auflösung der Klassenunterschiede automatisch die sozialen Probleme löse und die Freiheit verwirkliche, unhistorisch und unrealistisch. In der Institutionalisierung eines wie immer gearteten evolutionären Klassenkampfes, dem großen »agent of life«, sah er vielmehr ein notwendiges Prinzip für den Fortschritt einer freien und dynamischen Gesellschaft, wohingegen der totalitäre Massenstaat statisch bleibe, weil seine »Ideen«, d.h. die auf Massenloyalität und Einheit zielenden emotionalen Appelle, immer die gleichen sind. Lederers Forderung nach einem »realistischen Sozialismus« zielte so auf die Einsicht, daß nur die Koexistenz verschiedener sozialer Gruppen eine Gesellschaft konturiere, allein hinreichende Schichtung den Massenstaat verhindern könne und die Evolution der einzige Weg für fortschrittliche gesellschaftliche Transformationen sei. Nur solange die unterschiedlichen Interessenlagen in den modernen Gesellschaften nicht durch eine diffuse Gemeinschaftsideologie übertüncht werden, könnten die emotionalen Anfälligkeiten der Massen im rationalen Diskurs, und das unabhängig von dem jeweiligen politischen System, begrenzt und in der Balance gehalten werden.[89]

Da Lederers Werk unvollendet geblieben war, fehlte allerdings eine weitere Entfaltung dieses Gedankens. Nur vage werden von ihm etwa im Begriff der »konzertierten Aktion« die demokratietheoretischen Folgerungen für jenen evolutionären Prozeß in einer aus unterschiedlichen Interessengruppen bestehenden Gesellschaft angedeutet. Sicher ist auch fraglich, ob man den Faschismus als klassenlose Gesellschaft und die amorphen Massen als »Akteure« nehmen kann, die den Diktator an die Macht bringen und ihn dort halten.[90] Unter den Mit-Emigranten aus

Deutschland hat Lederer daher auch nur wenig Zustimmung gefunden. Es waren wohl keine Konkurrenzmotive, die kurz darauf Franz Neumann in seinem »Behemoth« zu der Frage bewogen haben: »Würde Lederers Analyse zutreffen, so würden unsere bisherigen Überlegungen völlig falsch sein. Der Sozialimperialismus wäre dann kein Mittel, die Massen zu manipulieren, sondern Ausdruck ihrer spontanen Bedürfnisse. Der Rassismus wäre keine Angelegenheit kleiner Gruppen, sondern tief in den Massen verwurzelt. Die Führeranbetung wäre ein echtes semi-religiöses Verlangen und kein bloßes Instrument, um rationale Einsichten in den sozial-ökonomischen Mechanismus und seine Abläufe zu verstellen.« Als »Haupti rrtum« sah er vor allem Lederers Identifikation von Klassenstrukturen mit sozialer Differenzierung, der ihm den Blick für den wahren Charakter des Faschismus bzw. Nationalsozialismus verdunkelt habe. Obwohl Neumann zu Recht kritisierte, daß die Frage nach dem cui bono der vom Faschismus manipulierten Massen von Lederer nicht gestellt wurde, so räumte er jedoch auch ein, daß dessen Überlegungen einige wichtige neue Hinweise gaben, wobei generell auch die Unzulänglichkeiten der damals vorhandenen soziologischen Analyse berücksichtigt werden müßten.[91]

Wenn Lederer die konkreten Interessen herrschender Eliten an der Aufrichtung des faschistischen Staates auch ausgeblendet hatte, so blieb dennoch das Verdienst des Buches, daß es einmal die für die sozialistische Diskussion wichtige Anregung gegeben hat, die alte marxistische Vorstellung von der historischen Subjekt-Rolle des Proletariats unter den Bedingungen des Spätkapitalismus und seinen technischen Möglichkeiten der Massenbeeinflussung nicht bruchlos fortzuschreiben und den elementaren subjektiven Bedürfnissen und Emotionen der Menschen größere Aufmerksamkeit zu widmen. Zum anderen lieferte es einige wichtige Bausteine für die weitere Analyse des Problems, indem es danach fragte, welche historischen Voraussetzungen und ungelösten ökonomischen Probleme zur Freisetzung manipulierter Massen und ihrer Zerstörungskraft jeden Soziallebens bis in die Familien hinein führen könnten. Zugleich lag darin auch der dringende politische Appell an die USA und die westlichen Demokratien, den voraussehbaren außenpolitischen Aggressionen als letztem Akt identitätsstiftender faschistischer Aktionen offensiver zu begegnen. Als das Buch ein Jahr nach Lederers Tod von seinem ehemaligen Schüler Hans Speier herausgegeben wurde, waren diese letzten Warnungen allerdings durch den tatsächlich ausgebrochenen Krieg bereits überholt.

Eine gewisse Ergänzung der Arbeiten Heimanns und Lederers stellte die mit ganz anderer Absicht und aus anderer Perspektive geschriebene und 1937 noch in England publizierte Broschüre Adolph Lowes »The Price of Liberty« dar. Unter dem Eindruck der gescheiterten Weimarer Republik geschrieben, zeigte sie mehr als alle anderen vergleichbaren Schriften, welch ein neuer Erlebnishorizont sich offenbar für die deutschen Linksintellektuellen in den westlichen Demokratien aufgetan hatte.[92]

Die Ausgangsfrage, warum eine so extreme, noch mit vielen feudalen Relikten durchsetzte Klassengesellschaft wie England damals eine ungleich größere soziale Stabilität als Deutschland zeigte, konnte sich Lowe nur so beantworten, daß dort in vielhundertjähriger Geschichte langsamer, jedoch stetig vorangeschrittener sozialer Veränderungen eine breit akzeptierte »spontane Konformität« entstanden sei, zu deren Merkmalen die freiwillige Selbstbegrenzung der Klassen, Gruppen und Individuen gehöre. Trotz aller plutokratischen Elemente und Klassenantagonismen habe sich, vermittelt auch über durchlässige Klassenschranken, ein offeneres Bildungssystem und andere institutionelle Faktoren, die allgemeine Übereinkunft von einem gemeinschaftlichen Mittelkurs herausgebildet, auf dem den einzelnen Mitgliedern der Gesellschaft die soziale Stabilität wichtiger sei als die vollständige Durchsetzung maximaler Gruppen- und Klasseninteressen.

Wie tiefgreifend die Faszination über die so bezeichnete spontane Konformität in England, aber auch in den USA, offenbar war – ein Begriff, der kein harmonisches Gesellschaftsbild umschreiben wollte –, zeigen ähnliche Wahrnehmungen auch von anderen deutschen Intellektuellen. Albert Einstein begeisterte sich etwa daran, daß in Amerika das »Wir« stärker betont werde als das »Ich«. Dadurch, daß Sitte und Konventionen mächtiger seien als politische Programme, könnten leichter und reibungsloser Kooperation und wirksame Arbeitsteilung entstehen, zumal die soziale Verantwortung der Besitzenden weiterentwickelt sei als in Zentraleuropa. Ähnlich überraschte später auch Hannah Arendt, daß in den USA politische Freiheit und gesellschaftliche Ungleichheit nebeneinander existierten und sozialer Protest nicht gleich eine ganz neue Gesellschaftsordnung einklagte, sondern durchaus zugleich den politischen status quo unterstützen könne. Und selbst ein Linkssozialist wie Max Seydewitz sah in England die große »Hoffnung der Sozialisten«.[93]

Ganz andere Strukturen benannte Lowe demgegenüber für Deutschland, wo Demokratisierungsprozesse immer nur das zwanghafte und kurzfristige staatlich organisierte Ergebnis nationaler Katastrophen gewesen waren, wie die Beispiele der preußischen Niederlage von 1807 oder das Ende des Kaiserreichs 1918 zeigten. Bei der ausgebliebenen politischen Emanzipation habe das deutsche Bürgertum seit dem 19. Jahrhundert einen intellektuellen und individualistischen Extremismus kultiviert, der desintegrierend wirkte – die Arbeiterbewegung sei ohnehin marginalisiert gewesen –, so daß der gesellschaftliche Zusammenhalt nur durch den alten bürokratisch-absolutistischen Staatsapparat aufrechterhalten werden konnte. Hierbei ging Lowe auch mit der damals in angelsächsischen und amerikanischen Intellektuellenkreisen vorherrschenden Wertschätzung des Humboldtschen Erziehungsideals hart ins Gericht: Die Erziehung an den deutschen Universitäten habe wohl große Freiheitsspielräume geschaffen und der individuellen Persönlichkeitsbildung gedient, sie sei jedoch alles andere als demokratisch und auf die Formung des politisch mitverantwortlichen Staatsbürgers gerichtet gewesen. Gerade die in diese Richtung gehenden Versuche sozialdemokratischer und linksliberaler Bildungspolitik in der Weimarer Republik hätten die Universitäten in eine tiefe Krise des Selbstverständnisses geführt, aus der heraus sie immer mehr zu Zentren der Konterrevolution geworden seien.

Lowes Fazit für die Selbstbehauptung demokratischer Gesellschaften angesichts der faschistischen Herausforderungen bestand dann auch in der idealtypischen Annahme: »Spontane Konformität ist das einzige Prinzip, mit dem die modernen demokratischen Gesellschaften das Spannungsverhältnis von Freiheit und Ordnung lösen können.« Das könne nur langfristig durch Erziehung erreicht werden, die mehr zu sein habe als die Kultivation autonomer Persönlichkeiten, sondern ebenso auf die Formung einer neuen sozialen und intellektuellen Ordnung gerichtet sein müsse, die er als wirkliche »soziale Demokratie« umschreiben wollte. Neben seinen ökonomischen Schriften hat Lowe in den folgenden Jahrzehnten daher immer wieder eigene Beiträge zu Erziehungs- und Bildungsfragen veröffentlicht.[94]

Bald nach Erscheinen von »Price of Liberty« hatte Lowe allerdings feststellen müssen, daß zur sozialen Konformität der britischen Gesellschaft auch die faktische Nicht-Integrierbarkeit von Fremden gehörte. Obwohl er am Tage des Kriegsausbruchs 1939 naturalisiert worden war, wurde er, zumal in der beginnenden Kriegshysterie, als Außenseiter behandelt. Als neuer britischer Staatsbürger nahm er daher schon wenige Monate später den neuerlichen Ruf Johnsons an die New School an.

Ähnliche Erfahrungen machte Franz Neumann, der ebenfalls die ersten Jahre in England verbracht hatte. Die britische Gesellschaft hatte auch er so stabil und solide, zugleich aber auch so engstirnig erlebt, daß er schon bald jede Hoffnung aufgab, jemals ein Engländer werden zu können. Seine Übersiedlung nach New York passierte gleichfalls in der Hoffnung, sich als Mensch, kritischer Intellektueller und als politischer Wissenschaftler wenigstens in der dortigen sozial-konformen Gesellschaft integriert zu fühlen.[95]

Jene mehr theoretisch orientierten Analysen des Faschismus wurden durch eine Unzahl von empirischen Arbeiten über die Entwicklung vor allem in Deutschland ergänzt, die hauptsächlich in *Social Research* erschienen und mit denen die New School-Wissenschaftler die amerikanische Öffentlichkeit informieren und vor der wachsenden Gefahr des Nationalsozialismus warnen wollten. Das bezweckten ferner einige weitere Spezialstudien wie etwa das große Sammelwerk, das unter dem Titel »War in Our Time« auf charakteristische Weise das von Chamberlain nach der Münchener Konferenz 1938 geprägte Schlagwort »Peace in our time« veränderte und dessen illusionären Gehalt offenlegte. Mit Nachdruck wurde deutlich gemacht, daß die Münchener Abmachungen über die deutsche Besetzung von tschechoslowakischen Gebieten Europa nicht dem Frieden nähergebracht, sondern den Zustand des »Noch-nicht-Krieges« weiter eskaliert hätten. Anhand der deutschen Budgetentwicklung und der Militärausgaben, auch der verdeckten Etattitel, wiesen hier z.B. Colm und Kähler nach, wie seit 1933 nicht nur systematische Aufrüstung getrieben worden war, die weit über jedes Maß der von den Nazis proklamierten nationalen Verteidigungsfähigkeit hinausging, sondern daß diese auch in einem Umfang auf Kosten des nationalen Wohlstands und der Versorgung gegangen sei, so daß die zu erwartende Krise aller Voraussicht nach durch Eroberung und Ausbeutung fremder Gebiete kompensiert werden würde. Auf ähnliche Weise zeigten Heimann die kriegswirtschaftlichen Motive der deutschen Autarkiepolitik, Lederer die Militarisierung der Produktion, Hans Speier die propagandistische Vorbereitung auf den Krieg, während bei Max Ascoli die im Westen und auch unter Emigranten verbreitete Hoffnung deutlich wird, daß die Menschen zunehmend gegen die faschistische Unterdrückung revoltieren würden – um nur einige Beispiele herauszugreifen.[96]

Der gleichen Absicht diente ferner die 1938/39 unter Federführung der New School durchgeführte erste vollständige Übersetzung von Hitlers

»Mein Kampf«. Bis dahin hatte es in der englischsprachigen Welt nur eine verkürzte, von der NS-Regierung autorisierte Übersetzung gegeben, die nicht erkennen ließ, daß die aggressivsten Passagen des Pamphlets getilgt worden waren. In didaktisch geschickter Form wurde in der jetzt vorgelegten vollständigen Fassung durch unterschiedlichen Satzspiegel prägnant herausgehoben, was in der früheren Ausgabe ausgelassen worden war, und zugleich durch sorgfältige Kommentierung deutlich gemacht, daß Hitlers Machwerk nicht als krude Propaganda, sondern als antizipiertes Programm des bisherigen und künftigen NS-Staats angesehen werden müsse.[97]

Während der Verkauf der gekürzten Ausgabe von 1933 nur sehr schleppend war, fand diese Ausgabe, zumal nach dem deutschen Überfall auf Österreich und die Tschechoslowakei, große Aufmerksamkeit. Im Jahr des Erscheinens wurden allein 10 Auflagen verkauft. Nach Kriegseintritt der USA wurde diese vollständige Fassung wegen ihrer »exzellenten Übersetzung und Annotationen« dann sogar von der Armee als Standardwerk für die psychologische Kriegführung eingesetzt.[98]

Hans Staudinger und Werner Pese begleiteten die Übersetzung mit einer detaillierten Studie, die nachwies, daß »Mein Kampf« als genaue Projektion der späteren Politik der Nationalsozialisten begriffen werden müsse. Das Buch sei insofern authentischer Ausdruck von Hitlers Zielen gewesen, als es zu einer Zeit geschrieben wurde (1924), in der der Autor noch ein Nichts gewesen war und keine politischen oder taktischen Rücksichten zu nehmen brauchte. Zwar hätten in Deutschland nur wenige das Buch gelesen, doch habe der Totalitäts- und Ausschließlichkeitsanspruch sowie die emotionale Tonlage der Hitlerschen Auslassungen weitgehend die Grundstimmung in großen Teilen der deutschen Bevölkerung nach 1918 wiedergegeben. Zu den Schlußfolgerungen von Staudingers und Peses Untersuchung gehörte dann auch – und deshalb ist sie in jenen Jahren nicht veröffentlicht worden –, daß nur die totale Niederlage und eine längere Besetzung Deutschlands mit umfassender Änderung der sozialökonomischen Strukturen und tiefgreifender Umerziehung die Anfälligkeit der Deutschen für den Nationalsozialismus beseitigen könnten.[99]

Auf der gleichen Linie lag weiterhin ein von Hans Speier und dem Psychologen Ernst Kris geleitetes großes Forschungsprojekt über die manipulative Kraft der Goebbels-Propaganda. Von den zahlreichen daraus hervorgegangenen Untersuchungen, die in Buchform oder als Aufsätze in verschiedenen amerikanischen Zeitschriften erschienen sind, ragen insbesondere eine voluminöse Studie über »German Radio Propaganda« sowie das Glossar »Nazi Deutsch« hervor, die jeweils einen hervorragenden Eindruck von der Militarisierung und Irrationalisierung des Denkens und der Sprache unter den Nazis geben.[100]

Im größeren Kreis emigrierter Intellektueller und gleichgesinnter Amerikaner suchten einige der New School-Wissenschaftler schließlich noch auf anderem Wege die amerikanische Öffentlichkeit zu erreichen. Vertreten durch Alvin Johnson beteiligten sie sich nach der Münchener Konferenz an den Plänen Hermann Brochs und Giuseppe Borgeses für ein gemeinsames Manifest, das nicht nur den publizistischen Kampf gegen den Faschismus führen wollte, sondern auch dazu aufrief, angesichts der Passivität der westlichen Staaten deren demokratische Prinzipien neu zu überdenken. Die geplante Schrift sollte nicht eine der üblichen Sammelbände unterschiedlicher antifaschistischer oder demokratischer Vorstellungen sein, sondern man wollte ein kollektiv verfaßtes Programm für eine künftige internationale Ordnung nach Beseitigung des Faschismus vorlegen. Nach verschiedenen gemeinsamen Konferenzen brachten schließlich 17 Persönlichkeiten – unter ihnen neben Broch, Borgese, Thomas Mann und Alvin Johnson auch Frank Aydelotte, Direktor des Institute for Advanced Study in Princeton, Christian Gauss, Dekan in Princeton, Gaetano Salvemini und William Elliott von der Harvard University, ferner der Theologe Reinhold Niebuhr und der Schriftsteller Lewis Mumford – im Frühjahr 1941 das Manifest unter dem Titel »The City of Man. A Declaration on World Democracy« heraus.[101]

Trotz aller utopischen Züge, den Visionen eines universalen Friedens in einer künftigen Weltdemokratie war dieses Werk ein wichtiges Zeugnis, das einmal die nicht gerade häufig anzutreffende geistig-politische Zusammenarbeit von Emigranten und Amerikanern dokumentierte und zum anderen auch kritisch über die künftige Rolle der USA in der Weltpolitik nachdachte. Weil die Appeasement-Politik Englands und Frankreichs mit dazu beigetragen habe, Europa an den Rand des Abgrunds zu bringen, blieben nur die Vereinigten Staaten mit ihren gewaltigen ökonomischen Ressourcen, die der faschistischen Barbarei Einhalt gebieten und gegen den Hitlerschen Traum der Weltunterwerfung die Ideen der Menschenrechte und einer internationalen Friedensordnung durchsetzen könnten. Anders als die engagierten Emigranten und amerikanischen Neubürger je allein zu äußern gewagt hätten, wurde allerdings auch deutlich gemacht, daß das derzeitige Amerika für diese Aufgabe nicht reif sei, denn die

Demokratie dort würde sich ebenso wie die in den europäischen Ländern in einer schweren Krise befinden; die vorhandenen Widersprüche, erwähnt wurden die plutokratische Herrschaft des Dollars, die Unterdrückung der Schwarzen oder ein wenig demokratisches Bildungssystem, würden einstweilen kaum zu der nötigen internationalen Führungsrolle berechtigen.

5. *Peace Research und das Institute of World Affairs*

Unmittelbar nach Kriegsausbruch gingen die Arbeiten der New School über den Faschismus in einem großen Forschungsprojekt auf, das unter dem Titel »Peace Research« Planungsperspektiven für die deutsche und europäische Nachkriegsordnung entwickeln wollte. Alsbald wurden diese Initiativen jedoch von unmittelbar wichtigeren Aufgaben überlagert, denn die Informationsbedürfnisse, die jetzt massiv von der Washingtoner Administration an die New School herangetragen wurden, richteten sich auf die naheliegenderen, aktuell dringenderen Probleme des Krieges. Gleich nach ihrer Gründung im Winter 1939/40 forderte so etwa die National Defense Commission eine Reihe von Analysen über die Ursachen des NS-Aufstiegs und die ökonomischen Voraussetzungen der deutschen militärischen Erfolge an.

Zu den auffallenden Erscheinungen der amerikanischen Wissenschaft in den dreißiger Jahren gehörte nämlich, daß sie auf dem Hintergrund des politischen Isolationismus seit 1918 kaum über international ausgerichtete Forschungsstätten und gesicherte Kenntnisse weltpolitischer Zusammenhänge verfügte.[102] Nach Ausbruch des Zweiten Weltkrieges wurden diese Defizite schlagartig bewußt; nun erst sah man, wie sehr man bisher die faschistischen Gefahren, die aus Europa und Japan drohten, verdrängt hatte. Auch ahnte man allmählich, daß sich die Vereinigten Staaten allein aufgrund ihrer gewaltigen Wirtschaftskraft nicht länger aus der Weltpolitik würden zurückhalten können.

Erst jetzt wurde die internationale Forschung zum Desiderat von Politik und Wissenschaft. In den Mittelpunkt des Interesses trat hierbei sogleich die New School, deren großer Mitarbeiterstab nicht allein europäische Erfahrungen mit nach Amerika gebracht, sondern zu deren Arbeitsperspektiven von jeher die international ausgerichtete Forschung gehört hatte. Zusätzlich verfügten einige von ihnen noch über unmittelbar praktische Erfahrungen aus den Demobilmachungsjahren in Deutschland nach dem Ersten Weltkrieg. Dieser biographische Hintergrund hatte nach 1933 auch den politischen Tenor ihrer wissenschaftlichen Arbeit in Amerika geprägt. Doch erst nach Kriegsausbruch fanden ihre Appelle, daß sich die USA nicht länger im isolationistischen Schneckenhaus verkriechen könnten, stärkeres Gehör. Plötzlich, so Alvin Johnson, liefen ihm Vertreter der Administration und der Armee die Türen ein und verlangten nach Informationen, Analysen und Gutachten über die europäischen Belange.[103]

Nach 1939 wurden die Emigranten an der New School wohl zur wichtigsten wissenschaftlichen Anlaufstelle amerikanischer Behörden. Auch die Rockefeller Foundation gab jetzt größere Beträge für das Peace Project, mit denen an der Graduate Faculty zum ersten Mal eine umfassendere, finanziell abgesicherte Gruppenforschung begonnen und ein gemeinsamer Forschungsapparat aufgebaut werden konnte.[104] Nicht zuletzt waren diese Bewilligungen ausgesprochen worden, um den Erwartungen der Washingtoner Administration nachzukommen. Der nach Kriegsausbruch eingerichtete Board of Economic Warfare etwa hatte großes Interesse an den Erfahrungen der New School-Leute. Er hätte gern einige der gerade eben aus Frankreich gekommenen Wissenschaftler selbst beschäftigt, doch verbot ihr Status als »enemy alien« eine direkte Anstellung, so daß man über die Rockefeller Stiftung auf diese indirekte Auftragsvergabe kam.[105] Finanziert wurden auf diese Weise neben den zuvor schon genannten Arbeiten über die Nazi-Propaganda beispielsweise Untersuchungen über die institutionellen Rahmenbedingungen der Rüstungswirtschaft, über die Rekrutierung der Funktionseliten Deutschlands und der Sowjetunion im Vergleich, über Frauenarbeit, Ressourcenallokation, über die Lohnpolitik, um nur ein paar Beispiele zu nennen.[106]

Zwar war man in der New School stolz darauf, über den größten Expertenstab für internationale Fragen in Amerika zu verfügen, der desto häufiger von amerikanischen, aber auch britischen Experten konsultiert wurde – sogar die Nachrichtenagentur TASS fragte nach den Forschungsergebnissen –, je mehr sich der Kriegseintritt der USA abzeichnete,[107] dennoch wuchsen allmählich Zweifel und Frustration darüber, daß dabei das Peace Project immer mehr in den Hintergrund zu treten drohte.[108] In einem programmatischen Appell »War and the Scholar« suchte Alvin Johnson daher um Verständnis bei der interessierten Öffentlichkeit, daß der Wissenschaftler wohl dazu beizutragen habe, den Krieg zu gewinnen, »seine Hauptaufgabe aber ist die Gewinnung des Friedens«.[109] Warnendes Beispiel waren für ihn die Ereignisse von 1918, als man den Krieg gewonnen, den Frieden aber verloren hatte. Zentrales Ziel der Forschungen an der New School sollte daher sein, Strategien zu entwickeln, damit in den künftigen Friedensverhandlungen nicht wieder ohne rationale Entscheidungsgrundlagen nur um eigene kurzfristige nationale Interessen gepokert werde.

Dafür wurde seit Anfang der vierziger Jahre die Gründung eines eigenen internationalen Forschungsinstituts erwogen, für das es in den USA nichts Vergleichbares gab.[110] Es sollte institutionell von der Graduate Faculty getrennt werden und die Aufgaben des ursprünglichen Peace-Projekts übernehmen. Hier wollte man die seit langem gehegten Pläne für die Zukunft entwerfen. Zugleich sah man in dem neuen Institut auch ein wichtiges Auffangbecken für die in Frankreich auf Rettung wartenden europäischen Wissenschaftler. Dieses einmalige Potential in New York zusammengefaßt sollte die künftige ›Denkfabrik‹ konstituieren, um jenseits nationaler Fixierungen umfassende Überlegungen für eine friedliche Nachkriegswelt anzustellen.[111]

Die Realisation des Forschungsinstituts stieß jedoch zunächst auf finanzielle Schwierigkeiten. Wohl war die Rockefeller Foundation bereit, erneut mit Personalmitteln zu helfen, doch weiter beantragte Gelder zur Finanzierung des vorgesehenen Apparats wurden abgelehnt. Offenbar mißfiel, daß die für die amerikanische Außenpolitik so zentralen Zukunftsprobleme ausschließlich solchen Emigrantenzirkeln vorbehalten bleiben sollten. Zwar war man angetan von den Absichten und Plänen sowie dem wissenschaftlichen Personal, das man als »erstklassig in jeder Beziehung« kennengelernt hatte.[112] Aber dennoch wollte man Arbeiten dieser politischen Reichweite eher bei einer amerikanischen Universität aufgehoben wissen.[113] Entscheidend für dieses Kalkül dürften allerdings weniger nationale Sicherheitsinteressen als mögliche Eifersüchteleien amerikanischer Institutionen gewesen sein, denn mit den Initiatoren des geplanten Instituts hatte die Rockefeller Foundation nun schon seit zwanzig Jahren zusammengearbeitet, und die meisten waren inzwischen auch längst amerikanische Bürger geworden.

Erst nachdem von der Tabak-Erbin Doris Duke 250.000 Dollar bereitgestellt worden waren und damit die Arbeit für einige Jahre gesichert schien, konnte das Institut 1943 gegründet werden. Die Namensgebung

Institute of World Affairs umschrieb bereits das künftige Programm. Angesichts der Dimension der gegenwärtigen Weltkrise hielt man eine getrennte ökonomische, soziale, politische, militärische und philosophische Reflexion möglicher Friedenslösungen oder die räumliche Regionalisierung der Probleme für nicht möglich, auch wenn das unter der deutschen Brutalität leidende Europa als Mittelpunkt jeder Analyse gesehen wurde. Außerdem knüpfte man mit der Benennung gezielt an die in Kiel vor 1933 begonnenen Forschungen an, und nicht von ungefähr wurde zum Forschungsdirektor Adolph Lowe ernannt, der wie kein anderer der Gruppe die Demobilmachungsprobleme nach dem Ersten Weltkrieg hautnah erlebt hatte.[114] Nicht zu übersehen war die Absicht, die Analysen für die künftige Nachkriegsordnung in die wissenschaftliche Kontinuität der jahrzehntelangen Arbeit zu stellen, nicht zuletzt, um Anfeindungen aus der Öffentlichkeit – denen die New School ohnehin schon genug ausgesetzt war – gegen das neue große Programm gar nicht erst aufkommen zu lassen. Hierzu gehörte auch, jene Einwände der Rockefeller Foundation und eventuell anderer Wissenschaftsinstitutionen zu unterlaufen. Und tatsächlich gab die Stiftung in den folgenden Jahren auch mehr als 100.000 Dollar an Sachmitteln für die verschiedenen Arbeiten, zumal die erwarteten Forschungszentren an anderen Universitäten offenbar nicht recht vorankamen. Wohl begann man hier und da mit der Erforschung internationaler Zusammenhänge, doch schien man in diesen Jahren über den Abruf der von der New School-Gruppe vorbereiteten Arbeitspapiere selten hinausgekommen zu sein.[115]

Bei der Institutsgründung hatte Lowe deutlich gemacht, daß der Aufbau einer stabilen Friedensordnung nur von der ökonomischen Seite her entwickelt werden könne. Hierbei folgte er den von ihm und seinen Kollegen in den zwanziger Jahren begonnenen theoretischen Analysen, die in der unkontrollierten Wachstumsdynamik, der zunehmenden Entkoppelung von Produktion und Beschäftigung die Ursachen sowohl für die gesellschaftspolitischen Instabilitäten der einzelnen Nationalstaaten wie auch für die internationalen Mächterivalitäten auf dem immer labileren Weltmarkt sahen. Die Technik bzw. die unregulierte Kapitalakkumulation mit ihren Freisetzungseffekten auf dem Arbeitsmarkt erschien jetzt als entscheidende Variable für die Nachkriegsuntersuchungen. Die wichtigste Grundlage internationaler Stabilität wurde daher in der Vollbeschäftigung bei hohem Lebensstandard gesehen, die durch eine global ausgerichtete, international abgestimmte Wirtschaftspolitik erreicht werden müßte. Die Gestaltung der künftigen Nachkriegszeit sollte, so Lowe, nicht wie nach 1918 den Diplomaten überlassen bleiben, denn sie sei nicht so sehr eine Frage der Außenpolitik, sondern ein Problem umfassender ökonomischer und sozialer Neuordnung.[116]

Auffallend an diesem Ansatz war, daß im Unterschied zu den meisten aus Emigrantenkreisen stammenden Rekonstruktionsentwürfen der Sieg über den Nationalsozialismus sowie der Aufbau einer demokratischen Ordnung in Deutschland nicht als ausschließliches Kernproblem der Zukunft isoliert wurde. Die deutsche Frage war nur ein, wenn auch wichtiger Aspekt in den Arbeiten des Instituts für eine dauerhafte Friedensordnung Europas und der Welt. Hannah Arendt beispielsweise war begeistert, wie von den New School-Wissenschaftlern über Deutschland »in terms of Europe« gedacht wurde,[117] und in der Tat definierten sich diese ja auch nicht als auf Deutschland fixierte Exilanten, sondern als neue Partner der amerikanischen Wissenschaftsgemeinschaft.

Wohltuend unterschied sich die New School-Gruppe damit von dem deutsch-nationalen Pathos der vielen politischen Emigrantenzirkel gerade in New York. Ebenso wenig verfiel man in deren Fehler, allgemeine utopische Gesellschaftsentwürfe für Deutschland und Europa zu konzipieren, an denen es schon im linken Spektrum der Weimarer Republik nicht gemangelt hatte, bei denen man aber auch schon damals nur selten wußte und auch kaum darüber nachdachte, wie sie realisiert werden könnten. Das galt insbesondere für verschiedene marxistische Konzepte, deren spätere totalitarismustheoretische Ableitungen des Faschismus sich ebenfalls auf die vollständige Überwindung des Kapitalismus fixierten. Wie eine solche Transformation aber, womöglich gar auf revolutionärem Wege, nach der künftigen Kriegsniederlage und dann mit der erforderlichen Unterstützung oder zumindest Duldung durch die ›kapitalistischen‹ Siegermächte – das waren auch schon ungelöste Probleme der November-Revolution von 1918 gewesen – erreicht werden könne, war weitgehend unausgesprochen geblieben.

Die orthodoxe Systemfrage gehörte daher nicht zu den zentralen Kalküls für das Peace Project. Hinzu kam, wie die Faschismus-Analysen der New School-Gruppe aus den dreißiger Jahren bereits gezeigt hatten, daß die ehedem in den Weimarer Jahren an die Arbeiterklasse geknüpften Erwartungen, Träger des demokratischen Fortschritts zu sein, nach den Ereignissen von 1933 aufgegeben worden waren. Anstelle aber dadurch, wie einige der befreundeten Kollegen aus Max Horkheimers Institut für

Sozialforschung, in Resignation und partielle Ortlosigkeit zu verfallen, hatte man Vorstellungen entwickelt, die im Begriff der »social conformity« Strukturmerkmale stabiler Gesellschaften umschrieben. Dieser sollte auch die zentrale strategische Richtung in den Überlegungen für die künftige internationale Friedensordnung angeben.

Nicht also nationale politische Lösungen oder kaum realisierbare radikale gesellschaftliche Transformationen, sondern eine stabile, international koordinierte Nachkriegswirtschaft ohne Wachstumsgefälle und Ausbeutung und darauf basierender Friktionen bestimmten die Ausgangsfragen des Institute of World Affairs, wobei man auch an die gerade begonnene enge Kooperation der Anti-Hitler-Koalition große Hoffnungen knüpfte. So hatte Lowe ein »glückliches Omen« darin sehen wollen, daß die Institutsgründung gerade in dem Moment erfolgte, als in Moskau zum ersten Mal die Außenminister der drei Alliierten zusammengekommen waren, um dort sowohl die Notwendigkeit einer internationalen Organisation für die Erhaltung des künftigen Friedens und der Sicherheit anzuerkennen als auch die Einrichtung einer Europäischen Beratenden Kommission zur Formulierung der gemeinsamen Nachkriegspolitik zu verabreden. Da Lowe und seine Mitstreiter nie Kommunisten gewesen waren, hatte es für sie nach den Moskauer Prozessen auch keine gefallenen Götter und zerstörten Illusionen gegeben. In jenen Jahren hatten sie deshalb auch einen unbefangeneren Blick, und ihre verschiedenen Arbeiten setzten für den Aufbau der europäischen Nachkriegsordnung daher nicht nur auf England, sondern auch auf die Sowjetunion. Für notwendig hielt man eine Art Konvergenz beider supranationaler Gesellschaften, wobei England sozialere Züge bekommen und der Bolschewismus demokratischer werden müsse. Sozial, national und international sollten diese beiden Mächte zu den Säulen einer »neuen Art von Konformität« werden, anderenfalls, so befürchtete man, werde es keinen stabilen europäischen Frieden geben, und die künftige deutsche Gesellschaft in ihrer geographischen Mittellage wie mit ihren ungelösten, historisch überkommenen Spannungen werde das gleiche Schicksal erleben wie der Weimarer Staat nach 1918. Das bedeutete eine Absage sowohl an alle totalitarismustheoretischen Konzepte, die in Amerika, aber auch unter linken Emigranten, zunehmende Konjunktur hatten, als auch an Vernichtungsstrategien, wie sie kurz darauf etwa im Zusammenhang mit dem Morgenthau-Plan diskutiert wurden.[118]

Das Koordinatensystem einer künftigen Friedensordnung in Europa war damit abgesteckt. Vorausgesetzt wurde, daß im Gegensatz zum Ersten Weltkrieg die Niederlage Deutschlands vollständig sein mußte; die Schuldigen des Krieges – der systematische Holocaust war zu dieser Zeit noch nicht bekannt – sollten abgeurteilt werden, um die Neuauflage einer Dolchstoßlegende von vornherein auszuschließen. Weiterhin verständlichen Rachegefühlen nachzugeben, wurde abgelehnt, da das eine friedliche Neuordnung nur gefährden würde. Unter der Führung der Vereinigten Staaten, die ihre global verpflichtende Rolle als Großmacht anzunehmen hätten, sollten ferner durch internationale Planung der Ressourcenallokation und vor allem der Kreditoperationen stabile weltwirtschaftliche Beziehungen aufgebaut werden. Die Deutschen sollten wohl für die von ihnen gemachten Zerstörungen Ersatz leisten, jedoch nicht in Form fixer Kapitalleistungen, sondern integriert in einem international zu koordinierenden komplementären Güteraustausch. Bei der fehlenden deutschen Rohstoffbasis war dabei insbesondere an die Lieferung von ›Know how‹ und Arbeitskraft, entweder direkt oder in Waren verarbeitet, gedacht.

Diese Fragen wiederum integrierten das Europa-Problem in den weiteren Zusammenhang einer neu zu organisierenden Weltwirtschaftsordnung. Während auf der nationalwirtschaftlichen Ebene, und da konnte man an die eigenen planungstheoretischen Arbeiten seit den zwanziger Jahren anknüpfen, die Instrumente für stabile Konjunkturen und Vollbeschäftigung entwickelt worden waren, fehlten entsprechende Modelle für die internationale Wirtschaftspolitik. Gefordert wurde eine Art globaler New Deal, der den Weltmarkt vor hektischen Oszillationen der Wechselkurse, der Preise, der Kreditströme oder der terms of trade schützen sollte. Insbesondere die USA mit ihren Rohstoffen und den bei ihnen aufgehäuften Weltwährungsreserven sollten die dafür nötigen Impulse geben. Hierbei beschrieb man auch Ideen, wie sie später partiell im Marshall-Plan realisiert wurden. Je länger der Krieg dauere, so die Annahme, desto schwieriger werde einmal die Kriegswirtschaft in eine Friedenswirtschaft zu überführen sein. Die Re-Integration beispielsweise der zurückkehrenden Soldaten in den Arbeitsprozeß und die Umstellung der Produktion berge die Gefahren von Überkapazitäten und Arbeitslosigkeit in sich, die jedoch dadurch verhindert werden könnten, daß überschüssige Produkte den kriegszerstörten Regionen auf Kredit überlassen werden würden. Die Rückzahlungen dafür sollten in internationale Fonds fließen, mit denen wiederum der Aufbau anderer rückständiger Zonen, vor allem der Dritten Welt, finanzierbar wäre. Kein Kampf gegen den Faschismus, so die zusammenfassende Vision, könne langfristig erfolgreich sein, wenn die Anti-Hitler-Koalition nicht in der Lage sei, im Weltmaßstab Depressionen und Ungleichgewichte – heute würde man Unterentwicklung sagen – abzubauen und Vollbeschäftigung in einer sozial gerechten internationalen Ordnung zu garantieren.[119]

Nach 1943 sind diese Probleme in einer Unzahl von *fact finding studies* genauer beleuchtet worden, d.h. es wurden keine konkreten politischen Vorschläge gemacht, die den Entscheidungsprozessen vorbehalten wurden, sondern empirische Studien erarbeitet, die die Grundlage für diese Entscheidungen bilden konnten. Nur ein kleiner Teil davon entwickelte sich zu voluminösen Publikationen, die in der von der Oxford University Press (später Cornell University Press) herausgegebenen Schriftenreihe des Institute of World Affairs erschienen, während die Masse der Arbeiten, die von der Washingtoner Verwaltung erbeten worden waren, aus Geheimhaltungsgründen nur in kleiner mimeographierter Auflage nach dort oder an interessierte Forschungsstäbe ging. Auch bei den noch so technisch orientierten Analysen war nicht zu übersehen, welchem politischen Zweck sie dienten. Hinzu kam, daß alle Spezialarbeiten interdisziplinär angelegt waren und nur als Teilstücke eines großen Entwurfs verstanden wurden.

Zweifellos das umfangreichste Projekt bildeten die von Lowe und Staudinger geleiteten Untersuchungen über »Deutschlands Position in der europäischen Nachkriegs-Rekonstruktion«, die aus zwanzig Einzelarbeiten bestanden. Eindringlich warnte man im Hauptteil davor, die Fehler des Versailler Vertrages mit seinen dilettantischen, einseitigen Bestimmungen etwa über die Reparationen zu wiederholen. Durch kurzfristige Interessen und Bestrafungsabsichten hätten die Sieger damals die weltwirtschaftlichen Beziehungen noch weiter zerstört und zu den Instabilitäten der jungen deutschen Demokratie beigetragen. Obwohl weiterblickende Fachleute wie Keynes schon unmittelbar nach 1919 auf die Unmöglichkeit großer einseitiger Reparationsübertragungen hingewiesen hätten, weil der Schuldner Deutschland die Summen zur Genugtuung der reaktionären politischen Kräfte dort, die sich mit der Niederlage nicht abfinden wollten, kaum aufbringen konnte und die Gläubiger einen starren Kapitaltransfer realwirtschaftlich nicht brauchten, wollten sie nicht ihre eigene Produktion gefährden, seien die Reparationsforderungen bis in die dreißiger Jahre aufrechterhalten worden. Nicht zuletzt läge dafür die Verantwortung auch bei den USA. Ohne Unterzeichnung des Versailler Vertrages hätten sie sich aus den europäischen Angelegenheiten zurückgezogen, gleichwohl in den folgenden Jahren aber rigoros auf Rückzahlung der an England und Frankreich gegebenen Kriegskredite bestanden, so daß sich diese wiederum am Deutschen Reich schadlos halten mußten. Geschlossen worden sei der fatale Kreislauf, als die Amerikaner nach dem Dawes-Plan 1924 einen Teil der bei ihnen angehäuften Kapitalien nach Deutschland ausliehen. Bei der Reichsbank sammelten sich so gewaltige Devisenreserven, die die Erfüllung der Reparationsverpflichtungen ermöglichten, wohingegen die deutsche Wirtschaft im Saldo noch zusätzlich mit kumulativen Zinsschulden in Milliardenhöhe belastet wurde. Um diesem Teufelskreis der internationalen Kapitalströme zu entrinnen, hätten die europäischen Länder etwa durch aggressiven Dumpingexport Positionsgewinne auf Kosten der einheimischen Arbeitnehmer bzw. der Kaufkraft sowie zu Lasten der Handelspartner zu machen gesucht. Europa sei mit Deutschland an der Spitze in jenen dramatischen Deflationsstrudel getaumelt, dessen Krisenfolgen die ohnehin schon verheerenden binnenwirtschaftlichen Entwicklungen noch weiter zugespitzt hätten.[120]

Die Ergebnisse des Deutschland-Projekts boten unmittelbare Handlungshinweise für die künftigen Besatzungsmächte. Da ein erklärtes Ziel der Arbeiten gewesen war, aus den historisch-deskriptiven Betrachtungen der Entwicklung nach dem Versailler Vertrag operationalisierbare Strategien einer künftigen alliierten Politik abzuleiten, wurde beispielsweise in einer von Ernst Fraenkel angefertigten Studie über die französische Rheinlandbesetzung 1918 bis 1923 gezeigt, welche Probleme militärische Besetzungen aufwerfen. Denn erstmalig in der modernen Geschichte war dort die zivile Regierung von einer fremden Militärbehörde übernommen worden. Aus der historischen Analyse dieser Besatzungspolitik, die unabhängig von den Rechts- und Verwaltungstraditionen des besetzten Gebietes sowie ohne eigenen exekutiven Unterbau agierte, wurden die Folgerungen für die künftige Behandlung Deutschlands gezogen: Ohne Rechtssicherheit auf der Basis der vorhandenen Rechtstraditionen und ohne den Aufbau eines eigenen Verwaltungsapparats könne keine Kooperation mit den Besiegten und damit auch keine Rekonstruktionspolitik erfolgreich sein.[121] Parallel dazu wurde eine von Arnold Brecht geleitete Gruppenstudie über Verwaltungsinstitutionen im internationalen Vergleich angefertigt. Aus diesem Vorhaben ist auch ein erster von Brecht konzipierter Verfassungsentwurf für eine künftige europäische Föderation hervorgegangen. Weitere Arbeiten beschäftigten sich mit der deutschen Föderalstruktur und den Wählerentscheidungen vor 1933. Von großer Bedeutung waren ferner die Untersuchungen über die von den Nationalsozialisten seit 1938 erzwungenen Bevölkerungswanderungen und das zu erwartende gewaltige Problem der Re-Migrationen nach dem Kriege.[122]

Einen breiten Raum des Projekts nahmen schließlich die Wirtschaftsprobleme Europas und der Welt ein. Aus einer vergleichenden Studie über Produktionsentwicklung, Nachfragestruktur und Beschäftigung in den USA, in England und in Deutschland und deren handelspolitische Verflechtungen nach dem Ersten Weltkrieg wurden die Ziele künftiger ökonomischer Strategien, etwa komplementärer Güteraustausch, Richtung der Kreditströme, Wiederaufbauhilfen oder die Elemente einer koordinierten Nachfragepolitik näher untersucht. Hierzu rückten auch die Probleme der Planung und Kontrolle in den Vordergrund. In umfassenden Expertisen legte man dar, welche unterschiedlichen Planungsansätze bisher etwa in England, Deutschland oder der Sowjetunion praktiziert worden waren und welche Wirkungen das jeweils gebracht hatte. Als vorläufiges Fazit dieser Erhebungen wurde das Modell einer »gemischten Wirtschaftsordnung« vorgelegt, das aber gegenüber den Ableitungen der New School-Gruppe aus ihren Forschungen zum technischen Wandel und zur Finanztheorie keine neuen Qualitäten zeigte.[123]

Charakteristisch für die Nachkriegsplanungen war weiterhin, daß sie alles andere als im isolierten akademischen Milieu entstanden; ein Teil von ihnen war in direkter Kooperation mit amerikanischen Stellen ausgearbeitet worden, so etwa die Verwaltungsstudien Arnold Brechts mit dem Public Administration Committee des Social Science Research Council. Ein Teil weiterer Analysen gehörte zu direkten Auftragsforschungen der Washingtoner Verwaltung. Auf dem Hintergrund der amerikanischen Kriegswirtschaft wurden beispielsweise die Untersuchungen über »Social and Economic Controls« für das Office of Foreign Economic Administration angefertigt.[124] Obwohl es der New School-Gruppe also nicht an Verbindungen zur Verbreitung ihrer Forschungen fehlte, waren sie dennoch nicht blind gegenüber der Reichweite ihrer Möglichkeiten. Von Anfang an war für sie klar gewesen, daß die erarbeiteten Strategien nur dann realisierbar sein würden, wenn sie sich auf eine gemeinsame alliierte Politik stützen könnten oder zumindest auf gemeinsame Grundüberzeugungen bei der Behandlung der Nachkriegswelt. Die reale Entwicklung der großen Politik ging jedoch sehr bald in eine andere Richtung. Nach dem

Tode Roosevelts, der wohl noch am ehesten von den Großen Drei die sich schon vor Kriegsende abzeichnenden Konflikte in der Anti-Hitler-Koalition hätte glätten können, blieb von den Visionen der New School-Gruppe nur noch wenig übrig: »Im Gegensatz zu unseren Erwartungen«, so schrieben Lowe und Staudinger in ihrem Abschlußbereicht für das Rekonstruktions-Projekt, »haben sich die internationalen Übereinstimmungen während der zweijährigen Bearbeitungszeit nicht eingestellt.« Viele der Entwürfe seien daher »bloße Denkarbeit« geblieben.[125]

Das war und ist das Schicksal der meisten kritischen Intellektuellen: Sie können beraten, empfehlen, mahnen, sie können Handlungsstrategien entwerfen und anbieten, die Entscheidungen liegen jedoch nicht bei ihnen. Trotz der tiefen Enttäuschungen über die in ganz andere Richtung laufenden politischen Entwicklungen nach 1945 verminderte sich jene Denkarbeit und das Arbeitspensum der New School-Leute in der folgenden Zeit allerdings nicht, da das Peace Project nur einen Aspekt des Forschungsspektrums im Institute of World Affairs ausgemacht hatte. Vor allem wurden jetzt die internationalen Wirtschaftsprobleme weiter analysiert. Hans Neisser beispielsweise hatte schon seit längerem mit empirischen Vorarbeiten über die internationale Arbeitsteilung im Industrialisierungsprozeß und deren Folgen für den Welthandel begonnen. In Kooperation mit dem aus Italien geflohenen ehemaligen Juristen Franco Modigliani, der bei Marschak an der New School noch einmal Ökonomie studiert hatte, konnte er diese Studien auf neuer, mathematischer Grundlage fortsetzen. Daraus entstand in den folgenden Jahren dann eines der ersten empirischen Werke über den internationalen Handel, über den es bis dahin weitgehend nur die ganz in der neoklassischen Tradition stehenden modellhaft deduktiven Untersuchungen wie etwa die Gottfried Haberlers gab.[126]

Ergänzt wurde diese Arbeit durch Untersuchungen über »Technological Trends and Flexibility of Labor«, die zunächst der Frage nachgingen, welche Auswirkungen die forcierte Rüstungswirtschaft in verschiedenen Ländern auf die Qualifikationsstruktur der Beschäftigten hatte und welche Reibungen sich auf den Arbeitsmärkten bei der Rückkehr zur Friedenswirtschaft ergeben würden. In den folgenden Jahren ist daraus eine weitere umfassende Publikation hervorgegangen, die den Wachstumspotentialen qualifizierter Berufsbildung nachging und damit einen wichtigen Meilenstein sowohl für die Wachstumstheorie als auch für die moderne Bildungsökonomie setzen sollte.[127] Auf der gleichen Linie lag schließlich eine weitere Studie über die Industrialisierungsprobleme in der Dritten Welt und deren Wirkungen auf die nationalen Arbeitsmärkte.[128]

Verschiedene andere Vorhaben in der zweiten Hälfte der vierziger Jahre, etwa über das Verhältnis von alten Eisen- und Stahlindustrien und der neuen Chemie- und Elektroindustrie im modernen Wachstumsprozeß oder über Finanzierungsprobleme bei der Entwicklung in der Dritten Welt, konnten allerdings nicht mehr realisiert werden. Mit Ende des New Deal, dem Beginn des Kalten Krieges und dann der McCarthy-Ära hatten sich die bisherigen Geldgeber offenbar von der Förderung kritischerer Forschung zurückgezogen. Die Arbeit des Instituts geriet mehr und mehr in Widerspruch zum herrschenden politischen Klima. Es paßte jetzt nicht mehr, wenn beispielsweise Arnold Brecht auf einer Konferenz im State Department frei empfahl, ob nicht vor der Welt deutlicher gemacht werden könne, daß sich die grundsätzliche Opposition Amerikas gegen die Sowjetunion nur auf die dortige Mißachtung der humanen Freiheiten, nicht aber auf das sozialistische Wirtschaftssystem beziehen würde.[129]

Als Anfang der fünfziger Jahre Adolph Lowe um Entpflichtung von seinen Aufgaben als Forschungsdirektor bat, um nach langen Jahren überwiegend organisatorischer Tätigkeit endlich auch zu eigenen Arbeiten zu kommen, fristete das Institut nur noch ein Schattendasein.[130] Viele der ehemaligen jüngeren Mitarbeiter waren inzwischen dabei, Karriere in anderen Institutionen zu machen, und durch die neue außenpolitische Rolle der USA hatte die internationale Forschung auch längst einen festen Platz in der amerikanischen Wissenschaft gefunden. Die kleine New School konnte damit nun nicht mehr konkurrieren. Immerhin bleibt aber, daß sie und ihr Institute of World Affairs über Jahre hinweg für dieses neue amerikanische Forschungsinteresse die entscheidenden Impulse gegeben hat.

6. Versuche zu einer theoretischen Synthese

Erst lange nach dem Zweiten Weltkrieg, in den sechziger Jahren, erschien Adolph Lowes epochemachendes Werk »On Economic Knowledge. Toward a Science of Political Economics«, das zusammen mit seiner kurz darauf publizierten Spezialstudie »The Path of Economic Growth« die jahrzehntelangen Arbeiten von ihm und seiner Kollegengruppe an der

New School abschloß.[131] In diesen Werken liefen die bereits in den zwanziger Jahren begonnenen Forschungen zum Technischen Wandel, zur Wachstumsproblematik und zur Wirtschaftsplanung zusammen. Obwohl man Veröffentlichungen aus einem so späten Zeitraum nur noch schwer unter dem Etikett der aus Deutschland vertriebenen Wissenschaftler sehen kann, so dokumentiert Lowes Politische Ökonomik doch in hervorragender Weise nicht nur die individuelle wie gruppenspezifische Kontinuität eines Forscherlebens, sondern auch einige Akzentverschiebungen, die etwas über die veränderten Erfahrungshorizonte der ehedem aus Deutschland gekommenen Gelehrten aussagen. Daher ist es sachlich gerechtfertigt, jene späten Arbeiten in diese Untersuchung mit einzubeziehen, obwohl ihr Referenzzeitraum nur die Jahre bis etwa 1950 umfaßt, als die Graduate Faculty zu einer vollständigen amerikanischen Hochschule geworden war und sich die emigrierten Wissenschaftler längst als amerikanische Staatsbürger integriert hatten.

Außerdem muß berücksichtigt werden, daß Lowe unter allen seinen Kollegen der einzige war, der nach seiner Flucht aus Deutschland die ursprünglich begonnenen Arbeiten nicht bruchlos hatte fortsetzen können, sondern diese erst mit fast zwanzigjähriger Unterbrechung wieder aufnehmen konnte. Seine vor 1933 projektierte Studie zur »Theorie der wachsenden Wirtschaft«, die seine konjunktur- und wachstumstheoretischen Ansätze aus den zwanziger Jahren systematisieren und komplettieren wollte, war liegengeblieben. An seinem neuen Zufluchtsort, der Universität Manchester, wurde die wirtschaftswissenschaftliche Fakultät von dem orthodoxen Neoklassiker John Jewkes beherrscht, der Lowe bald zu den Politikwissenschaftlern abdrängte. Wie sein Beitrag zur Ursachenerklärung des Nationalsozialismus bereits gezeigt hat, reflektieren die Veröffentlichungen in diesen Jahren dann auch, daß er sich mehr mit politischer Theorie und Ideengeschichte als mit Ökonomie im engeren Sinne beschäftigt hatte. Auch an der New School blieb er weiterhin bis Ende der vierziger Jahre als Forschungsdirektor des Institute of World Affairs mit anderen organisatorischen Aufgaben ausgelastet, anschließend war er noch an der Herausgabe der unveröffentlichten Schriften seines 1947 plötzlich verstorbenen Freundes Karl Mannheim beteiligt,[132] so daß er erst Anfang der fünfziger Jahre wieder zur ursprünglichen wissenschaftlichen Arbeit zurückkehren konnte. In mehreren größeren Aufsätzen, die unmittelbar an die Untersuchungen aus den zwanziger Jahren anknüpften, gab Lowe hier zunächst nur eine Bestandsaufnahme der inzwischen erneut wieder verschütteten Diskussion über das Technologie-Problem; sie schienen vor allem der eigenen expositionellen Klärung für die weitere Forschung gedient zu haben.[133]

Daneben hatten sich seine Perspektiven inzwischen auch erweitert. Mögen es die folgenlosen Diskussionen noch in Deutschland vor 1933 um eine adäquate Bekämpfung der Weltwirtschaftskrise oder die erzwungenen Umstände in Manchester, die Tätigkeit als Politikwissenschaftler sowie die erlebte Dominanz und Intoleranz der Neoklassiker nach 1933 gewesen sein, ab Mitte der dreißiger Jahre hatte Lowe mit ersten grundsätzlicheren Überlegungen zum Stellenwert der Ökonomie im weiteren Rahmen der modernen Gesellschaftswissenschaften begonnen. Diese umfaßten nicht nur seine Kritik an den herrschenden Paradigmen der wirtschaftswissenschaftlichen Diskussion, sondern stellten in gewisser Weise auch eine Re-Analyse seines eigenen bisherigen Wirkens dar, sowohl in der Praxis der Wirtschaftsbürokratie seit 1918 wie auch in der Wissenschaft seit Mitte der zwanziger Jahre. In seinem Buch »Economics and Sociology« von 1935 hatten diese Reflexionen einen ersten Niederschlag gefunden. Programmatisch hatte der Untertitel »A Plea for Co-Operation in the Social Sciences« noch einmal das alte Selbstverständnis Lowes, ebenso wie das seiner Gruppe, auf den Punkt gebracht und zum anderen nach jahrelanger Beschäftigung mit Spezialproblemen die Richtung künftiger Arbeit angedeutet.[134]

Wie der bekannte englische Soziologe Morris Ginzburg im Vorwort zu der Schrift bemerkte, hatte jene Frage die Ökonomen seit den Klassikern immer wieder bewegt. Aber obwohl die Interdependenzen der sozialen Phänomene in der gesellschaftlichen Totalität nicht übersehen werden könnten, sei der Prozeß der modernen Arbeitsteilung auch an den Sozialwissenschaften nicht vorübergegangen, so daß sich das Denken der Wirtschaftswissenschaftler immer mehr auf eine verengte Modellwelt reduziert habe, die nur noch Teilbereiche der Realität abstrakt zur Kenntnis nehmen würde.[135] Gegen diesen Hermetismus der »reinen Theorie«, wie sie insbesondere von den Neoklassikern gepflegt wurde, erhob nun Lowe die Forderung nach einer realistischen »economic sociology«, wobei ihm die alten moralphilosophischen Vorstellungen der Klassiker vor Augen standen, bei denen noch das Wissen in der Tradition der Aufklärung universal gerichtet war.

Die Forderung nach einem Abbau der von den Neoklassikern errichteten Grenzen war nun noch nicht so originell, das hatten die Historische

Schule der Nationalökonomie in Deutschland und die moderne Soziologie schon länger im Programm. Lowe ging aber weiter und stellte die tragenden Elemente der Neoklassik, den a priori-Charakter ihrer Deduktionen, das Rationalprinzip des »economic man« sowie die harmonischen Marktvorstellungen mit ihren zugrunde liegenden Annahmen perfekter Informationen und mobiler Produktionsfaktoren infrage, da sich die Realität, auf deren Hintergrund die Modelle entwickelt worden waren, längst geändert habe. Sein Plädoyer richtete sich auf die Konzeption einer realistischen Theorie, die von Erfahrungen bestimmt werde und daher auch erkennen müsse, daß der ökonomische Prozeß dauernd die Daten und Ausgangskonstellationen ändere.

Weiter ging Lowe in dieser Schrift jedoch noch nicht. Ihm kam es hier nur darauf an, die ökonomische Analyse zu einer wirklichkeitsbezogenen Ätiologie zu befähigen, ohne danach zu fragen, was und mit welchen Mitteln geschehen müsse, um in der Realität erkannte Fehlentwicklungen abzubauen oder möglicherweise gar nicht erst entstehen zu lassen. Daher schloß das Buch auch nur mit der Einsicht, daß der moderne dynamische Prozeß die Kooperation der Sozialwissenschaften verlange, weil sich die Komplexität der sozialen und wirtschaftlichen Abläufe kaum mit der von der konventionellen Theorie praktizierten »Partialanalyse« und ihren auf Einzelkomponenten ausgerichteten »instrumentellen Regeln« erhellen ließen. Wohl seien diese Analysen nötig und berechtigt, jedoch nur, wenn die Abläufe und Mechanismen des gesamtwirtschaftlichen Systems offenlägen.[136]

Allerdings zweifelte Lowe selbst, ob man mit solchem Anspruch nicht in den Bereich der »unbegrenzten Möglichkeiten« gerate und nur noch die »Regeln des Chaos« entdecken würde. Doch seine vorangegangenen Arbeiten zur konjunkturellen Entwicklung und zum Technischen Wandel überzeugten ihn, daß man auch nach Verlassen des neoklassischen Horizonts mit seinen Harmonievorstellungen und Gleichgewichtshypothesen im ungleichgewichtig verlaufenden Prozeß durchaus Regelmäßigkeiten antreffen müsse.[137]

Diese Fragen wurden dann in seiner Politischen Ökonomik wieder aufgenommen und jetzt auch versucht, die noch ausstehenden handlungsrelevanten Antworten zu finden, zu denen eine realistische Theorie führen müsse. Ausgangspunkt war ein umfassender dogmengeschichtlicher Abriß der ökonomischen Theorie von Adam Smith über Marx, die Neoklassiker bis hin zu Keynes, in deren Werken Lowe den fortschreitenden

Verfall eines ursprünglich als streng geschlossen gedachten Systems ausmachte. Auf diesem Hintergrund formulierte er die These, daß das Zentrum der ökonomischen Theorie nicht dort zu suchen sei, wo es seit den Zeiten der Neoklassik gesehen würde, nämlich in der »positiven Analyse«. Trotz aller vorangegangenen Kritik an Keynes hielt er dessen Ansatz mit seiner Stipulierung des Vollbeschäftigungszustandes als oberstem Makroziel der Wirtschaftspolitik für einen bedeutenden Schritt auf dem Wege zur Neuformulierung des verschütteten Systemsgedankens, der ihm einige wichtige Anhaltspunkte für die Wiederbelebung der Politischen Ökonomie in klassischer Tradition lieferte. Hieran anknüpfend entwickelte er ein Modell, das die Mittel und operationalisierbaren Schritte zeigen sollte, wie in der Wirtschaftspraxis bestimmte Ziele erreicht werden könnten. An die Stelle der nur auf Beschreibung gerichteten positiven Analyse war nun die aktiv auf Veränderung zielende »instrumentale Analyse« getreten, die einen früheren Begriff wieder aufnahm, ihn jedoch jetzt ganz anders besetzt hatte.

Die instrumentale Analyse, d.h. die Ermittlung und Kontrolle einer guten »Funktionsordnung«, faßte einmal die von Lowe und seinen Kieler Mitstreitern seit den zwanziger Jahren entwickelten Vorstellungen von den Aufgaben der Wirtschaftstheorie zusammen und lieferte andererseits neue Problemlösungsangebote für die Wirtschaftspolitik. Dogmengeschichtlich markiert sie eine weitgehende Revolutionierung der herkömmlichen ökonomischen Denktraditionen, der Neoklassik mit ihrer hypothetisch-deduktiven Methode, des Keynesianismus mit seiner Konzentration auf kurzfristige Funktionsstörungen der Ökonomie und der Forderung nach reaktivem Staatsinterventionismus und nicht zuletzt des Marxschen Systems. Trotz aller strategischen Unterschiede sah Lowe das Gemeinsame dieser Ansätze darin, daß sie wie die Naturwissenschaften von vorfixierten Annahmen ausgingen, etwa der inhärenten Ordnung der wirtschaftlichen Abläufe, der autonomen Existenz der Subjekte oder eines universal gültigen Verhaltenskodex. Analog den Gravitationsgesetzen würden umwandelbare ökonomische Bewegungsgesetze konstruiert, nach denen der wirtschaftende Mensch nur rationale Entscheidungen kenne oder uniforme Bedürfnisse, zum Beispiel den Maximierungstrieb habe. Dieses jeweils mehr und mehr ideologisierte Fundament habe die Ökonomie zu einer lebensfremden »Schreibtisch-Theorie« gemacht, deren zunehmend verfeinerte Forschungsmethoden in auffallendem Gegensatz zur empirischen Bedeutung ihrer Ergebnisse und der Treffsicherheit ihrer Prognosen stünden.

Die instrumentale Analyse richtete sich zum einen gegen die naturwissenschaftlichen Grundlagen der ökonomischen Denktraditionen, die das Rational- und Extremalprinzip zum nicht weiter zu prüfenden Axiom gemacht hätten. Allerdings räumte Lowe hierbei ein, daß jene hypothetisch-deduktiven Modelle auch einmal einen gewissen empirischen Gehalt gehabt hätten. Während der liberalen Ära des Kapitalismus hätten beispielsweise zahlreiche externe Druckfaktoren, die Massenarmut, ungezügelte Konkurrenz oder die puritanische Arbeitsethik jenes später dogmatisierte Maximalprinzip zu einer Strategie des Überlebens werden lassen.

Zum anderen richtete sich die instrumentale Analyse gegen den epistomologischen Wert der traditionellen Theorie, sofern sie beanspruche, eine Erfahrungswissenschaft zu sein. Daß der Neoklassik trotz einer veränderten Realität unveränderte Bedeutung für die ökonomische Analyse zukomme, sei nur dadurch zu erklären, daß ihre Grundlagen im politischen und kulturellen Wertesystem des Westens weitgehend dem Ideal des autonomen Menschen entsprechen. Die Menschen seien aber nie autonom gewesen, sondern von einer Vielzahl sozialer, kultureller, institutioneller, psychologischer und anderer Faktoren abhängig – für die modernen Gesellschaften seien beispielhaft nur die Reklame oder technische und soziale Immobilitäten genannt. Die historische Entwicklung der letzten Jahrhunderte zeige andererseits, wie zweifelhaft die dem Marktmodell zugrundeliegenden Ordnungsvorstellungen geworden seien, da paradoxerweise die Leistungen des Hoch- und Spätkapitalismus mit wachsendem Wohlstand der Klassen, der Einschränkung der Konkurrenz, der Organisation von Kapital und Arbeit sowie der zunehmend lenkenden Eingriffe des Staates die Selbststeuerung der Märkte unterminiert und damit eine der zentralen axiomatischen Grundlagen der Theorie aufgehoben hätten.

Diese historischen Tatsachen versucht die Politische Ökonomik einzufangen. Anstelle des in der Neoklassik von der Gesellschaft isolierten ökonomischen Prozesses mit seinem eindimensionalen überzeitlichen Ziel der Gütermaximierung definierte Lowe einen konkurrierenden »Pluralismus« möglicher Produktions- und Distributionsoptima, die jeweils zu erreichen nicht nur eine ökonomische oder technische Frage sei, sondern primär politisch-soziale Entscheidungsprozesse jenseits der Einzelwirtschaften erforderten. Als Beispiel hierzu führte Lowe etwa an, daß die heutigen ökologischen Gefahren oder das Ende der Wachstumseuphorie bei den Menschen zu ganz anderen Präferenzsystemen führen würden, auf die die konventionellen ökonomischen Modelle mit ihrem starren Menschenbild kaum eine adäquate Antwort hätten.

Da es nach diesen Modellen nicht möglich sei, eine unbekannte künftige Entwicklung aus den Daten und Verhalten der aktuellen Ausgangssituation abzuleiten, empfahl er, das Problem umzukehren: Der künftige Zustand des Systems solle für die ökonomische Analyse als bekannt vorausgesetzt werden, indem die zu erreichenden Ziele politisch definiert werden müßten; daher nennt er sein Werk auch »Politische Ökonomik«. Beispiele für solche politisch vorgegebenen Zielsetzungen könnten etwa die Vollbeschäftigung, bestimmte Wachstumsraten,[138] Umverteilung zwischen reichen und armen Ländern, Reduktion industrieller Schadstoffe und vieles andere mehr sein. Die Aufgabe der instrumentalen Analyse sei dann, die nötigen Anpassungspfade auf diese Ziele hin zu bestimmen. Wenn jene bekannt sind, könnten schließlich die nötigen Verhaltensvariablen umrissen werden, die den zielgerichteten Ablauf in Gang setzten. Auf diesem Wege werde das unbekannte Verhalten der Wirtschaftssubjekte von den zieladäquaten Anpassungsprozessen her transparent gemacht und determiniert.

Was Lowe empfahl, war kurz darauf – allerdings unabhängig von seinen Überlegungen – rudimentär im Stabilitätsgesetz der Bundesrepublik von 1967 umgesetzt worden, dessen »magisches Viereck« etwa die Zukunftsziele Vollbeschäftigung, Wachstum, Preisstabilität und außenwirtschaftliches Gleichgewicht benannte. Jedoch hatten diese Ziele nur allgemeine Richtlinien im keynesianischen Sinne für die staatliche Wirtschaftspolitik ohne Verbindlichkeit für die anderen Wirtschaftsgruppen vorgegeben. Wie man weiß, sind sie auch nie erreicht worden. Fast wie eine Antizipation dieser Defizite wirkt es daher, wenn Lowe nicht nur die Ziele und Wege definierte, sondern weiterging und auch nach ihren Durchsetzungsmöglichkeiten fragte. Der letzte und entscheidende Schritt der instrumentalen Analyse ist daher die Institutionalisierung eines Systems sozialer Kontrollen, die von harmlosen Überzeugungstechniken über komplementäre öffentliche Investitionen, Preis-, Lohn- oder Investitionskontrollen bis hin zu extremen Formen von Zwangsmaßnahmen reichen sollten.[139]

Die Bedeutung der Politischen Ökonomik liegt darin, daß sie den wirtschaftlichen Kernprozeß wieder mit den maßgebenden Komponenten des soziopolitischen Umfeldes zu verbinden sucht. Wie die Benennung schon äußerlich andeutet, steht sie in der klassischen Tradition von Smith, Ricardo und Marx. Während dort noch ein enger Nexus zwischen endogenen und exogenen Einflußfaktoren bestanden hatte, war diese Beziehung im weiteren Verlauf der theoriegeschichtlichen Entwicklung immer mehr verloren gegangen. Lowes Modell und seine instrumentale Methode suchen darüber hinaus durch bewußte Lenkung das zu erreichen, was sich nach klassischen Vorstellungen aus den automatischen Rückkoppelungsprozessen des Marktes ergeben sollte. Bemißt sich der Test für die empirische Brauchbarkeit des neoklassischen Marktmodells nach der Fähigkeit der Ökonomen, exakte Voraussagen zu treffen, so liegt das Testverfahren für die instrumentale Analyse im Erfolg der Wirtschaftspolitik.

Mit der Definition der Instrumentalanalyse als einem System sozialer Kontrollen hatte sich der Kreis in Lowes Reflexionen über geeignete Strategien für stabile und zukunftsoptimistische Entwicklungspfade geschlossen, mit denen er dreißig Jahre zuvor während der Weltwirtschaftskrise begonnen hatte. Während er damals noch ganz in der deutschen Staats- und Wissenschaftstradition stand, von denen sich auch die reformsozialistischen Transformationsvorstellungen mit ihren institutionellen Fixierungen nicht so sehr unterschieden, weil sie ihre Hoffnungen etwa auf die quasi von oben eingeleitete Sozialisierung der Großbetriebe gerichtet hatten, zeigte sich nunmehr eine beachtenswerte Verschiebung der Perspektive. Sein Kontrollsystem markiert eine neuartige Theorie der »liberalen«, nicht-kollektivistischen Planung, die eine Synthese zwischen alter und neuer Wirtschaftstheorie anbietet. Sie stellt einen Versuch dar, die Klassik, Neoklassik, das Marxsche System und den Keynesianismus mit neuen Forschungsmethoden so in Einklang zu bringen, daß adäquate Handlungsstrategien zur Steuerung makroökonomischer Prozesse möglich werden. Unübersehbar sind in dieses Planungsmodell auch Lowes jahrzehntelangen Erfahrungen aus den nach 1933 erlebten neuen sozialen Milieus eingegangen, wobei etwa die schon bei seiner Faschismus-Analyse thematisierten Einsichten in die »social conformity« der angelsächsischen Länder entscheidend das erkenntnistheoretische Fundament mitbestimmten. Lowes Instrumentalanalyse, die gleichermaßen in kontrollierten Marktsystemen wie für dezentrale Planwirtschaften anwendbar ist, wirft ein Schlaglicht auf seine Akkulturation im politischen Präferenzsystem der kritischen amerikanischen Sozialwissenschaften, das Alvin Johnson einmal von dem der ehemaligen deutschen Emigranten so unterschieden hat: »Ihr kulturelles Wertsystem geht von der Ordnung aus, die sich schrittweise zur Demokratie entwickelt, meines geht von der Demokratie aus, die sich zur Ordnung läutert.«[140] Jenseits dieses exilspezifischen Aspekts bezeichnet die Instrumentalanalyse aber auch ein Stück Abkehr von der Planungseuphorie der intellektuellen und politischen Aufbruchsjahre. Die von ihm ursprünglich geteilten Verheißungen der »sozialistischen Utopie« waren im Alter einer viel größeren Skepsis über die Möglichkeiten der Wirtschaftslenkung zur Herstellung einer gerechten und freien Gesellschaft gewichen.[141]

Die grenzüberschreitende Breite, die das Fundament von Lowes Politischer Ökonomik kennzeichnet, mag daran erkennbar sein, daß nach der spektakulären Rezeption seines Buches an der New School zwei hochkarätig besetzte Symposien stattfanden, an denen nicht nur Ökonomen unterschiedlicher Weltanschauung, sondern auch Soziologen, Philosophen und sogar Naturwissenschaftler teilnahmen und über die philosophischen sowie die Theorie-Praxis-bezogenen Aspekte dieses magnum opus diskutierten.[142] Seine Brisanz lag darin, daß es nicht nur einen Paradigmawechsel vollzieht, der in den wissenschaftsgeschichtlichen Entwicklungen ja nicht so untypisch ist. Vielmehr stellt die Politische Ökonomik einen viel grundsätzlicheren Bruch mit den überkommenen normativen Grundlagen der ökonomischen Wissenschaft dar, einerlei um welche Richtungen es sich handelt. Auch Lowe sympathisch gesinnte Kollegen wie etwa Kenneth Boulding bemerkten, wie bei ihm die stolze Leitwissenschaft der modernen Gesellschaft auf ihren quasi vor-modernen Platz der dienenden, instrumentellen Magd der Politik zurückgedrängt wird. Damit würden alte, bis in die Antike reichende Traditionen aktuell, in denen das vernünftige Wirtschaften nicht aus der Eigenlogik des Rationalitätsprinzips, sondern aus der Politik bzw. Ethik abgeleitet wurde.[143]

Diesen weiteren historischen Horizont hat Lowe selbst allerdings nicht abgesteckt. Eine sicher zutreffende Kritik kam dazu von Lowes langjährigem Mitstreiter Gerhard Colm, der mit seinem Modell der wirtschaftlichen Projektionen ja in ähnliche, wenn auch nicht so weitgehende Richtung argumentiert hatte. Er bemängelte, daß die Politische Ökonomik den Blick auf die Eingangshalle eines phantastischen Gebäudes geöffnet, aber von der eigentlichen Einrichtung noch nicht allzu viel freigegeben habe.[144]

Einen Teil dieser Innenräume gestaltete Lowe dann in seinem letzten Buch »The Path of Economic Growth«, das die instrumentale Methode auf jenen speziellen wirtschaftlichen Tatbestand anzuwenden suchte, der den Autor und seine Kollegen schon seit Beginn ihrer wissenschaftlichen Arbeit beschäftigt hatte. Mit der in dieser Studie entwickelten neuen Traversen-Analyse, d.h. der Untersuchung der durch den Wechsel in den

Produktionstechniken eingeleiteten Übergangsprozesse, wurden die jahrzehntelangen Forschungen zur Technologie- und Wachstumsproblematik zum Abschluß gebracht. Erwähnt sei nur am Rande, daß in diesen Jahren mittlerweile auch im neoklassischen Lager solche Fragen diskutiert wurden, allerdings sind die dazu von John Hicks publizierten Untersuchungen bisher die Ausnahme geblieben.[145]

Auch andere nach dem Zweiten Weltkrieg entwickelte Modelle reflektierten das Ungenügen und die Defizite der Neoklassik. Genannt seien neben Lowes und Colms Arbeiten nur die Wohlfahrtsökonomik, Leontiefs Input-Output-Analyse oder Jan Tinbergens Theorie der Wirtschaftspolitik, wobei sicher kein Zufall ist, daß diese Ansätze fast durchweg von europäischen Wissenschaftlern stammten, die in den dreißiger Jahren in die USA gekommen waren. Auch dort finden sich umfassende Plädoyers für intensivere ökonomische Zieldiskussionen. Im Unterschied zu Lowes Vision waren sie jedoch viel stärker technokratisch orientiert und vernachlässigten weitgehend die für Lowe zentrale Diskussion der adäquaten sozialen Verhaltensmuster und Kontrollen.

VII. Einflüsse der emigrierten Sozialwissenschaftler in den USA

1. Das überlieferte Bild von der New School

Von Anfang an war die aus der University in Exile hervorgegangene Graduate Faculty, ihre Funktion als Auffangbecken der deutschen und europäischen Emigration sowie ihr wissenschaftlicher Stellenwert in der interessierten Öffentlichkeit umstritten. Und bis heute hat sich an dieser kontroversen Position nur wenig geändert, wie die Literatur zur Geschichte des akademischen Exils in die USA nach 1933 zeigt. Einleitend wurde bereits die etwa von Lepsius in der Bundesrepublik eingenommene Haltung wiedergegeben, wonach jene Institution ein zwar originelles, jedoch einflußloses intellektuelles Emigrantenzentrum dargestellt habe. Demgegenüber hatte in den USA zuletzt Coser im Außenseiterstatus der Gruppe einen Vorteil dafür gesehen, daß sie ihre in Deutschland geformte Botschaft unverfälscht bewahren und an eine kleine interessierte Minderheit in den USA weitergeben konnte.

Die bisher vorgestellten Positionen der New School-Wissenschaftler und ihre Vermittlung in den USA geben kaum Anhaltspunkte dafür, daß man von einer Ghetto-Position der Graduate Faculty wird sprechen können. Das belegen insbesondere Gerhard Colms finanzwissenschaftliche Arbeiten, sodann die von Adolph Lowe geleiteten international vergleichenden Forschungen des Institute of World Affairs, ferner die Technik- und Wachstumsdebatte, welche jenseits des exilgeschichtlichen Aspekts gerade jüngst in den Auseinandersetzungen über die Ursachen der gegenwärtigen Krise eine lebhafte Renaissance erlebt hat, oder schließlich die mehr zeitgebundenen, aber damals wichtigen Faschismusanalysen der dreißiger Jahre. Auf die bedeutenden Leistungen in den anderen Disziplinen wie der Gestaltpsychologie Max Wertheimers, der vergleichenden Regierungslehre und Bürokratieforschung Arnold Brechts und Erich Hulas oder der Phänomenologie von Alfred Schütz soll dabei noch nicht einmal erneut eingegangen werden.

Allem Anschein nach hatte das in jenem Klischee eingefangene Urteil eine eigentümliche Genealogie. Da von der bisherigen Forschung zum wissenschaftlichen Exil kaum die Archive der Hilfsorganisationen oder die zahlreichen zugänglichen privaten Nachlässe genutzt worden sind, hat sich ein Bild eingeprägt, das in starkem Maße von den zahlreichen älteren Selbstdarstellungen aus Emigrantenkreisen bestimmt worden ist. Und dort hatte die University in Exile von Anfang an nicht günstig abgeschnitten. Unverkennbar ist, daß ein gewisses Maß von Neid, Mißgunst und Unbehagen über diese florierende Institution die Meinung von jenen prägte, die dort nicht untergekommen waren oder die nach ihrem politischen Selbstverständnis als Exilanten mit Argwohn die relativ geräuschlose Integration jener kritischen Intellektuellen aus den Weimarer Jahren in den USA beobachteten.

Typisch mag etwa die Reaktion Carl Landauers gewesen sein, der ebenfalls aus der deutschen reformsozialistischen Tradition kam und nach Schließung der Handelshochschule Berlin das Glück gehabt hatte, sogleich eine Anstellung an der University of California in Berkeley zu finden. Etwas säuerlich nahm er dort die Nachricht zur Kenntnis, daß Lederer an die New School berufen wurde. In seiner damaligen kalifornischen Isoliertheit beruhigte er sich dann selbst damit, daß gewissen Gerüchten zufolge die Verhältnisse an der Exil-Universität nicht sehr erfreulich sein sollten.[1]

Noch stärkere Vorbehalte kamen von verschiedenen Mitgliedern des ehemaligen Frankfurter Instituts für Sozialforschung, das nach 1933 zunächst in Genf und Paris residierte und erst ab Mitte der dreißiger Jahre seinen Sitz in die Räumlichkeiten der Columbia Universität verlagerte, also zu einer Zeit, als die ankommenden Wissenschaftler aus Deutschland nicht mehr auf die interessierte Neugier stießen wie unmittelbar nach der Machtergreifung Hitlers. Die tiefe Verunsicherung der Institutsarbeit durch den Sieg der Nationalsozialisten und die wachsende philosophische Orientierung der Kerngruppe um Max Horkheimner und Theodor Adorno, die kurz darauf auch zum Zerfall des Instituts führen sollte, taten ein übriges, um in der eigenen intellektuellen Isolation mit Argwohn auf die institutionalisierte Konkurrenz der New School zu schauen, worüber noch zu berichten sein wird. Ähnliche Ressentiments folgten ja auch bald von seiten der französischen Wissenschaftler, die nach 1940 an der Ecole libre unter dem Dach der New School untergekommen waren.[2]

Einen anderen Tenor hatten die Kritiken verschiedener linker politischer Gruppierungen wie etwa die der Bewegung »Freies Deutschland« in Mexiko. Dort nahm man zwar die großen wissenschaftlichen Leistungen der New School zur Kenntnis, die überhaupt mit der Arbeit der an ihr tätigen Ökonomen gleichgesetzt wurden, bemängelte jedoch, daß diese Intellektuellen kaum Aktivitäten als »deutsche« Wissenschaftler entfalteten und ihre »Abreise« (sic!) aus Deutschland offenbar als etwas Endgültiges angesehen hätten.[3]

Bis in die jüngste Gegenwart wurde in den Kreisen vieler ehemaliger Emigranten ein kaum von fundierten Kenntnissen geprägtes Negativ-Image bewahrt. Noch 1984 meinte der ehemalige Schumpeter-Schüler Herbert Zassenhaus, daß die New School von anderen Emigranten gemieden wurde »wie die Pest«, weil die dort Tätigen die Kieler oder Frankfurter »Eierschalen« nie abgelegt hätten und deshalb nicht integrierbar gewesen seien. Bei der Familie des Betriebswirtschaftlers Julius Hirsch hingegen hatte sich die Vorstellung festgesetzt, daß die Graduate Faculty eine camouflierte Gründung der deutschen Sozialdemokratie gewesen sei, mit der ausschließlich die eigenen intellektuellen Kader gerettet worden waren.[4] Solche gedanklichen Abwege wären nicht erwähnenswert, wenn sie nicht trotz jahrzehntelanger Distanz noch etwas von spezifischen Formen der ehemaligen Emigrantenpsychologie wiedergeben würden. So hatte Zassenhaus Anfang der dreißiger Jahre einmal bei Lowe studiert, ehe er zu Schumpeter nach Bonn gegangen war. Nach seiner Flucht aus Deutschland hatte ihm Schumpeter wohl ein Stipendium für Harvard besorgt, sich dann aber nicht weiter um ihn gekümmert. Zu dieser etwas verlorenen persönlichen Lage mußte der Gruppengeist an der New School dann natürlich besonders auffallend kontrastieren. Noch deutlicher lagen die Verhältnisse bei Julius Hirsch. In den Anfangsjahren der Weimarer Republik hatten einige der späteren New School-Ökonomen unter Hirsch gearbeitet, dem damaligen Staatssekretär im Reichswirtschaftsministerium; Lowe hatte ihn gar als Referent zu der großen Weltwirtschaftskonferenz 1922 nach Genua begleitet. Aus dieser Zusammenarbeit datierten die zahlreichen konzeptionellen Spannungen, die bei den Reformern aber nicht so weit gingen, daß sie sich nach Ausbruch des Zweiten Weltkrieges und der deutschen Besetzung Dänemarks nicht für Hirsch einsetzten, der dort seit 1933 an der Universität Kopenhagen lehrte. Allerdings erhielt er 1940 von der New School nur einen Ruf als visiting professor, und offenbar hatte er für seine prekäre Situation, die sich in jenen Jahren nicht von der anderer in die USA gekommener Emigranten unterschied, jene Gruppe (und früheren Untergebenen) mit verantwortlich gemacht.[5]

Ebenso war die Graduate Faculty von Beginn an der dauernden Kritik aus konservativen Kreisen Amerikas ausgesetzt. In den ersten Jahren richteten sich die Vorbehalte in der isolationistischen Öffentlichkeit hauptsächlich gegen die Konzentration so vieler ausländischer Wissenschaftler an einer einzigen Institution. Die Ausnahme blieben noch solche Attacken wie die eines deutschstämmigen und nazifreundlichen Germanisten, der in den Vertriebenen an der New School eine Gefährdung des inneren Friedens und eine Perversion der akademischen Freiheiten sehen wollte.[6] Doch nach Kriegsausbruch und später in der McCarthy-Ära verschärften sich die politischen Denunziationen, wobei isolationistische und pronazistische Attitüden zu einer diffusen Grundlage verschmolzen. In zahlreichen privaten Beschwerdebriefen an die Hilfsorganisationen wurde die New School gar zur Brutstätte einer »Pro-Communist-« oder »near-Bolshevik-Intelligentsia« erklärt.[7] Auch in der FBI-Zentrale in Washington gingen zahlreiche Agentenmeldungen ein, die über ähnliche Vorbehalte in verschiedenen Teilen der Bevölkerung berichteten.

Jedoch werfen solche Diffamierungen eher ein Licht auf die Hysterie in der Öffentlichkeit, denn ebenso wurden die profilierten New Dealer wie Adolf Berle, Rexford Tugwell, Alvin Hansen und andere immer wieder als Sozialisten und Kommunisten verdächtigt, die den New Deal, zumal unter den kriegswirtschaftlichen Bedingungen, angeblich für den Aufbau einer »Diktatur« instrumentalisieren wollten.[8] Gleichwohl wurden mehrfach Agenten, als Studenten verkleidet, auf die New School angesetzt, um vor Ort die Substanz der »zahlreichen Beschwerden« zu prüfen. Doch in keinem Fall kam dabei etwas heraus. Wohl sah und hörte man, daß die meisten Professoren dort »extrem liberal« seien, jedoch befänden sich keine Kommunisten darunter und niemand sei in un-amerikanischen Aktivitäten engagiert, vielmehr seien alle überzeugte Anti-Nazis.[9]

Dennoch hielten sich solche Gerüchte, und noch 1946 sprach der Vorsitzende des House Committee on Un-American Activities abfällig von den sozialistischen Zielen dieser »seltsamen Institution«.[10] Niemals waren allerdings Vertreter der New School vor den Ausschuß geladen worden. Wie er schon in zahlreichen Komitees gegen die Nazis gekämpft hatte, so gehörte Johnson daher auch nach dem Kriege mit zu den Initiatoren zahlreicher Vorstöße gegen den Meinungsterror Senator Joseph McCarthys.[11]

Sicher war richtig, daß die New School-Mitglieder und besonders ihre Ökonomen nicht im »main stream« der normalen Wissenschaften in den USA schwammen, jedoch ließ sich daraus noch kein marginales Schattendasein ableiten. Im Gegenteil, nicht nur von denjenigen intellektuellen Kreisen, die politisch den New Deal mittrugen, wurde die Qualität der Graduate Faculty gesehen und hoch eingeschätzt; einige sprachen gar davon, daß dort eine »Zeitbombe« für die geistige Kultur Amerikas ticken würde. Denn dort würden die Hörer nicht nur mit den nötigen Fakten, sondern auch mit den methodischen Grundlagen für die Umsetzung von theoretischen Einsichten in die politische Praxis bekannt gemacht. Die interdisziplinäre und praxisorientierte freie Lehre, die auch die impliziten Ideen und Fragestellungen des wissenschaftlichen Arbeitens nicht ausblendete, stand in auffallendem Kontrast zu den gebundenen, behavioristisch orientierten Curricula der amerikanischen Universitäten. Waren die modernen Sozialwissenschaften ohnehin schon eine Domäne der europäischen Emigranten, so formte die auf diesen Bereich spezialisierte Graduate Faculty mit ihrem zahlenmäßig größten Mitarbeiterstab einen unübersehbaren Mittelpunkt.

Das gesellschaftspolitische Selbstverständnis dieser Wissenschaftler, das sich gegen jede Art reiner Theorie und isolierten Spezialistentums richtete, sowie ihre Opposition gegen die von vielen Kollegen behauptete Wertfreiheit der Wissenschaft übte eine nicht geringe Anziehung auf diejenigen aus, die das Ausmaß der Weltwirtschaftskrise nicht zuletzt mit auf das Fehlen ethischer Normen im liberalen Weltbild bzw. in den neoklassischen Modellabstraktionen zurückgeführt hatten. Fasziniert waren einige Beobachter so auch von dem gemischten Zuhörer-Kreis in der New School, der nicht allein aus jüngeren Studenten bestand, sondern zu dem unterschiedliche Altersgruppen und soziale Schichten sowie manchmal sogar die Kollegen von den benachbarten New Yorker Hochschulen gehörten.[12]

Die in deutschen und europäischen Belangen besonders engagierte Journalistin Dorothy Thompson hielt die Graduate Faculty nicht nur für den bedeutendsten deutschen »Außenposten freier, unabhängiger Wissenschaft«, sondern auch für die wichtigste intellektuelle Gruppe der deutschen Emigranten.[13] Und nicht nur symbolisch war, wenn Thomas Mann in einer Laudatio von dieser »Universität zweier Kontinente« sprach.[14] Selbst das nach Kriegsbeginn gegründete Office of Strategic Services, aus dem später die CIA hervorging, bemerkte, daß an der New School die fähigsten deutschen sozialistischen Intellektuellen versammelt waren.[15] Das meinte weniger eine politische Wertung als ein Qualitätsetikett, denn für seine Research and Analysis Branch hatte es zum größten Teil ebenfalls Wissenschaftler vom linken Spektrum der deutschen Emigration angeworben, so insbesondere auch verschiedene Mitglieder des Instituts für Sozialforschung, weil man gerade von ihnen angesichts des defizitären Kenntnisstandes in den USA nicht allein Informationen, sondern vor allen Dingen die nötigen kritischen Analysen über die europäischen Vorgänge erwartete.[16]

2. Wirkungen der New School als Institution

Wie sich exakte Aussagen über die Wirkung von Wissenschaft nur selten machen lassen, so können auch Schätzungen über den Einfluß der emigrierten Gelehrten in den USA immer nur mit Einschränkungen gewagt werden. Zwar gibt es eine Reihe von Beurteilungskriterien wie etwa den Zitationsindex in Amerika, die Berufungspolitik der dortigen Universitäten, die Art und Verbreitung von Publikationen etc., ob nach solchen Rastern aber ein zutreffendes Bild entworfen werden kann, erscheint zweifelhaft. Die Vertreter der österreichishen Neoklassik etwa fanden einen geräuschlosen Anschluß an die amerikanische Wissenschaft; sie erhielten, wie erwähnt, Rufe an die bedeutendsten Hochschulen der Ostküste und sie bereicherten die Theorie in Amerika um nennenswerte Akzente. Damit allein ist die Frage der Wirkung aber noch nicht hinreichend beantwortet, denn das hieße, daß alle, die an kleineren Universitäten oder an Colleges lehrten, die weniger publizierten oder deren Arbeiten weniger im Brennpunkt der Diskussion standen, einen nur geringeren Einfluß gehabt hätten. Intellektuelle Wirkung würde sich so daran bemessen, wie sich die Gelehrten am besten in den herrschenden Konsens der Wissenschaft einpaßten und deren Paradigmen teilten. Für die Exil-Historiographie würde eine solche Sichtweise zudem den Rückfall in die alten Assimilationsvorstellungen bedeuten. Daher hat Coser in seinem jüngsten Werk auch andere Maßstäbe vorgeschlagen: Die Wirkung der immigrierten

Wissenschaftler in Amerika wird von ihm unabhängig von den klingenden Institutionen aus deren persönlichen Interaktionsprozessen, ihrem Austausch von Ideen sowie dem Aufbau neuer intellektueller Netzwerke abgeleitet. Ihre Bedeutung wird nicht daran gemessen, ob sie in Princeton oder Harvard lehrten, ob sie in den bekannten Verlagen publizierten oder wie häufig sie von der herrschenden Wissenschaft zitiert werden, sondern daran, wer ihnen zugehört und ihre Botschaften aus welchen Gründen aufgenommen hat. Die Wirkungsgeschichte der wissenschaftlichen Emigration orientiert sich damit nicht nur an dem, was die Europäer in ihrem Gepäck mitgebracht hatten und bruchlos in die neue soziale Welt einfügen konnten, sondern ebenso an den sozialen und kulturellen Bedingungen, die im Aufnahmeland die Rezeption neuer und anderer Ideen begünstigten oder behinderten.[17]

In dieser Perspektive reduziert sich der in der Literatur immer wieder hervorgehobene Außenseiterstatus der New School allein auf ihren institutionellen Rahmen, das Unikum eines kleinen Apparates, der erst durch die deutschen Immigranten zu einer Einrichtung der höheren Bildung geworden war. Trotz ihrer beschränkten Möglichkeiten und finanziellen Dauerprobleme hatte die Graduate Faculty dennoch rasch einen beachtlichen Stellenwert im amerikanischen Wissenschaftssystem gewinnen können. Daß die ursprünglich vorhandene Wirksamkeit in späteren Jahren aus dem Blick geriet, ist jedoch kein Problem der dort versammelten Wissenschaftler. Im Bereich der Ökonomie bewahrten Lowe, Neisser, Kähler oder Staudinger die Kontinuität der Forschung bis weit in die Nachkriegsjahre hinein, sie teilten aber das Schicksal der amerikanischen New Dealer aus den dreißiger und vierziger Jahren insgesamt, wie das abrupte Ende der beruflichen Karriere Gerhard Colms in der Washingtoner Administration nach 1945 bereits gezeigt hat.

Sieht man von der kurzen Phase der Kennedy-Jahre ab, so markierte die New Deal-Ära einschließlich der Kriegswirtschaft eine zeitlich befristete Ausnahmesituation in den liberalen Traditionen Amerikas. Die in jenen Jahren diskutierten theoretischen Ansätze hatten die neoklassischen Paradigmen nur zurückgedrängt, die dort gegebenen Anregungen für die Hermeneutik des Wirtschaftens wurden von der nach 1945 wieder dominanten frei-wirtschaftlichen Ökonomie jedoch nicht aufgenommen. Nicht einmal die von den Reformökonomen stammenden Synthesen, die auch mit den Kategorien und Instrumenten der Neoklassiker die überkommenen Modellvorstellungen weiterentwickeln wollten, regten jenes Lager an. Bezeichnend für die Immunisierungstendenzen der Neoklassiker mag sein, daß Adolph Lowes ökonomische Theorie der liberalen Planung oder das in ähnliche Richtung gehende Konzept der wirtschaftlichen Projektionen Gerhard Colms nur bei einigen Außenseitern bleibende Nachfolger fanden. In der Bundesrepublik wurden Colms Ideen allerdings von einigen sozialdemokratischen Wirtschaftstheoretikern im Konzept der »mittelfristigen Finanzplanung« aufgenommen und seit Ende der sechziger Jahre ansatzweise sogar in die politische Praxis umgesetzt.

Typisch mag ferner sein, daß auch die während der Kriegsjahre entwickelte Input-Output-Analyse Leontiefs zur Bestimmung koordinierter Produktionspfade in den Industriegesellschaften bei Politik und Wissenschaft zunächst auf weitgehende Skepsis stieß. Auffallend ist, daß seine nach 1945 weiter geführten Arbeiten weniger von amerikanischen Forschungseinrichtungen, sondern in größerem Umfang von internationalen Organisationen finanziert wurden.[18] Das gleiche ist übrigens auch in der Bundesrepublik zu beobachten. Als nach 1945 das ehemalige Institut für Konjunkturforschung in Berlin, nun unter dem Namen Deutsches Institut für Wirtschaftsforschung, den Anschluß an die internationale Wissenschaft suchte und für seine Erhebungen zur Input-Output-Analyse die finanzielle Unterstützung des neuen Wirtschaftsministerium erbat, bekam es unter der Ägide des Ordo-Liberalen Ludwig Erhard nur Absagen. Finanziert wurden die Forschungen stattdessen von der Industrie. Ein Durchbruch zur staatlichen Förderung kam erst nach dem Berliner Mauerbau, als es darum ging, längerfristige Vorsorge für politische Krisensituationen zu treffen.[19] Aus dem Blickwinkel des »roll back« in den Nachkriegsjahren und der Renaissance der Neoklassik bezeichneten die Arbeiten der ehemaligen deutschen Reformökonomen in den USA sicher Außenseiterpositionen; in dieser verkürzten Sicht waren die wesentlichen Tatsachen aus der New Deal-Ära jedoch ausgeblendet worden.

Schon unmittelbar nach ihrer Ankunft waren Colm, Feiler und Lederer im Dezember 1933 zu einer Diskussion über staatliche Wirtschaftskontrollen von der American Political Science Association eingeladen worden. Von ihnen erhoffte man sich einige wichtige Anregungen, weil sie, wie der Organisator der Veranstaltung hervorhob, von den meisten Wissenschaftlern der englischsprachigen Welt abwichen. Nicht zufällig bildete dieses erste Symposium den Auftakt für intensivere Forschungen amerikanischer Wissenschaftler über öffentliche Kontrollen und Planung.[20] Naturgemäß gehörten solche Fragen auch zu den Themen der zahlreichen Konferenzen in der New School selbst, die zum Teil mit hochkarätiger Besetzung stattfanden. An der Tagung etwa über ›The Struggle for Economic Security in Democracy« Anfang 1939 nahmen zum Beispiel Gottfried Haberler, Alvin Hansen und Paul Sweezy von der Harvard Universität, Arthur F. Burns und John M. Clark aus Columbia, Gunnar Myrdal aus Stockholm und Rufus Tucker von General Motors teil, um nur ein paar Namen zu nennen. Welchen Eindruck solche Veranstaltungen offenbar machten, ist von Gerhard Colm, zu jener Zeit Dekan der Fakultät, festgehalten worden: »Das Symposium ist ausgezeichnet verlaufen. In jeder Sitzung war das Auditorium gefüllt, in jeder Abendsitzung sogar überfüllt. Das zeigt, daß die Wahl des Themas auf Interesse stieß. Es war auch ein ausgesprochen gut zusammengesetztes Podium. Wir waren im allgemeinen mit unseren amerikanischen Diskussionspartnern zufrieden. Johnson sagte nur: Ich platze vor Stolz über die Fakultät.«[21]

Mit auffallendem Engagement wurden die New School-Ökonomen Anfang 1935 auch in die American Economic Association eingeführt, zumal zu dieser Zeit die ersten mißgünstigen Stimmen zu vernehmen waren, die diese Konkurrenz fürchteten.[22] Solche Äußerungen wurden sicher nicht leiser, als man sah, daß fortan die Graduate Faculty regelmäßig auf den Jahrestagungen mit Referaten vertreten war, 1938 in Detroit gar in großer Besetzung mit sieben Vertretern, wobei Emil Lederer allein mehrere Vorträge über Messungsprobleme des industriellen Wachstums und über die moderne Sozialversicherung hielt.[23] Wohl einen Stellenwert hatte auch, daß Alvin Johnson für die Periode 1936 zum Präsidenten dieser Gesellschaft gewählt wurde. Zwar wollte er den Job nicht, nahm dann aber mit Rücksicht auf das Prestige für die New School an.[24]

Ebenso gehörten die Mitglieder der Graduate Faculty zu den Beiträgern und Diskutanten auf diversen anderen wirtschaftswissenschaftlichen Veranstaltungen. Zum Beispiel wurden 1935 Vertreter von sechs Universitäten, zu denen auch Gerhard Colm von der New School zählte, vom National Bureau of Economic Research eingeladen, um engere Formen gemeinsamer Forschung über aktuelle Probleme der Ökonomie zu verabreden. Diese Zusammenkunft führte kurz darauf zur Gründung eines Universities National Bureau Committee, das in den folgenden Jahren in zwei Sektionen vor allem über die Entwicklung der Volkseinkommens-rechnung sowie über die Preispolitik arbeitete. Dort legte Colm auch seine ersten vorläufigen Überlegungen zum Aufbau und der statistischen Erfassung einer nationalwirtschaftlichen Gesamtrechnung vor, die vor allem wegen ihrer sozialen Bestimmungsfaktoren sogleich auf neugieriges Interesse stießen.[25] Später bildete das Komitee noch eine weitere Sektion über Konjunkturforschung, zu der auch Lowe und Neisser gehörten. Beispielhaft mag dieser Arbeitskreis noch in den späten vierziger Jahren den überragenden Einfluß der europäischen Wissenschaftler widerspiegeln, denn sie stellten neben Lowe und Neisser mit Haberler, Koopmans, Leontief, Marschak, Tinbergen und anderen allein die Hälfte der Teilnehmer.[26]

Daß die Wissenschaftler der Graduate Faculty bald einen festen Ort im amerikanischen Wissenschaftsbetrieb gefunden hatten, mögen auch die Einladungen zu Gastsemestern an andere Universitäten seit 1936 andeuten, ehe solche Verpflichtungen ab 1938 zur regelmäßigen Einrichtung für fast alle ihrer Mitglieder wurden.[27] Ebenso zeigten die Präsidenten verschiedener großer Universitäten wie etwa Robert Hutchins aus Chicago und andere Personen des öffentlichen Lebens starkes Interesse an einer Mitgliedschaft im Board of Trustees oder im Advisory Committee der Fakultät. Dieser illustre Kreis mag andeuten, daß die New School alles andere als ein hermetisches Europa-Ghetto war.

Stolz war man in der Fakultät ferner auf den durchschlagenden Erfolg von *Social Research*. Die Zeitschrift fand nicht nur einen schnell wachsenden festen Leserkreis, auch die Tagespresse widmete ihr mehr Raum als jedem vergleichbaren sozialwissenschaftlichen Periodikum in den USA.[28] Rasch war auch die Zahl der Studenten gestiegen, die für weitere multiplikative Wirkung sorgten. Begonnen hatte die University in Exile mit etwa 100 Hörern, bis 1945 war die Zahl auf 5.500 gestiegen.[29] Gegen Ende des Krieges sollen mehr als 200 der dort ausgebildeten Studenten in der Washingtoner Administration gearbeitet haben.[30]

Dort war man seit Mitte der dreißiger Jahre nicht nur auf Colms finanzwirtschaftliche Arbeiten, sondern auch auf andere der an der New School vertretenen Forschungsansätze aufmerksam geworden. Angesichts der defizitären Erkenntnis- und Entscheidungsgrundlagen hatte beispielsweise die 1935 eingerichtete Arbeitsbeschaffungsbehörde, die Works Progress Administration, ein Programm aufgelegt, das einschlägige sozialwissenschaftliche Arbeiten deutscher und anderer europäischer Forscher als Orientierungshilfe ins Amerikanische übersetzen ließ. Darunter befanden sich auch verschiedene Untersuchungen der New School-Wissenschaftler, so etwa Emil Lederers Studie über die Angestellten in der modernen Wirtschaftsentwicklung gar aus dem Jahre 1912.[31] Bemerkenswert mag auch die Arbeit Hans Speiers über die politische Haltung der deutschen

Angestellten während der zwanziger Jahre sein, mit der er sich noch in Deutschland habilitieren wollte. Die nationalsozialistische Machtergreifung hatte diese Pläne jedoch zunichte gemacht; das Manuskript erschien so lediglich als Übersetzung in mimeographierter Form der WPA.[32]

Nach Ausbruch des Krieges war die Graduate Faculty und ihr Forschungszentrum, das Institute of World Affairs, dann in wachsendem Maße von der Regierung zu Rate gezogen worden. Mit Genugtuung stellte man schon im Frühjahr 1943 in der New School fest, daß ihre Experten von nicht weniger als 26 Regierungsstellen in Washington regelmäßig zu Auskünften herangezogen würden. Zahlreiche Mitglieder der Fakultät arbeiteten ferner in mehr als 25 Kommissionen und Projekten von Regierung und Armee am »war effort« mit, und an der New School selbst wurden bis Frühjahr 1943 schon mehr als 100 Kurse dazu durchgeführt.[33] Arnold Brecht etwa wurde zum Chef eines Council on Public Administration ernannt, der sich in jener Zeit vor allem mit Fragen kriegswirtschaftlicher Organisationen beschäftigte, und Hans Neisser in das Office of Price Administration berufen, um nur zwei Beispiele zu nennen.[34]

Öffentlich aktiv waren die New School-Wissenschaftler ebenfalls in anderen Bereichen. So gehörten Johnson, Lowe, Marschak und Neisser mit zu den Gründern der American Labor Conference on International Affairs, die von amerikanischen Gewerkschaftsführern Anfang 1943 angeregt worden war und zu der neben einigen emigrierten Repräsentanten der deutschen Arbeiterbewegung auch Vertreter der Sozialwissenschaften eingeladen wurden.[35] Die Ernennung Varian Freys zum Sekretär dieser Einrichtung gab bereits die Richtung der künftigen Aktivitäten vor. Bis zu seiner Ausweisung aus Frankreich hatte er sich bekanntlich als Leiter des Emergency Rescue Committee in Marseille um die Rettung der bedrohten politischen Flüchtlinge aus Deutschland gekümmert, und die Auswahl der Konferenz-Mitglieder trug unverkennbar mit seine Handschrift. Die Idee war, daß die 13 Millionen organisierten amerikanischen Arbeiter Einfluß auf die künftige Friedenspolitik der USA nehmen sollten. Bei dem unpolitischen Charakter der amerikanischen Gewerkschaften war das, wie der deutsche SPD-Vertreter in New York dem Exil-Vorstand nach London berichtete, »eine geradezu revolutionäre Idee«.[36]

Daher erschein die Zeitschrift dieser Neugründung auch unter dem programmatischen Titel »International Postwar Problems«, deren wenige Hefte – wegen der Papierknappheit in den USA mußte die Publikation schon ein Jahr später eingestellt werden – sich von den Autoren her wie ein deutsches bzw. europäisches Gewerkschaftsblatt lesen.[37] Im Auftrag der Kommission bereitete Hans Neisser auch eine umfangreiche Studie über mögliche Reparationszahlungen der Achsenmächte vor, worin er eindringlich vor einer Wiederholung der Fehler aus den Jahren nach dem Versailler Vertrag warnte.[38]

Zur Bewertung der New School als Wissenschaftszentrum sollten auch verschiedene andere Aktivitäten ihrer Mitglieder nicht übergangen werden. So hatte zum Beispiel die Hebräische Universität in Jerusalem 1939 von Adolph Lowe – damals noch in Manchester – ein Gutachten für den Aufbau einer sozialwissenschaftlichen Fakultät erbeten. Daran anknüpfend war dann später auch die Einladung an die Graduate Faculty ergangen, ein Mitglied in eine Kommission zu ihrem endgültigen Aufbau zu entsenden, wobei unverkennbar die New Yorker Fakultät von der Hebräischen Universität als ein mögliches Vorbild angesehen wurde.[39] Wie geschätzt das Urteil der New School in Fragen des wissenschaftlichen Managements war, zeigen ebenso Anfragen wie die der National Economic and Social Planning Association, die wissen wollte, ob und wie man eine sinnvolle Clearing-Stelle der sozialwissenschaftlichen Forschung als Datenbank für Universitäten und öffentliche Verwaltungen aufbauen könne.[40]

Mit dem Echo ihrer Arbeiten konnten die Wissenschaftler an der New School zufrieden sein. Vom National Bureau of Economic Research kam schon Ende der dreißiger Jahre das anerkennende Lob, daß die amerikanische Wissenschaft in kaum abzuschätzendem Umfang von den reichen und originellen Ideen profitiert habe, die diese transplantierte Universität mitgebracht habe; »besonders die Ökonomie ist von den dort versammelten Wissenschaftlern stimuliert« worden. Der Chairman der wirtschaftswissenschaftlichen Fakultät an der Universität Chicago, H.A. Millis, meinte, daß die Graduate Faculty nicht allein wegen ihres anderen sozialen Hintergrunds einen beeindruckenderen Beitrag zur Entwicklung der Sozialwissenschaften leisten würde als jede andere ihm bekannte amerikanische Universität. Ebenso stießen die Artikel von *Social Research* sogar bei der Konkurrenz auf interessierte Aufmerksamkeit. Der Herausgeber der American Economic Review etwa war beeindruckt und überrascht, mit welcher Schnelligkeit die deutschen Ökonomen ihre detaillierten Kenntnisse über die amerikanische Wirtschaft erworben hatten und mit ihren eigenen Methoden zu verbinden vermochten.[41] Wenn nur die Hälfte der auch in den folgenden Jahren von amerikanischen Kollegen gehörten Komplimente stimmen und einen repräsentativen Eindruck wiedergeben würde, so der damalige Dekan Max Ascoli, dann könne man sagen, »daß wir eine ansehnliche Position erworben hätten.«[42]

Auch das Echo in den Regierungsstäben Washingtons auf die vom Institute of World Affairs bereitgestellten Expertisen und Gutachten schien nicht gering gewesen zu sein. Der Board of Economic Warfare etwa hielt es für »einen außerordentlichen Gewinn für die Regierung, auf die Forschungstalente von Dr. Lowe und seiner Mitarbeiter zurückgreifen zu können.« Das waren keine Höflichkeitsfloskeln gegenüber den Wissenschaftlern des Instituts, sondern diese Äußerung fiel gegenüber Dritten.[43] Zahlreiche Belege aus inneramerikanischen Korrespondenzen weisen immer wieder darauf hin, wie dringend interessiert insbesondere die kriegswirtschaftlichen Stäbe an den international vergleichenden Arbeiten der New School waren. Sogar von jenseits der Grenzen, etwa von den kanadischen Behörden, kamen Gesuche um Informationen.[44]

3. Individuelle Wirkungen von Fakultätsmitgliedern

Auf dem Hintergrund des zielstrebig und erfolgreich aufgebauten Netzwerks von Kontakten und der offenbar schnell gewonnenen Gemeinde im Kollegenkreis geben die Wegberufungen von Fakultäts-Mitgliedern an andere Universitäten und Institutionen zwar einen zusätzlichen, wohl aber nur noch weniger repräsentativen Eindruck von der erworbenen Stellung der Graduate Faculty. Daran die Wirkung ausmachen zu wollen, würde wiederum von einer Außenseiterposition ausgehen und den Erfolg der Akkulturation ihrer Mitglieder vornehmlich in der Integration bei originär amerikanischen Einrichtungen ansetzen. Wohl folgten einige aus der Fakultät Rufen an andere Institutionen, das sagt allerdings nichts über die konkreten Umstände oder die Bedeutung der Zurückgebliebenen aus. Rufe an andere Universitäten hatten nämlich auch noch andere erhalten, jedoch vorgezogen zu bleiben. Adolph Lowe etwa, der unter anderem einen Ruf nach Chicago bekam, jahrelang das Mekka der wirtschaftswissenschaftlichen Forschung in Amerika, verglich die dortigen Bedingungen mit einem strahlenden Musikdampfer, der aber dennoch nicht mit dem Arbeitsklima und dem Teamgeist auf dem schäbigen »Trawler« New

School konkurrieren könne.[45] Vielleicht gab es darüber hinaus auch noch so etwas wie Loyalität zu Alvin Johnson und seinem Werk, die einige zum Bleiben bewogen hatten. Andererseits war beispielsweise der Agrarexperte Karl Brandt schon Mitte der dreißiger Jahre an das Food Research Institute nach Stanford gegangen, von wo er als Berater des Agrarministeriums angeworben wurde und später auch noch als Experte für die Weltbank arbeitete. Doch diese spätere Karriere zeigt kaum die konkreten Umstände seines Weggangs, seine Frustration, in der urbanen Metropole New York absolut fehl am Platze zu sein, was sich alsbald zu aggressiven Spannungen im Kollegenkreis ausgewachsen hatte.

Jenseits von solchen persönlichen Konstellationen gab es auch andere Faktoren, die einige Mitglieder bewogen, die New School zu verlassen. Über Gerhard Colms Karriere als Finanzexperte in Washington und nach 1952 in der National Planning Association wurde bereits gesprochen. Dort standen ihm Mitarbeiter und ein Forschungsapparat zur Verfügung, wie sie die New School nicht bieten konnte. Außerdem konnte er dort nicht nur seine wissenschaftliche Arbeit fortsetzen, sondern zugleich auch noch ein Stück der amerikanischen Politik vorübergehend mitgestalten. Gleichwohl blieb er der Graduate Faculty verbunden und kam häufig zu Vorträgen und Diskussionen nach New York herüber, wie er sich in verschiedenen Spezialfragen auch mit seinen alten Freunden und Kollegen beriet.

Zum Beispiel wurde das aktuell, als Colm Anfang 1946 von General Clay, dem Oberbefehlshaber der US-Besatzungstruppen, zur Mitarbeit für die Neuordnung der Währungs- und Finanzverhältnisse in Deutschland angefordert wurde. Zwar reizte ihn die Aufgabe, andererseits sah er aber die Schwierigkeit, wie es in Deutschland aufgenommen werden würde, wenn so einer wie er als Repräsentant der amerikanischen Besatzungsbehörden dort die politischen Weichenstellungen mitzugestalten versuche. Wie sensibel diese Frage war, zeigt die Tatsache, daß unmittelbar nach Bekanntwerden seiner neuen Aufgabe von konservativen Emigrantenkreisen, offenbar aus dem Umfeld des ehemaligen Reichskanzlers Brüning, schon in Amerika das Gerücht lanciert wurde, Colm sei Anhänger des Morgenthau-Plans. Erst nachdem ihm seine New School-Kollegen dringend zugeraten hatten, weil sich hier die Chance bot, auf die deutschen Verhältnisse einzuwirken, damit sich die von allen erlebten katastrophalen Entwicklungen wie nach dem Ersten Weltkrieg nicht wiederholten, und sie versprochen hatten, ihm in Amerika den Rücken von solchen Anwürfen freizuhalten, nahm er die neue Tätigkeit an.[46]

Auf seiner dreimonatigen Mission nach Deutschland entwarf Colm dann zusammen mit dem ehemaligen Mitemigranten Raymond Goldschmidt und dem amerikanischen Bankier Joseph Dodge den berühmten, in die Literatur auch unter ihren Namen eingegangenen Colm-Dodge-Goldsmith-Plan, der im Mai 1946 vorgelegt wurde und die Grundlage der späteren westdeutschen Währungsreform bilden sollte. Daß er in Wirklichkeit den dominierenden Kenntnissen Colms zu verdanken war, mag etwa die Tatsache beleuchten, daß er von Clay nur als »Colm-Plan« bezeichnet wurde.[47]

Bis zur Durchführung der Währungsreform im Juni 1948 war von den ursprünglichen Intentionen Colms allerdings nicht mehr viel übrig geblieben. Als Ursache für die zweijährige Vorbereitung wird in der Historiographie zur Geschichte Nachkriegsdeutschlands die fehlende Einigung der Besatzungsmächte über mögliche Druckorte einer neuen Währung und über die Behandlung der deutschen Staatsschulden genannt. Oder es wird die schwierige Koordination mit den deutschen Vertretern angeführt, die selbst eine Fülle von Reformplänen entwickelt hatten.[48] Diese Umstände begründen jedoch nur einen Teil der Verzögerungen.

Ein herausragendes Charakteristikum des CDG-Plans war, daß die vorgesehene Beseitigung des inflatorischen Geldüberhangs aus der NS-Zeit mit einem großen Wirtschaftsprogramm und – noch wichtiger – einem umfassenden Lastenausgleich verbunden wurde, der die Voraussetzungen für gleiche Startchancen und demokratischere Strukturen in Deutschland schaffen sollte. Hier spiegelten sich nicht allein Colms und Goldschmidts konkrete Erfahrungen mit der deutschen Hyperinflation nach dem Ersten Weltkrieg wider, die eine gewaltige Vermögensumverteilung zugunsten des Sachkapitals auf Kosten der Geldvermögensbesitzer bewirkt und damit eine entscheidende Voraussetzung für die Instabilität der Weimarer Republik geliefert hatte. Unübersehbar reflektierte dieser Plan auch das normative Fundament von Colms wissenschaftlicher Arbeit. Ökonomische Unsicherheit, so erklärte er etwa in einem Vortrag über die prospektierte Währungsreform, sei das Treibhaus für totalitäre Entwicklungen, da die Menschen bei der Alternative von unsicherer Lage und Einschränkung der persönlichen Freiheit eher das letzte wählen würden.[49]

Die sozialpolitischen Komponenten des Sanierungsplans provozierten alsbald helles Entsetzen in der Washingtoner Administration, in der die New Dealer nach dem Amtsantritt Trumans immer mehr an den Rand gedrängt worden waren. Während das Außenministerium den Plan für vereinbar mit der Joint Chief of Staffs Order 1067 hielt, die die Ziele der amerikanischen Besatzungspolitik gegenüber Deutschland definiert hatte, und ihn daher billigte, lehnten ihn die für die Deutschland-Politik verantwortlichen erzkonservativen Kriegs- und Marineministerien ab, weil er »zu radikal (ist) und zu sehr die Erfüllung sozialer Ziele anpeilt«. Beim Budgetbüro wurde sogar angefragt, was Colm überhaupt für ein politischer Mensch sei.[50] Befürchtet wurde, daß die vorgesehene rigorose Kapitalbesteuerung in Deutschland zugunsten des Lastenausgleichs womöglich einen Präzedenzfall für ähnliche Vorstöße eines Tages in Amerika schaffen würde: »Furchtbar«, so der bissig-ironische Kommentar von John Kenneth Galbraith, der als Mitarbeiter des Außenministeriums in jenen Monaten die Szene in Washington beobachtete, »nicht nur für das Kapital, sondern auch für den Kapitalismus. Howard C. Petersen, ein Mann mit konservativen Ansichten, der damals stellvertretender Kriegsminister war und später einer der führenden Bankiers von Philadelphia werden sollte, konnte auf Pentagon-Konferenzen in diesem Sommer seine Aufregung kaum unter Kontrolle halten.«[51]

In diesen Kreisen machte plötzlich sogar Colms Vergangenheit einen ungünstigen Eindruck. Seit Ausbruch des Krieges hatte das FBI ein umfassendes Dossier über ihn wie auch über alle anderen Emigranten angelegt. Während dort aber nichts anderes gesammelt werden konnte als seine Herkunft aus Deutschland, erschien er jetzt einigen suspekt, weil er aus der New School kam und eine so schnelle Karriere in Washington gemacht hatte.[52]

Während die verantwortlichen Ministerien sonst recht gleichgültig den deutschen Verhältnissen gegenüberstanden, so daß die amerikanischen Militärbehörden vor Ort weitgehend autonom ihre Besatzungspolitik gestalten konnten, wurde OMGUS in diesem Falle angewiesen, daß für die deutsche Währungsneuordnung nur allgemeine Prinzipien »als Empfehlung« gegeben werden sollten, keinesfalls aber ein konkretes Programm, wie es der CDG-Plan vorsah. Ebensowenig sollte die Forderung nach einem Lastenausgleichsfonds aufrechterhalten werden, der womöglich zu einer Zentralisation finanzieller Macht oder gar zum Staatssozialismus führen könne.[53]

Erbost warf Colm den Referenten im Kriegs- und im Marineministerium vor, daß sie so täten, als ob der Plan für die USA entworfen worden sei, und überhaupt nicht realisierten, wie die Situation in Europa aussähe. Es half aber nichts, zunächst wurde eine weitere Beschäftigung mit dem

Währungsplan überhaupt blockiert, wodurch einige Monate nutzlos verstrichen. Und in Deutschland gab der Oberbefehlshaber fortan auch die Devise aus, die Bedeutung der Währungsreform nicht zu übertreiben.[54] Gleichwohl wurde Colm in der Schlußphase der Vorbereitungen für die endgültige Währungsreform in den drei Westzonen noch einmal von General Clay zur Mitarbeit angefordert, da er von diesem als Finanzexperte hoch geschätzt wurde. Charakteristisch war jedoch, daß der Council of Economic Advisers ablehnte, Colm für die geplanten zwei Monate freizustellen.[55]

Die tatsächliche Währungsreform vom Juni 1948 verzichtete nicht nur auf den ursprünglich vorgesehenen Lastenausgleich zwischen Geld- und Realvermögen, auf die damit verbundene progressive Kapitalbesteuerung sowie den Schutz der kleinen Sparer. Sie vergrößerte auch, wie Colm in seinen Briefen an Clay befürchtete, die Angriffsflächen für Propagandisten aus unterschiedlichen Lagern gegen die anti-soziale Haltung der westlichen Demokratien. Für Colm verletzte die praktizierte Währungsreform elementare Gleichheitsprinzipien, ohne die Demokratien nicht existieren könnten. Die Beschränkung der Reform auf monetäre Maßnahmen, die Kontraktion des Geldumlaufs, traf wie schon bei der Währungsstabilisierung nach der Hyperinflation im Herbst 1923 nur die Geldvermögensbesitzer, während der Sachwert wiederum kaum davon betroffen wurde. Eindringlich wies Colm noch einmal auf die sozialen und möglichen politischen Folgen der ungerechten Lastenverteilung hin. Clay versprach ihm zwar, die westdeutschen Autoritäten sogleich zum Nachholen des fälligen Lastenausgleichs zu veranlassen,[56] doch als der Anfang der fünfziger Jahre schließlich kam, waren die Weichen längst gestellt und die ursprünglich beabsichtigte Änderung der Sozialstrukturen nicht mehr realistisch und zudem längst nicht mehr gewollt.

Eine nicht weniger bemerkenswerte, wenngleich anders geartete Karriere in den USA hatte auch Jakob Marschak gemacht. Trockene Worte können kaum ein zutreffendes Bild seiner bunten intellektuellen Biographie zeichnen, die vom gelernten Ingenieur aus Kiew und menschewistischen Minister in der kurzfristigen »Pädokratie« in Terek im Kaukasus nach der russischen Oktoberrevolution während der Jünglingsjahre bis hin zu einem der international führenden Ökonometriker im Alter und zum gewählten Präsidenten der American Economic Association reichte (nur sein plötzlicher Tod 1977 verhinderte den Antritt dieses Amtes). Die außergewöhnliche Spannweite dieser Persönlichkeit deutete sich schon unmittelbar nach seiner Flucht 1919 nach Berlin an, wo dieser überzeugte Sozialist bei dem reaktionären Mathematiker Ladislaus von Bortkiewicz studierte (ehe er zu Lederer nach Heidelberg ging), gleichwohl sofort auch in der sozialistischen Studentenbewegung aktiv wurde. Nach 1924 arbeitete er zunächst als Redakteur bei der liberalen Frankfurter Zeitung, anschließend als Referent der gewerkschaftlichen Forschungsstelle für Wirtschaftspolitik in Berlin sowie ab 1928 im Enquete-Ausschuß in Kiel. 1930 hatte er sich in Heidelberg habilitiert, obwohl er als Jude und nicht-naturalisierter Russe niemals die Chance gehabt hätte, eine Professur zu bekommen. Wenn konservative Kollegen Marschak auch kritisch gegenüberstanden, so mußten sie – wie Schumpeter – gleichwohl einräumen, daß er zu den größten Talenten der mathematischen Ökonomie gehörte. Nach seiner Flucht aus Deutschland wurde Marschak an der Universität Oxford dann auch nach kurzer Zeit zum ersten Direktor des dort neu eingerichteten Instituts für Statistik ernannt.

Die dialektisch fruchtbare Arbeit mit den alten Freunden aus gemeinsamen Tagen des Enquete-Ausschusses wurde fortgesetzt, als Marschak 1938 einen Ruf an die New School erhielt. Seinem Credo, daß man die komplexen Probleme der ökonomischen Realität nur mit mathematischen Instrumenten »ohne Tränen« in den Griff bekommen könne, standen die meisten seiner Kollegen allerdings mit einiger Skepsis gegenüber, weil mathematisch nur Daten verwandt werden könnten, die auch quantifizierbar seien, und die Gefahr bestehe, daß die Vielfalt menschlicher Aktionen und ihrer Motive in allzu starren Verhaltensregeln schematisiert werden würden. Dennoch hielten auch sie die Ökonometrie für ein notwendiges Instrumentarium gerade für ihre strukturtheoretischen Untersuchungen zum technischen Wandel, wobei insbesondere Hans Neisser und der junge Italien-Flüchtling Franco Modigliani den Spuren Marschaks folgten. Andererseits zeigte seine Mitarbeit an den im Rahmen des Peace Project angefertigten Expertisen über die russische Wirtschaft, daß auch er alles andere als auf die Mathematisierung der Ökonomie fixiert war, sondern durchaus die Berechtigung historisch-deskriptiver Verfahren anerkannte.[57]

Mehr noch als an der New School entwickelte sich Marschaks Einfluß in der weiteren wissenschaftlichen Öffentlichkeit. In seinem Ökonometrie-Seminar tauchten bald Tjalling Koopmans, Wassily Leontief, Paul Samuelson und andere als Teilnehmer auf; manchmal kam sogar ein ideologischer Gegenpart wie Schumpeter, der sich selbst so schwer mit der Mathematik tat und niemals wirklichen Zugang zu ihr finden sollte, aus Harvard herüber. Das Ganze wuchs sich manchmal zu veritablen Symposien aus, so daß der Kurs zeitweilig auf Anregung des National Bureau of Economic Research in dessen größere Räumlichkeiten am Columbus Circle verlegt wurde.[58]

Denn in Amerika hatte die Ökonometrie seit Ende der dreißiger Jahre in allen Lagern Konjunktur, nachdem sie noch zu Anfang des Jahrzehnts als Verschrobenheit einiger Spezialisten angesehen worden war. Aus Harvard hatte etwa Schumpeter nach seiner Ankunft »frustriert« von den Schwierigkeiten berichtet, diesen theoretischen Zweig stärker zu fördern, der in Europa schon viel weiter entwickelt war. Man sah zunächst nicht, daß die Ökonometrie etwas anderes war als die bisher angebotene »Mathematik für Ökonomen«, die lediglich Kenntnisse für statistisches Arbeiten vermittelte.[59] Nicht zufällig war daher Anfang der dreißiger Jahre von dem Geschäftsmann Alfred Cowles aus Colorado Springs eine später nach ihm benannte Kommission zur Förderung der Ökonometrie in Amerika ins Leben gerufen worden, nachdem er als Schatzmeister der kurz zuvor (1930) gegründeten internationalen Econometric Society und Finanzier ihrer Zeitschrift »Econometrica« gesehen hatte, welchen Vorsprung die Europäer auf diesem Gebiet hatten.

In diese Cowles Commission for Research in Economics wurde Marschak 1943 als Direktor berufen und erhielt dafür zugleich eine Professur an der Universität Chicago, bei der dieser Forschungsstab eingerichtet worden war. Nur am Rande sei erwähnt, daß für Marschak der junge Abba Lerner von der London School of Economics an die Graduate Faculty berufen wurde, womit sie zum ersten Mal aufhörte, ein Auffangbecken für exilierte europäische Wissenschaftler zu sein.

In Chicago hatten sich neben Marschak auch andere, meist jüngere Ökonomen unterschiedlicher theoretischer Couleur zusammengefunden, die gleichermaßen an ökonometrischen Fragen interessiert waren. Auffallend dabei war, wie stark etwa mit Tjalling Koopmans aus Holland, dem polnischen Marxisten Oscar Lange oder dem österreichischen Neoklassiker Gerhard Tintner die aus Europa geflohenen Wissenschaftler den Kreis prägten. Gemeinsam wurde dort sogleich ein großes Projekt über die Anwendung mathematischer Methoden zur Bestimmung des Konjunkturzyklus einschließlich der numerischen und statistischen Vorstudien in Angriff genommen, wofür Marschak zusätzlich auch noch eine Anzahl von frisch Graduierten heranzog, so etwa Kenneth Arrow, Evsey Domar,

Trygve Haavelmo, Lawrence Klein, Herbert Simon und seinen Schüler Franco Modigliani. Die Bedeutung dieser Gruppe mag aus heutiger Sicht daran abgeschätzt werden, daß beispielsweise Klein, Simon und jüngst Modigliani den Nobelpreis erhielten.[60]

Selbst hatte Marschak in dieser Phase nur wenig Eigenes publiziert. Meistens schrieb er grundlegende Einführungen in die Studien seiner Mitarbeiter, doch sollte das nicht unterschätzt werden.[61] Typisch für sein Werk war überhaupt die kleine Form, da ihm der mathematische Ansatz umfangreichere verbale Explikationen ersparte. Die Mitarbeiter bemerkten übereinstimmend, daß ohne seine Führung die Arbeiten in der Cowles Commission kaum zu den dann vorgelegten Ergebnissen geführt hätten.[62] Marschaks intellektuelle Breite und sein inzwischen erworbenes Renommee in Amerika mag sich auch darin zeigen, daß er gleichzeitig noch zum Mitglied der Conference on National Income and Wealth und ab 1946 auch in die Commission on Scientific Aspects of Atomic Energy berufen wurde.

Nachdem er 1949 das Direktorat der Cowles Commission an Koopmans abgegeben hatte, jedoch ihr Mitglied bieb, wandte er sich in den folgenden Jahren, ab 1955 in Yale, wohin die Kommission umgezogen war, und ab 1960 bis zu seiner Emeritierung 1965 an der University of California in Los Angeles, neuen Forschungsgebieten zu. Angeregt von John von Neumanns und Oscar Morgensterns Spieltheorie begann er mit Analysen zu den Informations-, Wahl- und Entscheidungsprozessen in größeren Gruppen. Auch bei diesen hochspezialisierten und formalisierten theoretischen Ansätzen zeigt sich noch einmal die experimentelle Offenheit seines grenzüberschreitenden, interdisziplinären und von der früheren Reformdiskussion in Deutschland geprägten Denkens. Zu den zentralen Kriterien seiner Gruppen- und Entscheidungstheorie gehörte etwa die Bedeutung des Kommunikationsprozesses und die Transparenz zum Abbau von Ungewißheit oder von Fehlinformationen. Nach Aussage seiner Freunde war Marschak der erste, der eine systematische Theorie über den ökonomischen Wert von Informationen entwickelt hatte. Seine weit über die eigenen Fächergrenzen hinausgreifenden Ansätze werden auch dadurch illustriert, daß die Bedeutung jener Arbeiten über die Informationsprozesse und das Wahlverhalten von Individuen zuerst nicht so sehr von Ökonomen, sondern mehr von Psychologen und Soziologen erkannt wurde.[63]

Neben Colm und Marschak soll als weiteres exemplarisches Beispiel für die individuelle Wirkungsgeschichte von Mitgliedern der Graduate

Faculty der wissenschaftliche Werdegang des Soziologen Hans Speier genannt werden, der zur gleichen Zeit wie Marschak die New School verlassen hatte und auf einem weiteren, ganz anderen Arbeitsgebiet wichtige Akzente setzen sollte. Als Experte für deutsche Kriegspropaganda war er 1942 in der Federal Communication Commission zum Leiter des Foreign Broadcast Intelligence Service ernannt worden, der nach Kriegsausbruch die europäischen Radio- und Zeitungsmeldungen auswertete. Mit der alliierten Invasion 1944 und der sich abzeichnenden deutschen Niederlage bekam Speiers Tätigkeitsfeld mehr aktive Funktionen, denn jetzt wurde er als Propaganda-Berater in das Office of War Information berufen, von wo er schließlich bei Kriegsende in die Leitung der Deutschland-Abteilung der Occupation Areas Division im Außenministerium überwechselte. In dieser Eigenschaft hielt er sich zwischen 1945 und 1948 jährlich auch mehrere Monate in Deutschland auf, um die Besatzungsmacht bei den anstehenden Problemen der Umerziehung, bei der propagandistischen Vorbereitung des Nürnberger Prozesses etc. zu beraten.[64] Anders als die Tätigkeit seiner alten New School-Kollegen, die ebenfalls für OMGUS arbeiteten, waren Speiers Aufgaben jedoch mehr informeller Natur. Wegen ihrer administrativen und fachspezifischen Kenntnisse waren nämlich nicht nur Colm, sondern auch Hans Simons und Arnold Brecht zur Planung des deutschen Wiederaufbaus herangezogen worden. Simons etwa arbeitete nach Gründung der Bizone im amerikanischen Hauptquartier in Frankfurt an Plänen über die künftige deutsche Regierungs- und Verwaltungsstruktur, während Brecht als ehemaliger Leiter der Verfassungsabteilung des Reichsinnenministeriums in den Jahren der Weimarer Republik bei den Vorbereitungen des westdeutschen Grundgesetzes in einem Team über die Neugestaltung des föderalistischen Aufbaus wachte.[65]

In den ersten Nachkriegsjahren hatte Speier noch nicht an eine endgültige Lösung von der New School gedacht. Für seine Tätigkeit in Washington war er nur Jahr für Jahr beurlaubt worden, und Johnson war stolz darauf, einen Wissenschaftler freigestellt zu haben, der bei jenen Aufgaben für unabkömmlich deklariert wurde.[66] Die Bindungen lösten sich erst, als Speier 1948 das Angebot der Rand Corporation in Kalifornien erhielt, dort eine sozialwissenschaftliche Forschungsabteilung aufzubauen und deren Leitung zu übernehmen.

Diese Institution war nach 1945 von der Air Force gegründet worden, um einige der zahlreichen Wissenschaftler, die während des Krieges in den unterschiedlichen Verwaltungen am »war effort« mitgearbeitet hatten, aufzufangen und für die politischen Nachkriegsplanungen einzusetzen. Ressortegoismen spielten dabei wohl ebenfalls eine Rolle, denn die Marine hatte bereits 1942 ein eigenes Forschungsinstitut, das Center of Naval Analysis, aufgebaut und seitdem war diesem Beispiel auch die Armee gefolgt und hatte gleich mehrere Forschungsstäbe organisiert. Während dort aber ausschließlich militärische Auftragsforschungen durchgeführt wurden, blieben die Ziele der Rand Corporation offener und ehrgeiziger gesteckt. Generell suchte man dort das ganze Feld der modernen Sozialwissenschaften zu analysieren. Spitzenwissenschaftler für diese Aufgaben konnte man aber nur gewinnen, wenn man genauso wie die Universitäten die Unabhängigkeit und Freiheit der Wissenschaft garantierte. Die Forschungspolitik und die Projekte wurden deshalb von einem zivilen Direktorium und Aufsichtsrat bestimmt, Vertreter der Air Force saßen lediglich in einem Beirat.[67]

Wie schon zuvor in der Forschungsabteilung des Office of Strategic Services während des Krieges zeigte sich auch bei der Rand Corporation die merkwürdige Erscheinung, daß unter ihrem Dach eine große Zahl von ehemaligen Emigranten aus dem linken politischen Spektrum mitarbeitete. Ihre kritischen Erfahrungen als Wissenschaftler und Europa-Kenner wurden geschätzt, und niemals hatte die Air Force auch Einfluß auf ihre Arbeiten zu nehmen versucht.[68] Aus heutiger Sicht mag die Verbindung so vieler ehemaliger Linksintellektueller mit Institutionen wie dem OSS oder der Rand Corporation in und nach dem Kriege erstaunen. Abgesehen von möglichen Existenzproblemen bei einigen der Mitarbeiter ist jedoch zu berücksichtigen, daß die USA in jenen Jahren noch nicht das heutige Negativ-Image als imperiale Großmacht hatten. Die Tatsache, daß die Vereinigten Staaten bis zur Gründung des OSS während des Krieges keinen Geheimdienst wie alle vergleichbaren Mächte hatten, zeigt einmal mehr ihre isolationistische Haltung in der damaligen internationalen Politik. In die Rolle als globale Großmacht wurden sie schließlich von den Herausforderungen durch den Faschismus gedrängt und sie kamen als Befreier Europas. Trotz aller Kritik an den USA, wie sie etwa von der Gruppe um die Studie »The City of man« geäußert worden war, richteten sich die Hoffnungen der kritischen Intellektuellen so gerade auf sie als Garanten einer demokratischen internationalen Friedensordnung, und Vietnam war noch nicht absehbar.

Zwar kamen aus der Denkfabrik der Rand Corporation zahlreiche auch für militärische Interessen relevante Studien, insbesondere über die

Sowjetunion, typisch war jedoch mehr die allgemeine Grundlagenforschung wie zum Beispiel über die Spieltheorie, über die beginnende Computerwissenschaft etc.[69] Für ein großes Projekt, das mit Erhebungen vor Ort die außenpolitische Einstellung der westdeutschen Eliten feststellen wollte, hatte Hans Speier ein Team von Wissenschaftlern zusammengestellt, in dem unter anderem John Herz und Otto Kirchheimer, die zuvor auch schon beim OSS gearbeitet hatten, das Beamtentum bzw. die Gewerkschaftsführer übernahmen. Die Ergebnisse dieser Untersuchung wurden später in dem Buch »West German Leadership and Foreign Policy« veröffentlicht, das zusammen mit Karl W. Deutschs und Lewis Edingers Studie von 1959 über »Germany Rejoins the Powers« wohl den umfassendsten Überblick über das politische Deutschland der frühen fünfziger Jahre vermittelt.[70] Parallel dazu untersuchte Speier weiterhin die bundesdeutsche öffentliche Meinung zur Frage der Wiederbewaffung einschließlich der Bewußtseinslage über die deutsche Militärtradition und die deutsche Haltung gegenüber der jüngsten Vergangenheit. Später schrieb er ausführlich über die Berlin-Krise von 1961, zugleich aber auch noch über mehr philosophische Gegenstände.[71] Ab Anfang der sechziger Jahre wirkte er nur noch als Vorsitzender des Forschungsbeirats in der Rand Corporation, die ihre Mittel inzwischen auch längst nicht mehr von der Air Force, sondern aus zivilen öffentlichen Haushalten bekam, ehe er 1969 an die Universität von Massachusetts nach Amherst ging, wo er seine akademische Karriere beendete.

Mit dem Weggang dieser drei Vertreter der Emigrantengeneration und ihrer exponierten Stellung in jeweils anderen Wissenschafts- und Politikfeldern war die individuell-biographisch vermittelte Außenwirkung der Graduate Faculty nicht erschöpft. Nach 1945 hatte gleichfalls der Politologe Max Ascoli die New School verlassen. Seine Einheirat in die vermögende Rosenwald-Familie, die auch zu den langjährigen finanziellen Förderern der Fakultät gehörte, erlaubte ihm, sich selbständig zu machen. 1949 gründete er das liberale Magazin »The Reporter«, dessen Herausgeber er für die nächsten zwanzig Jahre wurde.[72]

Jedoch gab die Graduate Faculty nicht nur Kollegen ab, insbesondere auf jüngere Wissenschaftler von außerhalb schien ihre Arbeit und ihr Zuschnitt einige Anziehungskraft gehabt zu haben. Sonst hätte sicherlich nicht Abba Lerner die Marschak-Nachfolge angetreten. Und bei der Berufung Hans Neissers von der Wharton School der University of Pennsylvania für den verstorbenen Arthur Feiler hatte sich auch das National Bureau of Economic Research um ihn bemüht, weil man ihn dort für »einen der besten Ökonomen hielt, die in der Lage waren, theoretische Analyse und Realitätssinn zu verbinden«. Neisser zog es jedoch vor, an die New School zu gehen. Nahm man diese Rückkehr in den Kreis der alten Freunde noch hin, so empörte sich das NBER aber umso mehr, weil es in zahlreichen anderen Fällen auf dem »research assistant level« ebenfalls vergeblich mit der New School konkurriert hatte.[73]

VIII. Probleme der Integration

1. Individuelle Exil-Erfahrungen

Im Rückblick hat Adolph Lowe seine Kollegen und sich einmal als »Emigrationsgewinnler« bezeichnet. Diese sarkastisch-ironische Umschreibung kann wohl aus der zeitlichen Distanz begriffen werden, dennoch ist ein gewisser Wahrheitskern darin nicht zu übersehen. In der langen Geschichte politisch, religiös und anders motivierter Vertreibungen hatten Gelehrte schon immer eine gewisse Sonderstellung eingenommen, da die Wissenschaft originär grenzüberschreitend und international ist. Oder, wie der Theologe Paul Tillich aus seinem unmittelbaren Exilerlebnis die Situation bewertete: Der kreative Geist sei per se rastlos suchender Wanderer in der Welt.[1] Noch deutlicher hielt der amerikanische Soziologe Louis Wirth den Begriff des »intellektuellen Emigranten« sogar für eine contradictio in adiecto, weil Intellektuelle im Universum des Geistes immer Nomaden wären und überall zu Hause sein sollten.[2]

Solche optimistischen Einschätzungen schon in der zeitgenössischen Diskussion der dreißiger Jahre von Amerikanern und Emigranten selbst gehen sicher mit auf die relativ günstigen Startbedingungen zurück, die die USA nach 1933 trotz des isolationistischen Meinungsklimas, der institutionellen Hemmnisse und der Xenophobie an den Universitäten boten. Die Wissenschaftler hatten bei der Einreise nicht auf die übliche Quotenzuteilung warten müssen und sie kamen im Gegensatz zu früheren Immigrantengruppen mit einer starken und reflektierten Antipathie für die alte Heimat, die ihre Integrationsbereitschaft vergleichsweise erhöhte. Waren sie auch noch über den Umweg verschiedener europäischer Staaten gekommen, konnten sie erleben, welche Unterschiede zwischen der offenen

Gesellschaft in den USA und den anderen Ländern bestanden. Fasziniert sahen die kritischen Intellektuellen darüber hinaus den optimistischen Aufbruchsgeist der Roosevelt-Ära, dessen Experimentierfreudigkeit an das anknüpfte, was von den Nationalsozialisten in Deutschland gerade so brutal unterdrückt worden war. Von der kleinen, in jenen Jahren politisch aber einflußreichen Schar der New Dealer wurden jene Wissenschaftler und Intellektuellen mit offenen Armen empfangen. Man begrüßte sich als geistige Wahlverwandte, und aus diesem Milieu kamen dann auch die zahlreich überlieferten euphorischen Visionen der »cross fertilization«. Zurecht konnten sich hierbei Deutsche und Amerikaner gegenseitig versichern, jeweils zur »Deprovinzialisierung« ihrer Weltbilder beigetragen zu haben. Bei der emphatisch gefeierten »transatlantic synthesis« wurden die immigrierten Wissenschaftler, die »comparative academics«, so der Ökonom Paul A. Samuelson, als »bridge builders« zweier Kulturen gesehen, und auf seiten der Emigranten wiederum hoffte man, später nach der Zerschlagung des Faschismus als Dolmetscher eines »globalen New Deal« auf Europa einwirken zu können.[3]

Allerdings ist nicht zu übersehen, daß diese günstigen Voraussetzungen und Bewertungen nicht auf alle wissenschaftlichen Disziplinen oder Einzelindividuen gleichermaßen zutrafen. Juristen und Mediziner etwa hatten wegen der anderen Rechtskultur und unterschiedlicher Prüfungs- und Zulassungsvoraussetzungen große Integrationsprobleme. Ferner gab es unterhalb jener objektiven Rahmenbedingungen bei vielen Wissenschaftlern auch verschiedene subjektive Faktoren, die die Integration in die neuen Lebensumstände erschwerten. Diese persönlichen Probleme sind insbesondere von der älteren, in der Tradition der melting pot-Vorstellungen stehenden amerikanischen Immigrationsforschung thematisiert worden, so beispielsweise bei der privaten Lebensgestaltung, im Kommunikationsbereich mit Kollegen und Nachbarn oder bei der häufig als Schock erlebten, weniger forschungsintensiven akademischen Lehrtätigkeit.[4] Fraglich ist allerdings, ob die auch noch jüngst von Coser herausgestellten Tatsachen, daß etwa Arnold Brecht oder Hannah Arendt und ihr Mann Heinrich Blücher jahrelang nur in möblierten Appartements gewohnt hatten, bereits Anhaltspunkte für Integrationsschwierigkeiten liefern können.[5] Gegen die Annahme, daß dadurch womöglich nur die Absicht einer zeitlich befristeten Zuflucht signalisiert wurde, spricht in diesen Fällen zumindest die berufliche Integration und der dortige Erfolg – schließlich ist keiner der Genannten später nach Deutschland zurückgekehrt. Immerhin können solche Verhaltensformen aber etwas über lange wirksame psychologische Dispositionen andeuten. Nicht ungewöhnlich ist, daß man auch bei den Wissenschaftlern, allerdings weniger häufig als bei den anderen Flüchtlingsgruppen, einige der typischen Erscheinungen fehlender Integration und folgender Dekulturierung findet: einmal den Rückzug in eine hermetische Eigenwelt, dann das Lamento der sogenannten »Bei-Unskis«, daß früher in Deutschland alles anders gewesen sei, oder schließlich die überangepaßten Ja-Sager und neuen Super-Amerikaner.[6]

Einige dieser subjektiven Reaktionen lassen sich auch bei den Mitgliedern im kleinen Kosmos der New School wiederfinden. Sie sollen in diesem abschließenden Kapitel wenigstens kurz angedeutet werden, um einem möglichen Eindruck entgegenzuwirken, als ob die Graduate Faculty als Institution sowie durch ihre recht bald erworbene öffentliche Beachtung und feste Verankerung in der amerikanischen Wissenschaft automatisch den problemlosen Übergang der vertriebenen Wissenschaftler in die neue Lebenswelt garantiert habe. Sicher erleichterte Alvin Johnsons Idee, eine ganze Fakultät aus Emigranten zu konstituieren, diese Schritte und bot die Chance zur Integration im kollektiven, leichter erträglichen Prozeß. Wohl hatte man an ihr im vertrauten Milieu weiterarbeiten können, und es bestanden nicht diejenigen Adjustierungszwänge, die etwa die großen Universitäten des Ostens oder die kleinen Colleges des Mittelwestens auferlegten.[7] Gepflegt wurde außerdem das Sozialisationskonzept eines toleranten Pluralismus, das John Dewey, der Mitbegründer der New School, in seiner Erziehungstheorie vor allem auch gegen den an der Ostküste herrschenden Konformitätsdruck der WASPs, der White Anglo-Saxon Protestants, entwickelt hatte. Außerdem hatte Johnson, der zu den wichtigeren Multiplikatoren des New Deal gehörte, durch gezielte Wahl dafür gesorgt, daß seine Wissenschaftler die richtigen Botschaften mitbrachten, die ebenfalls zur richtigen Zeit über die entsprechenden Kanäle verbreitet wurden. Aber trotz dieser idealen Rahmenbedingungen verlief die Integration für einige Fakultätsmitglieder dennoch nicht geräuschlos. Unter der relativ glatten Oberfläche des akademischen Einstiegs in die amerikanische Welt konnten sich auch die Erbärmlichkeiten verbergen, die viele Emigrantenschicksale prägten. Das an einigen Beispielen darzustellen, ist kein indiskretes Eindringen in private Lebensläufe, sondern es soll zeigen, was sogar erfolgreiche und integrierte Wissenschaftler persönlich durchleben konnten. Es geht auch nicht primär um diese privaten Einzelschicksale, sondern um das Gruppenspezifische der bei ihnen auszumachenden Probleme.

Das breite Spektrum der durch Alter, Temperament, Herkunft oder andere Merkmale bestimmten Verhaltens- und Reaktionsmuster in der Emigration läßt sich bei den Fakultätsmitgliedern durchaus typologisch fassen. Den ersten und dominanten Wissenschaftlertypus repräsentierte natürlich die zahlenmäßig größte Gruppe, zu der fast alle Ökonomen, ferner Hans Speier, Alfred Schütz sowie, nach anfänglichen Schwierigkeiten, Arnold Brecht gehörten. Das war der dynamische und kreative Typus, der sich ohne erkennbare Probleme auf die neuen Umstände einzustellen und seine aus Deutschland mitgebrachten Forschungsperspektiven mit den neuen Erfahrungen in Amerika zu verbinden vermocht hatte. Wie die meisten dieser Wissenschaftler mit ihren Fragen und ihrem Forschungsverständnis schon in Deutschland das professionelle Selbstverständnis und die spezifischen Fachgrenzen überschritten hatten, so wurden sie auch in den USA zu den Trägern jener »cross fertilization«, weil sie noch neue Lernprozesse durchmachten und sich zu dem entwickelten, was man vielleicht einen »Weltbürger« nennen könnte. Ihr Blick war auf die Zukunft gerichtet und sie sorgten auch dafür, daß sich die New School aus den Emigrantenquerelen heraushielten, die für die Flüchtlingsmetropole New York so typisch waren. Aber auch wenn sich diese Gruppe so rasch und unauffällig zu integrieren verstand, so ist dennoch bei einigen ihrer Mitglieder kaum zu übersehen, welche persönlichen und emotionalen Schwierigkeiten sich auftaten. Über viele Jahre mußten sie immer wieder an sich selbst beobachten, wie sehr ihnen, so Emil Lederer, »Europa an den Fußsohlen klebte«.

Dann gab es zweitens diejenigen Wissenschaftler, die mit einem unwandelbaren Weltbild und Lehrgebäude in die USA kamen und sich von der neuen Welt auch nicht irritieren ließen. Das galt etwa für Max Wertheimer, der auch in seinem persönlichen Verhalten immun gegen alle neuen Einflüsse blieb und beispielsweise nichts dabei fand, sich im Lodenmantel und mit geschultertem Rucksack anstelle einer Aktentasche in New York zu bewegen.

Einen weiteren Typ verkörperten etwa Eduard Heimann und Kurt Riezler. Heimanns zahlreiche Beiträge zur Planungstheorie und zur Faschismusanalyse hatten in den dreißiger Jahren zunächst eine nicht geringe Wirkung. Doch sein zusehends von philosophischen Fragen geprägtes Werk verlor mehr und mehr den konkreten Realitätsbezug, so daß er für die Studenten immer weniger verständlich wurde. Vor 1945 hatte er das geringer werdende Echo mit einem unspezifischen Hymnus auf die USA zu kompensieren gesucht. Auch seine mit Blick auf Deutschland geäußerten scharfen vansittartistischen Sprüche, etwa daß dort eine künftige Demokratisierung »ein Prozeß der De-Germanisierung« sein müsse,[8] sowie die Tatsache, daß er sich noch mit fast sechzig Jahren von seinem Freunde Tillich taufen ließ, mögen seine partielle Entwurzelung und Identitätssuche andeuten. Nach dem Krieg begann er sogleich mit regelmäßigen Gastsemestern an der von den deutschen Gewerkschaften neu gegründeten und von einem ehemaligen Schüler geleiteten Akademie der Arbeit in Hamburg sowie an der dortigen Universität, ehe er Anfang der sechziger Jahre endgültig nach Deutschland zurückkehrte, weil er dort »ein viel weiteres Feld der Betätigung gefunden hatte als je in den USA«.[9]

Ähnliches galt für Kurt Riezler, der in der fakultätsinternen Diskussion eine wichtige Rolle spielte, dessen Philosophie in Amerika aber fremd blieb. Zwar war er beeindruckt von den USA und hätte sich gewünscht, jünger zu sein, um in dem dynamischen Land heimischer zu werden. Mit ironischem Witz klassifizierte er sich als eine Art Fossil, das die Amerikaner eigentümlich ansahen, wenn er ihnen erzählte, daß er noch Bismarck habe reden hören. Jedoch verstand er es nicht, die dort erwarteten realitätsnahen und pragmatisch orientierten Fragen in sein Denk- und Lehrgebäude zu integrieren, und so lebte er relativ »abgeschieden von den Zeitumständen und den Controversen über die Gegenwart.« Die Verständigungsprobleme mit den Studenten, gepaart dann auch noch mit einer gewissen Altersresignation, nahmen in späteren Jahren noch zu, so daß auch Riezler 1954, ein Jahr vor seinem Tode, nach Europa zurückkehrte, allerdings nicht nach Deutschland, vielmehr ließ er sich in Rom nieder.[10] Er und Heimann blieben jedoch die einzigen aus dem Kreis der Graduate Faculty, die Amerika den Rücken kehrten, und das auch erst zu einer Zeit, als sicher nicht allein die intellektuelle und politische Ortlosigkeit, sondern mindestens ebenso die Einsamkeit des Alters in der inzwischen strukturell und personell veränderten New School entscheidend gewesen sein dürfte.

Eine vierte Eigenart zeigte schließlich Karl Brandt, der in den Jahren der Weimarer Republik als kritischer Linker galt, sich dann aber in der Emigration zum rabiaten Deutschnationalen entwickelte. Über seine Deplaziertheit als Agrarwissenschaftler in New York und die daraus resultierenden Frustrationen wurde bereits an anderer Stelle gesprochen. Darüber hinaus mußten aber weitere und tief sitzende traditionelle Bindungen latent wirksam gewesen sein und zu einer psychologischen Disposition geführt haben, die ihn mehr und mehr in Gegensatz zu der antifaschistischen Ausrichtung der New School führten. Mit erheblichem Aufsehen wurde in Emigrantenkreisen beispielsweise registriert, daß Brandt noch 1937 für die Frankfurter Zeitung über die amerikanische Agrarpolitik berichtete. Anfangs hatte alles mit einer eher zurückhaltenden Irritation begonnen, doch Brandts Reaktionen darauf provozierten dann einen handfesten Skandal, der weitere Kreise zog und sicher auch etwas über das allgemeine Klima in den Emigrantenkreisen New Yorks aussagt.

Nach Bekanntwerden des Artikels hatte der ehemalige Berliner Rechtsanwalt Kurt Rosenfeld, der auch Aktivist der 1931 von der SPD abgespaltenen Sozialistischen Arbeiterpartei (SAP) gewesen war, zunächst nur angefragt, ob er womöglich ohne Autorisierung erschienen sei, weil er sich nicht vorstellen könne, daß ein deutscher Emigrant, der an der Unviersity in Exile tätig sei, in einer der in Deutschland gleichgeschalteten Zeitungen veröffentlichen würde. Charakteristisch war die Antwort Brandts. Er erklärte nicht nur, daß der Artikel mit seinem Wissen erschienen sei, sondern wies auch mit beispielloser Aggressivität die Anfrage Rosenfelds zurück: »Daß Ihr zudringliches Benehmen, sich als Zensor emigrierter Wissenschaftler zu gerieren, nicht nur peinlich, sondern auch lächerlich wirken muß, wird Ihnen hoffentlich klar sein.« Dieser Ton wiederum mobilisierte andere Emigranten. Mit Hilfe Thomas Manns, dessen Verbindungen zur Graduate Faculty bekannt waren, sowie über Felix Frankfurter, Mitglied des Board of Trustees der Graduate Faculty, intervenierten sie bei Johnson, der durch Brandts Haltung und Auftreten selbst schon peinlich berührt worden war.[11]

Brandt hielt sich zu dieser Zeit zu einem Gastsemester an der Louisiana State University in Baton Rouge auf, und von dort kamen noch seltsamere Verlautbarungen. Er las dort zwar über die Verhältnisse in Europa, »diesen schönsten Teil der Welt«, der geistig sein Ursprung und sein »Schicksal« war und nun von den totalitären Bewegungen ins Verderben gestürzt zu werden drohe, zugleich zeigte er sich jedoch auch fasziniert von den populistischen Bewegungen des Südens. In ihnen fand er eine genuine politische Kultur, die frei sei von all den hektischen und neurasthenischen Auflösungserscheinungen der New Yorker Szene. Insbesondere Louisianas Mini-Diktator Huey Long hatte es ihm angetan. Ihn hielt Brandt für einen Glücksfall in der Geschichte der Südstaaten, der mit seinem kraftvollen Dezisionismus den Politiker schlechthin verkörpere und der im übrigen »nur halb so schlimm ist wie der Haufen von New Dealern in Washington«.[12]

Das »perfekte Glücksgefühl«, das Brandt im Süden erlebte, konnte dauerhafter gestaltet werden, als er wenige Monate später einen Ruf an das Food Research Institute in Stanford erhielt und ihm seine New School-Kollegen auch nachdrücklich zurieten, diese Chance wahrzunehmen. Damit war er der erste, der die Fakultät Anfang 1938 verließ. An seiner schillernden politischen Haltung änderte sich auch in den folgenden Jahren nur wenig. Auf der einen Seite zählte er mit zu den Initiatoren der nach Kriegsausbruch von konservativen Emigranten gebildeten Gruppe Loyal Americans of German Descent, auf der anderen Seite blieb er der Deutschnationale, der zu jenen emigrierten Intellektuellen gehörte, die unentwegt nachzuweisen suchten, daß der Nationalsozialismus eigentlich nur wenig mit Deutschland zu tun habe.[13] Zu seinen ehemaligen Kollegen blieb das Verhältnis daher gespannt. Als etwa die Deutschland- und Europa-Planungen des Institute of World Affairs begonnen hatten, meldete er sich häufiger mit Kritik zu Wort, die im Ton umso schärfer wurde, je deutlicher zu erkennen war, daß dort nicht nur Überlegungen für eine schnelle Wiederherstellung des deutschen status quo ante angestellt wurden. Zunächst versuchten die Instituts-Mitarbeiter, noch ernsthaft mit ihm zu diskutieren, als er jedoch augenscheinlich immer ausfallender wurde und jede der Nachkriegsplanungen von den Potsdamer Beschlüssen bis hin zu jenen Studien im Mikrokosmos ökonomischer Spezialfragen pauschal als Exekution des Morgenthau-Plans verdächtigte, wurden die Kontakte abgebrochen. Wohl nicht allzu überzogen war Johnsons Charakterisierung, daß Brandt, dieser hypertrophe preußische Egozentriker, zweifellos ein guter Gelehrter sein würde, wenn er nicht dauernd seine ungezügelten Emotionen in die Waagschale der Wissenschaften fallen lassen würde.[14]

Einen kleinen Einblick in die individuellen Probleme und Schwierigkeiten, die auch die Mitglieder der ersten Gruppe haben konnten, mögen die Umstände zeigen, unter denen Arnold Brecht bei der New School antrat. Wie schon erwähnt, war er in Deutschland weder als Jude noch als Sozialist gefährdet gewesen, sondern von den Nationalsozialisten entlassen worden, weil er als Rechtsvertreter Preußens vor dem Staatsgerichtshof die Klage gegen den Staatsstreich von Papens vertreten hatte. Kaum wird sich im einzelnen nachvollziehen lassen, was in einem Menschen vorging, der nicht einmal ausgesprochener Vertreter des Weimarer »Systems« gewesen war und nach 25jähriger Tätigkeit im öffentlichen Dienst, davon die längste Zeit in den Spitzen der Reichsverwaltung, entlassen worden war, nur weil er sich rechtskonform verhalten hatte. Unmittelbar nach 1933 verstellte Brechts bürokratische Sozialisation offenbar die Einsicht in die neue Qualität des NS-Systems und führte mit zu seinen Schwierigkeiten, sich von Deutschland zu trennen. Wie viele in gleicher Lage hatte ihn nach der Entlassung der eingefleischte Glaube an das Gesetz zunächst noch nicht verlassen; ordnungsgemäß ließ er sich nach seinem Ruf an die New School daher auch die Ausreise von seinem ehemaligen Dienstherrn genehmigen und erklärte ausdrücklich, sich »im Ausland als Deutscher und Angehöriger des neuen Staates in jeder Beziehung korrekt verhalten« zu wollen. Dazu gehörte auch die zuvor von Johnson verlangte Erklärung, daß es sich bei der »University in Exile« lediglich um ein Schlagwort, keinesfalls aber um eine politische Aussage handele. Zu dieser Zeit, im Oktober 1933, hatte sich Brecht noch nicht als Exilierter gefühlt und auch nicht gewünscht, als solcher angesehen zu werden, vielmehr plante er, nur etwa ein Jahr in den USA zu bleiben, weil er nicht mit einer längeren Herrschaft der Nationalsozialisten rechnete.[15] Aus den antifaschistischen Aktivitäten der New School hielt sich Brecht zunächst vollständig heraus; er war auch der einzige, der in den folgenden Jahren während der Sommerferien regelmäßig nach Deutschland zurückkehrte und sich dort seine sukzessiven Vertragsverlängerungen genehmigen ließ.

Mit viel Langmut bemühte sich Johnson, ihn in die Politik der Graduate Faculty zu integrieren. Immer wieder suchte er ihn davon zu überzeugen, daß die Existenz der University in Exile nicht primär als propagandistischer Angriff auf Deutschland zu verstehen sei, sondern einen Aufruf an die Weltzivilisation zur Bewahrung der akademischen Freiheiten in jedem Lande darstelle.[16] Aber offenbar waren das starre deutsche Beamtenethos, die Ablösungsprobleme oder das Heimweh Brechts größer als alle rationalen Appelle. Freiwillig verzichtete er auf Teile seines Gehalts in den Sommermonaten und verfiel in New York offenbar häufiger in tiefe Schwermut.[17]

Als sich auch nach zwei Jahren an dieser Attitüde nichts geändert hatte, verließ Johnson allmählich die Geduld. »Wie schaffen Sie es moralisch«, so fragte er, »Mitglied der Fakultät zu sein, der Sie so ambivalent gegenüberstehen? ... Von Anfang an haben Sie eine widersprüchliche Haltung zu ihr eingenommen, weil Sie der einzige sind, der nicht mit

Deutschland gebrochen hat.« In aller Deutlichkeit machte er Brecht jetzt klar, daß die Fakultät einzig und allein als Protest gegen Nazi-Deutschland errichtet worden sei. Wenn alle ihre Mitglieder eine Haltung wie Brecht einnehmen und die Kritik an der deutschen Politik als persönliche Verunsicherung und Gefährdung ansehen würden, dann müsse sie jede Glaubwürdigkeit und Existenzberechtigung verlieren.[18]

Solche Vorhaltungen wiederholte Johnson noch häufiger und jedesmal reagierte Brecht tief verletzt, da er seine Ehre und Integrität infrage gestellt sah. Wie alle seine Kollegen habe er Deutschland aus Protest gegen die Nazis verlassen und die Diskriminierung der Juden treffe ihn genauso, als ob er selbst ein Jude sei. Wenn er dennoch weiterhin nach Deutschland reise, so möge man darin eine Chance sehen, um die Vorgänge unmittelbar vor Ort zu beobachten und Kontakte zu Gleichgesinnten nicht abbrechen zu lassen. Außerdem habe er den größten Teil seiner noch erhaltenen deutschen Ruhestandsbezüge an jüdische Hilfsorganisationen gegeben und auch mehrere Hundert Dollar an den Solidaritätsfonds der New School überwiesen. Das alles könne unterstreichen, daß über seine Einstellung kein Zweifel bestehe. Zwar sähe auch er den äußeren Widerspruch zwischen seinen Gefühlen und Ideen von Recht und Gerechtigkeit einerseits und seinen Bindungen an Deutschland andererseits, doch aus jenen objektiven Gründen glaube er, daß die Reisen, die möglicherweise ja auch mit einer Einweisung ins Konzentrationslager enden könnten, durchaus kompatibel mit seiner Tätigkeit in New York seien. Seine ganze Arbeit sei direkt oder indirekt »den Vereinigten Staaten gewidmet«, seine Forschungsperspektiven hätten sich von europäischen auf amerikanische Gegenstände verlagert und er unterstütze ohne Einschränkung die Ziele der Graduate Faculty. Mehrfach sei er bereits gefragt worden, ob er nicht einen Ruf an andere Institutionen annehmen wolle, und jedesmal habe er abgelehnt, weil er sich nicht nur seiner Gruppe verpflichtet fühle, sondern auch die gemeinsame Arbeit als Emigrantenuniversität für notwendig halte.[19]

Dieser jahrelang dauernde Konflikt wurde erst beigelegt, als Brecht im Sommer 1938 erneut nach Deutschland fahren wollte und ihm Johnson nunmehr unmißverständlich nahelegte, definitiv zu entscheiden, wohin er gehören wolle (»I am sure that you yourself realize that the time comes when a man must definitely choose.«).[20] Etwas kleinlaut strich Brecht daraufhin die schon gebuchte Passage. Obwohl seine Loyalität außer Zweifel stand und er inzwischen zu den bedeutenden Multiplikatoren der

Fakultät nach außen gehörte, wirkten diese Spannungen aus den ersten Jahren noch lange fort. Erst in den vierziger Jahren sollte Johnson zu Brecht jene persönliche Beziehung finden, die er zu den meisten anderen Mitgliedern schon seit der Gründungsphase der Fakultät gehabt hatte.

Brechts Akkulturationsprobleme treten noch deutlicher hervor, wenn man sie mit der vergleichsweise problemlosen Integration Hans Staudingers vergleicht. Dieser war ebenfalls aus der höheren preußischen Bürokratie gekommen und zusammen mit Brecht aus politischen Gründen entlassen worden, nachdem er trotz seiner sozialdemokratischen Mitgliedschaft das Angebot Hermann Görings, zu jener Zeit preußischer Ministerpräsident, abgelehnt hatte, auf seinen nach dem Staatsstreich von Papens verlorenen Posten als Staatssekretär im preußischen Handelsministerium zurückzukehren und dort seine frühere erfolgreiche Arbeit als Organisator der öffentlichen Verbundwirtschaft fortzusetzen. Staudinger wäre nie auf die Idee gekommen, nach seiner ebenfalls legalen Ausreise auch nur besuchsweise nach Deutschland zurückzukehren, da mit der NS-Machtergreifung und dem Exodus vieler Gleichgesinnter dort alle Traditionen zerstört worden waren, denen er sich intellektuell, politisch und emotional verpflichtet fühlte. Obwohl Staudinger vom Habitus und von der Sprache her wohl am wenigsten seine Vergangenheit verbergen konnte und wollte, waren für ihn die Integration in Amerika und die Bindung an das »andere Deutschland« kein Gegensatz. Auf der einen Seite gehörte er im Frühjahr 1939 mit zu den Gründern der sozialdemokratisch orientierten German Labor Delegation, von der er sich während des Krieges allerdings schnell wieder abwandte, als sie unter der Führung Friedrich Stampfers immer lautere nationalistische Töne anschlug. Auf der anderen Seite war er es, der während seiner jahrzehntelangen Amtszeit als Dekan seit 1941 die Graduate Faculty erst zu einer originär amerikanischen Einrichtung transformierte. Auch in späteren Jahren sollte es für Staudinger nie einen Konflikt zwischen seiner Tätigkeit und seinem Engagement als amerikanischer Staatsbürger sowie seinen bleibenden Präferenzen für die deutsche Sozialdemokratie geben. Bis zu seinem Tode 1980 hatte er nicht nur an deren Entwicklung in der Bundesrepublik intensiven Anteil genommen, sondern sich auch als deren geistiges Mitglied verstanden.[21]

Welche lähmenden Rückwirkungen die Emigration schließlich auf eine hoffnungsvoll begonnene wissenschaftliche Tätigkeit haben konnte, ist schon im Fall des Soziologen Albert Salomon angedeutet worden. Das gleiche gilt auch für den noch jüngeren Ökonomen Alfred Kähler, der mit seiner Dissertation über das Technologieproblem zu den ideenreichen und innovativen Nachwuchswissenschaftlern in Deutschland gehört hatte. Daneben war er ehedem noch politisch aktiv gewesen und hatte als Direktor einer Heimvolkshochschule an der dänischen Grenze wichtige didaktische Impulse für die Arbeiterbildung gegeben. An der New School gehörten seine an die Dissertation anknüpfenden und in *Social Research* erschienenen Aufsätze zunächst auch zu den wichtigsten Arbeiten, dennoch trat er immer mehr in den Hintergrund und seine wissenschaftliche Wirkung blieb begrenzt. Als Sohn eines Bauern aus Schleswig-Holstein, der Schlosser gelernt hatte und erst über den zweiten Bildungsweg des externen preußischen Begabten-Abiturs zum Studium gekommen war, fehlte ihm der breite großbürgerliche Hintergrund, den die meisten seiner Kollegen mitgebracht hatten und der selbst schon eine inter-personale Wirkungskategorie in der amerikanischen Gesellschaft gewesen war. Ihm fehlte offenbar auch das nötige Talent, das – zumal in den USA – zum Klappern im Handwerk der Wissenschaft gehörte, so daß er in der neuen Umgebung nachhaltig beeinträchtigt wurde. Einen kleinen Einblick in diese Schwierigkeiten hat Hans Simons in seinem Tagebuch festgehalten, als Kähler ihn nach seiner Ankunft 1935 privat nach Hause eingeladen hatte. Sehr schnell bemerkte er die Tragik eines »völlig verpflanzten« Emigrantenlebens. »Merkwürdig«, so Simons, »daß solche Menschen meist nicht einmal den Mut zu sich selber haben, sondern unglückliche Anpassungsversuche machen – die dann ihre Unsicherheit erst recht enthüllen. ... Man möchte gerade in solchen Fällen so gern sagen können, daß etwas wirklich Echtes immer am Platze ist und sich auch in New York behaupten kann, wenn es bleibt, was es ist. Aber solche Weisheiten darf man allenfalls sich selber und dem Bericht anvertrauen, nicht jedoch anderen – wenigstens ehe man weiß, wie weit man sie selber zu befolgen imstande sein wird.«[22]

Noch einmal sei betont, daß jene vielschichtigen Probleme lediglich Ausnahmeerscheinungen der Adjustierung bei einzelnen gewesen waren. Die Mehrheit der Fakultätsmitglieder hatte solche Umstellungs- und Eingewöhnungsschwierigkeiten nicht. Der gemeinsame Aufbau der Fakultät, ihr existentielle Sicherung und Integration in der amerikanischen Wissenschaft beanspruchten den Einsatz aller intellektuellen und emotionalen Kräfte. Hier wurde ein neuer Lebensmittelpunkt rekonstruiert, dessen Bindungskraft den Blick zurück relativierte. Dieses Engagement und diesen Optimismus, aktiv eine neue gemeinsame Zukunft zu gestalten, spiegelt vielleicht am besten das zum vierjährigen Bestehen der Fakultät veranstaltete Symposium wider, auf dem über das Thema »Intellectual Freedom und Responsibility« diskutiert wurde, das jedoch im Beisein zahlreicher Mitemigranten wie Thomas Mann und Paul Tillich gleichfalls zu einer kritischen Selbstreflektion der eigenen jüngsten Erfahrungen führte. Hier prägte Tillich auch zum ersten Mal den Begriff des geistigen Migranten. Für ihn entwarf er das Bild des rastlos suchenden kritischen Geistes, der die Endlichkeit der realen Verhältnisse transzendiere, wodurch der Intellektuelle automatisch zum Fremden werde. Ohne diese »Selbst-Entfremdung« sei kein kritisches Bewußtsein und damit keine Kultur möglich. In diesem Sinne wurde die erzwungene Emigration als eine Art realer Dialektik begriffen, die ihn und seine Freunde Schritt für Schritt von ihren beengten Denkweisen und begrenzten Kategoriensystemen befreit habe.[23]

Noch optimistischer war die Vision Hans Speiers, daß der »ubiquitöse Charakter« des Intellektuellen seine soziale und geistige Entwurzelung von vornherein ausschließe: »Er wechselt seinen Wohnort, aber wird kein Fremder«. Da die ehedem universale abendländische Kultur seit der Herausbildung der modernen Nationalstaaten Europas in dem Maße paralysiert worden sei, wie jeweilige national beschränkte und andere parochiale Gruppen und Meinungsmacher letzte Werte zu repräsentieren beansprucht hatten, verstand er die Vertreibung aus solchen Milieus als befreiende Chance, um sich auf die übernationalen Werte von Humanität, Freiheit und Autonomie zu besinnen. In gewisser Weise erlebe der aus Europa emigrierte Intellektuelle eine »zweite Jugend«, und durch neue Erfahrungen und Partizipationen werde sein Leben zu einem neuen permanenten und bewußteren Lernprozeß.[24] Zahlreiche der auf dem Symposium gelieferten Beiträge enthielten die gleiche scharfe Kritik an den eigenen Sozialisationsbedingungen, insbesondere am deutschen Bildungsideal mit seinem autochthonen kulturellen Extremismus. Und auch künftig sollte das Thema des wandernden Intellektuellen noch häufiger in selbstkritischer Absicht zum Diskussionsgegenstand an der Graduate Faculty gehören.[25]

2. Die Graduate Faculty und der Horkheimer-Kreis des Institute of Social Research

Einige Anhaltspunkte, wie unterschiedlich die Vertreibung bewältigt wurde, vermittelt das Verhältnis zwischen den Mitgliedern der Graduate Faculty und denen des ehemaligen Frankfurter Instituts für Sozialforschung. Institutionell und gruppenbiographisch gab es zwischen diesen beiden Einrichtungen zahlreiche Gemeinsamkeiten. Beide zählten zu den quantitativ bedeutendsten und qualitativ faszinierendsten Zentren der deutschen wissenschaftlichen Emigration, die Mitglieder beider Organisationen kamen alle aus dem Milieu der kritischen deutschen Sozialwissenschaften der zwanziger Jahre und zwischen beiden Gruppen bestanden auch zahlreiche fachliche, weltanschauliche sowie zum Teil bis in gemeinsam verlebte Jugendjahre zurückgehende persönliche Querverbindungen. Dennoch herrschte zwischen diesen beiden Wissenschaftszentren über die Jahre hinweg bis zum Zerfall des Instituts ein eigenwilliges Verhältnis, das trotz vielfacher persönlicher Beziehungen zwischen einzelnen Mitgliedern zu einem spannungsreichen wissenschaftlichen Umgang miteinander führte. Die Ursachen dafür reichen weit in die Jahre vor 1933 zurück, wenngleich die Polarisierungen erst in der Emigration, hervorgerufen nicht zuletzt durch die unterschiedlichen Startbedingungen, in voller Deutlichkeit sichtbar wurden.

Die Kerngruppe der New School hatte zum großen Teil aus Veteranen der politischen Praxis bestanden, was von Anfang an ihr Verständnis von den Aufgaben der Wissenschaft geprägt hatte. Zusätzliche Schubkraft bekam diese Disposition noch in den USA, als insbesondere die Ökonomen-Gruppe unter Alvin Johnsons Regie zu einer Art »think tank« für die New Deal-Ideologie geworden war. Trotz aller deprimierenden Erlebnisse beim Niedergang der Weimarer Republik lagen hier konkrete Aufgaben vor den Fakultätsmitgliedern, die die Kontinuität ihrer bisherigen Arbeit sicherten und für eine zügige Integration in der neuen sozialen Welt sorgten. Die gemeinsamen Anstrengungen beim Aufbau der Fakultät mit seinen jahrelangen unsicheren Begleiterscheinungen ließen darüber hinaus so etwas wie einen Corps-Geist entstehen, obwohl dort unterschiedliche Temperamente und Wissenschaftsvertreter zusammengekommen waren. Eine gemeinsame Philosophie hat es daher an der Graduate Faculty nie gegeben, auch wenn dort die dominierende Gruppe der Ökonomen für ein relativ einheitliches Profil nach außen sorgte.

Während die Theorie bei den New School-Leuten aufgrund ihrer politischen Erfahrungen nur funktional gesehen wurde, war der von den Institutsmitgliedern beanspruchte Theorie-Praxis-Bezug immer nur eine theoretisch reflektierte Größe gewesen, denn für sie war »kritisches Denken selbst adäquate Praxis«.[26] Das war schon so gewesen, als Horkheimer 1931 die Nachfolge des Austromarxisten Carl Grünberg in der Leitung des Frankfurter Instituts angetreten hatte. Während dieser mit seiner Betonung handfester empirischer und konkret historischer Interessen noch einen originären Zusammenhang zur Tradition der Arbeiterbewegung geschaffen hatte, blieb er bei jenem nur Gegenstand der Imagination. Zweifellos waren dort schon Vorbehalte zu den späteren New School-Angehörigen angelegt, auch wenn sie noch nicht so in die Erscheinung traten. Immerhin hatte aber Adolph Lowe nach seiner Flucht aus Deutschland Anfang April 1933 das Angebot seines alten Freundes Horkheimer abgelehnt, eine Dauerstellung am Institut in Genf anzunehmen.

Verstärkt wurden diese Gegensätze durch die äußeren Umstände der Emigration, da Horkheimer das Institut, wenn auch auf dem Umweg über Genf und Paris, als geschlossene Einrichtung nach New York retten konnte, wo es separat in den Räumlichkeiten der Columbia Universität unterkam. Ferner hatte das beachtliche Stiftungsvermögen gerettet werden können, ja es war ohnehin zum größten Teil in den USA angelegt gewesen, so daß das Institut finanziell nicht wie die New School auf die Hilfe Dritter angewiesen war. Seine Mitglieder brauchten sich daher nicht einzusetzen und zu kämpfen, um in der Emigration einen Einstieg und festen Ort zu finden. Ebensowenig mußten sie sich auf amerikanische Hörer einstellen; eigene Lehrveranstaltungen wurden erst in späteren Jahren, und auch das nur sporadisch im Rahmen des Columbia-Programms, abgehalten. Damit war ein äußerer Rahmen festgelegt, der den Hermetismus der von der Kerngruppe Horkheimer, Theodor Adorno und Leo Löwenthal mitgebrachten theoretischen Positionen noch weiter kumulierte.

Schon vielfach ist in der Literatur darauf hingewiesen worden, wie sehr die Institutsarbeit durch den Aufstieg und schließlichen Sieg des Nationalsozialismus erschüttert worden war, der zur tiefen intellektuellen Verunsicherung, zum Eskapismus und Elitismus der Mitarbeiter geführt hatte.[27] Die alte marxistische Grundposition des Instituts, daß nämlich der Wert der Theorie von den Aufgaben determiniert werde, die in bestimmten Momenten der Geschichte von den progressiven Kräften in

Angriff genommen werden,[28] war von der geräuschlosen Zerschlagung der organisierten Arbeiterbewegung durch den Faschismus an der Wurzel getroffen worden. Nicht entschieden braucht hier zu werden, ob und wie dieser Schock nach 1933 die theoretische Akzentverlagerung hin zur »kritischen Theorie« begründete. Ob diese ein camouflierendes Etikett der alten Denkweisen, eine neue Gegenstandsanalyse, etwa über die Kulturindustrie, oder eine aus tiefem Pessimismus hervorgegangene grundsätzliche Abkoppelung von der Marxschen Theorie und die Hinwendung zu allgemeinen anthropologischen und geschichtsphilosophischen Generalisierungen gewesen sein mochte. Horkheimer selbst vermittelte unmittelbar nach 1933 allerdings nicht den Eindruck, als ob er die Vertreibung aus Deutschland als einen tiefen Bruch empfunden habe. In der Abgeschiedenheit der Morningside Heights schien er den idealen Ort »für ruhige wissenschaftliche Arbeit« gefunden zu haben, zumal er sich politik- und systemindifferent dafür entschieden hatte, »als Philosoph zu leben, d.h. in einer Welt der Fiktion und abstrakten Ideen, (weil) die konkreten Dinge zu unangenehm sind«.[29] Wenn Theodor Adorno später vom »beschädigten Leben« des Emigranten gesprochen hat, so ist das im Falle seines Kreises wohl weniger auf eine zerbrochene Kontinuität, sondern mindestens ebenso auf die fehlende Integrationsbereitschaft des Institutskerns zurückzuführen. Adornos Selbsteinschätzung als »Europäer durch und durch« verweist gleichfalls auf die Tatsache, daß bewußt keine aktiven Schritte zur eigenen Deprovinzialisierung unternommen wurden.[30] Waren er und seine Freunde schon in Europa »transzendental Obdachlose« gewesen, so hatten sie sich in New York noch mehr in ein isoliertes Schneckenhaus zurückgezogen. Treffend wird das etwa von dem Widerwillen beleuchtet, der Löwenthals Besuch einer Van Gogh-Ausstellung im Metropolitan Museum begleitete, weil »dieselben Dinge hier anders aussehen als in Europa«.[31]

Durch diese »teutonische Kompromißlosigkeit« (H. Stuart Hughes) ist dann auch die ideologische Einheit des Instituts infrage gestellt worden, bald nachdem die aus der »realen« sozialistischen Bewegung kommenden neuen Mitarbeiter wie Franz Neumann oder Otto Kirchheimer ab Mitte der dreißiger Jahre dazugestoßen waren; und darin sollte auch der Kern der Spannungen zu den Kollegen von der New School liegen. Jenem Hermetismus widersprechen auch nicht die später in den vierziger Jahren in Zusammenarbeit mit dem American Jewish Congress erarbeiteten und von Horkheimer herausgegebenen »Studies in Prejudice«, die scheinbar eine Annäherung an die Methoden der amerikanischen Wissenschaft zeigen. Dieser Abstieg in die Empirie war mehr die erzwungene Folge der in jenen Jahren erschöpften eigenen Vermögensbestände. In dem wichtigen, 1950 publizierten Untersuchungsband über die »Authoritarian Personality« hatte Adorno einige grundlegende Kapitel geschrieben, doch die waren mit ihrem philosophischen Tenor so weit von den quantitativen Erhebungen entfernt, die in den anderen Kapiteln von jüngeren amerikanischen Wissenschaftlern vorgelegt wurden, daß sie auch separat hätten veröffentlicht werden können.[32]

In Martin Jays Biographie des Instituts ist als Grund für die Gegensätze der beiden Emigrantenzentren genannt worden, daß dessen »marxistischer Ton« den »Zorn« der New School-Leute herausgefordert habe. Außerdem seien sie, beeinflußt durch Wertheimers Gestaltpsychologie, von der am Institut herrschenden »Begeisterung für Freud« provoziert worden. Emil Lederer erscheint bei Jay gar als »alter Feind des Instituts« und Hans Speier wird nachgesagt, daß er die Institutsarbeit nur mit »vernichtender Kritik« verfolgt habe, wobei ihm sogar die Macht zugemessen wird, die Rezeption der 1936 erschienenen »Studien über Autorität und Familie« in den USA verhindert zu haben.[33] Augenscheinlich kolportierte Jay dabei, womöglich noch in eigener Zuspitzung, einige Vermutungen der von ihm für seine Arbeit interviewten ehemaligen Institutsmitarbeiter. Charakteristisch mag sein, daß in diesen Annahmen zum großen Teil nur den New School-Leuten unterstellte Meinungen wiedergegeben werden. Nirgendwo gibt es jedoch Anhaltspunkte in den Korrespondenzen der Fakultätsmitglieder mit den Institutsangehörigen oder auch mit Dritten darüber, daß sie sich von deren »Marxismus« irritiert fühlten. Nur am Rande sei erwähnt, daß sich Horkheimer und seine Freunde im Konzept der kritischen Theorie selbst von ihrer theoretischen Vergangenheit, in welchem Ausmaß auch immer, zu distanzieren gesucht hatten. Ebensowenig plausibel ist der Vorwurf des Anti-Freudianismus, weil die Psychologie in den zentralen Diskussionen der New School kaum eine Rolle spielte und die dort angefertigten ökonomischen Studien auf ganz andere Probleme gerichtet waren. Richtig ist zwar, daß Speier in einer Besprechung von »Autorität und Familie« gewisse Zweifel angemeldet hatte, ob die Freudsche Theorie hinreichend sei für die Analyse der sozialen Erscheinungen. Die daraus von ihm abgeleiteten Desiderata künftiger Forschung aber als vernichtende Kritik zu interpretieren, erstaunt umso mehr, wenn man jene im übrigen durchaus wohlwollende Rezension einmal gelesen hat.³⁴ Ferner kann von der Annahme, daß durch sie die gebührende Würdigung des Werks in den USA ausgeblieben sei, keine Rede sein, weil es in deutscher Sprache erschienen war und schon deshalb eine Wirkung ausbleiben mußte. Die gleiche Fehlwahrnehmung zeigte schließlich die Lederer zugeschriebene Haltung. Kritisiert hatte dieser allerdings, daß das Institut ab Anfang der dreißiger Jahre die frühere sozialwissenschaftliche Ausrichtung zugunsten einer zunehmenden philosophischen Orientierung aufgegeben und daher, so seine Vermutung, möglicherweise den alten politischen Zuschnitt verloren habe.³⁵

Horkheimer selbst hatte viel zu enge Bindungen an die New School, vor allem zu Adolph Lowe, um die tatsächlich vorhandenen Meinungsverschiedenheiten in solche Art Polemik umschlagen zu lassen. Nach seiner Ankunft in New York hatten zwischen ihm und verschiedenen New School-Leuten, unter anderem Gerhard Colm und Hans Staudinger, zahlreiche Kontakte bestanden. Schon von Manchester aus hatte auch Lowe als »Liaison-Officer«³⁶ der beiden Institutionen gewirkt, wie er andererseits von Horkheimer selbst 1937 eine Reise nach New York finanziert bekommen hatte, um sich in den USA umzusehen.³⁷

Die schroffe Polemik gegen die New School kam dagegen vor allem von Leo Löwenthal und auch von Franz Neumann. Löwenthal war es, der aus dem inneren Kreis des Instituts zunächt alle Kontakte mit der New School abzuwehren und sogar gemeinsame Diskussionen mit dem neutral zwischen den beiden Institutionen stehenden Tillich zu hintertreiben suchte.³⁸ Allerdings trifft diese isolationistische Haltung nur in den dreißiger Jahren auf Löwenthal zu. Nach 1940 gehörte auch er zu den Teilnehmern des regelmäßigen Diskussionszirkels um Horkheimer, Lowe oder Tillich, und zu jener Zeit hatte er sich in den USA soweit akkulturiert, daß er später nach dem Zweiten Weltkrieg nicht mit dem Institut nach Frankfurt zurückkehrte. Bei Neumann andererseits hatte die relativ späte Ankunft in New York 1936 augenscheinlich dazu geführt, daß er beim Aufbau und Abstecken eines eigenen Arbeitsgebiets in der Graduate Faculty, in der über ähnliche Fragen gearbeitet wurde, eine Art drohender Konkurrenz sah, wie er auch intern erhebliche Differenzen mit Friedrich Pollock, dem Institutsökonomen, hatte. Schon in seiner Polemik gegen dessen Theorie des modernen Staatskapitalismus ist schwer zu entscheiden, wo die Grenzen der sachlichen Auseinandersetzung lagen, so daß ihn Horkheimer ermahnen mußte, sich nicht »im Stil des Anti-Dühring« auf seine Kollegen zu stürzen.³⁹ Noch schroffer fielen die Urteile über die

New School-Leute aus. Den damaligen Dekan Max Ascoli hielt er für einen »aufgeblasenen Dummkopf von nicht zu überbietender Eitelkeit«, in Hans Speier sah er einen »gerissenen, sehr gescheiten und formal außerordentlich geschickten Halunken«, und was in *Social Research* publiziert wurde, empfand er als eine Aneinanderreihung banaler Gemeinplätze. Gnade fanden vor seinen Augen eigentlich nur Spezialisten wie Marschak, deren Forschungsfelder seine eigenen Absichten nicht berührten.[40]

Auf die Spitze getrieben wurden die Attacken nach den ablehnenden Voten der Rockefeller Foundation, bei der sich Neumann und das Institut um ein Stipendium zur Erforschung des Nationalsozialismus beworben hatten und erfahren mußten, daß das Peace Project der New School darüber bereits die notwendigen Untersuchungen anstellen würde. Als die Stiftung dem Institut allerdings entgegenkommen wollte und empfahl, die von jenem Projekt nicht behandelten Aspekte mit den dortigen Bearbeitern abzuklären und einen neuen Antrag zu stellen, der gute Chancen zur Bewilligung haben würde, war es bei Neumann ganz aus. Empört wies er das Ansinnen zurück, daß das Institut zum »bloßen Handlanger« für andere werden sollte.[41] Während Horkheimer die New School noch zur Abstimmung möglicher Arbeitsbereiche kontaktiert und um eine »konstruktive Kritik« der Institutspläne gebeten hatte,[42] lehnte Neumann als designierter Projektbearbeiter nicht nur die Kooperation, sondern überhaupt jede Kommunikation mit der Graduate Faculty ab. Ein Teil des von ihm bereits zusammengetragenen Materials ist dann autonom und ohne finanzielle Unterstützung von dritter Seite in seinem 1942 publizierten »Behemoth« verarbeitet worden.[43]

Auch bei anderen Gelegenheiten hatte Horkheimer immer wieder versucht, die Verbindungen der beiden Lager zu intensivieren. Aus dem Gefühl der intellektuellen Isolierung heraus hatte er schon in der eigenen Gruppe den Querulanten Neumann eindringlich gebeten, bei seinen Angriffen auf andere etwas zurückhaltender zu sein, da der Kreis der Vertrauten tagtäglich kleiner werde.[44] Noch deutlichere Signale sandte er auch an Lowe; trotz tiefgreifender Meinungsverschiedenheiten suchte er das Gespräch, weil er bei ihm »jene Nuance der Liberalität (fand), die im Denken unserer eigenen Freunde immer seltener zu finden ist«.[45]

Die Dialektik von theoretischen Differenzen und gleichzeitiger menschlicher Nähe dieser beiden springt besonders zu einer Zeit ins Auge, als Lowe seine Schrift »Price of Liberty« vorbereitete und Horkheimer seinen »Egoismus«-Aufsatz abgeschlossen hatte.[46] Die gleichen Grundfragen standen sich hier in historischer Realanalyse und in philosophischer Anthropologie gegenüber und führten zu einer bleibenden Kontroverse in den folgenden Jahren. Ausgangspunkt dafür war das in Lowes Analyse der englischen Klassenstruktur herausgestellte Prinzip der »spontaneous conformity«, das für ihn einstweilen die einzige realistische Alternative zur diktatorischen Massenbeherrschung darstellte, während Horkheimer Konformismus und Massenbeherrschung nicht allein für keine Alternativen hielt, sondern in jenem Prinzip auch eine unzulässige »Bejahung von Zuständen (sah), die besser nicht wären und die zum Besseren geändert werden könnten«. Noch bevor er ein Jahr später in seinem Manifest die Grundsätze der »kritischen Theorie« definierte,[47] glaubte er in Lowes Ansatz ein Beispiel der traditionellen und damit affirmativen Kritik gefunden zu haben. In der Konformität werde die »conservatio intellectus«, später setzte er dafür den »Eigensinn der Phantasie«, nicht aufgehoben, sondern untergehen. Dem Begriff der Massenbeherrschung sei daher nicht so sehr der des Konformismus entgegenzusetzen, »der gerade heute schon mit ihm identisch ist«, sondern der Anspruch auf »Vernunft und Autonomie«, wie es in der großen bürgerlichen Philosophie auch schon immer postuliert worden sei.

Die Planungspräferenzen Lowes, die im weitesten Sinne die politische Konkretion der spontanen Konformität beschreiben wollten, verfielen noch schärferen Vorbehalten Horkheimers. Spätestens hier wurden auch die unterschiedlichen Ebenen deutlich, auf denen man sich in der Diskussion bewegte. Der Planungs-Begriff war für Horkheimer schon fast mit dem der »Volksgemeinschaft« identisch, beiden Wörtern stehe schon an der Stirn geschrieben (sic!), daß sie eindeutschen wollen, was an kritischem Denken noch übrig sei: »Ich bin schon immer dagegen gewesen, daß die Idee der vernünftigen Gesellschaft, die mit derjenigen der Assoziation freier Menschen zusammenfällt und kraft der kritischen Theorie näher bestimmt wird, sich stillschweigend in den Begriff der Planwirtschaft verwandelt.«[48]

Lowe seinerseits teilte zwar Horkheimers Plädoyer für die Vernunft und individuelle Freiheit angesichts der spezifischen Autoritätsformen der kapitalistischen Gesellschaft, wie aber, so fragte er, könnten autonome und vernünftige Menschen eine bessere Gesellschaft ohne bewußten Konsens beziehungsweise konformes Verhalten und ohne gemeinsame Zukunftsplanung gestalten. Gerade Gesellschaften, die Horkheimers individualistischem Ideal am nächsten kämen, seien ohne die Normen spontaner Selbstbegrenzung nicht denkbar. In jenen Affekten gegen den Planungsbegriff sah er eine fatale Nähe zu den »Ideen des Herrn Mises«. Wie jener, so würde auch Horkheimer die Probleme der Planung gründlich mißverstehen, die längst nicht nur für den Bereich der Ökonomie, sondern viel weitergehender für die Aufrechterhaltung aller sozialen und politischen Ordnungen zu denken sei. Mit einer Änderung der überkommenen kapitalistischen Eigentumsverhältnisse oder dem Aufbau wie immer gearteter Strukturen zur Verwirklichung autonomer Persönlichkeiten automatisch die Lösung gesellschaftlicher Interessengegensätze zu erwarten, sei der Rückfall in einen utopischen Harmonismus. Die soziale Planung müsse vielmehr als notwendiger Regelungsmechanismus für Konfliktlösungen in jeder Gesellschaft verstanden werden.

In seinem »Price of Liberty« hatte Lowe die Höhe und Art des Preises thematisiert, den vernünftige Menschen für diese Planung zu zahlen bereit wären. Die Pole Autonomie und Konformität waren für ihn die Ausgangspunkte jeder Art »sozialer Neugestaltung«, wobei klar war, daß sie in dauernder Spannung stünden und daß ferner die unvollkommene Realität nur graduell verändert werden könne. In dem von Horkheimer in der kritischen Theorie verwendeten Begriffssystem wie »Verantwortung«, »vernünftige Absicht« etc. sah Lowe nur Appelle an das autonome Individuum für sich selbst, ohne daß deutlich werde, wie die Konflikte zwischen den vielen Einzelnen überwunden werden könnten und was überhaupt die konstituierenden Prinzipien eines neuen »Gesellschaftszusammenhangs« sein sollten.[49] Horkheimers kritische Theorie hielt Lowe nur für eine Variante der idealistischen Philosophie, denn trotz ihres Anspruchs frage sie nicht nach den Wirkungsmechanismen in der realen Welt. Ihre Zentralbegriffe seien nicht nur Symbole eines anarchischen Individualismus, sondern auch die Chiffren einer philosophischen Vollkommenheitskonstruktion, die keine erkenntnistheoretischen Bezüge zur Wirklichkeit habe. Die logische Konsequenz dieses bipolaren Gedankengebäudes war für ihn dann notwendigerweise die negative Dialektik, die die gesamte Realität verwarf, da die Welt nicht so vollkommen war und auch nicht so gemacht werden könne, wie sich die Institutsleute das vorstellten. Trotz solcher schweren und grundsätzlichen Differenzen hielt Lowe aber ebenso wie Horkheimer an dem gemeinsamen Dialog fest, da auch er nicht wollte, »daß wir über unseren Hausstreitigkeiten die trotz allem gemeinsame Front vergessen.«[50]

IX. Epilog: Die New School und das neue Deutschland nach 1945

Mehrfach ist bereits betont worden, daß sich die New School-Wissenschaftler bis auf wenige Ausnahmen recht bald als Emigranten und nicht als auf Rückkehr wartende Exilanten verstanden hatten. Im Laufe der vierziger Jahre waren sie auch alle amerikanische Staatsbürger geworden und hatten einen festen Ort in der amerikanischen Wissenschaft gefunden, dennoch hatten sie weiterhin engagierten Anteil an der Entwicklung ihres Ursprungslandes genommen. Auch nach 1945 begleiteten sie die Zustände dort mit kritischen Kommentaren.[1] Ebenso reisten die meisten von ihnen recht bald nach Deutschland, wenn sie dort nicht wie Brecht, Colm, Simons oder Speier ohnehin im amtlichen Auftrag tätig waren, um sich einen unmittelbaren Eindruck vor Ort zu verschaffen und die Möglichkeiten zu sondieren, welchen Beitrag man etwa beim Neuaufbau der akademischen Institutionen und der sozialwissenschaftlichen Forschung leisten könne. Auch in den folgenden Jahren und Jahrzehnten sollten einige der Fakultätsmitglieder auf Vortragsreisen, Gastprofessuren oder nur bei privaten Ferienaufenthalten die Beziehungen weiter pflegen. Mit der Ausnahme Eduard Heimanns ist jedoch keiner von ihnen endgültig nach Deutschland zurückgekehrt. Das lag nicht allein daran, daß mittlerweile alle in den USA integriert waren, mindestens ebenso stark dürften auch die Zweifel und Widerstände gewesen sein, die das gegenseitige Verhältnis der Emigranten und der tonangebenden Schichten des neuen Deutschlands prägten. Deshalb sollten die vielfältigen transatlantischen Kontakte, die im übrigen nur über private Kanäle liefen, nicht zu dem Fehlschluß aus heutiger Distanz führen, daß das Ende der Nazi-Herrschaft automatisch die Rückkehr ›normaler‹ Verbindungen der ehemaligen Emigranten zu ihrem Herkunftsland einleitete.

Die zwölf Jahre Nationalsozialismus waren für die New School-Wissenschaftler, ebenso wie für viele andere Intellektuelle, kein Intermezzo, nach dem man am status quo ante wieder anknüpfen konnte. Die Gründe dafür lagen nicht einmal so sehr in ihrer 1933 von Kollegen und Landsleuten so gleichgültig, zuweilen auch befriedigt zur Kenntnis genommenen Vertreibung. Gravierender noch waren die enttäuschenden Entwicklungen im Nachkriegsdeutschland, die ihre Haltung für lange, wenn nicht gar für immer prägen sollten.

Zwar beobachtete man auch die Rahmenbedingungen der internationalen Politik nach 1945, die man sich in den zahlreichen Planungen und Studien etwa des Peace Research Project so nicht vorgestellt hatte; man kritisierte, welchen Anteil die Außenpolitik der USA an der Entstehung des Kalten Krieges hatte und wie ihre politischen Strategien die ehedem vorausgesetzten Änderungen der deutschen Sozialstrukturen verhinderten. Aber trotz aller Kritik an der inkonsistenten, lediglich formal verordneten Demokratisierung einschließlich der ganz unzulänglichen Entnazifizierung wurde mit noch stärkerer Bitterkeit gesehen, wie wenig die Deutschen selbst bereit waren, jene formalen Vorgaben aufzunehmen und inhaltlich auszufüllen. Am meisten erschreckte die personelle Kontinuität mit ihrer skandalösen Dimension, daß nicht einmal eine Gleichstellung von alten Nazis und Antinazis beim Wiederaufbau stattfand. Während die Karriere von Nationalsozialisten nach 1945 in der Regel kaum Brüche zeigte, erlebte man, daß die Vertreter des »anderen Deutschland«, die sich im Exil oder in der Emigration jahrelang Gedanken über einen demokratischen Neuaufbau gemacht hatten, von den Deutschen nicht einmal um Rat gefragt, geschweige denn zur Rückkehr aufgefordert wurden. Sicher typisch ist, wie etwa Emil Julius Gumbel 1947 seinem ehemaligen Mitstreiter Max Seydewitz aus Pariser Volksfronttagen, derzeit Intendant des Berliner Rundfunks, auf dessen lediglich allgemein gehaltene Frage antwortete, ob er nicht beim Wiederaufbau der Ostzone mithelfen wolle: Er habe seit zwei Jahren gewartet und die Hoffnung gehabt, daß die 1933 entlassenen Professoren zurückberufen werden würden. Das sei aber nicht geschehen. Kürzlich nun sei er naturalisiert worden und nach sechs Jahren zeitlich befristeter und immer wieder nur vorübergehend verlängerter Tätigkeit als visiting professor an der New School habe er jetzt erstmalig auch eine Dauerstellung in Aussicht, so daß er nicht erneut alles aufgeben und um einen ungewissen Platz in Deutschland kämpfen wolle.[2] Vereinzelte Rufe von deutschen Universitäten, die einige der Fakultätsmitglieder erhielten, können nichts an der Tatsache ändern, daß es keinen erkennbaren Versuch gegeben hatte, auf organisierte Weise den vertriebenen Wissenschaftlern ihre alten Lehrstühle wieder anzubieten, und aus diesem Grunde hatte beispielsweise auch Lowe Ende der vierziger Jahre eine an ihn ergangene Einladung nach Göttingen abgelehnt.

Jene bald zu erkennenden Entwicklungen mußten umso deprimierender wirken, als die New School-Wissenschaftler zusammen mit anderen ehemals emigrierten Kollegen aus allen Teilen der USA nach dem Potsdamer Abkommen einen vehementen Aufruf an die amerikanische Öffentlichkeit gerichtet hatten, der sich gegen alle mit dem Namen Morgenthau verbundenen und, wie die amerikanische Besatzungs-Direktive JCS 1067 zeigte, noch wirksamen Ideen einer deutschen De-Industrialisierung aussprach sowie ein umfassendes Hilfsprogramm in Deutschland und den benachbarten Gebieten für eine unabdingbare Voraussetzung des Friedens hielt.[3] In anderen Appellen hatten sie auch noch unmittelbare Maßnahmen zur Linderung der aktuellsten Not in den kriegszerstörten Gebieten gefordert sowie selbst in einer eigenen Hilfsaktion zahllose Lebensmittel-Pakete an Kollegen nach Deutschland geschickt.[4] Doch bereits diese ersten persönlichen Kontakte nach dem Kriege waren nicht ermutigend. Beispielhaft sei nur genannt, wie der »Volkstumskundler« Max Hildebert Boehm aus dem Lager der früheren Jungkonservativen in den zwanziger Jahren, der sich nun »Soziologe« nannte, unter Anspielung an die alte Zusammenarbeit bei der Encyclopedia of the Social Sciences (er hatte u.a. die Artikel über Nationalismus und Moeller van den Bruck geschrieben) mit der Bitte um Hilfe an Alvin Johnson herantrat, weil – so seine Erklärung – die Kommunisten ihn wegen seiner entschieden christlichen Überzeugungen von seiner Professur in Jena vertrieben hätten. Wohl veranlaßte Johnson, einige Nahrungsmittel an die Familie zu senden, er ließ sich aber auch nicht nehmen zu fragen, was Boehm denn während der letzten zwölf Jahre gemacht und wie er sich als Wissenschaftler zu den grauenvollen Rassentheorien der Nazis verhalten hatte, die den deutschen Namen noch für Generationen beschmutzen würden. Eine Antwort darauf hat Johnson offenbar nicht erhalten.[5]

Die meisten Bittsteller zeigten kaum Neigung, ihre Vergangenheit zu reflektieren; überzeugter Nationalsozialist war angeblich niemand gewesen, man reklamierte für sich die »innere Emigration« oder nur formale Parteimitgliedschaften. Walther G. Hoffmann gar, ein früherer Schüler Lowes aus Kiel, der 1933 als rabiater SA-Mann gegen Colm und Neisser handgreiflich geworden war und der später in der Bundesrepublik zum gefeierten Pionier der quantitativen Wirtschaftsgeschichte werden sollte, glaubte nach dem Krieg bei einem Besuch in New York mit der Erklärung, daß er damals nicht wissen konnte, wie die nationalsozialistische Entwicklung »enden« würde, die Kontakte zu den ehemaligen Kollegen wiederherstellen zu können, so als ob nichts gewesen wäre.[6]

Mit einiger Betroffenheit wurden die Meldungen der ersten Deutschland-Reisenden zur Kenntnis genommen, mit wie wenigen Menschen man dort noch »dieselbe Sprache« spreche. Irritiert bemerkte man, und das bereits 1946, wie sehr die Deutschen in »wildem Antikommunismus« erfolgreich ihre Vergangenheit zu verdrängen verstanden und damit auch noch Erfolg bei den westlichen Besatzungsmächten hatten, die mit sichtbaren Präferenzen die neugegründete CDU begünstigten, in der sich unter christlichem Parteietikett alte Reaktionäre und Nazis ohne Gefahr sammeln durften. Selten, so wurde registriert, hörte man aus deutschen Verlautbarungen etwas über die eigene Verantwortung an den gegenwärtigen Zuständen. Der Antikommunismus galt offenbar als Ausweis für neues demokratisches Bewußtsein und berechtigte dazu, einen schnellen Schlußstrich unter die Vergangenheit zu setzen.[7]

Vor solchem Hintergrund waren dann auch die Nachkriegsüberlegungen der Graduate Faculty, wie etwa die für eine School for Democratic Leadership, illusorisch, die man von Emigranten in Deutschland zur demokratischen Umerziehung der Jugend einzurichten wünschte und für die die Schüler zunächst aus Kreisen des Widerstands, z.B. der Weißen Rose oder der Edelweiß-Piraten, nominiert werden sollten.[8] In ähnliche Richtung gehende andere Kontakte mit den deutschen wissenschaftlichen Einrichtungen verliefen ebenfalls relativ fruchtlos. So war 1947 die erste gewählte sozialdemokratische Landesregierung von Schleswig-Holstein an die ehemaligen Mitarbeiter des Kieler Weltwirtschaftsinstituts mit der Bitte um Unterstützung bei dessen Wiedereröffnung herangetreten. Diese hatten sich auch sogleich mit der Rockefeller Foundation in Verbindung gesetzt und gefragt, ob die früheren finanziellen Engagements wieder aufgenommen werden würden. Die Sache verlief jedoch im Sande, als von der Graduate Faculty die Entlassung der alten Nazis sowie die Einrichtung eines internationalen Beirats zur Voraussetzung einer künftigen Zusammenarbeit gemacht wurde.[9]

Auch auf Heidelberg hatten sich einige Hoffnungen gerichtet, um dort eine internationale Universität aufzubauen, zumal man dort in Alfred

Weber und dem aus dem türkischen Exil zurückgekehrten Alexander Rüstow alte Bündnispartner hatte. Doch über einen Studentenaustausch waren diese frühen Kontakte nicht hinausgekommen.[10]

Ein Schlaglicht auf die Zweifel der New School-Wissenschaftler über die deutschen Verhältnisse mögen ihre Reaktionen auf den Versuch Friedrich Pollocks werfen, bei der Rückkehr des Instituts für Sozialforschung Ende der vierziger Jahre eine breite Unterstützungsfront in Emigrantenkreisen aufzubauen, um ihm den nötigen Einstieg und Rückhalt an der Universität Frankfurt zu geben. Einerseits bedauerten sie grundsätzlich die Rückkehr dorthin, solange die Universität nicht ihre »verrottete Atmosphäre« gereinigt und sich von einigen der ehedem profilierten Nazi-Professoren getrennt habe. Zum anderen hielten sie es für erniedrigend, wenn das inzwischen weltbekannte und angesehene Institut auf diese Weise nach Frankfurt zurückkehren würde. Seine Arbeit spreche für sich und es habe nicht nötig, womöglich als Bittsteller nach dort zurückzukehren.[11]

Insgesamt blieb die Haltung der New School-Wissenschaftler wie auch die anderer ehedem emigrierter Intellektueller skeptisch gegenüber der restaurativen Entwicklung in Deutschland. Erst viele Jahre später, als allmählich auch der Generationswechsel an den Universitäten einsetzte, löste sich das gespannte Verhältnis, wobei insbesondere Hans Staudinger zu einem wichtigen Botschafter der akademischen Beziehungen zu Deutschland werden sollte. Auf seine Initiative hin wurde Anfang der sechziger Jahre anläßlich eines Besuches des deutschen Bundespräsidenten in den USA der von der Bundesrepublik finanzierte Theodor Heuss-Chair an der Graduate Faculty eingerichtet, der seitdem im jährlichen Wechsel einem jüngeren deutschen Sozialwissenschaftler die Chance bietet, in New York zu lehren.[12] Wie sensibel das Verhältnis aber blieb, zeigten etwa die sofortigen Reaktionen, als Anfang der siebziger Jahre in der Bundesrepublik während des Wahlkampfes von konservativen Gruppen Stimmung gegen den SPD-Kanzlerkandidaten und ehemaligen Emigranten Willy Brandt gemacht wurde. Die pseudo-biedere Aufforderung etwa aus Kreisen der CSU, Brandt solle erklären, was er draußen gemacht habe, »wir wissen, was wir getan haben«, drückte aus, mit welchem Ungeist man noch immer in Teilen der dumpfen öffentlichen Meinung in Deutschland Stimmung machen konnte. Gegen diese unselige Neuauflage einer unterschwelligen Dolchstoßlegende suchten die alten Emigranten der New School sogleich Brandt beizuspringen und durch Verleihung der Ehrendoktorwürde sowie durch Vermittlung einer Vortragsreise in die

USA deutlich zu machen, welches Ansehen er als Repräsentant des neuen Deutschland im Ausland genoß.[13] Doch in der Bundesrepublik schien sich das Blatt auch gewendet zu haben. Denn aus dem wohl engagiertesten Wahlkampf ihrer Geschichte, den nicht zuletzt die junge außerparlamentarische Opposition der kritischen Intelligenz aus der Nachkriegsgeneration in zahlreichen Bürgerinitiativen mitgestaltet hatte, war er 1972 als Sieger hervorgegangen.

Anhang: Liste der europäischen Wissenschaftler und Künstler, denen die New School for Social Research zwischen 1933 und 1945 geholfen hat

Name	Herkunftsland	Fachgebiet/Beruf
Alt, Franz L.	Österreich	Ökonomie und Statistik
Arnheim, Rudolf	Deutschland	Kunstpsychologie
Asch, Salomon	Deutschland	Psychologie
Ascoli, Max	Italien	Politikwissenschaft
Auger, Pierre	Frankreich	Physik
Baran, Paul	Polen	Ökonomie
Barzin, Marcel	Belgien	Philosophie
Benoit-Levy, Jean	Frankreich	Pädagogik
Berger, Adolph	Polen	Rechtsgeschichte
Berger, Erich	Deutschland	
Berghof, Herbert	Österreich	Schauspieler/Dramaturgie
Bienstock, Gregor	Rußland	Ökonomie
Bikerman, Elie	Rußland	Alte Geschichte
Birnbaum, Karl	Deutschland	Psychiatrie
Block, Herbert	Deutschland	Ökonomie
Borgese, G.A.	Italien	Politikwissenschaft
Brandt, Karl	Deutschland	Agrarwirtschaft
Brecht, Arnold	Deutschland	Rechts- und Politikwissenschaft
Brentano, Felix W.	Österreich	Dramaturgie
Brook, Warner F.	Deutschland	Ökonomie
Brueckner, Camillo	Österreich	Lebensmittelchemie
Cahn, Theophile	Frankreich	Biochemie
Calabresi, Renata	Italien	Psychologie

Name	Herkunftsland	Fachgebiet/Beruf
Choucroun, Nine	Algerien	Biophysik
Cohen, Gustave	Frankreich	Französ. Literatur
Colm, Gerhard	Deutschland	Finanzwissenschaft
Contini, Paolo	Italien	Politikwissenschaft
Czettel, Ladislas	Ungarn	Bühnenbildner
Döblin, Ernst	Deutschland	Ökonomie
Dombois-Bartenieff, Irma	Deutschland	Tanz
Dvoichenko-Markoff, Eufrosina	Rußland	Russ. Literatur
Eichenberg, Fritz	Deutschland	Graphik
Einaudi, Mario	Italien	Politikwissenschaft
Eisler, Hanns	Deutschland	Komponist
Ephrussi, Boris	Rußland	Genetik
Feiler, Arthur	Deutschland	Ökonomie
Ferand, Ernst T.	Ungarn	Musikwissenschaft
Foerster, F.W.	Deutschland	Pädagogik/Philosophie
Frank, Josef	Österreich	Architektur
Fried, Hans E.	Österreich	Vergleichende Regierungslehre
Fuchs, Victor	Österreich	Opernsänger
Garvy, George	Rußland	Ökonomie
Goth, Trude	Deutschland	Tanz
Graf, Max	Österreich	Musikwissenschaft
Gregoire, Henri	Belgien	Byzantinistik
Gross, Leo	Polen	Politikwissenschaft
Grunfeld, Judith	Deutschland	Ökonomie
Gumbel, Emil Julius	Deutschland	Statistik
Gurvitch, Georges	Rußland	Soziologie
Gutkind, Erich	Deutschland	Philosophie/Soziologie
Hadamard, Jacques	Frankreich	Mathematik
Halasi, Albert	Ungarn	Ökonomie
Hamburger, Ernst	Deutschland	Politikwissenschaft
Haussmann, Frederick	Deutschland	Internat. Recht
Hegemann, Werner	Deutschland	Stadtplanung
Heimann, Eduard	Deutschland	Ökonomie

Name	Herkunftsland	Fachgebiet/Beruf
Herma, John L.	Österreich	Psychologie
Hermberg, Paul	Deutschland	Statistik
Herrmann, Leon	Frankreich	Altphilologie
Heythum, Antonin	Tschechoslowakei	Architektur
Heythum, Charlotta	Tschechoslowakei	Graphik
Hirsch, Julius	Deutschland	Betriebswirtschaft
Honigmann, Ernst	Deutschland	Histor. Geographie
Hoffmann-Behrendt, Lydia	Rußland	Pianistin
Horenstein, Jascha	Rußland	Dirigent
Hornbostel, Erich von	Deutschland	Musiksoziologie
Hula, Erich	Österreich	Politikwiss./Intern. Recht
Ince, Alexander	Ungarn	Theaterwissenschaft
Kähler, Alfred	Deutschland	Ökonomie
Kahler, Erich	Tschechoslowakei	Geschichte
Kahn, Ernst	Deutschland	Sozialpolitik
Kantorowicz, Hermann	Deutschland	Jura
Katona, George	Ungarn	Ökonomie/Psychologie
Kaufmann, Felix	Österreich	Philosophie
Kelsen, Hans	Tschechoslowakei	Jura
Koyré, Alexander	Rußland	Philosophie
Kraitchik, Maurice	Rußland	Mathematik
Kris, Ernst	Österreich	Psychologie
Lachmann, Kurt	Deutschland	Ökonomie
Laskowski, Michael	Rußland	Agrarchemie
Leblond, Charles F.	Frankreich	Medizin
Lederer, Emil	Österreich	Ökonomie
Lehmann, Fritz	Deutschland	Ökonomie
Leirens, Charles	Belgien	Musikwissenschaft
Lenz, Friederich W.	Deutschland	Altphilologie
Leser, Paul	Deutschland	Anthropologie
Leslau, Wolf	Polen	Oriental. Sprachen
Levi, Nino	Italien	Jura
Levi-Strauss, Claude	Frankreich	Soziologie/Ethnologie
Levy, Ernst	Deutschland	Psychologie
Ley, Maria	Österreich	Tanz/Schauspiel

Name	Herkunftsland	Fachgebiet/Beruf
Littauer, Rudolf	Deutschland	Wirtschaftsrecht
Loewith, Karl	Deutschland	Philosophie
Lowe, Adolph	Deutschland	Ökonomie
Maes, Julian	Belgien	Medizin
Magat, Michael	Rußland	Physikal. Chemie
Malinowski, Bronislaw	Polen	Anthropologie
Marix, Therese	Frankreich	Französ. Literatur
Marschak, Jakob	Rußland	Ökonomie
Mayer, Carl	Deutschland	Soziologie
Mendizabal, Alfredo	Spanien	Internat. Recht/ Rechtsphilosophie
Meyer, Julie	Deutschland	Soziologie
Milano, Paolo	Italien	Vergleichende Literaturwiss.
Mirkine-Guetzévitch, Boris	Rußland	Politikwissenschaft
Modigliani, Franco	Italien	Ökonomie
Mosse, Robert	Frankreich	Ökonomie
Neisser, Hans	Deutschland	Ökonomie
Neufeld, Hans	Österreich	Theaterwissenschaft
Nurnberg, Max	Deutschland	Sozialpolitik
Oberling, Charles	Frankreich	Medizin
Otte-Betz, Irma	Österreich	Tanz
Ozenfant, Amedee	Frankreich	Kunstgeschichte
Pekelis, Alexander	Rußland	Wirtschaftsrecht
Perrin, Francis	Frankreich	Physik
Perrin, Jean	Frankreich	Physik
Pese, Werner	Deutschland	Ökonomie
Picard, Roger	Frankreich	Ökonomie
Pinthus, Kurt	Deutschland	Dramaturgie/ Literaturwissenschaft
Piscator, Erwin	Deutschland	Theater
Pizarro, Miguel Z.	Spanien	Hispanistik
Pless, Julius	Tschechoslowakei	Biochemie
Ramos, Enrique R.	Spanien	Jura
Reich, Wilhelm	Österreich	Psychologie

Name	Herkunftsland	Fachgebiet/Beruf
Reiche, Fritz	Deutschland	Physik
Reichenberger, Arnold	Deutschland	Romanistik
Reiss, Hilde	Deutschland	Architektur
Riezler, Kurt	Deutschland	Philosophie
Rinner, Ernst	Deutschland	Sozialpolitik
de los Rios, Fernando	Spanien	Politikwissenschaft
Roesch, Kurt	Deutschland	Malerei
Rolin, Henri E.A.M.	Belgien	Jura/Soziologie
Rosenblum, Salomon	Polen	Physik
Rougier, Louis	Frankreich	Philosophie
Sagi, Eugene	Tschechoslowakei	Biochemie
Salomon, Albert	Deutschland	Soziologie
Salomon, Gottfried	Deutschland	Soziologie
Salvemini, Gaetano	Italien	Geschichte
de Santillana, George	Italien	Wissenschaftsgeschichte
de Saussure, Raymond	Schweiz	Psychiatrie
Schaeffer, Rudolf	Deutschland	Linguistik
Schrecker, Paul	Österreich	Philosophie
Schueck, Franz	Deutschland	Medizin
Schueller, Richard	Österreich	Ökonomie
Schütz, Alfred	Österreich	Soziologie
Schwarz, Balduin	Deutschland	Philosophie
Schwarz, Salomon	Rußland	Sozialpolitik/Ökonomie
Sereni, Angelo Piero	Italien	Internat. Recht
Simons, Hans	Deutschland	Politikwissenschaft
Sondheimer, Hans	Deutschland	Theater
Speier, Hans	Deutschland	Soziologie
Spire, Andre	Frankreich	Literaturwissenschaft
Staudinger, Hans	Deutschland	Ökonomie
Stern, Catherine	Deutschland	Psychologie
Strauss, Leo	Deutschland	Philosophie
Szell, George	Ungarn	Musikwissenschaft
Taubenschlag, Rafael	Polen	Rechtsgeschichte
Thomas, Alfred	Deutschland	Ingenieurwissenschaften
Toch, Ernst	Österreich	Musikwissenschaft
Treuenfels, Rudolf	Deutschland	Werbepsychologie

Name	Herkunftsland	Fachgebiet/Beruf
Turyn, Alexander	Polen	Altphilologie
Vambery, Rustem	Ungarn	Jura
Vaucher, Paul	Schweiz	Sozialgeschichte
Venturi, Lionello	Italien	Kunstgeschichte
von Eckardt, Gertrude	Deutschland	Gymnastik
von Hildebrande, Dietrich	Italien	Philosophie
Wahl, Jean	Frankreich	Philosophie
Weil, Andre	Frankreich	Mathematik
Weiller, Jean	Frankreich	Ökonomie
Wertheimer, Max	Tschechoslowakei	Psychologie
White, J.S.	Österreich	Literaturwissenschaft
Winter, Ernst Karl	Österreich	Soziologie/Politikwiss.
Winter, Aniuta	Polen	Medizin
Wohl, Kurt	Deutschland	Chemie
Wunderlich, Eva	Deutschland	Vergleichende Literatur
Wunderlich, Frieda	Deutschland	Sozialpolitik
Wunderlich, Georg	Deutschland	Jura
Wurmser, Rene	Frankreich	Biophysik
Wyler, Julius	Schweiz	Ökonomie
Yahuda, A.S.	Palästina	Orientalistik
Zlotowski, Ignace	Polen	Chemie
Zucker, Paul	Deutschland	Kunstgeschichte
Zuckmayer, Carl	Deutschland	Schriftsteller/Dramaturgie

Abkürzungen

AFL	American Federation of Labor
BoB	Bureau of the Budget
CDG-Plan	Colm-Dodge-Goldsmith-Plan
E.C.	Emergency Committe in Aid of Displaced German/Foreign Scholars
FBI	Federal Bureau of Investigation
GF	Graduate Faculty
LBI	Leo Baeck Institute
LoC	Library of Congress
NA	National Archives
NBER	National Bureau of Economic Research
Nl	Nachlaß
NSA	New School Archive
NYPL	New York Public Library
OMGUS	Office of Military Government for Germany, US-Zone of Occupation
OSS	Office of Strategic Services
RFA	Rockefeller Foundation
RG	Record Group
SchVfS	Schriften des Vereins für Sozialpolitik
SOPADE	Sozialdemokratische Partei Deutschlands
SR	Social Research
SUB	Stadt- und Universitätsbibliothek
SUNY	State University of New York
UCLA	University of California at Los Angeles
WA	Weltwirtschaftliches Archiv
WPA	Works Progress/Projects Administration
ZfS	Zeitschrift für Sozialforschung

Anmerkungen

I. Einleitung

1 Franz L. Neumann et al., The Cultural Migration. The European Scholar in Amerika. Introduction W. Rex Crawford, Philadelphia 1953, S. 1 u. 52.
2 Donald P. Kent, The Refugee Intellectual. The Americanization of the Immigrants 1933–1941, New York 1953; dazu a. Maurice R. Davie, Refugees in America. Report of the Committee for the Study of Recent Immigration from Europe, New York 1947.
3 Charles J. Wetzel, The American Rescue of Refugee Scholars and Scientists from Europe 1933–1945, Ph.D. University of Wisconsin, Madison 1964.
4 H. Stuart Hughes, The Sea Change. The Migration of Social Thought, 1930–1945, New York u.a. 1975, S. 1 ff.
5 John Kosa, Ed., The Home of the Learned Man. A Symposium on the Immigrant Scholar in America, New Haven 1968; Donald Fleming/Bernard Bailyn, Eds., The Intellectual Migration. Europe and America 1930–1960, Cambridge, Mass. 1969; Robert Boyers, Ed., The Legacy of the German Refugee Intellectuals, in: Salmagundi No. 10/11 (1969/70), ²New York 1972. Ein Teil der biographischen Beiträge in diesem Band wurden allerdings auch von Amerikanern verfaßt.
6 Laura Fermi, Illustrious Immigrants. The Intellectual Migration from Europe 1930/41, Chicago 1968, ²1971.
7 Anthony Heilbut, Exiled in Paradise. German Refugee Artists and Intellectuals in America from the 1930's to the Present, Boston 1983; Lewis A. Coser, Refugee Scholars in America. Their Impact and Their Experiences, New Haven–London 1984.
8 Biographisches Handbuch der deutschsprachigen Emigration nach 1933. Bearb. v. Werner Röder u. Herbert A. Strauss, Bd. I, München u.a. 1980, Einleitung S. XLIX f.; vgl. a. Protokoll des II. Internationalen Symposiums zur Erforschung des deutschsprachigen Exils nach 1933 in Kopenhagen 1972, Stockholm 1972, S. 489 ff.

9 Wolfgang Frühwald/Wolfgang Schieder, Hg., Leben im Exil. Probleme der Integration deutscher Flüchtlinge im Ausland 1933–1945, Hamburg 1981, S. 13.
10 Helge Pross, Die deutsche akademische Emigration nach den Vereinigten Staaten 1933–1941, Berlin 1955; vgl. ferner die Aufsätze von Holborn, Marcuse, Stourzh und Wellek im Jahrbuch für Amerika-Studien 10 (1965), S. 15 ff.
11 Biographisches Handbuch (wie Anm. 8), 3 Bde., München u.a. 1980–1983.
12 Manfred Briegel, Der Schwerpunkt Exilforschung bei der deutschen Forschungsgemeinschaft, in: Nachrichtenbrief der Gesellschaft für Exilforschung, Nr. 3/Dez. 1984, S. 11 ff.
13 Vor fünfzig Jahren. Die Emigration deutschsprachiger Wissenschaftler 1933–1939. I.A. der Gesellschaft für Wissenschaftsgeschichte zus.gestellt v. Peter Kröner, Münster 1983; dort fehlen z.b. die Namen von G. Colm u. A. Feiler, die in Bd. I des Handbuchs aufgenommen worden waren.
14 M. Rainer Lepsius, Die sozialwissenschaftliche Emigration und ihre Folgen, in: Ders., Hg., Soziologie in Deutschland und Österreich 1918–1945, in: Kölner Zeitschrift für Soziologie und Sozialpsychologie, Sdr.H. 23/1981, S. 480. Dazu Coser, Refugee Scholars in America (wie Anm. 7), S. 85.f.
15 Stephen Duggan/Betty Drury, The Rescue of Science and Learning. The Story of the Emergency Committee in Aid of Displaced Foreign Scholars, New York 1948; Norman Bentwich, The Rescue and Achievement of Refugee Scholars. The Story of Displaced Scholars and Scientists 1933–1952, The Hague 1953; William H. Beveridge, A Defense of Free Learning, London 1959.
16 Raymond B. Fosdick, The Story of the Rockefeller Foundation, New York 1952. Die Studie gibt nur ein paar summarische Informationen wie z.B. den Hinweis, daß zwischen 1933 und 1945 rund 300 exilierte Wissenschaftler mit ca. 1,5 Mill. Dollar gefördert worden sind (S. 300).
17 Monika Plessner, Die deutsche »University in Exile« in New York und ihr amerikanischer Gründer, in: Frankfurter Hefte 19 (1964), S. 181 ff.; Benita Luckmann, Eine deutsche Universität im Exil. Die »Graduate Faculty« der »New School for Social Research«, in: Lepsius, Soziologie in Deutschland und Österreich (wie Anm. 14), S. 427 ff.; Dies., Exil oder Emigration. Aspekte der Amerikanisierung an der »New School for Social Research« in New York, in: Frühwald/Schieder, Leben im Exil (wie Anm. 9), S. 227 ff.
18 Lepsius, Soziologie in Deutschland und Österreich (wie Anm. 14), S. 471 u. 484; Coser, Refugee Scholars in America (wie Anm. 7), S. 12, 102 ff.
19 Die hier vorgelegte Studie schließt an eine Untersuchung des Verfassers über die akademische Nationalökonomie in Deutschland zwischen 1918 und 1933 an, vgl. Claus-Dieter Krohn, Wirtschaftstheorien als politische Interessen. Die akademische Nationalökonomie in Deutschland 1918–1933, Frankfurt–New York 1981.

II. Die Vertreibung der deutschen Wissenschaft

1 Zahlen nach High Commissioner for Refugees (Jewish and Other) Coming from Germany, Ed., A Crisis in the University World, London 1935, S. 5; Emil Julius Gumbel, Hg., Freie Wissenschaft. Ein Sammelbuch aus der deutschen Emigration, Strasbourg 1938, S. 9; Davie, Refugees in America (wie Anm. I/2), S. 11; Bentwich, The Rescue and Achievement of Refugee Scholars (wie Anm. I/15), S. 23 ff. Zuletzt Jean-Philippe Mathieu, Sur l'emigration des universitaires, in: Gilbert Badia et al, Les bannis de Hitler. Accueil et luttes des exilés allemands en France (1933–1939), Paris 1984, S. 133 ff.
2 Vgl. z.B. A Crisis in the University World (wie Anm. 1), S. 7; Emergency Committee in Aid of Displaced German Scholars, Report 1.1.34, S. 6, 1.6.40, S. 1, 31.1.42, S. 1.
3 Edward Y. Hartshorne, The German Universities and National Socialism, London 1937, S. 87 ff.; Pross, Die deutsche akademische Emigration (wie Anm. I/10), S. 12.
4 Christian von Ferber, Die Entwicklung des Lehrkörpers der deutschen Universitäten und Hochschulen 1864–1954, Göttingen 1956, S. 143 ff.
5 List of Displaced German Scholars, London, Autumn 1936. Ein Nachtrag vom Herbst 1937 listet weitere 154 Namen auf.
6 Changes in Teaching Corps in Economics in German Higher Institutions. Aufstellung der Rockefeller Foundation, 18.2.36, Rockefeller Foundation Archive, Record Group 2, 141/1050; Hartshorne, The German Universities (wie Anm. 3), S. 94.
7 Lepsius, Soziologie in Deutschland und Österreich (wie Anm. I/14), S. 462.
8 Adolph Lowe, Die Hoffnung auf kleine Katastrophen, in: Mathias Greffrath, Hg., Die Zerstörung einer Zukunft. Gespräche mit emigrierten Sozialwissenschaftlern, Reinbek 1979, S. 145; Helge Pross in: Rainer Erd, Hg., Reform und Resignation. Gespräche über Franz L. Neumann, Frankfurt 1985, S. 59; s.a. Elisabeth Young-Bruehl, Hannah Arendt. For Love of the World, New Haven–London 1982, S. 108.
9 Henry Pachter, Weimar Etudes, New York 1982, S. 116.
10 Emergency Committee in Aid of Displaced German Scholars, Report 1.2.35, S. 9.
11 Davie, Refugees in America (wie Anm. I/2), S. 314 ff.; Refugee Scholars and the New School, Mimeo, New York ca. 1953.
12 Coser, Refugee Scholars in America (wie Anm. I/7), S. 3 f.; Fermi, Illustrious Immigrants (wie Anm. I/6), S. 6.
13 Henry Pachter, On Being an Exile. An Old Timer's Personal and Political Memoir, in: Boyers, The Legacy of the Refugee Intellectuals (wie Anm. I/5), S. 33; vgl. a. Martin Gumpert, Hölle im Paradies, Stockholm 1939, S. 272 u. 280. Zum gebrochenen Verhältnis der Emigranten zu Amerika auch Anthony Heilbut, Exiled in Paradise (wie Anm. I/7), S. 17 ff.

14 Max Horkheimer an Adolph Lowe, 3.8.34 u. 18.10.34, Horkheimer-Archiv Frankfurt I/17.
15 Fermi, Illustrious Immigrants (wie Anm. I/6), S. 3.
16 Hartmut Titze, Die zyklische Überrproduktion von Akademikern im 19. und 20. Jahrhundert, in: Geschichte und Gesellschaft 10 (1984), S. 92 ff.
17 Vgl. die Erklärung des Vorstandes des deutschen Hochschulverbandes vom 22.4.33 sowie das »Bekenntnis der Professoren an den deutschen Universitäten und Hochschulen zu Adolf Hitler und dem nationalsozialistischen Staat«, Dresden 1933.
18 Wolfgang Schlickel/Josef Glaser, Tendenzen und Konsequenzen faschistischer Wissenschaftspolitik nach dem 30. Januar 1933, in: Zeitschrift für Geschichtswissenschaft 31 (1983), S. 881 ff.; vgl. a. Die Lage der Juden in Deutschland 1933. Das Schwarzbuch. Tatsachen und Dokumente, Paris 1934, S. 240 ff.
19 Herbert E. Tutas, Nationalsozialismus und Exil. Die Politik des Dritten Reiches gegenüber der deutschen politischen Emigration 1933–1939, München–Wien 1975, S. 142.
20 So z.B. der Theologe Paul Tillich; dazu Wilhelm und Marion Pauck, Paul Tillich. Sein Leben und Denken, Bd. 1: Leben, Stuttgart–Frankfurt 1976, S. 140 ff.

III. Amerika und die deutschen Intellektuellen

1 M.W. Bagster-Collins an S.P. Duggan/Institute of International Education, 6.10. u. 20.10.33, Emergency Committee in Aid of Displaced Foreign Scholars (künftig E.C.), Box 153, New York Public Library (NYPL).
2 Academic Assistence Council, List of University Teachers »Placed«, 22.11.33, E.C. 190, NYPL.
3 Dietrich Goldschmidt, Transatlantic Influences. History of Mutual Interactions between American and German Education, in: Max Planck Institute for Human Development and Education (Berlin West), Ed., Between Elite and Mass Education. Education in the Federal Republic of Germany, Albany 1983, S. 1 ff.
4 K.J. Arndt/Hartwich College an S. Duggan/E.C., 18.3.35, E.C. 119, NYPL; s.a. Tätigkeitsbericht der Notgemeinschaft deutscher Wissenschafter im Ausland 1936/37, S. 5, ebenda 146.
5 Ed.R. Murrow/Rockefeller Foundation an E.C., 9.11.33, Rockefeller Foundation Archive (RFA), RG 2, 92/731.
6 So Alvin Johnsons Erinnerung im Brief an Clara Mayer, 17.5.45, New School Archive (NSA).
7 Aufzeichnung der Rockefeller Foundation, 19.10.38, RFA RG 2, 185/1324.

8 Beispiele von Antisemitismus etwa an der Tufts University oder der University of Illinois im Nachlaß Felix Frankfurter, Film 85, Library of Congress (LoC); Nachlaß C.J. Friedrich 17.31, Box 1, Harvard University; Coser, Refugee Scholars in America (wie Anm. I/7), S. 71; Heilbut, Exiled in Paradies (wie Anm. I/7), S. 50.
9 W. Beveridge/Academic Assistance Council an E.E. Day/Rockefeller Foundation, 25.5.33, RFA RG 2, 91/724; T.B. Kittredge an S.H. Walker, 22.11.33, RFA RG 1.1, 717/113.
10 J.A. Schumpeter an W.C. Mitchell, 22.4.33, Nl Schumpeter 4.7, Box 6, Harvard University.
11 R.A. Lambert/RF Paris an A. Gregg/RF New York, 29.3.33 und J.v. Sickle/RF Paris an E.E. Day/RF New York, 29.4.33, RFA RG 2, 91/725.
12 R.B. Fosdick an John D. Rockefeller, 13.12.38, RFA RG 2, 167/1217; Duggan/Drury, The Rescue of Science an Learning (wie Anm. I/15), S. 189.
13 Fermi, Illustrious Immigrants (wie Anm. I/6), S. 78.
14 Wetzel, The American Rescue of Refugee Scholars (wie Anm. I/3), S. 5; s.a. Kurt R. Grossmann, Emigration. Geschichte der Hitler-Flüchtlinge 1933–1945, Frankfurt 1969, S. 9 ff.
15 High Commissioner for Refugees (Jewish and Other) Coming from Germany. Report of the Meeting of the Permanent Committee of the Governing Body, 30.1.34, E.C. 153, NYPL.
16 Zu den großen Hilfsorganisationen für Wissenschaftler vgl. Bentwich, The Rescue and Achievement of Refugee Scholars (wie Anm. I/15); Duggan/Drury, The Rescue of Science and Learning (wie Anm. I/15); Beveridge, A Defense of Free Learning (wie Anm. I/15); Philipp Schwartz, Notgemeinschaft. Ein Bericht zur Verteilung an die Teilnehmer des zweiten Internationalen Symposiums zur Erforschung des deutschsprachigen Exils nach 1933, Ms., Kopenhagen, August 1972.
17 Aufzeichnung W.M. Kotschnig, Direktor des Flüchtlings-Hochkommissariats, »Six Thousand Eight Hundred Intellectuals in Exile from Germany«, 29.12.34, E.C. 153, NYPL.
18 Zum Vergleich von Academic Assistance Council und Emergency Committee vgl. Beveridge, A Defense of Free Learning (wie Anm. I/15), S. 6 f., 30, 126 f.
19 Duggan/Drury, The Rescue of Science and Learning (wie Anm. I/15), S. 85 passim; Hanns Gramm, The Oberlaender Trust 1931–1953, Philadelphia 1956, S. 64 f.; Wetzel, The American Rescue of Refugee Scholars, S. 319 ff.; Aufzeichnung T.B. Appleget/RF, 5.3.46, RFA RG 1.1, 200/47/545 a.
20 R.B. Fosdick an A. Johnson, 30.10.39, RFA RG 1.1, 200/339/4034.
21 Duggan/Drury, The Rescue of Science and Learning (wie Anm. I/15), S. 72 ff.; Wetzel, The American Rescue of Refugee Scholars (wie Anm. I/3), S. 339 f.

22 E.C. Reports 1.2.35, S. 6; 1.3.37, S. 7; 1.12.38, S. 2 f. Nach dem deutschen Überfall auf Österreich nannte sich das Komitee um in Emergency Committee in Aid of Displaced *Foreign* Scholars.
23 Duggan/Drury, The Rescue of Science and Learning (wie Anm. I/15), S. 196.
24 ebenda, S. 193.
25 M.W. Bagster-Collins an S. Duggan/E.C., 3.11.33, E.C. 153, NYPL.
26 J.v. Sickle/RF Paris an Zentrale New York, 1.5.33, RFA RG 2, 91/725.
27 Etat-Aufstellung für Pariser Büro, 6.1.33, RFA RG 2, 90/719.
28 Fosdick, The Story of the Rockefeller Foundation (wie Anm. I/16).
29 Report on Rockefeller Foundation Activities in Germany – Social Sciences, 20.6.33, RFA RG 1.1, 717/7/36.
30 Vgl. etwa die Übersicht von Tracy B. Kittredge/RF Paris »Social Sciences in Germany« vom 9.8.32, die minutiös die deutschen Lehr- und Forschungsstätten sowie die Qualität des dort tätigen Personals beschreibt, RFA RG 1.1, 20/186.
31 ebenda; dazu im Gegensatz die von der »Notgemeinschaft der deutschen Wissenschaft« finanziell geförderten »rassekundlichen« Arbeiten des Antisemiten Ludwig Schemann, ausführlich dargestellt bei Kurt Nemitz, Antisemitismus in der Wissenschaftspolitik der Weimarer Republik, in: Jahrbuch des Instituts für Deutsche Geschichte, Universität Tel Aviv, XII (1983), S. 377 ff.
32 John van Sickle, Suggestions for a German Trip, 31.5.32, RFA RG 2, 77/617.
33 Report on Rockefeller Activities in Germany – Social Sciences, 20.6.33, RFA RG 1.1, 717/7/36.
34 Memo Program and Politics in the Social Sciences, 3.1.29, RFA RG 3, 910/1/1.
35 Vgl. dazu die amerikanischen Konsulatsberichte aus Deutschland und die Einstellung des State Department nach 1933, zit. bei Arthur D. Morse, While Six Million Died. A Chronicle of American Apathy, New York 1968, S. 105 ff.
36 D. O'Brien an A. Gregg, 11.4.33, RFA RG 2, 91/725.
37 J.v. Sickle an E.E. Day, Director des Social Science-Program, 29.4.33 u. 8.5.33, RFA RG 2, 91/725.
38 M.W. Bagster-Collins an E.R. Murrow/E.C., 6.10.33 u. 29.1.34, E.C. 153, NYPL.
39 J.v. Sickle an E.E. Day, 24./25.2.33, RFA RG 2, 91/725.
40 J.v. Sickle an E.E. Day, 5.5.33, RFA RG 1.1, 717/20/181; Myrdal-Bericht vom 20.7.33, ebenda u. Brief S. Walker/RF New York an J.v. Sickle/RF Paris, 23.9.33, RFA RG 2, 91/721.
41 R.B. Fosdick an S. Walker, 25.9.36, RFA RG 2, 141/1050.
42 List of Appointments Made, 7.9.33, RFA RG 2, 91/724; Memos T.B. Kittredge, 2.8.33 u. 23.9.33, ebenda 92/728.
43 List of Displaced German Scholars (wie Anm. II/5); dazu Memo der RF, 20.10.39, RFA RG 1.1, 717/1/2.

IV. Was brachten die Exil-Ökonomen mit in die USA?

1 Coser, Refugee Scholars in America (wie Anm. I/7), S. 137 ff.
2 Frank A. Fetter, Amerika, in: Hans Mayer, Hg., Die Wirtschaftstheorie der Gegenwart, Bd. 1: Gesamtbild der Forschung in den einzelnen Ländern, Wien 1927, S. 46. Ausführlich dazu auch Ben B. Seligman, Main Currents in Modern Economics. Economic Thought since 1870, Glencoe 1962, S. 614 ff.
3 Adolf A. Berle/Gardiner C. Means, The Modern Corporation and Private Property, New York 1932; Wesley C. Mitchell, Business Cycles. The Problem and its Setting, New York 1927; William T. Foster/Waddill Catchings, Business without a Buyer, Boston 1927; Dies., The Road to Plenty, Boston 1928.
4 W. Leontief an J.A. Schumpeter, 31.5.30, Nl Schumpeter 4.7, Box 5, Harvard University; Eugen Altschul an Hans Neisser, 25.1.27, Nl Neisser, State University of New York (SUNY) at Albany.
5 John Dewey, Human Nature and Conduct, New York 1922, S. 107 ff.; Ders., Individualism Old and New, New York 1929, S. 18 passim; Charles A. Beard, Ed., Whither Mankind, New York 1928, S. 406 ff.; Ders., Toward Civilization, New York 1930, S. 299 ff.
6 So die Quintessenz seiner Anschauungen in einem Gutachten für die Rockefeller Foundation zur Reform der Wirtschaftswissenschaft, Oktober 1932, RFA RG 3, 910/1/2; s.a. Rexford G. Tugwell, The Industrial Discipline and the Governmental Arts, New York 1933.
7 Genauer dazu Daniel F. Fusfeld, The Economic Thought of Franklin D. Roosevelt and the Origins of the New Deal, New York 1956, S. 207 ff.
8 America and the Intellectuals. A Symposium, New York 1953 (= Partisan Review Series No. 4), S. 101; William E. Leuchtenburg, Franklin D. Roosevelt and the New Deal, New York (1963), ²1983, S. 326 ff.; Arthur M. Schlesinger, The Age of Roosevelt. The Crisis of the Old Order 1919–1933, Boston 1957, S. 161 ff. Neue Ansätze der Wirtschaftspolitik wurden auch von anderen Ökonomen diskutiert. Dazu J. Ronnie Davis, The New Economics and Old Economists, Ames, Iowa 1971, der aber nur nachzuweisen sucht, daß staatliche Fiskalpolitik anstelle von Lohnreduktionen zur Überwindung der Krise im Vergleich mit der keynesianischen Revolution in England Allgemeingut der amerikanischen Wirtschaftswissenschaftler seit etwa 1931 gewesen sei.
9 Zu den einzelnen Reformen vgl. zuletzt Katie Louchheim, Ed., The Making of the New Deal. The Insiders Speak, Cambridge, Mass. u.a. 1983.
10 Schlesinger, The Age of Roosevelt (wie Anm. 8), S. 402 f., Fusfeld, The Economic Thought of Franklin D. Roosevelt (wie Anm. 7), S. 227 ff.; Louchheim, The Making of the New Deal (wie Anm. 9), S. 196 ff., 267.
11 Heilbut, Exiled in Paradise (wie Anm. I/7), S. 115, 193, 196.
12 So die ängstlichen Anfragen von Max Ascoli/New School bei dem Harvard-Juristen und Roosevelt-Vertrauten Felix Frankfurter, 30.10.33 u.2.3.34, Nl Frankfurter, Box 115, LoC.

13 Schlesinger, The Age of Roosevelt (wie Anm. 8), S. 437 f.; Leuchtenburg, Franklin D. Roosevelt and the New Deal (wie Anm. 8), S. 275 ff.
14 Robert L. Heilbroner, Business Civilization in Decline (1976), zit. n. d. dt. Ausg. Der Niedergang des Kapitalismus, Frankfurt–New York 1977, S. 29; das Butler-Zitat aus New York Times, 24.9.31.
15 So die Aussage seines ehemaligen Schülers Herbert Zassenhaus, Gespräch in Washington, Juni 1984.
16 Ausführlicher dazu Krohn, Wirtschaftstheorien als politische Interessen (wie Anm. I/19), S. 33 ff.
17 Ludwig Mises, Liberalismus, Jena 1927, S. 45.
18 Yale University Press an L. Mises, 10.5.43, Nl Mises, Grove City College, PA. Die Yale UP empfahl Mises, das Mscr. zu überarbeiten und die Tonlage zu mäßigen. Daraus ist dann sein Werk Omnipotent Government, New Haven 1944, hervorgegangen.
19 Laurence S. Moss, Ed., The Economics of Ludwig von Mises. Toward a Critical Reappraisal, Kansas City 1976. Die vom gleichen Autor hrsg. Reihe »Studies in Economic Theory« widmet sich ausschließlich der Aufgabe, Mises' und Hayeks Botschaft in den USA weiterzutragen. Unlängst öffnete in New York auch ein sogen. »Laissez Faire Book«-Shop, der sich im Stile der politischen Buchläden zur Zeit der Studentenbewegung auf die Schriften der Österreicher und besonders auf die politischen Pamphlete von Mises und Hayek spezialisiert hat.
20 Martha S. Browne, Erinnerungen an das Mises-Privatseminar, in: Wirtschaftspolitische Blätter 4, 1981, S. 110 ff.
21 Gerhard Winterberger, Generationen der österreichischen Schule der Nationalökonomie, in: Schweizer Monatshefte 64 (1984), S. 1 ff.
22 Seymour E. Harris, Ed., Schumpeter. Social Scientist, Cambridge, Mass. 1951; Fritz Karl Mann, Bemerkungen über Schumpeters Einfluß auf die amerikanische Wirtschaftstheorie, in Weltwirtschaftliches Archiv 81 (1958), S. 149 ff.
23 Joseph A. Schumpeter, Die Wirtschaftstheorie der Gegenwart in Deutschland (1927), abgedr. in: Ders., Dogmenhistorische und biographische Aufsätze, Tübingen 1954, S. 271.
24 Zur Biographie Leontiefs vgl. L. Silk, Wassily Leontief. Apostle of Planning, in: Ders., The Economists, New York 1978, S. 139 ff.
25 Gerhard Colm, Beitrag zur Geschichte und Soziologie des Ruhraufstandes vom März-April 1920, Essen 1921; Ders., Der finanzwirtschaftliche Gesichtspunkt des Abrüstungsproblems, in: Handbuch des Abrüstungsproblems, Kiel 1927; Ders., Artikel »Masse«, in: Handwörterbuch der Soziologie, Hg. A. Vierkandt, Stuttgart 1931, S. 353 ff.
26 Mises und Haberler arbeiteten bei der Wiener Handelskammer, Hayek und Morgenstern in dem von dieser gegründeten österreichischen Konjunkturinstitut, Machlup war aktiver Teilhaber einer Firma der Pappe-Industrie und Fürth praktizierender Rechtsanwalt.

27 Genauer Krohn, Wirtschaftstheorien als politische Interessen (wie Anm. I/ 19), S. 123 ff.; Ders., Gegen den Dogmatismus in den Wirtschafts- und Sozialwissenschaften. Zur wissenschaftlichen und politischen Biographie Adolph Lowes, in: Harald Hagemann/Heinz D. Kurz, Hg., Beschäftigung, Verteilung und Konjunktur. Zur Politischen Ökonomik der modernen Gesellschaft. Festschrift für Adolph Lowe, Bremen 1984, S. 37.
28 Memo J.v. Sickle, 10.5.33, RFA RG 1.1, 717/20/181.
29 Gerhard Colm/Hans Neisser, Der deutsche Außenhandel unter der Einwirkung der weltwirtschaftlichen Strukturwandlungen, 2 Bde., Berlin 1932 (= Enquete-Ausschuß, 1. Unterausschuß, 5. Arbeitsgruppe, Bd. 20). Zu Löwes und Marschaks Aktivitäten vgl. ebenda, Bde. 1–19. Gerhard Colm/Hans Neisser, Kapitalbildung und Steuersystem, 2 Bde., Berlin 1930.
30 Nach dieser Theorie brauchte die Arbeiterschaft nur zu warten, bis sich im Verlauf der kapitalistischen Konzentration ein kleines allmächtiges »Generalkartell« entwickelt haben würde und man dann in einem Schritt nur noch eine kleine Funktionselite auszuwechseln brauchte, um zum Sozialismus zu kommen.
31 Dieser Kooperation mit Adolf Löwe hat Mannheim auch seine Schrift »Die Gegenwartsaufgaben der Soziologie«, Tübingen 1932, gewidmet. Nach Mannheims Tod 1947 sollte Löwe anfangs auch dessen posthume Schriften herausgeben.

V. Die New School for Social Research

1 A. Johnson an J.A. Schumpeter, 6.5.33, Nl Schumpeter 4.7, Box 6, Harvard University
2 To Alvin Johnson. Great American – Citizen of the World. Festschrift zum 75. Geburtstag, New York (1943); Alvin Johnson, Pioneer's Progress. An Autobiography, New York 1952, S. 290 ff. Interview mit A. Johnson 1960, Columbia University, Oral History Collection.
3 Zur Entstehungsgeschichte der Encyclopaedia of the Social Sciences vgl. die Korrespondenzen E.R.A. Seligmans mit A. Johnson 1927 ff. im Nl Seligman Box 104 f., Columbia University. Die deutschen Reformökonomen der New School waren mit folgenden Artikeln vertreten: Gerhard Colm: Production (Statistics), Unearned Increment, War Finance, Adolph Wagner; Emil Lederer: u.a. Socialist Economics, Labor, National Economic Councils, National Economic Planning, Technology, Walther Rathenau; Fritz Lehmann: Knut Wicksell; Jakob Marschak: Consumtion (Problems of Measurement), Wages (Theory and Policy); Hans Speier: Max Weber, Karl von Vogelsang.
4 Johnson, Pioneer's Progress (wie Anm. 2), S. 347.

5 A. Johnson an seine Sekretärin Agnes de Lima, 30.5.34; Ders. an Else Staudinger, 8.5.56 und an Rob. MacIver, 10.4.57, Nl Johnson 2/28 u. 5/83, Yale University und Nl Staudinger 4/28, SUNY Albany.
6 Alvin Johnson, Economic Security and Political Insecurity, in: Social Research (SR) 6 (1939), S. 135 ff.
7 A. Johnson an E.R.A. Seligman, 24.4.33, Nl Seligman Box 142, Columbia University
8 Alvin Hansen/Univ. of Minnesota an Rockefeller Foundation, 26.4.33; H.J. Schlesinger/Dept. of Chemistry an Präsident Hutchins/Univ. of Chicago, RFA RG 2, 91/725; J.A. Schumpeter an W.C. Mitchell u. Abraham Flexner, 26.5.33 u. 8.5.34, Nl Schumpeter 4.7, Box 4; 4.8, Box 1, Harvard University.
9 A. Johnson an A. de Lima, 14.4. bis 9.6.33, Nl Johnson 2/27, Yale University; A. Johnson an E.R.A. Seligman, 24.4.33 (wie Anm. 7). Dieses ist der entscheidende »Letter that Created a Faculty«. Mit einem Empfehlungsschreiben Seligmans wurde er an mehr als 200 Kollegen verschickt, von denen bis auf 4 das Projekt guthießen. Vgl. New York Times, 13.5.33: »Faculty of Exiles is Projected Here«. Allgemein dazu Charles S. Lachman, The University in Exile, Unpubl. B.A. Thesis, Amhurst 1973.
10 A. Löwe an Alvin Hansen, 18.10.33, Nl Hansen 3.10, Box 1, Harvard University. – Bei der Naturalisation in England am 1.9.39 ist Löwes Name ohne Umlaut in die amtlichen Dokumente eingegangen. Die veränderte Schreibung des Namens wird von diesem Zeitpunkt an auch im vorliegenden Text beachtet. – E. Lederer, Briefe an J.A. Schumpeter u. Koppel S. Pinson, April bis Juli 1933, Nl Lederer, SUNY Albany; s.a. Hans Speier, Emil Lederer: Leben und Werk, in: Jürgen Kocka, Hg., Emil Lederer: Kapitalismus, Klassenstruktur und Probleme der Demokratie in Deutschland 1910–1940, Göttingen 1979, S. 253 ff. – J. Marschak, Briefe an J.A. Schumpeter, 27.4.33 ff., Nl Schumpeter 4.7, Box 7, Harvard University; Aufz. J.v. Sickle/RF, 2.5.33, RFA RG 2, 91/725. – Zu Karl Mannheim vgl. Gespräch mit Kurt H. Wolff, in: Lepsius, Soziologie in Deutschland und Österreich (wie Anm. I/14), S. 325 ff.
11 E. Lederer, J. Marschak, A. Löwe, Otto Nathan, F. Wunderlich u.a. an Schumpeter, 27.4.33 ff., Nl Schumpeter 3.7, Box 6 f., Harvard University.
12 Colms Vater, ein Düsseldorfer Oberlandesgerichtsrat, hatte seinen Namen Cohn 1902 in Colm ändern lassen. Neisser war bereits 1928 aus der evangelischen Kirche ausgetreten. Biographische Details im Nl Colm/LoC und Nl Neisser/SUNY Albany. Für Colm darüber hinaus die umfangreichen Unterlagen in den Akten des amerikanischen FBI, das für Colm als späterem Angehörigen der Washingtoner Administration bei den Sicherheitsüberprüfungen während der McCarthy-Ära ausführliche Dossiers mit Details bis hin zu Kopien der Geburtsurkunde und der Schulzeugnisse angelegt hatte.
13 Hans Staudinger, Wirtschaftspolitik im Weimarer Staat. Lebenserinnerungen eines politischen Beamten im Reich und in Preußen 1889 bis 1934, Hg. H.

Schulze, Bonn 1982, bes. S. 108 ff.; Arnold Brecht, Mit der Kraft des Geistes. Lebenserinnerungen. Zweite Hälfte 1927–1967, Stuttgart 1967, S. 326 ff. Die genauen Umstände von Brechts zögerlichen Abmachungen mit Johnson werden dort nicht wiedergegeben, dazu vgl. Briefwechsel A. Brecht mit A. Johnson, 24.9.33 ff., Nl Brecht 2/37, SUNY Albany.

14 Persönliche Unterlagen Hans Simons, SUNY Albany.
15 Die Ankunft der ersten beiden, Colm und Feiler, meldete die New York Times am 30.8.33 mit einem großen Artikel, nachdem sie schon am 19.8.33 ganzseitig über die University in Exile berichtet hatte.
16 Lebenslauf Max Ascolis v. 29.9.42, Nl Ascoli 196/6, Boston University; Korrespondenzen A. Johnsons mit der RF betr. Finanzierung des Ascoli-Gehalts, RFA RG 1.1, 200/339/4031.
17 Verhandlungen Johnsons mit der RF, 29.12.33 u.23.3.34; Schreiben A. Löwes an RF, 1.2.34; Bewilligungsbescheide der RF, 20.4.34, RFA RG 1.1, 200/388/4029.
18 Rudolf M. Littauer an W.K. Thomas/Carl Schurz Foundation, 27.10.38, E.C. 146, NYPL.
19 Constitution of the Graduate Faculty of Political and Social Science v. 30.1.35, Minutes der Graduate Faculty, NSA.
20 Dept. of Social Economy/Bryn Mawr College an E.C., 5.7.34, E.C. 63, NYPL.
21 Horace M. Kallen an Harry Friedenwald, 13.4.34, Nl Kallen, YIVO-Institute.
22 Rede Max Ascolis als Dean der GF, 24.4.41 anläßlich Verleihung der »permanent charter«, NSA.
23 Aufstellung der RF, 3.6.47, RFA RG 1.1., 200/338/4030; Rosenwald-Zahlungen im Nl Ascoli 205/1, Boston University; New York Foundation, Forty Year Report 1909–1949, New York 1950, S. 36 u. 46; New School for Social Research. Report of the Director 1942–43, S. 5, NSA.
24 A. Johnson an E.E. Day/RF, 25.3.35, RFA RG 1.1, 200/338/4029.
25 Graduate Faculty, Budget for First Two Years, ebenda.
26 E.E. Day an A. Johnson, 17.4.35, ebenda.
27 Genauer dazu Coser, Refugee Scholars in America (wie Anm. I/7), 202 ff.; s.a. M.F. Burnyeat, Sphinx Without a Secret, in: New York Review of Books, Vol. 32, No. 9,30.5.85, S. 30 ff.
28 Zur Biographie Riezlers vgl. Karl Dietrich Erdmann, Hg., Kurt Riezler. Tagebücher, Aufsätze, Dokumente, Göttingen 1972, S. 19 ff.
29 J.A. Schumpeter an W.C. Mitchell, 8.5.34: »Harvard has not done anything«, Nl Mitchell, Columbia University.
30 J.A. Schumpeter, Briefwechsel mit A. Johnson, 2.5.33 ff.; Ders. an Gottfried Haberler, 20.3.33; Ders. an Carl Landauer, 21.12.40, Nl Schumpeter 4.7, Box 1; 4.8, Box 1/3; Carl J. Friedrich an Heinz Beckmann, 6.10.38, Nl Friedrich 17.31, Box 1, Harvard University; vgl. a. Joseph A. Schumpeter, History of

Economic Analysis. Ed. from the Mscr. by E.B. Schumpeter, London (1954), [8]1972, S. 1155.
31 The University in Exile. Rede I. Bowmans auf Waldorf Astoria Dinner, 15.1.35, Nl Johnson 9/154, Yale University.
32 Korrespondenz Ed. Heimanns mit der Society for the Protection of Science and Learning (Academic Assistance Council), Juli/August 1938, American Council for Emigrés in the Professions, SUNY Albany.
33 Dazu insbesondere die Gutachten Ed. Heimanns, G. Colms und E. Lederers in den Akten des E.C., NYPL.
34 Notgemeinschaft deutscher Wissenschaftler im Ausland. Landesgruppe Vereinigte Staaten, Jahresbericht 1936/37, RFA RG 1.1, 717/2/13.
35 Beitrags-Übersichten im Rundschreiben der Notgemeinschaft v. 1.4.35, ebenda.
36 ebenda; s.a. G. Colm an Felix Kaufmann, 23.6.38, Nl Kaufmann, Roll 5, Nr. 8307, Sozialwiss. Archiv Universität Konstanz.
37 Protokoll des konstituierenden Ausschusses für die Selfhelp, 24.11.36, Nl Landauer, LBI; 1. Jahresbericht, Okt. 1937, Nl Staudinger 7/15, SUNY Albany; Geschäftsbericht 1938, Nl Tillich G 12/2, Harvard University.
38 Ursprünglich wollte Johnson Bert Brecht für das Projekt gewinnen und als der abgelehnt hatte, wurde Piscator engagiert, Korresp. A. Johnson mit Bert Brecht, 3.5.40 ff., Nl Johnson 1/17, Yale University; Heilbut, Exiled in Paradise (wie Anm. I/7), S. 225 ff.; s.a. Thea Kirfel-Lenk, Erwin Piscator im Exil in den USA 1939–1951. Eine Darstellung seiner antifaschistischen Theaterarbeit am Dramatic Workshop der New School for Social Research, Berlin–DDR 1984.
39 Vgl. dazu die Übersicht auf S. 38/39.
40 Memo d. RF, 10.10.39; Aufz. J.J. Willits/RF »If Hitler Wins«, 3.6.40 u. »Arrangements for European Refugees in this Country«, 9.7.40, RFA RG 1.1, 700/15/115 u. 1.1, 200/46/530.
41 A. Johnson an T.B. Appleget/RF, 11.7.40, Nl Staudinger 6/1, SUNY Albany.
42 Alvin Johnson, The Refugee Scholar in America, in: Survey Graphic, April 1941, S. 226 ff.
43 Aufz. J.H. Willits/RF, 19.8.40, RFA RG 1.1, 200/52/621; R.B. Fosdick an A. Johnson, 22.7.40; T.B. Appleget an A. Johnson, 21.8.40, Nl Staudinger 6/1, SUNY Albany.
44 Notiz J.H. Willits, 14.8.40, RFA RG 1.1, 200/46/531.
45 Memo J.H. Willits, 19.8.40, ebenda 200/52/621. Dazu a. Briefwechsel der RF mit A. Johnson, Aug. 1940 bis Juni 1942, Nl Staudinger 6/1, SUNY Albany u. Memoranden der RF im gleichen Zeitraum, RFA RG 1.1, 200/53/625 ff.
46 Vgl. etwa »Note on the New School Plan for Bringing In Refugee Scholars«, 31.3.41, Nl Staudinger 6/1, SUNY Albany.
47 Report der RF über die »Refugee Scholars at the New School«, 16.6.44, RFA RG 1.1, 200/53/629; T.B. Appleget an A. Johnson, 1.6.45, Nl Staudinger 6/2, SUNY Albany.

48 Varian Fry an US-Consul General Fullerton/Marseille, 1.7.41, NA, State Department RG 84, Box 151, Vol. 33. Dazu a. Varian Fry, Surrender on Demand, New York 1945.
49 Presseerkl. d. New School, 13.6.41; Korrespondenz Frieda Wunderlich mit Ruth Fischer, 19.2.42 ff., Nl R. Fischer, bMS Ger 204, No. 1001, Harvard University. Aus dieser Untersuchung ist später Ruth Fischers Buch Stalin and German Communism, Cambridge, Mass. 1948, dt. Stalin und der deutsche Kommunismus. Der Übergang zur Konterrevolution, Frankfurt/M. 1948, hervorgegangen.
50 Vgl. dazu die Liste S. 227 ff.
51 Der Soziologe Georges Gurvitch etwa hielt noch nach 1945 die Graduate Faculty für eine »Brutstätte des Pangermanismus« und die Professoren dort für »Alldeutsche«, die den armen französischen Verwandten kaum Platz gemacht hätten.
52 Memo der RF, 6.10. 41 ff., RFA RG 1.1, 200/53/625; Peter M. Ruttkoff/William B. Scott, The French in New York. Resistance and Structure, in: SR 50 (1983), S. 185 ff.
53 A. Johnson an State Dept., 25.7.40 u. Antwort der Visa Division, 31.8.40, Nl Staudinger 5/28, SUNY Albany.
54 Long Diary, 6.2.38, Nl Long 5, LoC.
55 Long Memo, 26.6.40 u. 21.10.40, Nl Long 212, LoC. Wörtlich lautete die Empfehlung an die Konsuln: »... to put every obstacle in the way and resort to various administrative advices which would postpone and postpone the granting of the visas.« Allgemein zur Flüchtlingspolitik der USA u.a. Henry L. Feingold, The Politics of Rescue. The Roosevelt Administration and the Holocaust, 1938–1945, New Brunswick 1970; Saul S. Friedman, No Haven for the Oppressed. United States Policy Toward Jewish Refugees, 1938–1945, Detroit 1973; David S. Wyman, Paper Walls. America and the Refugee Crisis 1938–1941, New York 1985.
56 A. Johnson an B. Long, 20.12.40 u. Antwort Long, 23.12.40, Nl Staudinger 5/28, SUNY Albany; Telegramm US-Konsulat Marseille an B. Long, 25.11.40; NA, State Dept., RG 84, Box 148, Vol. 43.
57 Notiz B. Long, 4.10.40, Nl Long 212, LoC.; A. Johnson an Felix Frankfurter, 9.2.42, Nl Frankfurter, Film 70, LoC.
58 A. Makinsky/RF Lissabon an T.B. Appleget/RF New York, 12.3.41 u. 14.3.41, RFA RG 1.1, 200/53/624.
59 A. Johnson an Ad. Berle, 28.3.41; Ders. an B. Long, 20.3.42; Grenville Clark/ New School Board of Trustees an Red Keppel/Carnegie Foundation, 17.2.42, Nl Staudinger 5/28, SUNY Albany.
60 Max Ascoli an Emergency Rescue Committee, 9.9.40, Emergency Rescue Committee, SUNY Albany.
61 Bewilligungsbescheid der RF für ein Zweijahres-Stipendium für Hedwig Hintze, 4.10.40, RFA RG 2, 192/1368; A. Johnson an Ad. Berle, 28.3.42 betr.

Schwierigkeiten v. H. Hintze, Nl Staudinger 5/28, SUNY Albany; s.a. Hans Schleier, Die bürgerliche deutsche Geschichtsschreibung der Weimarer Republik, Berlin–DDR 1975, S. 302.
62 Marc Bloch an A. Johnson, 31.7.41, NSA; Ruttkoff/Scott, The French in New York (wie Anm. 52), S. 187.
63 Einzelheiten der Flucht Gumbels und seiner Familie von Lyon in die USA in seinem anonym erschienenen Aufsatz: The Professor from Heidelberg, in: William A. Neilson, Ed., We Escaped. Twelve Personal Narratives of the Flight to America, New York 1941, S. 28 ff.; Marie Louise Gumbel, Report on my activities in order to immigrate to the United States, Ms., Aug. 1941, RFA RG 1.1, 200/50/583.
64 A. Johnson an Fred Keppel, 20.3.42, Nl Staudinger 5/28, SUNY Albany.

VI. Beiträge und Leistungen der Exil-Ökonomen an der New School

1 Genauer J.M. u. G. Mandler, The Diaspora of Experimental Psychology. The Gestaltists and Others, in: Fleming/Bailyn, The Intellectual Migration (wie Anm. I/5), S. 371 ff.; Coser, Refugee Scholars in America (wie Anm. I/7), S. 28 ff.
2 Eine vollständige Bibliographie der Schriften Brechts ist enthalten in Morris D. Forkosch, Ed., The Political Philosophy of Arnold Brecht, New York 1954, S. 161 ff.
3 Arnold Brecht, Political Theory. The Foundation of Twentieth-Century Political Thought, Princeton, N.J. 1959; dt. Politische Theorie. Die Grundlagen politischen Denkens im 20. Jahrhundert, Tübingen 1961 (auch span. u. portug. Ausgaben); Vgl. a. Brecht, Mit der Kraft des Geistes (wie Anm. V/13), S. 333 ff.
4 Albert Salomon, Max Weber's Methodology, in: SR 1 (1934), S. 147 ff.; Ders., Max Weber's Sociology, ebenda 2 (1935), S. 60 ff.; Ders., Max Weber's Political Ideas, ebenda, S. 368 ff.; s.a. Ders., Max Weber, in: Die Gesellschaft, Berlin, 3(1926, I), S. 131 ff.; ferner Carl Mayer, In Memoriam: Albert Salomon 1891–1966, in: SR 34 (1967), S. 213 ff.
5 Genauer dazu Ulf Matthiesen, »Im Schatten einer endlosen großen Zeit«. Etappen der intellektuellen Biographie Albert Salomons, in: Ilja Srubar, Hg., Die deutsche sozialwissenschaftliche Emigration 1933–1945 und ihre Wirkung, München ca. 1987.
6 Dazu mit weiteren Literaturverweisen Coser, Refugee Scholars in America (wie Anm. I/7), S. 121 ff.; Helmut R. Wagner, Die Soziologie der Lebenswelt. Umriß einer intellektuellen Biographie von Alfred Schütz, in: Lepsius, Soziologie in Deutschland und Österreich (wie Anm. I/14), S. 379 ff.; Jürgen Ha-

bermas, Alfred Schütz, in: Ders., Philosophisch-politische Profile, Frankfurt 1981, S. 402 f.
7 Symposien am 3.12.33 u. 7.1.34, New School Bulletin No. 3, 20.11.33 u. No. 5, 3.1.34.
8 Alvin Johnson, Foreword, in: SR 1 (1934), S. 1 f.; zur Entstehung von »Social Research« vgl. a. Hans Speier an J.A. Schumpeter, 29.12.33, Nl Schumpeter 4.7, Box 8, Harvard University.
9 Dazu Allan G. Gruchy, Contemporary Economic Thought. The Contribution of Neo-Institutional Economics, Clifton 1972, S. 19 ff.
10 Adolf Löwe, Wie ist Konjunkturtheorie überhaupt möglich?, in: Weltwirtschaftliches Archiv (WA) 24 (1926), S. 165 ff.
11 Friedrich August Hayek, Geldtheorie und Konjunkturtheorie, Wien–Leipzig 1929, S. 111.
12 Schriften des Vereins für Sozialpolitik, Bd. 175, München–Leipzig 1929, S. 287 passim; die dazu gehörenden Referate in SchVfS Bd. 173, München–Leipzig 1928.
13 Eugen von Böhm-Bawerk, Positive Theorie des Kapitales, Bd. 1, Jena ^{4}1921, S. 130 passim; die Wiederholung dieses Ansatzes bei Hayek, Geldtheorie und Konjunkturtheorie (wie Anm. 11), S. 114 ff.; Ders., Preise und Produktion, Wien 1931, S. 68 ff.
14 Emil Lederer, Social versus Economic Law, in: SR 1 (1934), S. 3 ff.
15 Peter Kalmbach/Heinz D. Kurz, Klassik, Neoklassik und Neuklassik, in: Jahrbuch Ökonomie und Gesellschaft 1, Hg. Peter de Gijsel u.a., Frankfurt–New York 1983, S. 57 ff.
16 Beispielhaft dafür Ludwig Mises, Die Ursachen der Wirtschaftskrise, Tübingen 1931; John R. Hicks, The Theory of Wages, London 1932.
17 Löwe in SchVfS 175, S. 342 ff.
18 Jakob Marschak, Das Kaufkraft-Argument in der Lohnpolitik, in: Magazin der Wirtschaft 1930/II, S. 1443 ff.; Adolf Löwe, Lohnabbau als Mittel der Krisenbekämpfung, in: Neue Blätter für den Sozialismus 1 (1930), S. 289 ff.; Emil Lederer, Wirkungen des Lohnabbaus, Tübingen 1931, S. 32.
19 Hans Neisser, »Permanent« Technological Unemployment. Demand for Commodities Is Not Demand for Labor, in: American Economic Review 32 (1942), S. 70.
20 Emil Lederer, Technischer Fortschritt und Arbeitslosigkeit, Tübingen 1931, S. 72; Ders., Die Lähmung der Weltwirtschaft, in: Archiv für Sozialwissenschaft und Sozialpolitik 67 (1932), S. 1 ff.
21 Fritz Burchardt, Die Schemata des stationären Kreislaufs bei Böhm-Bawerk und Marx, in: WA 35 (1932), S. 525 ff.; Alfred Kähler, Die Theorie der Arbeiterfreisetzung durch die Maschine. Eine gesamtwirtschaftliche Abhandlung des modernen Technisierungsprozesses, Greifswald 1933, S. 7 passim.
22 Dieses Modell besteht aus einer Matrix, die in horizontaler und vertikaler Ebene die einzelnen Wirtschaftssektoren ordnet und quantitativ die von einem

zum anderen Sektor fließenden Input- und Output-Ströme festhält. Aus den Daten können sodann idealtypisch Gleichgewichtsbeziehungen numerisch erfaßt werden. Dazu auch Bernd Mettelsiefen, Der Beitrag der »Kieler Schule« zur Freisetzungs- und Kompensationstheorie, in: Harald Hagemann/Peter Kalmbach, Technischer Fortschritt und Arbeitslosigkeit, Frankfurt–New York 1983, S. 204 ff.

23 Hans Neisser, Zur Theorie des wirtschaftlichen Gleichgewichts, in: Kölner sozialpolitische Vierteljahresschrift 6 (1927), S. 105 ff.; Erwiderung darauf von Fritz Sternberg u. Schlußwort Neissers, ebenda 7 (1928), S. 33 ff.; Ders., Lohnhöhe und Beschäftigungsgrad im Marktgleichgewicht, in: WA 36 (1932), S. 415 ff.; Ders., Öffentliche Kapitalanlagen in ihrer Wirkung auf den Beschäftigungsgrad, in: Economic Essays. In Honour of Gustav Cassel, Oct. 20th 1933, London 1933, S. 459 ff.

24 Hans Neisser, Der Tauschwert des Geldes, Jena 1928, S. 12 ff. u. 154 ff.; Ders., Der Kreislauf des Geldes, in: WA 33 (1931), S. 365 ff.

25 Zu dieser Debatte vgl. Wilhelm Grotkopp, Die große Krise. Lehren aus der Überwindung der Wirtschaftskrise 1929/32, Düsseldorf 1954; Gerhard Kroll, Von der Wirtschaftskrise zur Staatskonjunktur, Berlin 1958. Während Grotkopp die Arbeiten der Kieler Schule würdigt, werden sie bei Kroll nicht erwähnt. Zu deren Bedeutung in international vergleichender Perspektive s.a. den Aufsatz des Mitemigranten George Garvy, Keynes and the Economic Activities of Pre-Hitler Germany, in: Journal of Political Economy 83 (1975), S. 391 ff., dt. in: Gottfried Bombach u.a., Hg., Der Keynesianismus II. Die beschäftigungspolitische Diskussion vor Keynes in Deutschland. Dokumente und Kommentare, Berlin u.a. 1976.

26 A. Löwe an H. Neisser, 18.11.32, Nl Neisser, SUNY Albany.

27 Neisser »Permanent« Technological Unemployment (wie Anm. 19), S. 50.

28 Alvin Hansen, Institutional Frictions and Technological Unemployment, in: Quarterly Journal of Economics 45 (1931), S. 684 ff.; David Weintraub, Displacement of Workers by Increase in Efficiency and Their Absorption by Industry, 1920–1932, in: Journal of the American Statistical Association 27 (1932), S. 394 ff.

29 Nicholas Kaldor, A Case Against Technological Progress, in: Economica 12 (1932), S. 180 ff.

30 Emil Lederer, The Problem of Development and Growth in the Economic System, in: SR 2 (1935), S. 20 ff.; Ders., Technischer Fortschritt und Arbeitslosigkeit. Eine Untersuchung der Hindernisse des ökonomischen Wachstums (= Internationales Arbeitsamt. Studien und Berichte, Reihe C, Bd. 22), Genf 1938; neu hrsgg. u. mit einem Nachwort v. Robert A. Dickler, Frankfurt 1981, danach zit., bes. S. 28 passim.

31 Alfred Kähler, The Problem of Verifying the Theory of Technological Unemployment, in: SR 2 (1935), S. 439 ff.; Ders. u. Ernest Hamburger, Education for an Industrial Age, Ithaca–New York 1948.

32 Harald Hagemann/Peter Kalmbach, Hg., Technischer Fortschritt und Arbeitslosigkeit, Frankfurt–New York 1983; Harald Hagemann/Heinz D. Kurz, Hg., Beschäftigung, Verteilung und Konjunktur. Zur politischen Ökonomik der modernen Gesellschaft. Festschrift für Adolph Lowe, Bremen 1984; Bernd Mettelsiefen, Technischer Wandel und Beschäftigung. Rekonstruktion der Freisetzungs- und Kompensationsdebatten, Frankfurt–New York 1981. Für die Beschäftigung amerikanischer Wissenschaftler mit den Arbeiten der Kieler Schule vgl. insbesondere die Aufsätze im Eastern Economic Journal, Special Issue in Honor of Adolph Lowe, Vol. 10, No. 2, 1984; ferner s.a. David L. Clark, Studies in the Origins and Development of Growth Theory 1925–1950, Sidney 1974 (unpubl. Dissertation); Vivian Walsh/Harvey Gram, Classical and Neoclassical Theories of General Equilibrium. Historical Origins and Mathematical Structure, New York–Oxford 1980.

33 Emil Lederer, Wirkungen des Lohnabbaus, Tübingen 1931, S. 17 ff.

34 Adolf Löwe, Lohn, Zins – Arbeitslosigkeit, in: Die Arbeit 7 (1930), S. 425 ff.

35 A. Löwe an Alexander Rüstow, 25.10.32, Nl Rüstow 6, Bundesarchiv Koblenz; Adolf Löwe in: Der Stand und die nächste Zukunft der Konjunkturforschung. Festschrift für Arthur Spiethoff, München 1933, S. 154 ff.

36 Hans Neisser/Emil Lederer, Commentary on Keynes I/II, in: SR 3 (1936), S. 459 ff.; Alfred Kähler, Business Stabilization in Theory and Practice, in: SR 5 (1938), S. 1 ff.; Hans Neisser, Öffentliche Kapitalanlagen (wie Anm. 23), S. 459 ff.; Ders., Investment Fluctuations as Cause of the Business Cycle, in: SR 4 (1937), S. 440 ff.; Ders., Keynes as an Economist, in: SR 13 (1946), S. 225 ff.

37 Gerhard Colm, Is Economic Security Worth the Cost?, in: SR 6 (1939), S. 297.

38 John Maynard Keynes, Am I a Liberal? (1925), in: Ders., Essays in Persuasion, New York 1932, S. 323 ff., Zitate S. 335 u. 337; s.a. Ders., The End of Laissez Faire (1926), ebenda, S. 312 ff.

39 John Maynard Keynes, The General Theory of Employment, Interest and Money, London 1936, S. 320 u. 378.

40 Adolph Lowe, Politische Ökonomik, Frankfurt 1968, S. 243.

41 Adolf Löwe, The Price of Liberty. A German on Contemporary Britain, London 1937.

42 Alfred Kähler, The Trade Union Approach to Economic Democracy, in: Max Ascoli/Fritz Lehmann, Ed., Political and Economic Democracy, New York 1937, S. 56; Ders., Business Stabilization (wie Anm. 36), S. 18.

43 Gerhard Colm, Is Economic Planning Compatible with Democracy, in: Ascoli/Lehmann, Political and Economic Demoracy (wie Anm. 42), S. 26.

44 Eduard Heimann, Soziale Theorie des Kapitalismus. Theorie der Sozialpolitik, Tübingen 1929; Ders., Sozialistische Wirtschafts- und Arbeitsordnung, Potsdam 1932.

45 Eduard Heimann, Socialism and Democracy, in: SR 1 (1934), S. 301 ff.; Ders., Planning and the Market System, ebenda S. 486 ff.; Ders., Types and Potentia-

lities of Economic Planning, ebenda 2 (1935), S. 176 ff.; Ders., Building Our Democracy, ebenda 6 (1939), S. 445 ff.
46 Ascoli/Lehmann, Political and Economic Democracy (wie Anm. 42); Hans Speier/Alfred Kähler, Ed., War in Our Time, New York 1939. Zum Symposium über »Struggle for Economic Security in Democracy« vgl. die Aufsätze in SR 6 (1939), S. 133 ff.
47 So Lepsius, Soziologie in Deutschland und Österreich (wie Anm. I/14), S. 470 f. u. 484.
48 Findlay Mackenzie, Ed., Planned Society. Yesterday, Today, Tomorrow. A Symposium by Thirty-Five Economists, Sociologists, and Statesmen, New York 1937.
49 Wesley C. Mitchell, The Social Sciences and National Planning, ebenda S. 124.
50 E. Heimann an A. Löwe, 30.12.35, Nl Tillich F 5/XXI, Harvard University.
51 Report of the Appraisal Committee, 11.12.34, RFA RG 3, 910/2/13.
52 Gerhard Colm, Volkswirtschaftliche Theorie der Staatsausgaben. Ein Beitrag zur Finanztheorie, Tübingen 1927.
53 So Colms ehemaliger Kollege im Statistischen Reichsamt, Ernst Döblin, derzeit Mitarbeiter des Brookings Institute, Washington, an Jakob Marschak, 8.12.36, Nl Marschak, UCLA.
54 Gerhard Colm, The Ideal Tax System, in: SR 1 (1934), S. 319 ff. Dieser u. ein Teil seiner zahlreichen in den USA publizierten Aufsätze sind auch gesammelt erschienen in Gerhard Colm, Essays in Public Finance and Fiscal Policy, New York 1955.
55 So die Rockefeller Foundation zur Begründung eines großen Forschungsprogramms über »Public Finance and Taxation«, 10.4.35, RFA RG 3, 910/2/13.
56 Dazu das Schriftenverzeichnis Colms, in Essays in Public Finance (wie Anm. 54), S. 359 ff.
57 Vermerk J.v. Sickle/Rockefeller Foundation, 29.3.38, RFA RG 1.1, 200/338/ 4029. Dazu Gerhard Colm/Fritz Lehmann, Economic Consequences of Recent American Tax Policy, in: SR Suppl. I, New York 1938.
58 Colm, Volkswirtschaftliche Theorie der Staatsausgaben (wie Anm. 52), S. 1 passim.
59 Ray E. Untereiner, The Tax Racket, Philadelphia–London 1933, S. 42: »We have 25 per cent socialism in the United States today.«
60 Gerhard Colm, Theory of Public Expenditures, in: Annals of The American Academy of Political and Social Science, Vol. 183 (Jan. 1936), S. 2 f.
61 Colm, The Ideal Tax System (wie Anm. 54), S. 319 ff.
62 So Colm später in einem Aufsatz: Zur Frage einer konjunktur- und wachstumsadäquaten Finanzpolitik, in: Konjunkturpolitik 2 (1956), S. 112.
63 Gerhard Colm, The Revenue Act of 1938, in: SR 5 (1938), S. 255 ff.; Ders., The Basis of Federal Fiscal Policy, in: Taxes – The Tax Magazine 17 (1939), S. 338 ff.; Ders. u. Fritz Lehrmann, Public Spending and Recovery in the United States, in: SR 3 (1936), S. 129 ff.

64 Colm, Theory of Public Expenditures (wie Anm. 60), S. 6
65 Gerhard Colm, Comment on Extraordinary Budgets, in: SR 5 (1938), S. 168 ff.
66 Arnold Brecht, Internationaler Vergleich der öffentlichen Ausgaben, Leipzig–Berlin 1932, S. 6.
67 Solomon Fabricant, The Trend of Government Activity in the United States since 1900, New York 1952 (= NBER, No. 56), bes. S. 122 ff.
68 Arnold Brecht, Three Topics in Comparative Administration-Organization of Government Departments, Government Corporations, Expenditures in Relation to Population, in: Carl Jakob Friedrich/E.S. Mason, Ed., Public Policy, Cambridge, Mass. 1941, S. 289 ff., bes. S. 305 ff. Dazu auch jüngst J. Kaehler, Agglomeration und Staatsausgaben. Brechtsches und Wagnersches Gesetz im Vergleich, in: Finanzarchiv NF 40 (1982), S. 445 ff.
69 Colm, Theory of Public Expenditures (wie Anm. 60), S. 6 f. Dazu auch die aus einem Colm-Seminar hervorgegangene Arbeit von L. Edelberg u.a., Public Expenditures and Economic Structure in the United States, in: SR 3 (1936), S. 57 ff.; vgl. a. Gerhard Colm/Theodore Geiger, The Economy of the American People, Washington 1958, S. 106 ff.
70 G. Colm an A. Brecht, 14.8.39, Nl Brecht, SUNY Albany.
71 Gerhard Colm, The Federal Budget and the National Economy, Washington 1954, S. 20.
72 Colm, Comment on Extraordinary Budgets (wie Anm. 65), S. 168 ff. Dazu Briefwechsel Colms mit Brecht, 5.10.40 ff., Nl Brecht, SUNY Albany.
73 Memo Gerhard Colms, 27.3.41, NA, Bureau of the Budget, Series 39.3., Box 1; Marriner Eccles, Beckoning Frontiers. Public and Personal Recollections, New York 1951, S. 367 ff.
74 Gerhard Colm, From Estimates of National Income to Projections of the Nation's Budget, in: SR 12 (1945), S. 350 ff.
75 Memos zu den Planungsarbeiten von L.H. Bean, G. Colm, J.W. Jones u.a., 9.9.43, 31.5.44 ff., NA, Bureau of the Budget, Series 39.3, Box 71; zu England vgl. William Beveridge, Full Employment in a Free Society, New York 1945.
76 Alvin Hansen, The American Economy, New York u.a. 1957, S. 81 ff. Oral History Interview mit Walter G. Salant, 30.3.70, Truman Library, Independence.
77 Das Gesetz spricht nicht von Vollbeschäftigung, sondern nur von »maximum employment«.
78 Gerhard Colm, Economic Planning in the United States, in: WA 92 (1964), S. 31 ff.; s.a. Ders., Entwicklungen in Konjunkturforschung und Konjunkturpolitik in den Vereinigten Staaten von Amerika, Kiel 1954, S. 14 f.
79 ebenda, S. 18 ff.; Gerhard Colm, Notes for a »Depression Issue«, 2.1.52, Nl Colm, Box 26, LoC.; s.a. Gruchy, Contemporary Economic Thought (wie Anm.

9), Chapter VI: Gerhard Colm's Economics of National Programming, S. 237 ff.
80 Im Folgenden werden die Begriffe Nationalsozialismus und Faschismus synonym gebraucht.
81 Giuseppe A. Borgese, The Intellectual Origins of Fascism, in: SR 1 (1934), S. 475 ff.
82 Paul Tillich, The Totalitarian State and the Claims of the Church, in: SR 1 (1934), S. 405 ff.
83 Jakob Marschak, Kerensky und von Papen, Mscr. für die unveröff. Festschrift für Emil Lederer zum 50. Geburtstag, Juli 1932, Nl Lederer, SUNY Albany.
84 In den biographischen Erhebungen des Emergency Committee in Aid of Displaced German Scholars hatten beide die Frage, ob sie auch eine Tätigkeit in der Sowjetunion annehmen würden, bejaht.
85 Max Ascoli/Arthur Feiler, Fascism for Whom?, New York 1938.
86 Eduard Heimann, Communism, Fascism or Democracy?, New York 1938; Ders., What Marx Means Today?, in: SR 4 (1937), S. 33 ff.; Ders., The »Revolutionary Situation« and the Middle Classes, ebenda 5 (1938), S. 227 ff.; E. Heimann an Karl Mannheim, 18.1.36; Nl Tillich F 5/XXI, Harvard University. Vgl. a. Ernst Bloch, Erbschaft dieser Zeit (1935), Frankfurt 1962, S. 67 ff.
87 E. Heimann an A. Löwe, 30.12.35, Nl Tillich F 5/XXI, Harvard University.
88 Emil Lederer, Einige Gedanken zur Soziologie der Revolutionen, Leipzig 1918, S. 5 passim.
89 Emil Lederer, State of the Masses. The Threat of the Classless Society, New York 1940, S. 17 ff.; s.a. Ders., On Revolutions, in: SR 3 (1936), S. 1 ff.
90 Lederer, State of the Masses (wie Anm. 89), S. 18.
91 Franz Neumann, Behemoth. The Structure and Practice of National Socialism, New York u.a. 1942, S. 365 ff.; vgl. a. Goetz Briefs, Intellectual Tragedy, in: Commonweal, 25.10.40.
92 Adolf Löwe, The Price of Liberty. A German on Contemporary Britain, London 1937; eine 2. u. 3. Aufl. erschienen noch 1937 und 1948. Ein Auszug daraus in deutscher Sprache wurde in der vom Alliierten Informationsdienst hrsgg. Zeitschrift »Neue Auslese« 2 (1947), H. 4, S. 1 ff. abgedruckt.
93 Albert Einstein, Mein Weltbild, Amsterdam 1934, S. 57 f.; Elisabeth Young-Bruehl, Hannah Arendt. For Love of the World, New Haven–London 1982, S. 166 u. 210; Max Seydewitz, Englische Perspektiven, in: Die neue Weltbühne Nr. 52 (27.12.34), S. 1639 ff.
94 Adolf Löwe, The Task of Democratic Education. Pre-Hitler Germany and England, in: SR 4 (1937), S. 381 ff.; Ders., The Universities in Transition, London 1940; Ders., Is Present-Day Higher Learning »Relevant«?, in: SR 38 (1971), S. 563 ff.
95 Neumann, Cultural Migration (wie Anm. I/1), S. 18.
96 Hans Speier/Alfred Kähler, Hg., War in Our Time, New York 1939.

97 Adolf Hitler, Mein Kampf. Complete and Unabridged. Fully Annotated, New York 1939. Ausführlich dazu James J. and Patience P. Barnes, Hitler's Mein Kampf in Britain and America. A Publishing History 1930–39, Cambridge 1980.
98 Office of Strategic Services, Research and Analysis Branch, Report No. 948: Psychological Warfare Literature, August 1948, S. 17.
99 Erst nach Staudingers Tod ist das Mscr. veröffentlicht worden: Hans Staudinger, The Inner Nazi. A Critical Analysis of Mein Kampf, ed. by Peter M. Ruttkoff and William B. Scott, Baton Rouge–London 1981. Die Herausgeber hatten offenbar keine Vorstellungen von der Entstehung des Mscr. und datierten es auf 1943/44, jedoch war es bereits Anfang 1941 abgeschlossen. Dazu auch M. Ascoli an Prof. E.M. Earle/Princeton, 3.2.41, Nl Ascoli 206/4, Boston University.
100 Ernst Kris/Hans Speier, German Radio Propaganda. Report on Home Broodcasting during the War, London–New York u.a. 1944; Heinz Paechter, Nazi Deutsch. A Glossary of Contemporary German Usage, New York 1944.
101 New York 1941. Zur Entstehung Paul Michael Lützeler, The City of Man (1940). Ein Demokratiebuch amerikanischer und emigrierter europäischer Intellektueller, in: Exilforschung. Ein internationales Jahrbuch, Hg. Thomas Koebner u.a. 2 (1984), S. 299 ff. Ähnlich auch Alvin Johnsons Teilnahme an einer Protestversammlung amerikanischer Intellektueller anläßlich des 10. Jahrestags der NS-Machtergreifung, vgl. Never Again. Ten Years of Hitler. A Symposium, Ed. by Stephen S. Wise, New York 1943.
102 Leuchtenburg, Franklin D. Roosevelt and the New Deal (wie Anm. IV/8), S. 299 ff.
103 A. Johnson an T.B. Appleget, 1.4.42, RFA RG 1.1, 200/53/626.
104 Erste Bewilligung der RF über 10.000 für das Forschungsprojekt »On the organization of Peace«, 16.2.40, RFA RG 1.1, 200/383/4528.
105 Memo der RF, 12.2.42, RFA RG 1.1, 200/383/4529.
106 Vgl. dazu auch die zahlreichen Aufsätze in »Social Research« seit Mai 1940.
107 Graduate Faculty, Minutes 1.10.41, NSA.
108 Aufzeichn. des amtierenden Dean Max Ascoli, 6.11.40, Nl Ascoli 205/4, Boston University.
109 Alvin Johnson, War and the Scholar, in: SR 9 (1942), S. 1 ff. Zur gleichen Zeit hatte auch Colm an anderer Stelle geschrieben: »People fight today not only to win the war but to win the peace«, Gerhard Colm, Washington Fiscal Policy. Its War and Postwar Aims, in: Fortune 26 (1942), No. 4.
110 Die Brookings Institution und andere Einrichtungen wie das National Bureau of Economic Research beschäftigten sich nur mit »domestic affairs«.
111 A. Johnson an J.H. Willits, 6.6.40, RFA RG 1.1, 200/383/4525.
112 Aufzeichn. J.H. Willits, 14.8.40, RFA RG 1.1, 200/46/531.
113 Aufzeichn. J.H. Willits, 19.8.40, ebenda 200/52/621; H. Staudinger an M. Ascoli, 31.10.40, Nl Ascoli 207/1, Boston University.

114 The Study of World Affairs. The Aims and Organization of the Institute of World Affairs. Two Addresses Delivered (by Alvin Johnson and Adolph Lowe) at the Inaugural Meeting on November 17th, 1943, New York 1943; s.a. A. Johnson an W.C. Mitchell, 3.6.43, NSA.
115 Das zeigt etwa der Briefwechsel des Harvard-Soziologen Talcott Parsons mit Adolph Lowe, 9.3.42 ff., Nl Parsons 15.2, Box 3, Harvard University. Ebenso das Committee on International Relations an A. Lowe, 14.12.49, Privatpapiere Lowe.
116 The Study of World Affairs (wie Anm. 114), S. 14.
117 Hannah Arendt, German Emigrés, Mscr. ca. 1943, S. 5 f., Nl Arendt 63, LoC.
118 A. Lowe an Joe Oldham, den Vorsitzenden der Forschungskommission des Weltkirchenrats für praktisches Christentum, 31.7.41, Nl Staudinger 3/27, SUNY Albany.
119 Hans Staudinger, The United States and World Reconstruction, in: SR 8 (1941), S. 283 ff.
120 Exposé über ein Projekt »Germany's Position in Postwar Reconstruction«, Nov. 1943, NSA; Hans Neisser, The Problem of Reparations, Mimeo, New York 1944 (= American Labor Conference on International Affairs. Studies in Postwar Reconstruction, No. 4); Statement A. Lowes für Eleonor Roosevelt, 15.6.43, das die Zusammenfassung eines mündlichen Vortrags für den amerikanischen Präsidenten wiedergibt.
121 Ernst Fraenkel, Military Occupation and the Rule of Law, New York u.a. 1944.
122 Arnold Brecht, European Federation. The Democratic Alternative, in: Harvard Law Review 55 (1942), S. 561 ff.; Ders., Federalism and Regionalism in Germany. The Division of Prussia, New York–London 1945; Josef Berolzheimer, Evolution of Political Opinion in Germany, Mimeo, New York 1944; Joseph Schechtmann, European Population Transfers During World War II, Mimeo, New York 1944.
123 Reports »Economic Controls in Britain and Germany« sowie »Social and Economic Controls in Germany and Russia«, Mimeos, New York 1944; dazu u.a. auch Frieda Wunderlich, Labor under German Democracy. Arbitration 1918–1933, SR Suppl. II, New York 1940; Gregory Bienstock, Salomon M. Schwarz, Aaron Yugow, Management in Russian Industry and Agriculture. Ed. by Arthur Feiler and Jakob Marschak, New York 1944, ³1948.
124 A. Lowe an J. Marschak, 16.11.43, Nl Marschak, UCLA.
125 Final Report on the Research project on Germany's Position in European Postwar Reconstruction, 13.2.45, RFA RG 1.1, 200/383/4533.
126 Hans Neisser, Industrialization and the Pattern of World Trade, Mimeo, New York 1944; Ders., International Trade in Raw Materials at Various Levels of Employment, Mimeo, ebenda; Hans Neisser/Franco Modigliani,

National Incomes and International Trade, Urbana 1953; dazu auch A. Lowe an J. Marschak, 6.7.43 über die Anstellung Modiglianis als Forschungsassistent, Nl Marschak, UCLA.

127 Alfred Kähler/Ernest Hamburger, Education for an Industrial Age, Ithaca–New York 1948.

128 Wilbert E. Moore, Industrialization and Labor. Social Aspects of Economic Development, Ithaca–New York 1951.

129 A. Brecht an A. Lowe, 27.3.49, Nl Brecht, SUNY Albany.

130 A. Lowe an H. Simons/Präs. der New School, Juni 1951, NSA.

131 Adolph Lowe, On Economic Knowledge. Toward a Science of Political Economics, [1]New York-Evanston 1965; 2nd. enlarged Ed., White Plains 1977; dt.: Politische Ökonomik, Frankfurt 1968; [2]Königstein 1984; Ders., The Path of Economic Growth, Cambridge–London u.a. 1976.

132 Die Rockefeller Foundation hatte der Graduate Faculty ein Stipendium für die Edition der Mannheim-Schriften bewilligt, Projekt-Leiter war Adolph Lowe. Vgl. dazu den 1. Bd. der hrsgg. Schriften: Karl Mannheim, Freedom, Power and Democratic Planning, Ed. by Hans Gerth and Ernest K. Bramstedt, London 1951, Vorwort v. A. Lowe, der auch das Kapitel über »Control of the Economy«, S. 119 ff. anhand der Mannheim-Notizen schrieb.

133 Adolph Lowe, A Structural Model of Production, in: SR 19 (1952) S. 135 ff.; Ders., The Classical Theory of Economic Growth, ebenda 21 (1954), S. 127 ff.; Ders., Technological Unemployment Reexamined, in: Gottfried Eisermann, Hg., Wirtschaft und Kultursystem. Festschrift für Alexander Rüstow, Stuttgart–Zürich 1955, S. 229 ff.

134 Adolf Löwe, Economics and Sociology. A Plea for Co-Operation in the Social Sciences, London 1935.

135 ebenda, S. 11 ff.

136 ebenda, bes. S. 25 f., 44 ff., 88 ff., 131 ff.

137 ebenda, S. 89 f.

138 In der 1. Aufl. der Politischen Ökonomik hatte Lowe Wirtschaftswachstum beispielhaft als eines der Ziele angeführt, über das relativ schnell ein politisch-sozialer Konsens ohne Polarisierungen herstellbar sei. In den folgenden Jahren ist er angesichts der ökologischen Probleme jedoch skeptischer geworden. Im Nachwort zur 2. Aufl. hat er daher die Konsensfähigkeit des Wachstumsziels infrage gestellt. Jahrzehntelang sei es das Sicherheitsventil im Westen gewesen, das dem Klassenkampf die Schärfe genommen habe. Es sei jedoch auf Kosten der unterentwickelten Länder wie der natürlichen Umwelt gegangen; dazu Lowe, Politische Ökonomik, 2. Aufl. (wie Anm. 131), S. 364.

139 Lowe, Politische Ökonomik (wie Anm. 131), S. 49 ff., 116 ff., 152 ff., 274 ff.; Ders., What is Evolutionary Economics? Remarks upon Receipt of the Veblen-Commons Award, in: Journal of Economic Issues, 14 (1980), S. 247 ff.; s.a. Ders., Die Hoffnung auf kleine Katastrophen, in: Greffrath, Die Zerstö-

rung einer Zukunft (wie Anm. II/8), S. 167 ff. Ein konziser Überblick über die Politische Ökonomik findet sich u.a. bei Richard X. Chase, Adolph Lowe's Paradigm Shift for a Scientific Economics. An Interpretative Perspective, in: The American Journal of Economics and Sociology 42 (1983), S. 167 ff., wiederabgedr. in: Hagemann/Kurz, Beschäftigung, Verteilung und Konjunktur, Festschrift für Adolph Lowe (wie Anm. 32), S. 69 ff.
140 Alvin Johnson an Eduard Heimann, 19.12.49, Nl Johnson 3/54, Yale University.
141 Dazu Adolph Lowe an Friedrich Pollock, 9.7.64, Pollock-Papiere im Nl Max Horkheimer, XXIII, 16/289, Stadt- und Universitätsbibliothek Frankfurt/Main.
142 Die Referate sind gesammelt in: Robert L. Heilbroner, Ed., Economic Means and Social Ends. Essays in Political Economics, Englewood Cliffs, N.J. 1969. Zur Rezeption von Lowes Werk vgl. die umfassende Bibliographie in der Lowe-Festschrift: Hagemann/Kurz, Beschäftigung, Verteilung und Konjunktur (wie Anm. 32), S. 269 ff.
143 Vgl. dazu die Rezension von Kenneth Boulding, in: Scientific American, 1965, S. 139 ff.; ebenso die Besprechung Eberhard K. Seiferts von Hagemann/Kurz, Beschäftigung, Verteilung und Konjunktur, Festschrift für Adolph Lowe (wie Anm. 32), in: Europäische Zeitschrift für Politische Ökonomie 1 (1985), S. 187 ff.
144 Gerhard Colm, The Dismal Science and The Good Life, in: The Reporter, July 15, 1965, S. 46 ff., dt. Die heillose Wissenschaft und das »Summum Bonum«. Bemerkungen zu Adolph Lowes »Politische Ökonomik«, in: Hamburger Jahrbuch für Wirtschafts- und Gesellschaftspolitik 14 (1969), S. 221 ff.
145 John R. Hicks, Capital and Time. A neo-Austrian Theory, Oxford 1973.

VII. Einflüsse der emigrierten Sozialwissenschaftler in den USA

1 Carl Landauer an J.A. Schumpeter, 7.3.34, Nl Schumpeter 4.7, Box 6, Harvard University.
2 Vgl. dzau S. 97 ff.
3 Johann L. Schmidt, Die deutschen Wissenschaftler in Amerika, in: Freies Deutschland, Mexico, Jg. 1 (1941), H. 1, S. 23.
4 Gespräche mit Herbert Zassenhaus, 4.6.84 in Washington und Edith Hirsch, 26.4.84 in New York.
5 Zu den Verbindungen von Zassenhaus und Julius Hirsch mit Adolph Lowe vor 1933 vgl. Zassenhaus' Briefe an Schumpeter, 26.11.32 ff. Nl Schumpeter 4.7, Box 9, Harvard University; Tagebuch Julius Hirsch, unveröff. Mscr., 1921/22, S. 92 ff.

6 K.J. Arndt/Hartwich College, New York an E.C., 18.3.35, E.C., 119, NYPL.
7 G. Clark an Rockefeller Foundation, 25.3.38, ebenso R. Donner, 27.8.41, RFA RG 1.1, 200/338/4029 u. 200/383/4528.
8 FBI/Washington, Memo 15.3.43; FBI/Cincinatti 3.8. u. 7.8.51, FBI-Akten Washington.
9 FBI-Berichte New York an Zentrale in Washington, 11.6.41 u. 16.3.42, ebenda.
10 E. Adamson, Report für den Kongreß, 23.12.46. Der Bericht war vom HUAC nicht autorisiert worden, dazu FBI-Memo, 9.1.47, ebenda.
11 Alvin Johnson an Reinhold Niebuhr, 2.4.51, Nl Niebuhr, Box 2, LoC.
12 Dazu Rede Gerhard Colms als Dean zum 6jährigen Bestehen der Graduate Gaculty, RFA RG 1.1, 200/338/4029.
13 Dorothy Thompson, Refugees. Anarchy or Organization?, New York 1938, S. 49; Louis Wirth, The Intellectual Exile (Diskussionsbeitrag), in: SR 4 (1937), S. 330; oscar Jászi, Political Refugees, in: The Annals of The American Academy of Political and Social Sciences, Vol. 203 (May 1939), S. 91.
14 Thomas Mann, The Living Spirit, in: SR 4 (1937), S. 265 ff.
15 Office of Strategic Services. Research & Analysis Branch, Report No. 1568: The German Political Emigration, 3.12.43, S. 21.
16 Dazu der ehemalige OSS-Mitarbeiter John H. Herz, Vom Überleben. Wie ein Weltbild entstand. Autobiographie, Düsseldorf 1984, S. 135 ff.; Alfons Söllner, Hg., Zur Archäologie der Demokratie in Deutschland. Analysen politischer Emigranten im amerikanischen Geheimdienst, Bd. 1: 1943–1945, Frankfurt 1982. Zum Mitarbeiterstab der Central European Branch des OSS vgl. die Personallisten in OSS, RG 226, Ser. 38, Box 5, National Archives.
17 Coser, Refugee Scholars in America (wie Anm. I/7), S. XI ff.
18 Zur Kritik der US-Wirtschaftsprognostik vgl. a. Wassily Leontief, What Hope for the Economy?, in: New York Review of Books, XXIX, No. 13 (12.8.82), S. 31 ff.
19 Rolf Krengel, Die Anfänge der Input-Output-Rechnung des DIW für die Bundesrepublik Deutschland, in: Kyklos 32 (1979), S. 392 ff.
20 Vgl. dazu die Protokolle in Benjamin E. Lippincott, Ed., Government Control of the Economic Order. A Symposium, Minneapolis 1935.
21 Gerhard Colm an Arnold Brecht, 28.3.39, Nl Brecht, SUNY Albany.
22 Emil Lederer an J.A. Schumpeter, 8.1.35, Nl Schumpeter 4.8, Box 1, Harvard University.
23 Joint Program for the Meetings of the American Economic Association, American Marketing Association..., American Sociological Society..., Econometric Society, Detroit, Michigan, Dec. 27–30, 1938.
24 Alvin Johnson an Agnes de Lima, 28.12.35, Nl Johnson 2/28, Yale University.
25 Gerhard Colm, Public Revenue and Public Expenditure in National Income, in: Studies in Income and Wealth, National Bureau of Economic Research, Ed.,

Vol. 1, New York 1937, S. 175 ff.; die Diskussionsbeiträge von J.M. Clark, S. Kuznets, M. Newcomer S., 228 f.
26 Program of the Universities-National Bureau Conference on Business Cycle Research, Nov. 25–27, 1949, New York City.
27 Reports of the Dean of the Graduate Faculty of Political and Social Science in the New School for Social Research, Sept. 1936 und Sept. 1939. Dort auch tabellarische Übersichten über die auswärtigen Verpflichtungen. Von 1936 bis 1939 hatten Fakultätsmitglieder Vorträge und Gastsemester auf 11 Konferenzen und an 58 Universitäten oder Colleges gehalten.
28 ebenda. 1939 hatte die Zeitschrift etwa 800 Abonnenten und 125 Exemplare wurden frei verkauft.
29 A. Johnson an G. Bacon, 9.11.45, Nl Johnson 1/4, Yale University.
30 A. de Lima, Pressemitteilung, 15.6.45, ebenda 9/150.
31 Translation into English of Foreign Social Science Monographs by U.S. Works Progress Administration, Mimeographs, u.a. No. 3: Emil Lederer/Jakob Marschak, The New Middle Class, New York 1937 (ursprüngl.: Der neue Mittelstand, in: Grundriß der Sozialökonomik, Abt. IX/1, Tübingen 1926), No. 5: Emil Lederer, The Problem of the Modern Salaried Employee. It's Theoretical and Statistical Basis, New York 1937 (Kap. 2/3 von: Die Privatangestellten in der modernen Wirtschaftsentwicklung, Tübingen 1912).
32 ebenda, No. 25: Hans Speier, The Salaried Employee in Germany, Vol. I, New York 1939. Erst als ein deutscher Historiker in den siebziger Jahren diesen Text zufällig in der Bibliothek der Columbia Universität fand, konnte diese für den Aufstieg des Nationalsozialismus wichtige soziologische Untersuchung in Deutschland erscheinen, vgl. Hans Speier, Die Angestellten vor dem Nationalsozialismus. Ein Beitrag zum Verständnis der deutschen Sozialstruktur 1918–1933, Göttingen 1977.
33 Proposal in Brief (für die Gründung des Institutes of World Affairs), May 1943, RFA RG 1.1, 200/382/4516; Memorandum der Rockefeller Foundation: The New School and the War, 1.3.43, RFA RF 1.1, 200/53/628.
34 Briefwechsel A. Brecht mit A. Johnson, 21.5.42 ff., Nl Brecht, SUNY Albany; Hans Neisser an Jakob Marschak, 26.3.43, Nl Marschak UCLA.
35 William Green/Präs. der AFL an Horace M. Kallen, 25.11.42; Varian Fry an H.M. Kallen, 13.4.43, Nl Kallen 27, YIVO-Institute, New York.
36 Friedrich Stampfer an Sopade, 10.2.43, in: Erich Matthias, Hg., Mit dem Gesicht nach Deutschland. Eine Dokumentation über die sozialdemokratische Emigration, Düsseldorf 1962, S. 582.
37 International Postwar Problems. A Quarterly Review of the American Labor Conference on International Affairs, Vol. 1, No. 1, Dec. 1943 – No. 4, Sept. 1944 (Alles!). Aufsätze kamen u.a. von Albert Halasi, Alfred Braunthal, Georg Denicke, Paul Vignaux, Wladimir Woytinski, Hans Neisser.
38 Hans Neisser, The Problem of Reparations, New York 1944, Mimeo (= The American Labor Conference on International Affairs. Studies in Postwar Reconstruction, No. 4).

39 Adolph Lowe, Project on the Introduction of the Social Sciences into the Program of Instruction and Research at the Hebrew University, 1939; Salo Baron/Hebrew University an Dean der Graduate Faculty, 25.5.45, Nl Ascoli 171/4, Boston University.
40 National Economic and Social Planning Association an Hans Staudinger, 4.10.40, ebenda 206/4.
41 Opinions on the Work of the Graduate Faculty (ca. 1940). Zusammenstellung von Auszügen aus ca. 100 Briefen, die die Grad. Faculty in den letzten Jahren erhalten hatte, ebenda 207/1.
42 Max Ascoli an B. Hovde/Präs. der New School, 10.4.46, ebenda 204/4.
43 Board of Economic Warfare an Rockefeller Foundation, 24.6.42, RFA RG 1.1, 200/383/4531.
44 Dazu die zahlreichen Briefe in den Akten der Rockefeller Foundation 1942 ff., RFA RG 1.1, 200/383/4520 ff.; Wartime Information Board/Ottawa an Institute of World Affairs, 26.3.44, NSA.
45 Vgl. dazu A. Johnson an A. Lowe, 12.12.45 nach dessen Absage: »Your letter greatly increases my happiness. I should have felt desolate if you had decided to go to Chicago... You are the kind of economist I would have liked to be.«, Nl Johnson 4/81, Yale University.
46 G. Colm an A. Johnson, 9.1.46 u. 17.2.46, Nl Colm, Box 28, LoC; Antworten Johnsons, 11.1.46 u. 19.2.46, Nl Johnson 1/22, Yale University.
47 G. Colm an Leon Keyserling/Council of Economic Advisers, 29.1.48, Nl Colm, Box 29, LoC. Der Plan ist abgedruckt bei Hans Möller, Zur Vorgeschichte der Deutschen Mark. Die Währungsreformpläne 1945–1948, Basel–Tübingen 1961, S. 214 ff.
48 Eckhard Wandel, Die Entstehung der Bank deutscher Länder und die deutsche Währungsreform 1948. Die Rekonstruktion des westdeutschen Geld- und Währungssystems 1945–1949 unter Berücksichtigung der amerikanischen Besatzungspolitik, Frankfurt 1980, S. 95 ff.
49 Vortrag in der George Washington Universität, 5.9.47, Nl Colm, Box 28, LoC.
50 Memo Weldon Jones/BoB, 7.6.46 über Anfrage des Dept. of the Navy; Gutachten H. Feis für War Dept., 19.6.46, ebenda.
51 John Kenneth Galbraith, A life in our Time, Boston 1981, dt.: Leben in entscheidender Zeit. Memoiren, München 1984, S. 253.
52 FBI Office Memorandum, 9.1.47, FBI Washington.
53 Briefwechsel G. Colm mit J. Dodge, 3.7.46 ff., Nl Colm, Box 29, LoC.
54 Jack Bennett/OMGUS (Finanzberater Clays) an G. Colm, 13.1.47 u. Antwort Colm, 9.5.47, ebenda.
55 G. Colm an J. Bennett, 5.2.48, ebenda Box 16.
56 G. Colm an Lucius D. Clay, 26.10.48 u. Antwort Clay, 27.11.48, ebenda Box 29.
57 Vgl. Arthur Feiler/Jakob Marschak, Ed., Management in Russian Industry and Agriculture, New York 1944, S. XIII ff.

58 Tjalling Koopmans in seinem Nachruf für Jacob Marschak, in: AER, Vol. 68, No. 2(May 1978), S. IX.
59 J.A. Schumpeter an Abraham Flexner/Princeton, 8.5.34, Nl Schumpeter 4.7, Box 4, Harvard University.
60 Zum Einfluß Marschaks auf Franco Modigliani vgl. Arjo Klamer, The New Classical Macroeconomics. Conversations with New Classical Economists and their Opponents, Brighton 1984, S. 114 ff.
61 Vgl. z.B. Jacob Marschak, Statistical Inference in Economics. An Introduction, in: Tjalling Koopmans, Ed., Statistical Inference in Dynamic Economic Models, New York 1950 (= Cowles Commission Monograph No. 10).
62 Dazu etwa die Studie von Lawrence Klein, Economic Fluctuations in the United States, 1921–1941, New York 1950 (= Cowles Commission Monograph No. 11); s.a. Koopmans, Jacob Marschak (wie Anm. 58), S. X.
63 Kenneth Arrow, Jacob Marschak's Contributions to the Economics of Decision and Information, in: AER (wie Anm. 58), S. XII ff. Zu Marschaks Biographie in diesen Jahren vgl. a. Roy Radner, Jacob Marschak, in: Behavioral Science 23 (1978), S. 63 ff.; Coser, Refugee Scholars in America (wie Anm. I/7), S. 154 ff. Die wichtigsten Arbeiten Marschaks mit einer umfassenden Bibliographie sind abgedruckt bei C.B. McGuire/Roy Radner, Decision and Organization. A Volume in Honour of Jacob Marschak, Amsterdam–London 1972.
64 Hans Speier, »Reeducation« – the U.S. Policy (1947), u. ders., The Future of German Nationalism (1947), abgedr. in: Hans Speier, Social Order and the Risks of War. Papers in Political Sociology, Cambridge, Mass, 1969, S. 397 ff.; s.a. Ders., From the Ashes of Disgrace. A journal from Germany 1945–1955, Amherst 1981.
65 Dazu Brecht, Mit der Kraft des Geistes (wie Anm. V/13), S. 357 ff.
66 A. Johnson an H.M. Kallen, 21.12.45, Nl Johnson 4/69, Yale University; H. Speier an A. Johnson, 30.11.47, ebenda 6/109.
67 Zur Geschichte vgl. Bruce L.R. Smith, The Rand Corporation. Case Study of a Nonprofit Advisory Corporation, Cambridge, Mass. 1966, S. 30 ff.
68 Gespräch mit Hans Speier, 16.9.83, Hartsdale, N.Y.
69 Vgl. z.B. Abram Bergson/Hans Heymann, Soviet National Income and Product, 1940–1948, New York 1954; Margaret Mead, Soviet Attitudes toward Authority, New York 1951; Nathan Leites, A Study on Bolshevism, Illinois 1953; daneben J.C.C. McKinsey, Introduction to the Theory of Games, New York 1952; Herbert Goldhamer/Andrew W. Marshall, Psychosis and Civilization, Illinois 1953; Cecil Hastings, Approximations for Digital Computers, New York 1955.
70 Hans Speier/W. Phillips Davison, Eds., West German Leadership and Foreign Policy, Glencoe, Ill. 1957. Dazu auch Herz, Vom Überleben (wie Anm. 16), S. 150 ff.

71 Hans Speier, German Rearmament and Atomic War. The Views of German Military and Political Leaders, Evanston–New York 1957; Ders., Divided Berlin. The Anatomy of Soviet Blackmail, New York 1961, dt.: Die Bedrohung Berlins. Eine Analyse der Berlin-Krise von 1958 bis heute, Köln–Berlin 1961; Ders., Grimmelshausens Courage, the Adventures and the False Messiah, Princeton 1964.
72 Max Ascoli, Personal Papers, Nl Ascoli, Boston University.
73 R.A. Young/NBER an J.H. Willits/Rockefeller Foundation, 20.9.43, RFA RG 1.1, 200/382/4516.

VIII. Probleme der Integration

1 Lowe, Die Hoffnung auf kleine Katastrophen, in: Greffrath, Die Zerstörung einer Zukunft (wie Anm. II/8), S. 145; Paul Tillich, Mind and Migration, in: SR 4 (1937), S. 305.
2 ebenda, S. 328 f.
3 Dazu Tätigkeitsbericht der Notgemeinschaft deutscher Wissenschaftler im Ausland, Sektion USA, Winter 1934/35, S. 2; E.C. 146, NYPL; Hughes, The Sea Change (wie Anm. I/4), S. 30 ff.; Herbert A. Strauss, The Immigration and Acculturation of the German Jew in the United States of America, in: Yearbook of the LBI 16 (1971), S. 82; Paul A. Samuelson, American Economics, in: Ralph E. Freeman, Ed., Postwar Economic Trends in the United States, New York 1960, S. 41; Pachter, On Being an Exile, in: Boyers, The Legacy of the German Refugee Intellectuals (wie Anm. I/5), S. 31.
4 Davie, Refugees in America (wie Anm. I/2), S. 47 passim; Duggan/Drury, The Rescue of Science and Learning (wie Anm. I/15), S. 146 ff.; Kent, The Refugee Intellectual (wie Anm. I/2), S. 111 ff.
5 Coser, Refugee Scholars in America (wie Anm. I/7), S. 11.
6 Herbert A. Strauss, Changing Images of the Immigrant in the U.S.A., in: Jb. für Amerikastudien 21 (1976), S. 132.
7 Dazu etwa die Klagen Fritz Redlichs über seine Tätigkeit an einem kleinen College im Süden der USA, F. Redlich an Frieda Wunderlich, 9.10.37, Nl Redlich, Box 4, Harvard University.
8 Eduard Heimann, The Refugee Speaks, in: The Annals of The American Academy of Political and Social Sciences, Vol. 203 (1939), S. 106 ff.
9 Eduard Heimann an Arnold Brecht, 29.10.63, Nl Brecht, SUNY Albany.
10 Riezler, Tagebücher (wie Anm. V/28), S. 155 ff.
11 Kurt Rosenfeld an Karl Brandt, 22.4.37 u. dessen Antwort v. 27.4.37 sowie der daraus folgende Briefwechsel Felix Frankfurters mit Alvin Johnson, Nl Frankfurter, Film 102, LoC. Vgl. dazu auch den Bericht von Alfons Goldschmidt

über den »Fall Dr. Karl Brandt«, in: Die neue Weltbühne Nr. 20 (13.5.37), S. 635 ff.
12 Karl Brandt/Baton Rouge an Max Ascoli, 12.6.37 u. 11.7.37, Nl Ascoli, 168/8, Boston University.
13 Aufzeichnung des FBI/Washington, 28.3.42, FBI-Akten Washington.
14 Briefwechsel Adolph Lowe mit Karl Brandt, Jan. 1947 ff.; Alvin Johnson an A. Lowe, 10.2.47, Nl Johnson 4/81, Yale University.
15 Arnold Brecht an das Preußische Ministerium des Innern, 24.9.33, Briefwechsel Brechts mit A. Johnson, 4.10.33 ff., Nl Brecht 2/37, SUNY Albany.
16 A. Johnson an A. Brecht, 6.4.34, 26.7.34, 30.11.35, ebenda.
17 A. Brecht an Julie Braun-Vogelstein, 17.12.38, Nl Braun-Vogelstein IV, Box 36/5, LBI.
18 A. Johnson an A. Brecht, 5.1.36, Nl Brecht 2/38, SUNY Albany.
19 A. Brecht an A. Johnson, 5.1.36 u. 16.5.38, ebenda
20 A. Johnson an A. Brecht, 20.5.38 u. Antwort Brechts 29.5.38, ebenda.
21 Gespräch mit Hans Staudinger, 3.10.79. Dazu auch Matthias, Mit dem Gesicht nach Deutschland (wie Anm. VII/36), S. 149 ff.
22 Hans Simons, Tagebücher (unpubl.), Aufz. v. 8.2.35, S. 41, Nl Simons, SUNY Albany.
23 Tillich, Mind and Migration (wie Anm. 1), S. 195 ff.
24 Hans Speier, The Social Conditions of the Intellectual Exile, ebenda S. 316 ff.
25 Vgl. z.B. Alfred Schütz' Vortrag »The Stranger« zu Beginn seiner Lehrtätigkeit an der New School, veröff. in: The American Journal of Sociology 49 (1944), S. 499 ff., dt. in: Alfred Schütz, Gesammelte Aufsätze, Hrsg. Arvid Brodersen, Bd. II, Den Haag 1972, S. 53 ff.
26 Dazu Leo Lowenthal, Adorno und seine Kritiker, in: Ders., Schriften, Bd. 4, Frankfurt 1984, S. 69.
27 Martin Jay, Dialektische Phantasie. Die Geschichte der Frankfurter Schule und des Instituts für Sozialforschung 1923–1950, Frankfurt 1976, S. 297 ff.; Phil Slater, Origin and significance of the Frankfurt School. A Marxist perspective, London u.a. 1977, S. 26 ff.; H. Stuart Hughes, Social Theory in a New Context, in: Jackman, Jarrell C. u. C.M. Borden, The Muses Flee Hitler. Cultural Transfer and Adaption 1930–1945, Washington 1983, S. 111 ff.; Coser, Refugee Scholars in America (wie Anm. I/7), S. 88 ff.
28 Max Horkheimer, Zum Rationalismusstreit in der gegenwärtigen Philosophie, in: ZfS 3 (1934), S. 26 f.
29 Max Horkheimer an Friedrich Pollock, 27.5.34; Ders. an Adolph Lowe, 28.1.35, Nl Horkheimer VI 31, 93 u. I 17, 109, SUB Frankfurt.
30 Theodor W. Adorno, Scientific Experiences of a European Scholar in America, in: Fleming/Bailyn, The Intellectual Migration (wie I/5), S. 338.
31 Leo Lowenthal an Max Horkheimer, 11.12.36, in: Ders., Schriften 4 (wie Anm. 26), S. 193.

32 Theodor W. Adorno, Else Frenkel-Brunswik u.a., The Authoritarian Personality, New York 1950, bes. Kap. XVI ff.
33 Jay, Dialektische Phantasie (wie Anm. 27), S. 165 u. 199.
34 Hans Speier, in: SR 3 (1936), S. 501 ff.
35 Emil Lederer an Wesley C. Mitchell, 20.4.34, Nl Mitchell, Columbia University.
36 Max Ascoli an Adolph Lowe, 9.1.41, Nl Ascoli 205/2, Boston University.
37 Zu den Kontakten mit der New School vgl. Adolph Lowe an Max Horkheimer, 25.8.34 ff.; Horkheimer an Gerhard Colm, 21.11.38, Nl Horkheimer I 4, 411; 17,. 99 ff., SUB Frankfurt.
38 Leo Lowenthal an M. Horkheimer, 22.11.35, in: Ders., Schriften 4 (wie Anm. 26), S. 19 ff.
39 Dazu Franz Neumann an Max Horkheimer, 23.7.41 u. dessen Antwort v. 2.8.41, Nl Horkheimer VI 30, 49 ff., SUB Frankfurt.
40 Franz Neumann an M. Horkheimer u. Leo Lowenthal 20.7.40, 26.7.40, 29.9.41, ebenda VI 30, 15 u. 111.
41 Franz Neumann, Bericht über Verhandlungen mit T.B. Kittredge/RF, 6.5.41, ebenda VI 30, 81.
42 Max Horkheimer an Max Ascoli/Dean der Graduate Faculty, 2.1.41 u. 7.3.41 u. Antwort Ascolis v. 12.3.41, Nl Ascoli 205/6, Boston University.
43 Aus dem Kreis der New School kam ein äußerst unqualifizierter Verriß des Neumann-Buches von Eduard Heimann (SR 13/1946, S. 113 ff.). Die Kritik an den Defiziten des Buches etwa im Bereich der Ökonomie oder bei der Darstellung der NS-Massenbewegung ging daneben, weil Neumann eine Gesamtanalyse des Nationalsozialismus nicht beabsichtigt hatte.
44 Max Horkheimer an Franz Neumann, 2.8.41, Nl Horkheimer VI 30, 52, SUB Frankfurt.
45 Max Horkheimer an Adolph Lowe, 14.8.44, ebenda I 17, 32.
46 Max Horheimer, Egoismus und Freiheitsbewegung (Zur Anthropologie des bürgerlichen Zeitalters), in: ZfS 5 (1936), S. 161 ff.
47 Vgl. Max Horkheimer, Traditionelle und kritische Theorie, in: ZfS 6 (1937), S. 245 ff.
48 M. Horkheimer an A. Lowe, 23.10.36 ff., bes. 4.1.38 u. 4.5.38, Nl Horkheimer I 17, 86 ff., SUB Frankfurt.
49 A. Lowe an M. Horkheimer, 8.10.36 ff., bes. 21.11.36, 15.12.37, ebenda I 17, 43 ff.
50 A. Lowe an M. Horkheimer, 9.2.38, ebenda I 17, 88.

IX. Epilog: Die New School und das neue Deutschland nach 1945

1 Vgl. etwa Ernest Hamburger, The Economic Problem of Germany, in: SR 13 (1946), S. 135 ff.; (Anonym), Denazification, ebenda 14 (1947), S. 59 ff. oder den Abdruck der Rede von Prof. Ebbinghaus bei der Wiedereröffnung der Universität Marburg, ebenda 13 (1946), S. 236 ff.
2 Emil J. Gumbel an Max Seydewitz, 28.5.47, Nl Gumbel 2/7, University of Chicago.
3 »An Appeal«, Dec. 1945, unterzeichnet von ca. 100 Wissenschaftlern und Intellektuellen, Nl Schumpeter 4.7, Box 1, Harvard University.
4 Dazu den Aufruf in: Aufbau, New York, Jg. 11, Nr. 43 (26.10.45).
5 Max H. Boehm an Alvin Johnson, 9.3.46 u. dessen Antwort, 30.4.46, Nl Johnson 1/7, Yale University.
6 Gespräche mit Adolph Lowe 5.7.83 u. 2.4.86. Vgl. dazu auch die Würdigung von Gerd Hardach, Walther G. Hoffmann. Pionier der quantitativen Wirtschaftsgeschichte, in: Geschichte und Gesellschaft 11 (1985), S. 541 ff.
7 Fritz Burchardt an Adolph Lowe, 3.10.46; Adolph Lowe an Paul Tillich, 13.12.49, Privat-Papiere Lowe; Bericht der Rockefeller Foundation über die Lage in Deutschland, 8.11.47, RFA RG 2, 389/2623.
8 School for Democratic Leadership (Draft, o.D.), ca. 1945, Nl Kallen, No. 26428 ff., YIVO Institute, New York.
9 Adolph Lowe an J.H. Willits/RF, 15.7.47, NSA; Ders. an Alexander Rüstow, 24.5.49, Privat-Papiere Lowe. Auch später stand man der Arbeit des Weltwirtschaftsinstituts skeptisch gegenüber; dazu etwa Hans Neisser nach einem Vortrag in Kiel an Arnold Brecht, 22.8.52, Nl Brecht 1/1, SUNY Albany.
10 Adolph Lowe an Alfred Weber, 30.1.50, Privat-Papiere Lowe.
11 Adolph Lowe an Friedrich Pollock, 10.6.49, ebenda. Vgl. dazu auch Michael Neumann, Lektionen ohne Widerhall. Bemerkungen zum Einfluß von Remigranten auf die Entwicklung der westdeutschen Nachkriegssoziologie, in: Exil-Forschung. Ein internationales Jahrbuch 2 (1984), S. 339 ff.
12 Auf Initiative des Bundespräsidenten von Weizsäcker und vormaligen Berliner Bürgermeisters wurde Ende 1984 ein zweiter, vom Berliner Senat finanzierter Lehrstuhl an der Graduate Faculty eingerichtet, zu einer Zeit also, als von der Emigranten-Generation nur noch wenige lebten.
13 Arnold Brecht an Hans Staudinger, 3.9.73, Nl Staudinger 1/23, SUNY Albany.

Quellen- und Literaturverzeichnis

A. Ungedruckte Quellen

1. New School for Social Research, New York
   Akten der Graduate Faculty und des Institute of World Affairs
2. Rockefeller Foundation, Tarrytown, N.Y.
   Record Group 1.1 – Projects/Social Sciences
   series 200 USA
   700 Europe
   705 Austria
   717 Germany
   850 Turkey
   Record Group 2 – General Correspondence
   Record Group 3 – Administration: Program and Politics
   series 910 Social Sciences
   Record Group 12.1 – Diaries
   Alexander Makinsky
   John van Sickle
   Thomas B. Appleget
   Stacy May
3. New York Public Library, New York
   Emergency Committee in Aid of Displaced German/Foreign Scholars
4. Leo Baeck Institute, New York
   Nachlässe Julie Braun-Vogelstein
   Kurt R. Grossmann
   Emil Julius Gumbel (nur Zeitschriftenausschnitt-Sammlung)
   Carl Landauer
   Koppel Schub Pinson
   Albert Salomon

5. YIVO-Institute, New York
   Oberlaender Trust
   Nachlaß Horace M. Kallen
6. Columbia University, New York
   Nachlässe Varian Fry
             Wesley C. Mitchell
             Edwin R.A. Seligman
   Oral History Collection
7. State University of New York at Albany (German Exile Collection)
   American Council for Emigrés in the Professions
   Emergency Rescue Committee
   Nachlässe Arnold Brecht
             Gerhard Colm (Splitter)
             Otto Kirchheimer
             Emil Lederer
             Hans Neisser
             Karl O. Paetel
             Hans Simons
             Hans Staudinger
8. Yale University, New Haven, Conn.
   Nachlaß Alvin Johnson
9. Harvard University, Cambridge, Mass.
   Nachlässe Ruth Fischer
             Carl J. Friedrich
             Alvin Hansen
             Talcott Parsons
             Fritz Redlich
             Joseph A. Schumpeter
             Paul Tillich
10. Boston University, Boston, Mass.
    Nachlaß Max Ascoli
11. Franklin D. Roosevelt Library, Hyde Park, N.Y.
    President's Papers
    Adolf A. Berle Papers
    Gerhard Colm Papers
    War Refugee Board
12. Library of Congress, Washington, D.C.
    High Commission for Refugees (Jewish and Others) Coming from Germany,
    Minutes and Documents 1934–35
    Nachlässe Hannah Arendt
              Gerhard Colm
              Felix Frankfurter

Harold L. Ickes
Breckinridge Long
Reinhold Niebuhr
13. National Archives, Washington, D.C. und Suitland, Maryland
Bureau of the Budget, Office of the Director
Division of Fiscal Analysis
Council of Economic Advisers
Office of Strategic Services, Research and Analysis Branch
State Department, Visa Division
Foreign Service Posts
14. Department of Justice, Washington, D.C.
Federal Bureau of Investigation
15. Georgetown University, Washington, D.C.
Nachlässe Götz Briefs
Robert M. Wagner
16. University of Chicago, Chicago, Ill.
Nachlaß Emil Julius Gumbel
17. University of California, Los Angeles
Nachlaß Jakob Marschak
18. Bundesarchiv Koblenz
Nachlaß Alexander Rüstow
20. Stadt- und Universitätsbibliothek Frankfurt/M.
Nachlässe Max Horkheimer
Friedrich Pollock
21. Sozialwissenschaftliches Archiv, Universität Konstanz
Nachlässe Felix Kaufmann
Carl Mayer
Albert Salomon
Alfred Schütz

B. *Interviews*

Gottfried Haberler
Edith Hirsch
Adolph Lowe
Charlotte Neisser-Schroeter
Hans Speier
Hans Staudinger
Herbert Zassenhaus

C. Zeitschriften und Periodika

American Economic Review
American Journal of Economics and Sociology
The Annals of The American Academy of Political and Social Science
Die Arbeit
Archiv für Sozialwissenschaft und Sozialpolitik
Behavioral Science
Economica
Eastern Economic Journal
Exilforschung. Ein internationales Jahrbuch
Finanzarchiv
Fortune
Freies Deutschland
Die Gesellschaft
Hamburger Jahrbuch für Wirtschafts- und Gesellschaftspolitik
International Postwar Problems. A Quarterly Review of the American Labor
  Conference on International Affairs
Jahrbuch für Amerikastudien
Jahrbuch für Ökonomie und Gesellschaft
Journal of the American Statistical Association
Journal of Economic Issues
Journal of Political Economy
Kölner sozialpolitische Vierteljahresschrift
Kölner Zeitschrift für Soziologie und Sozialpsychologie
Konjunkturpolitik
Kyklos
Magazin der Wirtschaft
Neue Blätter für den Sozialismus
Die neue Weltbühne
New York Review of Books
New York Times
Quarterly Journal of Economics
The Reporter
Schriften des Vereins für Sozialpolitik
Scientific American
Social Research. An International Quarterly of Political and Social Science
Taxes. The Tax Magazine
Weltwirtschaftliches Archiv
Zeitschrift für Sozialforschung

D. Monographien

The Academic Assistance Council/Society for the Protection of Science and Learning, London, Reports 1934 ff.
Adorno, Theodor W., Else Frenkel-Brunswik, Daniel J. Levinson, R. Nevitt Sanford, The Authoritarian Personality, New York 1950.
America and the Intellectuals. A Symposium, New York 1952 (= Partisan Review Series No. 4).
Ascoli, Max, Intelligence in Politics, New York 1936.

Badia, Gilbert et al., Les Bannis de Hitler. Accueil et luttes des exilés allemands en France (1933–1939), Paris 1984.
Baltzell, E. Digby, The Protestant Establishment. Aristocracy and Caste in America, New York 1964.
Barnes, James J. and Patience P., Hitler's Mein Kampf in Britain and America. A Publishing History 1930–193, Cambridge 1980.
Beard, Charles A., Toward Civilization, New York 1930.
–, Ed., Whither Mankind, New York 1928.
Ben-David, Joseph, The Scientist's Role in Society. A Comparative Study, Englewood Cliffs, N.J. 1971.
Bentwich, Norman, The Rescue and Achievement of Refugee Scholars. The Story of Displaced Scholars and Scientists 1933–1952, The Hague 1953.
Berle, Adolf A. and Gardiner C. Means, The Modern Corporation and Private Property, New York 1934.
Benz, Wolfgang, Emil J. Gumbel. Die Karriere eines deutschen Pazifisten, in: Ulrich Walberer, Hg., 10. Mai 1933. Bücherverbrennung in Deutschland und die Folgen, Frankfurt 1983.
Beveridge, William, A Defense of Free Learning, London 1959.
–, Full Employment in a Free Society, New York 1945.
Biographisches Handbuch der deutschsprachigen Emigration nach 1933/International Biographical Dictionary of Central European Emigrés 1933–1945, Bd. 1 u. 2, Bearb. Werner Röder u. Herbert A. Strauss, München–New York u.a. 1980–1983.
Bloch, Ernst, Briefe 1903–1975, Hg. Karola Bloch, 2 Bde., Frankfurt 1985.
–, Erbschaft dieser Zeit (1935), Frankfurt 1962.
Böhm-Bawerk, Eugen von, Positive Theorie des Kapitales, Bd. 1, Jena ^{4}1921.
Bombach, Gottfried u.a., Hg., Der Keynesianismus, Bde. I u. II, Berlin u.a. 1976.
Boyers, Robert, Ed., The Legacy of the German Refugee Intellectuals, New York 1972 (= Salmagundi, No., 10/11, 1969/70).
Brandt, Karl, Auf dem Weg zur Weltwirtschaft. Zwei Vorträge, Frankfurt 1953.
–, The German Fat Plan and Its Economic Setting, Stanford 1938.
–, Germany. Key to Peace in Europe, Pasadena 1949.

Brecht, Arnold, European Federation. The Democratic Alternative, in: Harvard Law Review LV (1942), S. 561 ff.
–, Federalism and Regionalism in Germany. The Division of Prussia, New York–London 1945.
–, Internationaler Vergleich der öffentlichen Ausgaben, Leipzig–Berlin 1932.
–, Kann die Demokratie überleben? Die Herausforderungen der Zukunft und die Regierungsformen der Gegenwart, Stuttgart 1978.
–, Mit der Kraft des Geistes. Lebenserinnerungen, Zweite Hälfte 1927–1967, Stuttgart 1967.
–, Political Theory. The Foundations of Twentieth-Century Political Thought, Princeton, N.J. 1959; dt.: Politische Theorie. Die Grundlagen politischen Denkens im 20. Jahrhundert, Tübingen 1961.
–, Walther Rathenau und das Deutsche Volk, München 1950.
–, Wiedervereinigung. Drei Vorlesungen gehalten auf Einladung der Juristischen Fakultät an der Universität Heidelberg im Juli 1957, München 1957.

The City of Man. A Declaration on World Democracy. Issued by Herbert Agar..., Alvin Johnson, Hans Kohn, Thomas Mann u.a., New York 1941.
Clark, David L., Studies in the Origins and Development of Growth Theory, 1925–1950, Ph.D., University of Sidney 1974 (Ms.).
Colm, Gerhard, Artikel »Masse«, in: Handwörterbuch der Soziologie, Hg. A. Vierkandt, Stuttgart 1931.
–, Beitrag zur Geschichte und Soziologie des Ruhraufstandes vom März–April 1920, Essen 1921.
–, Ed., The Employment Act. Past and Future. A Tenth Anniversary Symposium, Washington 1956 (= National Planning Association, Special Report No. 41).
–, Entwicklungen in Konjunkturforschung und Konjunkturpolitik in den Vereinigten Staaten von Amerika, Kiel 1954 (= Kieler Vorträge, N.F., H. 6).
–, Essays in Public Finance and Fiscal Policy, New York 1955.
–, The Federal Budget and the National Economy. How to make the Federal Budget a Better Tool of Fiscal Policy, Washington 1955 (= National Planning Association, Planning Pamphlets No. 90).
–, Der finanzwirtschaftliche Gesichtspunkt des Abrüstungsproblems, in: Handbuch des Abrüstungsproblems, Kiel 1927.
–, Der Mensch im wirtschaftlichen Kreislauf. Ein Vortrag, Tübingen 1930.
– and Theodore Geiger, The Economy of the American People. Progress, Problems, Prospects, Washington 1961.
– and Fritz Lehmann, Economic Consequences of Recent American Tax Policy, New York 1937 (= Social Research, Supplement I).
– und Hans Neisser, Hg., Kapitalbildung und Steuersystem, 2. Bde., Berlin 1930 (= Veröff. der Friedrich List-Gesellschaft, Bd. 3/4).
– and Peter Wagner, Federal Budget Projections. A Report of the National Planning Association and the Brookings Institution, Washington 1966.

Coser, Lewis A., Refugee Scholars in America. Their Impact and Their Experiences, New Haven–London 1984.
A Crisis in the University World. Publ. by the Office of the High Commissioner for Refugees (Jewish and Others) Coming from Germany, London 1935.
The Cultural Migration. The European Scholar in America, Ed. Rex Crawford, Philadelphia 1953.

Davie, Maurice Rea, Refugees in America. Report of the Committee for the Study of Recent Immigration from Europe, New York 1947.
–, World Immigration. With special reference to the United States, New York 1936.
Davis, J. Ronnie, The New Economics and the Old Economists, Ames, Iowa 1971.
Dewey, John, Freedom and Culture, London 1940.
–, Human Nature and Conduct, New York 1922.
–, Individualism Old and New, New York 1929.
Divine, Robert A., American Immigration Policy, 1924–1952, New Haven 1957.
Duggan, Stephen and Betty Drury, The Rescue of Science and Learning. The Story of the Emergency Committee in Aid of Displaced Foreign Scholars, New York 1948.

Eccles, Marriner S., Beckoning Frontiers. Public and Personal Recollections, New York 1951.
Einstein, Albert, Mein Weltbild, Amsterdam 1934.
Emergency Committee in Aid of Displaced German/Foreign Scholars, New York, Reports 1934 ff.
Erd, Rainer, Hg., Reform und Resignation. Gespräche über Franz L. Neumann, Frankfurt 1985.

Fabricant, Solomon, The Trend of Government Activity in the U.S. since 1900, New York 1952.
Feiler, Arthur and Jacob Marschak, Ed., Management in Russian Industry and Agriculture, Ithaca–New York 1944, ³1948 (= Publ. of the Institute of World Affairs of the New School for Social Research).
Arthur Feiler 1879–1942. A Tribute by His Friends on the First Anniversary of His Death, July 11, 1943, New York 1943.
Feingold, Henry L., The Politics of Rescue. The Roosevelt Administration and the Holocaust 1938–1945, New Brunswick, N.J. 1970.
Ferber, Christian von, Die Entwicklung des Lehrkörpers der deutschen Universitäten und Hochschulen 1864–1945, Göttingen 1956.
Fermi, Laura, Illustrious Immigrants. The Intellectual Migration from Europe 1930–1941, Chicago–London 1968.
Fleck, Florian H., Untersuchungen zur ökonomischen Theorie vom technischen

Fortschritt. Eine dogmengeschichtliche und wirtschaftstheoretische Betrachtung, Freiburg–Olten 1957.
Fleming, Donald and Bernard Bailyn, Eds., The Intellectual Migration. Europe and America, 1930–1960, Cambridge, Mass. 1969.
Forkosch, Morris D., Ed., The Political Philosophy of Arnold Brecht, New York 1954.
Fosdick, Raymond B., The Story of the Rockefeller Foundation, New York 1952.
Foster, William T. and Waddill Catchings, Business without a Buyer, Boston 1927.
–, The Road to Plenty, Boston 1927.
Fraenkel, Ernst, Military Occupation and the Rule of Law. Occupation Government in the Rhineland, 1918–1923, London–New York 1944.
Freeman, Ralph E., Ed., Postwar Economic Trends in the United States, New York 1960.
Friedman, Saul S., No Haven for the Oppressed. United States Policy Toward Jewish Refugees, 1938–1945, Detroit 1973.
Friedrich, Carl J. and E.S. Mason, Ed., Public Policy, Cambridge, Mass. 1941.
Frühwald, Wolfgang und Wolfgang Schieder, Hg., Leben im Exil. Probleme der Integration deutscher Flüchtlinge im Ausland 1933–1945. Hamburg 1981.
Fry, Varian, Surrender on Demand, New York 1945.
Fusfeld, Daniel R., The Economic Thought of Franklin D. Roosevelt and the Origins of the New Deal, New York 1956.

Galbraith, John Kenneth, A Life in our Time, Boston 1981; dt.: Leben in entscheidender Zeit. Memoiren, München 1984.
Gesamtverzeichnis der Ausbürgerungslisten 1933–1938. Nach dem amtlichen Abdruck des »Reichsanzeigers« zusammengestellt u. bearb. von Carl Misch. Hrsg. im Verlag der Pariser Tageszeitung, Paris 1939.
Goldschmidt, Dietrich, Transatlantic Influences. History of Mutual Interactions between American and German Education, in: Between Elite and Mass Education. Education in the Federal Republic of Germany, Ed. by Max-Planck-Institute for Human Development and Education, Albany 1983.
Gollnik, Heinz und Heinz-Dietrich Ortlieb, In memoriam Eduard Heimann. Sozialökonom, Sozialist und Christ. Reden gehalten anläßlich der Gedächtnisfeier der Wirtschafts- und Sozialwissenschaftlichen Fakultät der Universität Hamburg am 23. November 1967, Hamburg 1968.
Gramm, Hanns, The Oberlaender Trust 1931–1953, Philadelphia 1956.
Greffrath, Mathias, Die Zerstörung einer Zukunft. Gespräche mit emigrierten Sozialwissenschaftlern, Reinbek 1979.
Grossmann, Kurt R., Emigration. Geschichte der Hitler-Flüchtlinge 1933–1945, Frankfurt 1969.
Grotkopp, Wilhelm, Die große Krise. Lehren aus der Überwindung der Wirtschaftskrise 1929/32, Düsseldorf 1954.

Gumbel, Emil Julius, Hg., Freie Wissenschaft. Ein Sammelbuch aus der deutschen Emigration, Strasbourg 1938.
Gumpert, Martin, Hölle im Paradies. Selbstdarstellung eines Arztes, Stockholm 1939.

Haan, Hugo, Das amerikanische Planning. Eine Bewegung für geplantes Wirtschaften in den Vereinigten Staaten dargestellt durch eine Zitatensammlung, Leipzig 1933.
Habermas, Jürgen, Philosophisch-politische Profile, Frankfurt 1981.
Hagemann, Harald und Peter Kalmbach, Hg., Technischer Fortschritt und Arbeitslosigkeit, Frankfurt–New York 1983.
– und Heinz D. Kurz, Hg., Beschäftigung, Verteilung und Konjunktur. Zur Politischen Ökonomik der modernen Gesellschaft. Festschrift für Adolph Lowe, Bremen 1984.
Hardy, Charles O., Wartime Control of Prices, Washington 1940.
Harris, Seymour S., Ed., Schumpeter. Social Scientist, Cambridge, Mass. 1951.
Hartshorne, Edward Y., The German Universities and National Socialism, London 1937.
Hayek, Friedrich August, Geldtheorie und Konjunkturtheorie, Wien–Leipzig 1929.
–, Preise und Produktion, Wien 1931.
Heilbroner, Robert L., Between Capitalism and Socialism. Essays in Political Economics, New York 1970.
–, Ed., Economic Means and Social Ends. Essays in Political Economics, Englewood Cliffs, N.J. 1969.
–, Der Niedergang des Kapitalismus, Frankfurt–New York 1977.
Heimann, Eduard, Communism, Fascism or Democracy?, New York 1938.
–, Freedom and Order. Lessons from the War, New York 1947; dt.: Freiheit und Ordnung, Berlin 1950.
–, Soziale Theorie des Kapitalismus. Theorie der Sozialpolitik, Tübingen 1929.
–, Sozialwissenschaft und Wirklichkeit. Zwei soziologische Vorträge, Tübingen 1932.
–, Vernunftglaube und Religion in der modernen Gesellschaft. Liberalismus, Marxismus und Demokratie, Tübingen 1955.
Herz, John H., Vom Überleben. Wie ein Weltbild entstand. Autobiographie, Düsseldorf 1984.
Hicks, John R., Capital and Time. A neo-Austrian Theory, Oxford 1973.
–, The Theory of Wages, London 1932.
Hitler, Adolf, Mein Kampf. Complete and Unabridged. Fully Annotated. Ed. Sponsors John Chamberlain, Alvin Johnson et al., New York 1941.
Horkheimer, Max, Die gegenwärtige Lage der Sozialphilosophie und die Aufgaben eines Instituts für Sozialforschung. Öffentliche Antrittsvorlesung bei

Übernahme des Lehrstuhls für Sozialphilosophie und der Leitung des Instituts für Sozialforschung am 24. Januar 1931, Frankfurt 1931.
Hughes, H. Stuart, The Sea Change. The Migration of Social Thought, 1930–1965, New York u.a. 1975.

Jackman, Jarrell C. and Carla M. Borden, Eds., The Muses Flee Hitler. Cultural Transfer and Adaption 1930–1945, Washington 1983.
Jay, Martin, Dialektische Phantasie. Die Geschichte der Frankfurter Schule und des Instituts für Sozialforschung 1923–1950, Frankfurt 1976.
Johnson, Alvin, Essays in Social Economics. Presented to Alvin Johnson on the Occasion of his 80th Birthday by the Graduate Faculty of the New School for Social Research, Albany 1954.
–, Introduction to Economics, Boston u.a. 1911.
–, Pioneer's Progress. An Autobiography, New York 1952.
–, The Refugee Scholar in America, in: Survey Graphic, April 1941.
– and Adolph Lowe, The Study of World Affairs. The Aims and Organization of the Institute of World Affairs. Two Addresses delivered at the Inaugural Meeting on November 17th, 1943, New York 1943.

Kähler, Alfred, Die Theorie der Arbeiterfreisetzung durch die Maschine. Eine gesamtwirtschaftliche Abhandlung des modernen Technisierungsprozesses, Greifswald 1933.
– and Ernest Hamburger, Education for an Industrial Age, Ithaca–New York 1948.
Kaufmann, Felix, Methodology of the Social Sciences, London 1944.
Kent, Donald Peterson, The Refugee Intellectual. The Americanization of the Immigrants of 1933–1941, New York 1953.
Keynes, John Maynard, Essays in Persuasion, New York 1932.
–, The General Theory of Employment, Interest and Money, London 1936.
Kirfel-Lenk, Thea, Erwin Piscator im Exil in den USA 1939–1951. Eine Darstellung seiner antifaschistischen Theaterarbeit am Dramatic Workshop der New School for Social Research, Berlin–DDR 1984.
Klamer, Arjo, The New Classical Macroeconomics. Conversations with New Classical Economists and their Opponents, Brighton 1984.
Klein, Lawrence, Economic Fluctuations in the United States, 1921–1941, New York 1950.
Koopmans, Tjalling, Statistical Inference in Dynamic Economic Model. Introduction Jacob Marschak, New York 1950.
Kosa, John, Ed., The Home of the Learned Man. A Symposium on the Immigrant Scholar in America, New Haven 1968.
Kotschnig, Walter M., Unemployment in the Learned Professions. An International Study of occupational and Educational Planning, London 1937.

Kris, Ernst and Hans Speier, German Radio Propaganda. Report on Home Broadcasting during the War, London–New York 1944.
Krohn, Claus-Dieter, Wirtschaftstheorien als politische Interessen. Die akademische Nationalökonomie in Deutschland 1918–1933, Frankfurt–New York 1981.
–, Die Krise der Wirtschaftswissenschaft in Deutschland im Vorfeld des Nationalsozialismus, in: Leviathan 13 (1985), S. 311 ff.
Kroll, Gerhard, Von der Weltwirtschaftskrise zur Staatskonjunktur, Berlin 1958.

Lachman, Charles Scott, The University in Exile, BA-Thesis Amherst College, Amherst, Mass. 1973 (Ms.).
Lederer, Emil, Einige Gedanken zur Soziologie der Revolutionen, Leipzig 1918.
–, Kapitalismus, Klassenstruktur und Probleme der Demokratie in Deutschland 1910–1940. Ausgewählte Aufsätze, hg. von Jürgen Kocka, Göttingen 1979.
–, State of the Masses. The Threat of the Classless Society, New York 1940.
–, Technischer Fortschritt und Arbeitslosigkeit, Tübingen 1931.
–, Technischer Fortschritt und Arbeitslosigkeit. Eine Untersuchung der Hindernisse des ökonomischen Wachstums. Nachw. Robert A. Dickler, Frankfurt 1981.
Leontief, Wassily, Essays in Economics. Theories and Theorizing, London–Toronto 1966.
Leuchtenburg, William E., Franklin D. Roosevelt and the New Deal 1932–1940, New York u.a. 1963.
Lippincott, Benjamin E., Government Control of the Economic Order. A Symposium, Minneapolis 1935.
List of Displaced German Scholars, Strictly Confidential, London 1936 u. Supplementary List, London 1937.
Lowe, Adolph, Arbeitslosigkeit und Kriminalität. Eine kriminologische Untersuchung, Berlin 1914.
–, Wirtschaftliche Demobilisierung, Berlin 1916.
–, Economics and Sociology. A Plea for Co-Operation in the Social Sciences, London 1935.
–, On Economic Knowledge. Toward a Science of Political Economics, New York–Evanston 1965, 2. erw. Aufl. White Plains 1977; dt.: Politische Ökonomik, Frankfurt 1968, 2. erw. Aufl. Königstein/Ts. 1984.
–, The Path of Economic Growth, Cambridge 1976.
–, The Price of Liberty. A German on Contemporary Britain, London 1937.
–, Technological Unemployment Reexamined, in: Eisermann, Gottfried, Hg., Wirtschaft und Kultursystem. Festschrift für Alexander Rüstow, Stuttgart–Zürich 1955, S. 229 ff.
–, The Universities in Transformation, London 1940.
–, The Church and the Economic Order. Being the Report of Section III of the Conference on Church, Community, and State, Oxford 1937.

Löwenthal, Leo, Schriften, Hg. Helmut Dubiel, Bd. 4: Judaica, Vorträge, Briefe, Frankfurt 1984.
Louchheim, Katie, Ed., The Making of the New Deal. The Insiders Speak, Cambridge, Mass. 1983.

Machlup, Fritz, The Production and Distribution of Knowledge in the United States, Princeton, N.J. 1962.
Mackenzie, Findlay, Ed., Planned Society. Yesterday, Today, Tomorrow. A Symposium by Thirty-Five Economists, Sociologists, and Statesmen, New York 1937.
Marschak, Jacob, Income, Employment, and the Price Level. Notes on Lectures given at the University of Chicago, Autumn 1948 and 1949 (1951), New York 1965 (= Reprints of Economic Classics).
–, Die Lohndiskussion, Tübingen 1930.
Mayer, Hans, Frank A. Fetter u. Richard Reisch, Hg., Die Wirtschaftstheorie der Gegenwart, Bd. 1: Gesamtbild der Forschung in den einzelnen Ländern, Wien 1927.
McGuire, M.C. and Roy Radner, Ed., Decision and Organization. A Volume in Honour of Jacob Marschak, Amsterdam–London 1972.
Mettelsiefen, Bernd, Technischer Wandel und Beschäftigung. Rekonstruktion der Freisetzungs- und Kompensationsdebatten, Frankfurt–New York 1981.
Mises, Ludwig von, Erinnerungen. Einleitung F.A. Hayek, Stuttgart–New York 1978.
–, Liberalismus, Jena 1927.
–, Nation, Staat und Wirtschaft. Beiträge zur Politik und Geschichte der Zeit, Wien–Leipzig 1919.
–, Omnipotent Government. The Rise of the Total State and Total War, New Haven 1944.
–, Die Ursachen der Wirtschaftskrise. Ein Vortrag, Tübingen 1931.
Mit dem Gesicht nach Deutschland. Eine Dokumentation über die sozialdemokratische Emigration. Aus dem Nachlaß von Friedrich Stampfer, erg. durch andere Überlieferungen. Hrsg. i.A. der Kommission für die Geschichte des Parlamentarismus und der politischen Parteien von Erich Matthias, bearb. v. Werner Link, Düsseldorf 1968.
Mitchell, Wesley C., Business Cycles. The Problem and its Setting, New York 1927.
Möller, Hans, Zur Vorgeschichte der Deutschen Mark. Die Währungsreformpläne 1945–1948. Eine Dokumentation, Basel–Tübingen 1961.
Moore, Wilbert E., Industrialization and Labor. Social Aspects of Economic Development, Ithaca–New York 1951 (= Studies of the Institute of World Affairs).
Morse, Arthur D., While Six Million Died. A Chronicle of American Apathy, New York 1968.

Moss, Laurence S., Ed., The Economics of Ludwig von Mises. Toward a Critical Reappraisal, Kansas City 1976.
Moszkowska, Natalie, Zur Kritik der modernen Krisentheorien, Prag 1935.

Neilson, William A., Ed., We Escaped. Twelve Personal Narratives of the Flight to America, New York 1941.
Neisser, Hans, Öffentliche Kapitalanlagen in ihrer Wirkung auf den Beschäftigungsgrad. Ein Beitrag zur Theorie der Arbeitsbeschaffung, in: Economic Essays in Honour of Gustav Cassel, London 1933, S. 459 ff
–, On the Sociology of Knowledge. An Essay, New York 1965.
–, The Problem of Reparations, New York 1944 (= The American Labor Conference on International Affairs, Studies in Postwar Reconstruction, No. 4).
–, Selected Papers. With an Introduction by Murray Brown and a Tribute by Adolph Lowe, El Cerrito, Cal. 1977.
–, Der Tauschwert des Geldes, Jena 1928.
– and Franco Modigliani, National Incomes and International Trade. A Quantitative Analysis, Urbana 1953.
Neumann, Franz, Behemoth. The Structure and Practice of National Socialism, New York u.a. 1942.
New York Foundation, Forty Year Report 1909–1949, New York 1949.

Paechter, Heinz u.a., Nazi-Deutsch. A Glossary of Contemporary German Usage with Appendices on Government, Military and Economic Institutions, New York 1944.
Pachter, Henry, Weimar Etudes, New York 1982.
Pauck, Wilhelm und Marion, Paul Tillich. Sein Leben und Denken, Bd. 1: Leben, Stuttgart–Frankfurt 1978.
Pfanner, Helmut F., Exile in New York. German and Austrian Writers after 1933, Detroit 1983.
Plessner, Monika, Die deutsche »University in Exile« in New York und ihr amerikanischer Gründer, in: Frankfurter Hefte 19 (1964), S. 181 ff.
Pross, Helge, Die deutsche akademische Emigration nach den Vereinigten Staaten 1933–1941. Einführung Franz L. Neumann, Berlin 1955.
Protokoll des II. internationalen Symposiums zur Erforschung des deutschsprachigen Exils nach 1933 in Kopenhagen. Hrsg. vom Deutschen Institut der Universität Stockholm, Stockholm 1972.

Radkau, Joachim, Die deutsche Emigration in den USA. Ihr Einfluß auf die amerikanische Europapolitik 1933–1945, Düsseldorf 1971.
Rauch, Basil, The Story of the New Deal 1933–1938, New York 1944.
Reports of the Dean of the Graduate Faculty of Political and Social Science in the New School for Social Research, New York 1936 ff.

Riezler, Kurt, Tagebücher, Aufsätze, Dokumente, Hg. Karl Dietrich Erdmann, Göttingen 1972.
Rockefeller Foundation, Directory of Fellowships and Scholarships 1917–1970, New York 1972.

Schlesinger, Arthur M., The Age of Roosevelt. The Crisis of the Old Order 1919–1933, Boston 1957.
Schütz, Alfred, Gesammelte Aufsätze, 2 Bde., Den Haag 1971–72.
Schumpeter, Joseph A., Capitalism, Socialism, and Democracy, New York–London 1942.
–, Dogmenhistorische und biographische Aufsätze, Tübingen 1954.
–, History of Economic Analysis. Ed. by Elizabeth Body Schumpeter (1954), London 1972.
Seligman, Ben B., Main Currents in Modern Economics. Economic Thought since 1870, Glencoe 1962.
Shils, Edward, The Calling of Sociology and Other Essays on the Pursuit of Learning, Chicago–London 1980.
Silk, Leonard, The Economists, New York 1978.
Slater, Phil, Origin and significance of the Frankfurt School. A Marxist perspective, London u.a. 1977.
Smith, Bruce L.R., The Rand Corporation. Case Study of a Nonprofit Advisory Corporation, Cambridge, Mass. 1966.
Söllner, Alfons, Hg., Zur Archäologie der Demokratie in Deutschland. Analysen politischer Emigranten im amerikanischen Geheimdienst, Bd. 1: 1943–1945, Frankfurt 1982.
Speier, Hans, Die Angestellten vor dem Nationalsozialismus. Ein Beitrag zum Verständnis der deutschen Sozialstruktur 1918–1933 (1933), Göttingen 1977.
–, Die Bedrohung Berlins. Eine Analyse der Berlin-Krise von 1958 bis heute, Köln–Berlin 1961.
–, From the Ashes of Disgrace. A Journal from Germany 1945–1955, Amherst, Mass. 1981.
–, German Rearmament and Atomic War. The Views of German Military and Political Leaders, Evanston u.a. 1957.
–, The Salaried Employee in German Society, New York 1939 (= Translated as a Report on Project No. 465-97-3-81 under the Auspices of the Works Progress Administration and the Department of Social Science, Columbia University).
–, Social Order and the Risks of War. Papers in Political Sociology, Cambridge, Mass. 1952, ²1969.
– and Phillips Davison, Eds., West German Leadership and Foreign Policy, Glencoe 1957.
– and Alfred Kähler, Eds., War in Our Time, New York 1939.
Der Stand und die nächste Zukunft der Konjunkturforschung. Festschrift für Arthur Spiethoff, München 1933.

Staudinger, Hans, Individuum und Gemeinschaft in der Kulturorganisation des Vereins, Jena 1913.
–, The Inner Nazi. A Critical Analysis of Mein Kampf, Ed. by Peter M. Ruttkoff and William B. Scott, Baton Rouge 1981.
–, Der Staat als Unternehmer, Berlin 1932.
–, Wirtschaftspolitik im Weimarer Staat. Lebenserinnerungen eines politischen Beamten im Reich und in Preußen 1889–1934. Hrsg. u. eingel. v. Hagen Schulze, Bonn 1982.
Strauss, Herbert A., The Immigration and Acculturation of the German Jew in the United States of America, in: Leo Baeck Year Book 16 (1971), S. 63 ff.
–, Ed., Jewish Emigrants of the Nazi Period in the USA, Vol. I: Archival Resources. Compiled by Steven W. Siegel, New York–München u.a. 1978.
Stuchlik, Gerda, Goethe im Braunhemd. Universität Frankfurt 1933–1945, Frankfurt 1984.
Studenski, Paul, Ed., Taxation and Public Policy, New York 1936.
Studies in Income and Wealth, Ed. National Bureau of Economic Research, New York 1937.

Tar, Zoltán, The Frankfort School. The Critical Theories of Max Horkheimer and Theodor W. Adorno, New York u.a. 1977.
Tarasov, Helen, Who does Pay the Taxes. Introd. Jacob Marschak, New York 1942 (= Social Research, Suppl. IV).
Tillich, Paul, An meine deutschen Freunde. Die politischen Reden während des Zweiten Weltkrieges über die »Stimme Amerikas«, Stuttgart 1973 (= Gesammelte Werke, Erg. u. Nachlaßbd. III).
Thompson, Dorothy, Refugees. Anarchy or Organization?, New York 1938.
Titze, Hartmut, Die zyklische Überproduktion von Akademikern im 19. und 20. Jahrhundert, in: Geschichte und Gesellschaft 10 (1984), S. 92 ff.
Tugwell, Rexford G., The Brains Trust, New York 1968.
–, The Democratic Roosevelt, Baltimore 1969.
–, The Industrial Discipline and the Governmental Arts, New York 1933.
Tutas, Herbert E., Nationalsozialismus und Exil. Die Politik des Dritten Reiches gegenüber der deutschen politischen Emigration 1933–1939, München 1975.

Untereiner, Ray E., The Tax Racket, Philadelphia–London 1933.

Wallace, Henry A., New Frontiers, New York 1934.
Walsh, Vivian and Harvey Gram, Classical and Neoclassical Theories of General Equilibrium, Oxford 1980.
Wandel, Eckhard, Die Entstehung der Bank deutscher Länder und die deutsche Währungsreform 1948. Die Rekonstruktion des westdeutschen Geld- und Währungssystems 1945–1949 unter Berücksichtigung der amerikanischen Besatzungspolitik, Frankfurt 1980.

Wetzel, Charles J., The American Rescue of Refugee Scholars and Scientists from Europe 1933–1945, Ph.D. Madison, Wisconsin 1964.
Winterberger, Gerhard, Generationen der österreichischen Schule der Nationalökonomie, in: Schweizer Monatshefte 64 (1984), S. 1 ff.
Wise, Stephen S., Ed., Never Again! Ten Years of Hitler. A Symposium, New York 1943.
Works Progress Administration, Ed., Translations into English of Foreign Social Science Monographs, Mimeo, New York 1937 ff.
Wunderlich, Frieda, British Labor and the War, New York 1941 (= Social Research, Supplement III).
–, Labor Under German Democracy, Arbitration 1918–1933, New York 1940 (= Social Research, Supplement II).
Wyman, David S., The Abandonment of the Jews. America and the Holocaust, 1941–1945, New York 1984.

Young-Bruehl, Elizabeth, Hannah Arendt. For Love of the World, New Haven–London 1982.

Register

Adorno, Theodor W. 178, 214 ff.
Althoff, Friedrich 49
Altschul, Eugen 43, 47
Arendt, Hannah 151, 160, 202
Arnheim, Rudolf 106
Arrow, Kenneth 195
Asch, Salomon 106
Ascoli, Max 80, 83, 85, 103, 146, 153, 189, 199, 218
Aydelotte, Frank 155

Baade, Fritz 68
Bauer, Otto 60
Beard, Charles A. 50 ff., 71
Bebel, August 66, 68
Belafonte, Harry 91
Bergson, Henri 108
Berle, Adolf A. 50 ff., 102, 180
Bernhard, Georg 89
Beveridge, William 40
Bloch, Ernst 147
Bloch, Marc 103
Blücher, Heinrich 202
Boas, Franz 71
Boehm, Max Hildebert 223
Böhm-Bawerk, Eugen von 59, 116, 119
Borgese, Guiseppe A. 145, 155
Bortkiewicz, Ladislaus von 194

Boulding, Kenneth 175
Bowman, Isaiah 89
Brando, Marlon 91
Brandt, Karl 77 f., 95, 190, 205 ff.
Brandt, Willy 225 f.
Brecht, Arnold 78 f., 84, 106 f., 139, 141, 164 f., 167, 178, 187, 197, 202, 204, 207 ff., 221
Broch, Hermann 155
Brüning, Heinrich 190
Burchardt, Fritz 94, 114, 119
Burns, Arthur F. 185
Butler, Nicholas M. 54, 73

Carnap, Rudolf 109
Cassirer, Ernst 78
Catchings, Waddill 50
Clark, John B. 49, 112
Clark, John M. 185
Clay, Lucius D. 190 ff.
Colm, Gerhard 63 ff., 67 f., 72, 77, 89, 126, 128, 134 ff., 145 f., 153, 175 ff., 183 ff., 190 ff., 196 f., 217, 221, 223
Commons, John R. 112
Coser, Lewis A. 9, 11, 13 48, 177, 182, 202
Cowles, Alfred 195
Croce, Benedetto 145

Deutsch, Karl W. 199
Dewey, John 50 f., 71, 81, 112, 134, 203
Dies, Martin 100
Dödge, Joseph M. 191
Dollfuß, Engelbert 86
Domar, Evsey 195
Duggan, Stephen 35
Duke, Doris 95, 158

Ebert, Friedrich 86
Edinger, Lewis J. 199
Einstein, Albert 26, 34, 76, 151
Eisler, Hanns 91
Elliott, William 155
Erhard, Ludwig 184
Eucken, Walter 48

Feiler, Arthur 77 f., 146, 184, 199
Fermi, Enrico 9
Fermi, Laura 9, 25
Fetter, Frank A. 49
Flexner, Abraham 34
Foster, William T. 50
Fraenkel, Ernst 164
Frankfurter, Felix 81, 102, 206
Freud, Sigmund 216
Friedrich, Carl J. 88
Frisch, Ragnar 75, 93
Fry, Varian 96, 187
Fürth, Herbert, 59

Galbraith, John Kenneth 192
Gaulle, Charles de 95, 98
Gauss, Christian 155
Gerth, Hans 107
Ginzburg, Morris 169
Goebbels, Joseph 26
Göring, Hermann 210
Goldschmidt, Raymond 191
Grünberg, Carl 68 f., 214
Grzesinski, Albert 89
Gumbel, Emil Julius 26, 103, 222

Haavelmo, Trygve 196
Haberler, Gottfried 58 f., 185 f.
Hagen, Paul 96
Halle, Hiram, 75, 84
Halm, Georg 48
Hamburger, Ernest 97
Hansen, Alvin 74, 121 f., 180, 185
Harms, Bernhard 67
Hayek, Friedrich A. 58 f., 63 f., 115
Heilbut, Anthony 9
Heimann, Eduard 64, 66 f., 77, 81, 131 ff., 146 ff., 153, 204 f., 221
Heimann, Hugo 66
Heller, Hermann 78
Henle, Mary 106
Herz, John H. 87, 199
Heuss, Theodor 225
Hicks, John R. 176
Hilferding, Rudolf 65, 68, 107
Hintze, Hedwig 103
Hintze, Otto 103
Hirsch, Julius 179
Hoffmann, Walther G. 223
Hoover, Herbert 54
Horkheimer, Max 10, 12, 25, 68 f., 178, 213 ff., 218 ff.
Hornbostel, Ernst von 77 f.
Hughes, H. Stuart 9, 215
Hula, Erich 43, 87, 105, 178
Husserl, Edmund 87, 108
Hutchins, Robert M. 81, 186

Jäckh, Ernst 46
Jay, Martin 216
Jewkes, John 168
Johnson, Alvin 13, 15, 28 f., 34, 70 ff., 77 ff., 87 ff., 93 ff., 99 ff., 110 f., 155, 157, 174, 181, 185, 187, 190, 197, 203, 206 ff., 213, 223

Kähler, Alfred 63 f., 80, 85, 91, 114, 119, 123 f., 131, 153, 183, 211

Kaldor, Nicholas 122
Kallen, Horace M. 80
Kantorowicz, Hermann 77 f.
Katona, Georg 106
Kaufmann, Felix 87
Kelsen, Hans 43, 47, 87, 108
Keynes, John Maynard 48, 58, 61 f., 64, 74, 80, 120 f., 124 ff., 137, 163, 170 f.
Kirchheimer, Otto 22, 199, 215
Klein, Lawrence 196
Knapp, Georg Friedrich 120
Knies, Carl 72
Köhler, Wolfgang 105
Koffka, Kurt 105
Koopmans, Tjalling 186, 194 f.
Koyré, Alexander 98
Kuhn, Thomas 17
Kuznets, Simon 142

Landauer, Carl 178
Lange, Oscar 195
Laski, Harold 71, 76
Lederer, Emil 43, 64 ff., 72, 74 ff., 84, 89, 108, 111, 114, 116 ff., 122 ff., 145, 148 ff., 153, 178, 184, 186, 194, 204, 216 f.
Lehmann, Fritz 72, 80, 85, 136
Leontief, Wassily 50, 64, 119, 176, 184, 186, 194
Lepsius, M. Rainer 11, 13, 177
Lerner, Abba 195, 199
Levi, Nino 80, 87
Levi-Strauss, Claude 98
Littauer, Rudolf M. 80
Long, Breckinridge 100 ff.
Long, Huey 206
Lowe, Adolph (Adolf Löwe) 22, 43, 47, 63 ff., 67 ff., 74 ff., 78, 80, 94 f., 114 ff., 124 ff., 146, 151 f., 159 ff., 167 ff., 177, 179, 183 ff., 189, 201, 214, 217 ff., 223

Lowenthal, Leo 214 f., 217
Lutz, Friedrich A. 48, 59

Machlup, Fritz 58 f.
Mann, Heinrich 76
Mann, Thomas 89, 145, 155, 181, 206, 212
Mannheim, Karl 16, 43, 47, 68, 74 ff., 78, 108, 168
Marschak, Jakob 47, 64 f., 67 f., 72, 74 ff., 78, 107, 117, 146, 166, 186 f., 193 ff., 199, 218
Marshall, Alfred 62
Marx, Karl 49, 53, 107, 112, 116 f., 147, 170, 173
Mayer, Carl 80
McCarthy, Joseph 167, 180 f.
Means, Gardinger C. 50 f.
Menger, Carl 59
Merton, Robert K. 109
Mill, John St. 116
Miller, Arthur 91
Millis, H.A. 188
Mirkine-Guetzévitch, Boris 98
Mises, Ludwig von 44, 56 ff., 64, 108, 220
Mitchell, Wesley C. 50, 71, 112, 133
Modigliani, Franco 11, 194, 196
Morgenstern, Oscar 58 f., 196
Morgenthau, Hans J. 43, 87
Morgenthau, Henry 161, 190, 207, 223
Münzenberg, Willi 91
Mumford, Lewis 155
Mussolini, Benito 55, 57
Myrdal, Gunnar 44, 46, 185

Nansen, Fritdjof 33
Neisser, Hans 63 ff., 67, 74, 77 f., 114, 118 ff., 124, 126, 166, 183, 186 ff., 194, 199, 223
Neumann, Franz L. 22, 30, 150, 153, 215, 217 ff.

284

Neumann, John von 58, 196
Niebuhr, Reinhold 155
Nussbaum, Arthur 30

Ohlin, Bertil 44
Oppenheimer, Franz 68
Ossietzky, Carl von 91

Pachter, Henry (Heinz Paechter) 22
Palyi, Melchior 48
Panofsky, Erwin 25
Papen, Franz von 79, 207
Parsons, Talcott 107, 109
Pedersen, Jorgen 93
Pekelis, Alexander 102
Pese, Werner 154
Peterson, Howard C. 192
Pigou, Arthur C. 62, 80
Piscator, Erwin 91
Pollock, Friedrich 90, 217, 225
Pross, Helge 10

Radbruch, Gustav 78
Ricardo, David 116, 173
Riezler, Kurt 86 f., 204 f.
Rios, Fernando de los 87
Röpke, Wilhelm 94
Roosevelt, Eleonor 32
Roosevelt, Franklin D. 15, 24, 32, 48, 52 f., 55, 97, 99 f., 138, 141, 144, 166
Rosenfeld, Kurt 206
Rosenstein-Rodan, Paul 59
Rougier, Louis 101
Rüstow, Alexander 225
Rust, Bernhard 26

Sacco, Nicola 29
Salomon, Albert 77, 107 f., 210
Salvemini, Gaetano 80, 155
Samuelson, Paul A. 194
Schmalenbach, Eugen 80
Schmoller, Gustav 55, 72

Schütz, Alfred 87, 108 f., 178, 204
Schumpeter, Joseph A. 30, 55, 60 ff., 74, 76 f., 84, 88, 121, 179, 194 f.
Seligman, Edwin R.A. 71, 81
Seydewitz, Max 151, 222
Sickle, John van 59
Simon, Herbert 196
Simons, Hans 79, 85, 197, 211, 221
Sinzheimer, Hugo 43
Smith, Adam 55, 147, 170, 173
Sombart, Werner 56
Speier, Hans 72, 77, 150, 153 f., 186, 197 ff., 204, 212, 216, 218, 221
Spiethoff, Arthur 46
Stampfer, Friedrich 210
Staudinger, Hans 65, 78 f., 83, 91, 154, 163, 166, 183, 210, 217, 225
Steiger, Rod 91
Sternberg, Fritz 120
Stolper, Toni 90
Strauss, Leo 85 ff., 105
Stuart, Verrijn, 44
Sweezy, Paul 185

Tarnow, Fritz 68
Thompson, Dorothy 181
Tillich, Paul 66, 68, 78, 90, 146 f., 201, 212, 217
Tinbergen, Jan 44, 93, 176, 186
Tintner, Gerhard 59, 195
Truman, Harry S. 144, 191
Tucker, Rufus 185
Tugwell, Rexford G. 51 f., 112, 180

Valentin, Veit 89
Vanzetti, Bartolomeo 29
Vaucher, Paul 98
Veblen, Thorstein 49, 71, 112
Viner, Jacob 59

Wagner, Adolph 139
Weber, Alfred 43, 65, 224 f.

Weber, Max 65, 76, 107 f.
Weintraub, David 122 f.
Wertheimer, Max 77, 89, 105, 178, 204, 216
Wetzel, Charles J. 14
Williams, Tennessee 91
Winter, Ernst Karl 86 f.

Winters, Shelley 91
Wirth, Louis 201
Woytinski, Wladimir 68
Wunderlich, Frieda 77

Zassenhaus, Herbert 179